国家科学技术学术著作出版基金资助出版

国家社会科学基金重大项目（项目批准号：17ZDA291）
"情报学学科建设与情报工作未来发展路径研究"
中国科学技术情报学会重点支持工程

新时代情报学与情报工作论丛
苏新宁◎主编　李　纲◎副主编

国外情报学与情报工作

初景利　等◎著

·北京·

图书在版编目（CIP）数据

国外情报学与情报工作 / 初景利等著. —北京：科学技术文献出版社，2021.9
（新时代情报学与情报工作论丛 / 苏新宁主编）
ISBN 978-7-5189-8167-0

Ⅰ.①国… Ⅱ.①初… Ⅲ.①情报学—世界 ②情报工作—世界 Ⅳ.① G250.2 ② D526

中国版本图书馆 CIP 数据核字（2021）第 152307 号

国外情报学与情报工作

| 策划编辑：崔 静 | 责任编辑：韩 晶 | 责任校对：文 浩 | 责任出版：张志平 |

出 版 者　科学技术文献出版社
地　　址　北京市复兴路15号　邮编 100038
编 务 部　（010）58882938，58882087（传真）
发 行 部　（010）58882868，58882870（传真）
邮 购 部　（010）58882873
官方网址　www.stdp.com.cn
发 行 者　科学技术文献出版社发行　全国各地新华书店经销
印 刷 者　北京时尚印佳彩色印刷有限公司
版　　次　2021年9月第1版　2021年9月第1次印刷
开　　本　787×1092　1/16
字　　数　412千
印　　张　24
书　　号　ISBN 978-7-5189-8167-0
定　　价　96.00元

版权所有　违法必究

购买本社图书，凡字迹不清、缺页、倒页、脱页者，本社发行部负责调换

《新时代情报学与情报工作论丛》

丛书顾问委员会

黄长著　梁战平　马费成　胡昌平　靖继鹏　赖茂生　王知津　张晓军　戴国强

丛书编委会

主　任　赵志耘　苏新宁

副主任　夏立新　李　纲　孙建军　卢小宾　潘云涛

编　委（按姓氏拼音排序）

毕　强　曹树金　陈　超　初景利　邓三鸿　樊　博　高金虎　黄水清
蒋　颖　冷伏海　李广建　李月琳　栗　琳　陆　伟　马　捷　马海群
沈固朝　王　芳　王东波　王延飞　王曰芬　吴　鹏　吴晨生　许　鑫
杨建林　姚乐野　臧国全　曾建勋　章成志　郑彦宁　周晓英　朱庆华

学术秘书　赵筱媛

《国外情报学与情报工作》
著者名单
(按姓氏拼音排序)

陈成鑫　初景利　崔　雁　段美珍　范　炜　贺延辉
蒋新宇　解贺嘉　金　瑛　孔青青　刘敬仪　沈东婧
唐果媛　王　铮　魏　蕊　杨丽娇　杨志刚　叶　兰
张国瑞　张吻秋

总　序

情报学的发展与情报工作的重点任务紧密相关，不同时期的情报工作重点，引导着情报学研究和情报学学科建设的发展方向。20世纪50—80年代，我国科学技术的发展亟待情报工作能够提供国内外最新的科技发展动态和文献资料，我国情报学研究也起始于探讨科技文献交流规律的情报研究。20世纪90年代，信息爆炸和信息化浪潮的袭来，使得情报工作更加重视信息资源建设和信息服务，情报学研究的重点转向了信息处理、检索与服务及信息资源建设。21世纪以来，随着互联网的普及，情报工作更加重视网络信息资源的构建和服务，并在国家智库建设中开始显现作用。因此，情报学研究开始转向网络信息资源的构建和知识服务的研究，以及如何融入国家战略的情报学研究尝试。可以说，我国情报学研究历经了"文献"情报学、"信息"情报学、"网络信息"情报学等多个发展阶段。今天，我们进入了大数据时代，情报环境的变化、技术发展的推动、国家战略的需求，情报学与情报工作将向何处发展？这是情报工作者和情报学者必须思考的问题。

作为一名情报学学者，长期以来我一直关注情报学的发展，迫切感觉到：时代的发展、社会的需求，情报学与情报工作必须与时俱进，需要做出响应，需要顺应转型，需要在新的时代做出更大贡献。因此，2017年年初，我向全国哲学社会科学规划工作办公室提交了国家社会科学基金重大项目"情报学学科、理论、方法及情报工作未来发展研究"选题，在本学科专家学者的支持和关爱下，该选题得以立项招标。我们团队经过对选题的充分讨论，并请教多位情报学前辈、专家，最后确定以"情报学学科建设与情报工作未来发展路径研究"为题申报国家社会科学基金重大项目。有幸再次得到评审专家的垂青，使本申报课题得以成为2017年国家社会科学基金重大项目之一。

课题在申请时，设立了5个子课题，团队成员也只有30余人。但学科专家高度重视该课题的研究，提出了扩充项目研究内容的建议。根据专家们的建议，我们进行了充分的论证，并向全国哲学社会科学规划工作办公室提出了课题变更申请，即从原有的5个子课题扩大到9个子课题，同时也得到了全国哲学社会科学规划工作办公室批准，从而使这项研究从原有的情报学学科建设、情报学教育体系、情报学理论与方法体系、情报工作未来发展、国家安全情报工作发展等5个方面的研究，又拓展到情报与智库的作用与关系、国外情报学与情报工作、情报工作制度建设、中国情报事业发展史等研究领域。课题组也得到了壮大，成员达到了140余人，涉及南京大学、武汉大学、北京大学、中国人民大学、中国科学院大学、南开大学、南京理工大学、南京农业大学、上海交通大学、华东师范大学、军事科学院、国防科技大学、中国人民公安大学、北京市科学技术情报研究所等20多所高校和10余家科研机构。

新时代的到来，新的环境、新的需求、国家战略实施的期待，使得情报学与情报工作迎来了大好的发展机遇，同样也面临许许多多的挑战。为了探讨我国情报学与情报工作的未来发展，2017年10月，中国科学技术情报学会、中国社会科学情报学会在南京大学召开了"首届情报学与情报工作发展论坛"，会议发布了由本课题组执笔撰写的《情报学与情报工作发展南京共识》（简称《南京共识》）。《南京共识》针对新时代国家安全与发展对情报学与情报工作的要求，重点强调了5个重新：重新定位情报学科发展目标，重新认识情报工作的性质和作用，重新设计情报学课程体系，重新认识理论、技术、方法的重要性，重新认识情报能力。《南京共识》为我们开展重大项目的研究指明了方向，也促使我们下定决心出版一套反映新时代情报学与情报工作发展的学术论丛。

为了写好这套学术丛书，课题组进行了反复论证，召开了10余次书稿论证会，并邀请了情报领域前辈、专家到会指导，专家对书稿的题名、大纲、初稿、修订稿等提出了许多建设性意见，保证了书稿内容的全面和完善。本套丛书涵盖了情报学理论、方法和技术，情报学学科建设和培养体系，情报应用方面的情报工作、情报感知、情报与智库、竞争情报，国外的情报学与情报工作发展，情报制度，中国情报事业的发展等，其中多本著作的主题为国内首次出版。整套丛书从新时代、新使命、新任务的角度来阐述情报学与情报工作的新内容，为我国情报学研究、情报学教育、情报工作和情报事业的发展提供了有力指导。

综观全套丛书，每一本都具有自己的创新和特色：

杨建林教授等所著的《情报学学科建设与发展》以哲学的视角阐述了情报学基本原理和基础理论体系，并基于信息范式与情报范式融合的指导思想，构建了情报学学科体系基本框架，并以此探讨了情报学学科知识体系建设与学科功能单位建设的主要内容。这些研究对促进人们更清晰地认识情报学、助力情报学学科良性发展有很大的帮助作用。

王东波教授等所著的《情报学教育和人才培养研究》紧扣大数据和人工智能下"耳目、尖兵、参谋"情报学人才培养的总目标，通过内容分析、调查问卷和文本挖掘的方法，在所掌握的多个维度的第一手数据基础上，首次对新中国成立以来情报学教育体系进行了系统的探析和全面的梳理，并对情报人才培养方案给出了切实可行的建议。

王芳教授等所著的《情报学理论：哲学基础与应用发展》用历史主义的视角对情报学理论流派和研究范式进行了系统梳理，对情报学理论支撑的哲学思想，包括本体论、认识论、方法论、元理论和范式等命题进行了深入探析，首次以哲学视角对情报学的理论研究进行了系统的审视。该书对于情报学的发展和学术研究的深化具有十分重要的意义，将会在情报学教学和实际工作中发挥理论指导作用。

章成志教授等所著的《情报学研究方法与技术体系》综合使用了信息组织、自然语言处理、机器学习等理论与技术，构建了情报学研究方法与技术体系，开发了情报学研究方法知识库与检索系统，并针对特定场景下的情报学体系问题进行探索。该书开创了机器辅助构建学科研究方法体系的先河，提出多层次、细粒度的情报学研究方法与技术体系，推动了人工智能时代的情报学理论研究。

吴晨生、李辉研究员等所著的《新时代我国情报工作的发展》站在我国情报工作发展的时代潮头，以新时代、新机遇为背景，以"转型"和"融合"两大核心问题为主线，着力从情报工作的使命担当、重点任务、情报机构的智库能力提升、国家情报工作体制构建等方面规划勾勒新时代我国情报工作战略转型的总体方向，为我国情报工作未来发展绘制了新的蓝图和大展宏图的愿景。

初景利教授等所著的《国外情报学与情报工作》立足国外情报学与情报工作历史与现实发展，梳理了部分发达国家的情报学与情报工作起源与发展、情报学理论研究、情报工作机制、情报学代表人物、情报学教育等，并以比较的视角审视了中国情报学与情报工作发展对策。全书以宏观的视野展示部分发达国家情报学与情报工作全貌，总结情报学与情报工作发展的主要特点，揭示情报学与情报工作历史变化与发展现状。

王延飞教授和杜元清研究员所著的《情报感知论》是作者在情报实践基础上所进行的情报理论深耕创新之作。作者秉持"解决决策信息不完备问题"的情报宗旨，着眼"早醒远眺"的情报使命，创造性地提出情报感知理论，阐明了通过情报感知、刻画和响应去应对和解决新时期战略性情报研究所面临的不确定性问题，构建了适合中国国情的情报感知理论和方法体系。

栗琳研究员和初景利教授等所著的《情报与智库》在深入研究战略情报理论方法，系统梳理具有中国特色的科技情报工作、智库建设实践基础上，对学界争论多年的情报与智库若干基础问题提出了独到的见解。作者团队来自科技情报和智库领域，其独特的研究经历为该书奠定了理论与实践基础。作为第一本系统论述情报学、智库研究及相关联系的著作，它的出版对于新时代情报学发展具有很大的推动作用。

许鑫教授等所著的《竞争情报分析方法及应用》立足大数据环境，展现了竞争情报在数据采集、组织存储、数据分析等全链条上的方法变化。该书寻数据驱动之门而入，立方法拓展之地而耕，破应用创新之门而出，极大地丰富了竞争情报分析既有的理论与知识体系，既为学界开阔学术视野，也为业界提供更具洞察力、科学性、普适性的竞争情报分析新范式。

马海群教授等所著的《大数据观下的国家情报工作制度研究》针对信息技术所创造的情报工作新场景、新模式和新业态，构建了国家情报工作制度新思维、新理论、新格局，并指出这是新时期我国情报学内涵演变及情报工作路径创新的根本性的核心组织部分，尤其以《中华人民共和国国家情报法》为标志的国家情报政策法律制度，彰显了我国情报工作制度的新图景与新定位。

周晓英教授等所著的《中国情报学历史与发展进程》对20世纪50年代中期情报学（中国科技情报学）诞生以来的中国情报学发展演变历史展开研究，采用先梳理归纳后分析演绎的方法，梳理中国情报学发展过程中的事件，提炼出一般性的概念，分析发展过程和结果，并阐述情报学发展演变过程及其规律。迄今为止，我国尚没有关于中国情报学历史方面的专门著作面世，该书的出版填补了国内该领域的一项空白。

今天，世界正处于百年未有之大变局，这一"变局"为情报学与情报工作带来了前所未有的发展良机。国家安全、经济发展、社会进步需要情报学与情报工作勇于担当，国家战略的实施赋予了情报学与情报工作神圣的使命。情报学与情报工作需要在新的时期有所作为，必须能够在新的时期做到守正与拓展，即守住情报领域，坚持在新环境、新技术、新需求下，对情报学理论、技术和方法的创新，突出情报本质，体现学科的情报话语内涵，展现学科的情报核心话语权，建立以情报为核心的学科话语体系。另外，拓展情报的应用领域，引进先进的理论技术和方法，以完善情报学学科体系。拓展强调两个方面：一是以大情报观构建情报学学科体系，建立适应国家安全与发展战略的大情报学科体系，构成包括科技、经济、医学、环境、生态、能源、社会科学、军事、国防、安全、外交等领域的情报学学科体系，实现各领域情报工作相互融合又各守其职；二是将先进的理念、理论、技术、方法引入情报学研究领域，开展深度的情报学研究，而不是专门研究人工智能、深度学习、人文计算、区块链等。准确地说，是将这些成果更科学合理地应用于情报学领域，拓展情报学研究方法，促进情报研究更加科学和精准。本套丛书正是在守正与拓展这一思想指导下，集情报学领域集体智慧构思完成的。

本套丛书为国家社会科学基金重大项目（项目批准号：17ZDA291）"情报学学科建设与情报工作未来发展路径研究"成果，出版过程中得到2020年度国家科学技术学术著作出版基金的资助，同时也得到中国科学技术情报学会的大力支持和资助。本套丛书在撰写过程中，还得到情报学前辈和专家们的大力支持与指导，他们是黄长著先生、梁战平先生、马费成先生、张晓军将军、胡昌平先生、靖继鹏先生、赖茂生先生、王知津先生等。在丛书付梓之际，由衷地感谢在本套丛书撰写出版过程中给予我们帮助与支持的机构和专家们。

  扬帆起航正当时,潮头掌舵逐浪高。在中华民族伟大复兴中国梦、强国梦践行时期,情报学与情报工作将以更加崭新的面貌,矗立在科学领域和国家安全与发展战略实施中。在这样一个契机下,《新时代情报学与情报工作论丛》面世了,相信这套丛书一定会在我国情报学建设及情报事业发展中发挥重要作用。

苏新宁

2021 年元旦于南京

前　言

根据全国科学技术名词审定委员会公布的《图书馆·情报与文献学名词》，情报学是研究情报的产生、加工、传递、利用的一般管理及情报系统管理基本原理的学科；情报工作又称情报服务，是一种知识和智力密集型的信息服务，情报部门利用其服务系统或设备来满足用户情报需求的过程，具有很强的针对性和智能性，其主要目的是从所搜集的信息中分析、研究和发现新的知识，为决策者提供增值的信息。根据《中国大百科全书》第三版网络版，情报学是一门介于自然科学、技术科学与社会科学之间的综合性边缘学科，侧重于解决信息生产与情报利用之间的矛盾的新兴学科。

情报学与情报工作密不可分，体现着学科与行业的不同作用。情报学与情报工作形成于第二次世界大战之后，伴随着"信息洪水""信息泛滥""信息爆炸"，在现代科学和现代社会的发展中具有越来越重要的地位。情报的作用常常被誉为"耳目、尖兵、参谋"，甚至"引领"，在现实的社会背景下，这样的作用更加不可替代，尤其是在以人工智能为代表的信息技术驱动下，情报学与情报工作正在重新定义自己的角色和边界，发挥更加重要的影响力，肩负着更大的社会使命。

在 2017 年 7—8 月一次学术会议期间，笔者拜会了南京大学信息管理学院的苏新宁教授，偶然聊到苏教授作为首席专家成功申请的国家社会科学基金重大项目（项目批准号：17ZDA291）"情报学学科建设与情报工作未来发展路径研究"获准立项，当时共设计了 8 本书的编写出版工作。这是一个宏大的计划，将是我国情报学理论研究史上最重要的学术成果。在了解到这些著作的选题后，我们认为还缺少"国外情报学与情报工作"

等相关内容，他立即委托笔者负责本书的策划与编写。

2017年10月29日，以此重大课题为背景，由中国科学技术情报学会与中国社会科学情报学会共同主办、南京大学信息管理学院承办、武汉大学信息资源研究中心与《图书情报知识》杂志社协办的"情报学与情报工作发展论坛（2017）"在南京召开，会后发布了《情报学与情报工作发展南京共识》。在这次会议上部署了包括新增的《国外情报学与情报工作》等在内共11本书的编写工作，共同组成《新时代情报学与情报工作论丛》（以下简称《论丛》）。此后，又分别在张家界市、吉林市、北京市等地召开书稿策划与研讨会。

我国的情报工作产生于20世纪50年代中国科学院科技情报研究所，后并到科技部成立中国科学技术信息研究所。1958年，中国科学院创立中国科学情报大学，后并入中国科学技术大学。1964年，中国科学技术情报学会成立，标志着我国情报学的正式创立。1978年我国开始招收情报学本科生和硕士研究生，1991年我国首个情报学博士点建立并开始招生，标志着我国情报学教育的开端与体系的形成。

在中国情报学与情报工作的发展过程中，一直遵循着立足中国、面向国际的原则，兼收并蓄，与国际情报学与情报工作不断地进行着学术交流与业务交流，客观上推动了我国情报学与情报工作的快速发展。在情报学与情报工作面向未来发展的转折点，我国的情报学与情报工作离不开国际交流，离不开对国外情报学与情报工作的关注、了解和借鉴，这也是写作本书的背景与原因。

我们应该看到，国外的情报学与情报工作发展很快，特别是在数字化、网络化、智能化的新时代，情报内涵、情报范畴、情报方法、情报技术、情报能力等都发生了很大的变化。情报已经不是当初基于文献的"情报"概念，而是被赋予了新的含义，其界限已经变得越来越模糊，极大地拓展了情报的应用领域、丰富了情报处理的方法，情报的功能更加广泛、强大，情报的社会影响更加显现。

与此同时，我们对情报的认知、理解和把握越来越困难。到底什么是情报？情报是information，还是intelligence？情报与文献信息、知识、数据、智能、智库等是什么关系？这不仅是理论上的问题，也是实践上的困惑。我们在研究国外情报学与情报工作的过程中，也常常有此困扰，不知所措。要厘清这些概念及其关系可能需要一个漫长的过程，需要在实践中不断探索、在理论上不断总结，需要学界、业界不懈地努力。

本书的编写者集中了国内的一批中青年学人。他们或刚刚博士毕业，或仍在就读，但都根据分工积极研究国外情报学与情报工作的不同领域，试图从大量的资料和事实中剥丝抽茧，条分缕析，寻找国外情报学与情报工作的特点与规律。这是一个艰难的过程，但也是一个不断学习和探索的过程。

在本书中，我们主要介绍了美国、英国、日本、俄罗斯、韩国、以色列、印度、澳大利亚共8个国家的情报学与情报工作，其具有一定的代表性。但我们深知，由于各国国情不同、情报体系不同、情报领域与业务范畴不同、情报认知与情报方法不同，很难还原和再现完整意义上的各国情报学与情报工作，我们也很难确立一套规范的情报学与情报工作架构体系，再加上语言和资料的限制，各国的相关内容可能各有所偏重。

我们希望从中国学术的视角看待国外情报学与情报工作，汲取对我国情报学与情报工作有价值的内容，这个目标可能难以完全实现，这种个性上的差异也许具有不可调和的矛盾，所以，我们力求客观和真实。但是，也有难以把握的地方，如美国中央情报局（CIA）从事的国防和国家安全情报工作，其实也可以视为"谍报"。从意识形态的角度看，我们不应该学习和借鉴，但其情报的运作和发挥的功效，也是情报能力的一种体现。从国内外情报学与情报工作的整个发展过程来看，国防与军事情报也是情报体系与范畴的重要组成部分，因此，我们也期望在书中从学术的角度适当涉及相关的内容。笔者在阅读中高度关注不同国家情报学与情报工作的不同政治环境与意识形态，特别是某些机构、理论和人物的政治倾向性。

前几日，欣闻苏教授的重大课题已经顺利结项，《论丛》各书稿即将交付科学技术文献出版社正式出版。尽管我们仍有些忐忑，感觉本书内容还不够成熟，写好这本书可能需要很多人几十年的积累，但聊胜于无，也只能作为一个初步的成果，作为《论丛》系列的一本书展示出来，供学界、业界批判，期望在此基础上不断优化、完善。他山之石，需要我们不断探寻。

笔者主要负责本书的策划、总体设计和各章内容的修改定稿。本书是多家单位、多位作者共同努力的成果，这些单位主要包括（排名不分先后）中国科学院文献情报中心

(中国科学院大学图书情报与档案管理系)、中国科学院上海生命科学信息中心、中国社会科学院图书馆、四川大学、河北大学、武汉理工大学、黑龙江大学、江苏大学、中国人民公安大学、深圳大学、西北大学等。撰写人员主要包括初景利、范炜、孔青青、段美珍、唐果媛、解贺嘉、刘敬仪、魏蕊、蒋新宇、杨丽娇、贺延辉、杨志刚、陈成鑫、金瑛、崔雁、沈东婧、张国瑞、张吻秋、叶兰、王铮等。各章分工如下：第1章由范炜撰写，第2章由孔青青、段美珍、唐果媛、解贺嘉、刘敬仪撰写，第3章由魏蕊撰写，第4章由蒋新宇、杨丽娇撰写，第5章由贺延辉、杨志刚、陈成鑫撰写，第6章由金瑛撰写，第7章由崔雁撰写，第8章由沈东婧、张国瑞、张吻秋撰写，第9章由叶兰撰写，第10章由王铮撰写。2021级博士生任娇菡同学参与了书稿的校对。感谢他们的辛勤付出！在写作过程中，有许多专家给予了悉心的指导，特别是苏新宁教授一直以来的关切和支持，在此一并表示衷心的感谢！

在书稿初成之时，2020年春节前已经在武汉暴发的新冠肺炎疫情仍没有到拐点，大部分人都被困在家中，尽管可以远程办公、网络授课，但效果一定大打折扣，不过这也是没有办法的。我们只能期待尽早疫散花开，还武汉、湖北、中国一个清新而幸福的家园。

我们欣喜地看到，当前国内疫情渐趋平稳，尽管全国多地疫情时有起伏，但很快就被控制住，而国外的疫情依然严重。2020年是一个不平凡的年份，我们经历了种种考验，但我们对国家有信心、对战胜疫情有信心、对我们的学科有信心。疫情让我们真切地认识到，没有战胜不了的困难。我们的情报学与情报工作也在疫情中经历了挑战和考验，笔者为此于疫情期间还在《图书情报工作》期刊上专门策划组织了"图书情报应急服务与管理"专辑（2020年第15期），从300多篇征文中筛选出27篇进行发表，这既是图书情报人员面对疫情的一次学术理论与实践创新总结，也是对图书情报人员应对疫情所表现出的专业、执着和能力的一种致敬。

在任何时候、任何情境下，情报学与情报工作对一个国家的发展都具有不可替代性，未来也一定会焕发出不可比拟的活力，情报学与情报工作的作用与价值将会越来越大。我们图书情报人员应有这种自信。

初景利

2021年6月

目 录

第1章 国际视角下的情报学与情报工作 ·················· 1

1.1 中国语境的情报认识 ·················· 2
1.1.1 情报的词典定义 ·················· 2
1.1.2 中国的情报学与情报工作概述 ·················· 3

1.2 国外情报学与情报工作调研设计 ·················· 4
1.2.1 调研总体思路 ·················· 4
1.2.2 各个国家、地区的调研策略 ·················· 5
1.2.3 调研总体框架 ·················· 6

第2章 美国情报学与情报工作 ·················· 8

2.1 美国情报学的起源与发展 ·················· 8
2.1.1 情报学的起源 ·················· 8
2.1.2 主要发展阶段 ·················· 9

2.2 美国情报学理论 ·················· 10
2.2.1 情报学基础理论 ·················· 11
2.2.2 主要情报学理论 ·················· 14

2.3 美国情报工作机制 ·················· 21
2.3.1 情报服务业 ·················· 21

2.3.2 组织机构与业务范畴 30
2.3.3 情报运行管理机制 47
2.3.4 情报工作流程 54

2.4 美国情报界代表人物 61
　　2.4.1 情报学界代表人物 61
　　2.4.2 情报实践界代表人物 66

2.5 美国情报学教育 68
　　2.5.1 情报学教育的地位与目标 69
　　2.5.2 情报学教育课程体系 72
　　2.5.3 情报学教育改革趋势 74

2.6 美国情报学与情报工作的发展特点与影响 75
　　2.6.1 主要特点 75
　　2.6.2 社会影响 76

2.7 本章小结 77

第3章 英国情报学与情报工作 78

3.1 英国情报学的起源与发展 78
　　3.1.1 情报学的起源 78
　　3.1.2 主要发展阶段 79

3.2 英国情报学理论 80
　　3.2.1 情报学基础理论 80
　　3.2.2 主要情报学理论 81

3.3 英国情报界代表人物 84
　　3.3.1 情报学界代表人物 84
　　3.3.2 情报实践界代表人物 85

3.4 英国情报学教育 87
　　3.4.1 专注在信息服务基础上拓展特色信息服务 88
　　3.4.2 从新兴技术的角度研究信息行为与服务 92

3.4.3　将信息服务置于文化发展大背景下研究……………………95
　3.5　英国情报工作发展……………………………………………………100
　　　3.5.1　组织机构与业务范畴……………………………………………100
　　　3.5.2　情报运行管理机制………………………………………………106
　3.6　英国情报学与情报工作的发展特点与影响………………………108
　　　3.6.1　创建了世界上最早的国家情报机构……………………………108
　　　3.6.2　从不同角度研究和提出情报学理论……………………………109
　　　3.6.3　从不同方面拓展或改革情报学教育……………………………109
　3.7　本章小结………………………………………………………………109

第4章　日本情报学与情报工作……………………………………………111

　4.1　日本情报学的界定与发展……………………………………………111
　　　4.1.1　"情报学"的含义…………………………………………………111
　　　4.1.2　情报学的产生和发展……………………………………………113
　4.2　日本情报学的核心知识体系…………………………………………115
　　　4.2.1　情报学基本原理…………………………………………………115
　　　4.2.2　计算机情报处理原理……………………………………………116
　　　4.2.3　情报处理机械设备的设计技术及实施技术……………………116
　　　4.2.4　对于处理情报的人类社会的理解………………………………117
　　　4.2.5　情报处理系统的构建及应用技术、制度和组织………………117
　4.3　日本的情报服务产业…………………………………………………117
　4.4　日本情报学代表性学会………………………………………………120
　　　4.4.1　情报处理学会……………………………………………………121
　　　4.4.2　社会情报学会……………………………………………………121
　　　4.4.3　管理情报学会……………………………………………………121
　　　4.4.4　灾害情报学会……………………………………………………122
　4.5　日本情报学分支与情报学教育………………………………………122
　　　4.5.1　情报学分支………………………………………………………122

　　　　4.5.2　情报学教育……………………………………………… 126

　4.6　日本情报学与情报工作的发展特点与影响……………………… 128

　4.7　本章小结……………………………………………………………… 129

第5章　俄罗斯情报学与情报工作……………………………………… 130

　5.1　俄罗斯情报学的起源与发展………………………………………… 130

　　　5.1.1　情报学的起源………………………………………………… 131

　　　5.1.2　主要发展阶段………………………………………………… 136

　5.2　俄罗斯情报学理论研究及代表人物………………………………… 147

　　　5.2.1　捷姆尼科夫情报学派的信息通信控制理论………………… 150

　　　5.2.2　米哈伊洛夫情报学派的科学情报信息理论………………… 155

　　　5.2.3　叶尔绍夫情报学派的计算机及其应用理论………………… 163

　　　5.2.4　科林情报学派的综合科学基础信息理论…………………… 169

　5.3　俄罗斯情报工作发展………………………………………………… 176

　　　5.3.1　科技和社会科学情报组织机构及业务范畴………………… 176

　　　5.3.2　军事和警察情报管理体制基本框架………………………… 184

　5.4　俄罗斯情报学教育…………………………………………………… 194

　5.5　俄罗斯情报学与情报工作的发展特点与影响……………………… 195

　　　5.5.1　主要特点……………………………………………………… 195

　　　5.5.2　社会影响……………………………………………………… 195

　5.6　本章小结……………………………………………………………… 195

第6章　韩国情报学与情报工作…………………………………………… 197

　6.1　韩国情报学的起源与发展…………………………………………… 197

　　　6.1.1　情报学的起源………………………………………………… 197

　　　6.1.2　主要发展阶段………………………………………………… 198

　6.2　韩国情报学理论……………………………………………………… 205

　6.3　韩国情报工作发展…………………………………………………… 206

    6.3.1 情报服务业……………………………………………………… 206
    6.3.2 组织机构与业务范畴………………………………………… 207
    6.3.3 情报运行管理机制…………………………………………… 210
    6.3.4 情报工作流程………………………………………………… 212
  6.4 韩国情报学教育………………………………………………………… 213
    6.4.1 情报学教育的地位与目标…………………………………… 213
    6.4.2 情报学课程体系……………………………………………… 214
    6.4.3 情报学教育改革趋势………………………………………… 216
  6.5 韩国情报学与情报工作的发展特点与影响…………………………… 217
    6.5.1 主要特点……………………………………………………… 217
    6.5.2 社会影响……………………………………………………… 218
  6.6 本章小结………………………………………………………………… 218

第7章 以色列情报学与情报工作……………………………………………… 220

  7.1 以色列情报学的起源与发展…………………………………………… 220
    7.1.1 情报学的起源………………………………………………… 220
    7.1.2 主要发展阶段………………………………………………… 221
  7.2 以色列情报学理论……………………………………………………… 222
    7.2.1 情报学基础理论……………………………………………… 222
    7.2.2 主要情报学理论……………………………………………… 226
  7.3 以色列情报工作机制…………………………………………………… 230
    7.3.1 情报服务业…………………………………………………… 230
    7.3.2 组织机构与业务范畴………………………………………… 234
    7.3.3 情报运行管理机制…………………………………………… 236
    7.3.4 情报工作流程………………………………………………… 237
  7.4 以色列情报界代表人物………………………………………………… 237
    7.4.1 情报学界代表人物…………………………………………… 237
    7.4.2 情报实践界代表人物………………………………………… 244

7.5 以色列情报学教育 ·· 245
　　7.5.1 情报学教育的地位与目标 ·· 245
　　7.5.2 情报学课程体系 ·· 246
　　7.5.3 情报学教育改革趋势 ·· 251
7.6 以色列情报学与情报工作的发展特点与影响 ································ 252
　　7.6.1 主要特点 ·· 252
　　7.6.2 社会影响 ·· 252
7.7 本章小结 ·· 253

第8章 印度情报学与情报工作·· 254

8.1 印度情报学的起源与发展 ·· 254
　　8.1.1 情报学的起源 ·· 254
　　8.1.2 主要发展阶段 ·· 255
8.2 印度情报学理论 ·· 257
　　8.2.1 情报学基础理论 ·· 257
　　8.2.2 主要情报学理论 ·· 259
8.3 印度情报工作机制 ·· 260
　　8.3.1 情报服务业 ·· 260
　　8.3.2 组织机构与业务范畴 ·· 261
　　8.3.3 情报运行管理机制 ·· 265
　　8.3.4 情报工作流程 ·· 267
8.4 印度情报界代表人物 ·· 267
　　8.4.1 情报学界代表人物 ·· 267
　　8.4.2 情报实践界代表人物 ·· 268
8.5 印度图书情报学教育 ·· 269
　　8.5.1 图书情报学教育的地位与目标 ·· 269
　　8.5.2 图书情报学课程体系 ·· 270
　　8.5.3 图书情报学教育改革趋势 ·· 271

8.6 印度情报学与情报工作的发展特点与影响 …… 272
8.6.1 主要特点 …… 272
8.6.2 社会影响 …… 275
8.7 本章小结 …… 276

第9章 澳大利亚情报学与情报工作 …… 278

9.1 澳大利亚情报学的起源与发展 …… 278
9.1.1 情报学的起源 …… 279
9.1.2 主要发展阶段 …… 280
9.2 澳大利亚情报学理论 …… 285
9.2.1 LIS 理论研究主题的识别 …… 285
9.2.2 主要理论 …… 288
9.3 澳大利亚情报工作发展 …… 293
9.3.1 组织机构与业务范畴 …… 293
9.3.2 情报运行管理机制 …… 302
9.4 澳大利亚情报学教育 …… 303
9.4.1 情报学教育的地位与目标 …… 303
9.4.2 情报学课程体系 …… 306
9.4.3 情报学教育改革趋势 …… 317
9.5 澳大利亚情报学与情报工作的发展特点与影响 …… 319
9.5.1 主要特点 …… 319
9.5.2 社会影响 …… 321
9.6 本章小结 …… 324

第10章 中外情报学与情报工作比较与启示 …… 325

10.1 全球视野下国外情报学与情报工作发展特点 …… 325
10.1.1 各国情报体制差异性分析 …… 325
10.1.2 统一框架下的多维度比较 …… 329

         10.1.3 情报事业发展一般性规律 …………………………………… 331
　10.2 比较视角下中国情报学与情报工作发展对策 ……………………… 333
         10.2.1 我国情报学与情报工作的主要矛盾 ……………………… 333
         10.2.2 我国情报学与情报工作的发展策略 ……………………… 336

参考文献 ……………………………………………………………………… 343

索　引 ………………………………………………………………………… 359

第1章
国际视角下的情报学与情报工作

大数据、云计算、数字化转型等标志着社会信息化建设进入深化阶段。新时代的信息基础设施、信息资源、信息用户、信息服务等的新形态、新手段给情报学与情报工作带来冲击的同时,也提供了变革的动力。要推进中国情报学与情报工作的内涵式发展,实现与国际接轨,增强中国声音和对话实力,需要以全球化视野,调研各国的情报学与情报工作情况,系统化梳理国外发展经验;继而,结合中国实际情况,为打造中国特色的情报学与情报工作做好支撑,为新时代中国特色的情报学与情报工作开拓新局面带来"他山之石"。

诚然,当下中国语境的本土情报学与情报工作是复杂难辨的,而且中国情报学界在国际上的声音和影响力还相对较小。对"情报是什么"的认识,受时代、社会环境、行业领域、特定语境等诸多因素影响,至今国内学界尚未形成共识。放眼全球,情报学与情报工作对象的多元化及变化性,导致不同国家及行业领域的情报学与情报工作呈现出风格各异的发展路径与内涵特色。中国情报学和其他国家的专业对应与对话也是错综复杂的。在中国情报学学术共同体中,各说各话、错位对接、一厢情愿等学术话语使用与交流问题较为突出。

因此,放眼国际,对跨国家、跨社会环境、跨语言文化的情报学与情报工作进行系统化梳理与研究分析,其现实需要与现实难度是显而易见的。

本章首先树立中国立场,分析了中国语境下的情报本质、情报学与情报工作发展脉络;其次在国际视角下,将对中国情报学产生影响的各国情报学与情报工作进行提纲挈领式介绍,勾勒出国际学术影响关系;最后搭建起全书的调研分析框架。

1.1 中国语境的情报认识

1.1.1 情报的词典定义

根据已有文献,"情报"是一个外来词。19世纪末,日本学者森鸥外在翻译卡尔·冯·克劳塞维茨的《战争论》时将德语"nachrichten"译为"情报",后经留日中国学生引入国内。此时情报的时代语境是民国时期,所属领域是军事战争,即狭义的"军事情报"。虽然,现在尚未有文献材料证明,中国古代直接使用过"情报"一词,但情报的思想,以及"情"与"报"这两个字在军事谋略中的使用非常普遍,最典型的代表即《孙子兵法》。

基于此认识,中国的情报思想可谓源远流长,日本人将"情报"一词进行了概念化使用。情报最早作为专业术语在军事战争领域开始使用,且长久以来,与普通大众对情报的理解保持一致。随着时代与社会的发展,在中国语境中"情报"一词的使用也在不断发展变化。

从中国两部权威辞书(《辞源》和《辞海》)的修订版本可以看出"情报"一词内涵的一些演变。

1915年初版《辞源》将情报定义为"军中集种种报告,并预见之机兆,定敌情如何,而报于上官之者",而2015年第三版《辞源》中没有收录"情报"一词。鉴于《辞源》主要收录古汉语,也从一个侧面说明,情报是"年轻"的近现代词汇。

《辞海》各版本收录"情报"一词的定义列举如下:
- "战时关于敌情之报告,曰情报。"——1939年版《辞海》
- "(1)以侦察手段或其他方法获得的有关敌人军事、政治、经济等方面的情况,以及对这些情况进行了分析研究的成果,是军事行动的重要依据之一。(2)泛指一切最新的情况报道,如:科学技术情报。"——1979年版《辞海》
- "获得他方有关情况以及对其分析研究的成果。按内容和性质分为政治情报、经济情报、军事情报和科技情报等。军事情报与政治、经济、科技等情报是紧密联系的。"——1989年版《辞海》
- "获取的他方有关情况以及对其分析判断的成果。按内容和性质分为政治情报、经济情报、军事情报和科技情报等。其中军事情报按使用范围,分为战略情报、战役情报和战术情报。"——1999年版《辞海》
- 2009年版《辞海》中无"情报"一词。

从《辞海》修订系列版本中"情报"定义的变化情况可以看出，在中国语境中，"情报"一词的使用一直带有竞争性与对抗性，早期且长期一直在军事政治领域，后扩展到科学技术、社会经济发展等领域。

在中国特色社会主义新时代的总体国家安全观指导下，随着《中华人民共和国国家情报法》的颁布、国家安全体系的全面构建，出现了强化的情报意识、跨界的情报融合，不同来源的情报声音在思考、在行动。

情报是一个发展中的动态概念，它既不是一个笼统化的抽象概念，也不是一个集合式的"伞状"术语。情报的本质是稳定的，但其内涵与功能会随社会发展不断演化，始终与社会宗旨、社会价值观保持一致。

在中国语境下，对情报的认识不宜笼统化、过度抽象化。继而，放眼全球，各个国家、地区的情报学与情报工作在内涵、类型、行业、实践等方面存在不同程度的差异，比较恰当的做法是多维度、分层化进行考察分析。

1.1.2 中国的情报学与情报工作概述

情报不是一个通用概念，其具有情景专属与领域限定两个特征属性。因此，围绕情报活动的情报学与情报工作也不能笼统而论，各个国家、地区的情报学与情报工作也因情报活动特点不同而有所不同。

情报活动的专业化与行业化，使得情报工作逐渐成体系、成规模。在不断丰富、完善的情报工作实践基础上，情报学的学科建制逐渐构建起来。从学科属性上看，情报学是典型的应用型学科专业，生根于情报工作实践，因此，情报学与情报工作是理论与实践的一体两面，不可分割。

从新中国成立之初至今的主要发展阶段看，中国情报学学科建制主要建构在以科技文献为基础的科学技术情报工作上。中国的科学技术情报工作早期学习苏联模式，自上而下构建起全国范围的各级情报工作系统，定位为科技发展的支撑保障，以作战式的"尖兵、耳目、参谋"为专业理念。随着人文社科的繁荣发展，情报工作继而扩展到社会科学情报工作，再到改革开放之后的商业情报工作等。

随着信息通信技术（ICT）的快速发展，在计算机与互联网出现之后产生的网络舆情及当下智慧社会建设中智能情报等新的情报名词陆续出现。情报学内涵与情报工作涉足的版图在不断扩展，多学科交叉、跨领域实践普遍。

在中国经济社会转型变革时期，卢泰宏等人提出"大情报观"，"从科技情报延拓到各类社会要求的情报、从单一的情报系统演变为综合的社会情报系统"[①], "情报+"模式的理念一直在不断变化的信息资源环境中自觉或不自觉地践行着。

从总体发展脉络上看，中国情报学一直和与文献工作属性相关度较大的信息类学科（如图书馆学）共生、共谋、共发展。与此同时，军事情报学在军事学门类下的军事指挥学中与作战指挥学、军事运筹学、军事密码学相近发展，公安情报学在法学门类下的公安学下发展，医学情报学则分属于科技情报分支，相近又独立发展。

1.2 国外情报学与情报工作调研设计

1.2.1 调研总体思路

由于中国的情报复杂性，在国际视野下考察各国情报学与情报工作是一项具有挑战性的研究任务。

与情报紧密相关的信息也不是孤立、静止存在的，其具有连续性、运动变化性。信息是情报的基础，情报与信息之间具有无法割裂的事实关系，在调研国外情报学与情报工作时，不可避免地会涉及中国情报，对应information、intelligence两种情况。

我们认为，一条较为可行的总体思路是：立足中国的情报现实，在信息链上，从各个环节，不同维度、多层次地考察各个国家、地区的情报学与情报工作，尽可能全面涉及和综合梳理各个国家、地区的情报学理论方法与情报工作实践。

关于信息链，中国学者梁战平在《情报学若干问题辨析》一文中首度提出[②]，信息链由事实（Facts）、数据（Data）、信息（Information）、知识（Knowledge）、情报、智能（Intelligence）六个链环构成。情报学与情报工作落在信息链中的相关环节上，在全面综合调研的基础上，力求突出各个国家、地区的情报工作特点。美国著名学者马克卢普在《信息的研究：跨学科消息》（*The Study of Information：Interdisciplinary Messages*）一书中辑录了与信息研究有关的学科专业，如计算机科学、图书馆信息学、人工智能、认知科学、语言学、系统论、控制论等[③]。因此可推论，情报学亦是典型的交叉学科，调研过程中会涉及多学科知识、跨专业领域问题。

[①] 卢泰宏，杨联纲. 变革中的情报工作新观念与新方式[J]. 科技情报工作，1987（3）：2-5.
[②] 梁战平. 情报学若干问题辨析[J]. 情报理论与实践，2003（3）：193-198.
[③] MACHLUP F U. The study of information：interdisciplinary messages[M]. New York：Wiley-Interscience，1983.

1.2.2 各个国家、地区的调研策略

从军事情报追根溯源，情报工作可谓源远流长。若从第二次世界大战之后科技发展时期的科技情报工作算起，情报学已有70余年的历史。此次调研秉承"大情报观"（情报多元化），对世界主要国家、地区的情报学与情报工作进行了全面的调查分析。

在当前世界格局下，欧美国家的情报学与情报工作是此次调研的第一梯队。英国与美国在军事情报、战略情报、公安情报、科技情报、经济情报、图书情报等方面都全面领先。澳大利亚图书情报的研究与发展受到英美两国的影响，以信息为中心的应用型研究较为突出，这也是此次调研关注的主要方面。

俄罗斯是当今世界大国。苏联的情报学与情报工作曾在世界范围内产生重要影响。特别值得一提的是，我国科技情报工作体系是效仿苏联模式建立起来的。20世纪80年代，苏联的情报学理论与教育被引入国内，如米哈伊诺夫的《科学交流与情报学》对中国情报学发展起到了重要的推动作用。俄罗斯的情报学者多数具有理工科背景，在情报技术与情报工程方面做出了重要的学科贡献。在情报工作方面，俄联邦情报法制建设是政治体制转型的重要组成部分，注重以情报立法规范情报系统的发展，现已形成相对齐备的情报法制体系。

在东亚地区，与中国相邻相近的日本和韩国的情报学与情报工作也是此次调研的重点。日本国内主要使用"情報"一词，广泛对应英文中的information、data、intelligence等。日本的"情報"属于"大情报"，可以看作信息链全环节的研究与实践综合。日本的情报系统建设和全民情报意识是全球领先的，军事情报和社会情报的分析研究方面的经验丰富且实力雄厚。韩国的情报学与情报工作也是从军事情报发展起来的，其内涵和形式随着社会实践的发展也在不断发生着变化。韩国的情报包含文献、军事和知识三种含义，具体指向需要结合上下文进行阐释。此次调研基于这三种含义，主要对韩国情报学分支、情报工作机制、主要情报机构（国家情报院、科技政策研究院、科技情报研究院等）、教育机构、法律保障等方面进行了研究分析。

在南亚地区，印度曾隶属英国殖民地，作为历史悠久的文明古国之一，其情报学与情报工作有其历史厚重感和开放包容性。自1947年印度独立后，印度的情报工作进入全面建设阶段。在发展中国家队伍里，印度的情报系统处于前列。此次调研主要对公共领域的情报工作、情报学发展阶段、情报教育进行了研究分析。

相较于其他国家，中东地区的以色列情报工作具有地域政治特点。以色列是以犹太人为主的小国家，以色列的情报机构是在国家建立的过程中逐渐形成的。从某种意义上

说，以色列情报机构不仅是国家安全的维护者，更是国家的缔造者[①]。此次调研重点分析了两个方面的情报工作：面向国家安全防范的军事情报工作和面向国家发展的智库建设情况。

除此之外，由于语言及专业背景原因，德国和法国的情报学与情报工作没有被列入此次的调研，有待进一步扩充、完善。

1.2.3 调研总体框架

由于国情差异，各国的情报学与情报工作实际差异性很大，很难用一个分析框架对各国进行统一研究。为了理顺章节条理和方便阅读、比较，从内容结构上提出基础分析框架，各章节在遵照此分析框架的基础上，根据各国实际情况扩展分析维度（图1-1）。

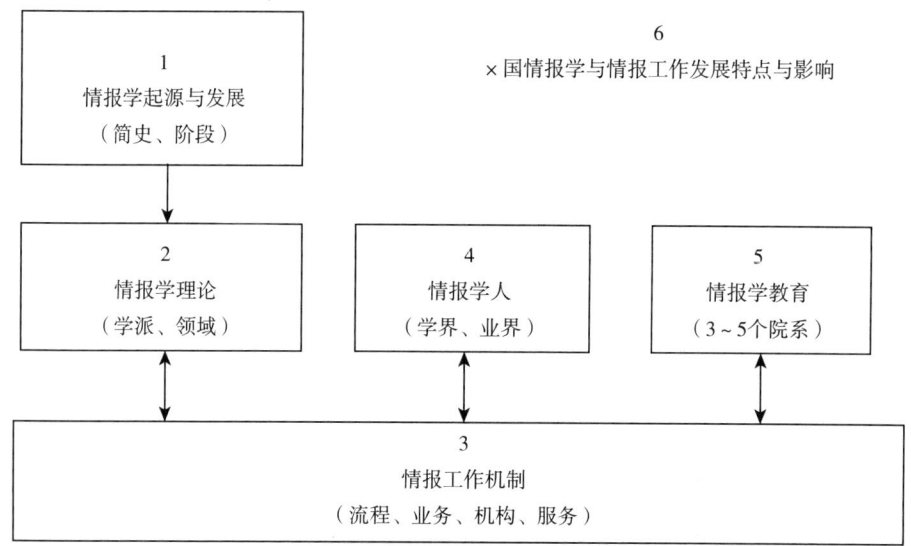

图1-1 基础分析框架

基础分析框架分为6个部分，具体包括：①情报学起源与发展，简要介绍该国情报学的发展历史和主要阶段；②情报学理论，梳理该国情报学的主要学派及专业情报领域（如军事、科技、智库等）的建设发展情况；③情报工作机制，主要对各国情报工作流程、业务、机构与服务等做全景式线描；④情报学人，重点介绍该国情报学界和情报工作业界两个方面有影响力的代表人物；⑤情报学教育，有针对性地选择3~5个院系进行

---
① 高金虎.中西情报史[M].南京：江苏人民出版社，2017：561.

案例式介绍，了解各国情报专业人才的培养模式和特点；⑥在前5个部分的基础上，总结该国情报学与情报工作的发展特点，分析其在全球的影响。图1-1中箭头表示每个部分与其他部分之间的衔接与呼应关系，包含双向与单向两种箭头。

本书最后一章在调研各国情报学与情报工作的基础上，进行各国间横向比较分析，立足中国情报学与情报工作，提出一些对策和建议。

第 2 章
美国情报学与情报工作

美国作为现代意义上情报学的发源地和发展重地,其发展水平处于世界领先地位。深入分析美国情报学与情报工作发展的基本情况和规律,对世界各国情报学和情报事业的发展具有重要的参考借鉴价值。

2.1 美国情报学的起源与发展

2.1.1 情报学的起源

情报学的源头是文献学,可追溯到 1895 年比利时奥特莱(P. Otlet)和拉封登(La Fontaine)等人创立的国际目录学会(International Institute of Bibliography,IIB),1931 年更名为国际文献学会(International Institute of Documentation,IID),1937 年再次更名为国际文献联合会(International Federation for Documentation,IFD)。文献工作和文献学为情报学的产生奠定了基础。文献工作和文献学于 19 世纪在欧洲开始后,于 20 世纪 30 年代传到美国,其标志性事件是 1937 年美国文献工作协会(American Documentation Institute,ADI)的创建。该协会于 1938 年创办了《文献复制杂志》(*Journal of Documentation Reproduction*,*JDR*),于 1950 年更名为《美国文献工作》(*American Documentation*)。1968 年,ADI 更名为美国情报科学学会(American Society for Information Science,ASIS),《美国文献工作》相应更名为《美国情报学会杂志》(*Journal of American Society for Information Science*,*JASIS*),作为该学会会刊。2000 年,ASIS 加入技术内涵后更名为美国情报科学与技术学会(American Society for Information Science& Technology,ASIS&T),其会刊再次更名为《美国情报科学与技术学会杂志》(*Journal of the American Society for Information Science and Technology*,*JASIST*)。情报学

的产生除了具有文献学的学科渊源外，还具有深刻的社会背景。第二次世界大战期间，文献工作已被认为是军队战斗力的重要因素之一①。第二次世界大战前后，随着信息的急剧增长并成为重要的战略资源，以及科学技术的快速发展，美国对情报加工、处理及分析工作的需求不断增强，这些因素成为推动文献学向情报学转变的强大动力②。

2.1.2 主要发展阶段

美国情报学根据其发展程度大体分为以下 5 个阶段③。

20 世纪 40 年代，情报学作为一门学科得以形成。1945 年 7 月，美国科学研究与发展局局长布什（Vannerar Bush）发表了《诚若所思》（As We may Think）一文，首次提出了机械化检索的设想，此篇文章被公认为情报学的开端，奠定了情报学最初的理论基础。可以说美国是情报学的发源地。1953 年，荷兰学者法拉丹（J.F.Farrandance）首次提出"情报学家"（Information Scientist）这个名称。1955 年，"情报学"（Information Science）作为一个学科名称第一次被使用。

20 世纪 50 年代，情报学处于初期发展阶段。美国学者 M. 陶伯、C.N. 莫尔斯、谢尔曼·肯特（Sherman Kent）、H.P. 卢恩等的一系列研究成果为情报检索技术的发展奠定了基础。其中，情报理论学家肯特被誉为美国的"战略情报之父"和"情报分析之父"，提出了"情报是知识、情报是组织、情报是活动"的著名论断；美国科学家 C. 柴瑞宣布在美国把各种各样的交流研究与活动统一于情报学；美国的情报手工检索开始越来越多地转为使用计算机检索系统，美国开始推动情报学显现出交叉学科的性质。

20 世纪 60—70 年代，情报学处于快速发展阶段。美国在这一时期为情报学的发展贡献了很多影响至今的成果。加菲尔德发明了引文索引，并编成了《科学引文索引》（Science Citation Index，SCI）；同时期普赖斯提出了科学文献指数增长定律和衡量科学文献老化的普赖斯指数；美国各机构引入计算机实现了自动编排并建立情报检索系统，如 1961 年美国化学文摘社用电子计算机实现了"化学题录"的自动编排，1962 年美国国家航空航天局（National Aeronautics and Space Administration，NASA）建立了计算机化的 RECON 情报检索系统，1964 年美国国立医学图书馆（National Library of

---

① 霍国庆，汪冰. 穿越冷战的情报科学史及其启示：理查兹"情报科学与冷战的结束"评介［J］. 情报科学，1998（2）：89-95.
② 贺德方. 数字时代情报学理论与实践：从信息服务走向知识服务［M］. 北京：科学技术文献出版社，2006：68-69.
③ 查先进. 情报学研究进展［M］. 武汉：武汉大学出版社，2007：1-8.

Medicine，NLM）建成了 MEDLARS 医学文献分析与检索系统；萨拉赛维克于 1970 年出版了情报学界的经典著作《情报学导引》，提出了情报社会传播理论[①]。

20 世纪 80—90 年代初期，情报学进入基础理论与技术的研究深化阶段。兰卡斯特出版了《电子时代的图书馆和图书馆员》，讨论了联机系统问题；理查兹在论著《情报科学与冷战的结束》中，以丰富的史料勾画出了冷战期间世界情报科学，特别是美国情报科学发展的脉络，并且展望了冷战结束后情报科学的发展方向；芝加哥大学情报学家斯旺森博士创立了基于文献的知识发现法，并配套开发出 Arrowsmith 系统。

20 世纪 90 年代中期及以后，情报科学逐步走向基于新技术的快速发展时期。为了研究美国 1990 年以来的情报学理论研究进展，应该厘清与美国情报学发展紧密相连的美国重大社会事件和国家安全事件。1991 年冷战结束对于美国情报学的发展是一个重要的分水岭。冷战期间，基于美国与苏联之间的竞争，美国在科学技术和情报技术方面投入了许多资金，从而促进了美国情报学的繁荣发展。随着冷战的结束，美国政府和公众把对军备和太空竞争的关注转向了环境和社会威胁（如海洋污染、人口超载等），此时美国情报学的发展优势在减弱[②]。再次让情报学隆重进入公众视野和引起国家重视的标志事件是 2001 年发生的"9·11"事件，即 2001 年 9 月 11 日发生在美国纽约世界贸易中心的恐怖袭击事件。2002 年，对伊拉克大规模杀伤性武器调查的错误结论导致美国发动伊拉克战争，此后美国加强了对情报失察和情报分析的研究。2013 年 6 月，震惊世界的美国"斯诺登事件"使得国家信息情报问题进入了大众的视野，如何保护国家的信息情报安全也成了公众关注的焦点话题。

2.2 美国情报学理论

在美国，情报理论研究是情报建设的重要组成部分，也是情报建设的基础智力支撑，对于总结、升华经验并为情报发展提供理论先导，起到了不可替代的作用。不仅如此，情报理论研究对于美国国家安全体系的构建与调整、国家安全政策的制定与实施、战争形态和作战方式的变革与检验等，也具有不可忽视的影响[③]。

[①] 靖继鹏，马费成，张向先.情报科学理论［M］.北京：科学出版社，2009：111.
[②] 霍国庆，汪冰.穿越冷战的情报科学史及其启示：理查兹"情报科学与冷战的结束"评介［J］.情报科学，1998（2）：89-95.
[③] 张晓军.美国情报理论研究的宏观考察［J］.情报杂志，2017，36（2）：1-7, 19.

美国的情报理论研究发端于20世纪40—50年代末,发展于60—70年代,兴盛于80—90年代,到20世纪90年代,美国的情报学已发展成为一门较为成熟的学科,90年代后美国的情报学开始变革转型,至今仍保持着蓬勃的发展势头。2019年1月22日,美国发布《2019国家情报战略》,为美国17个情报机构未来4年的工作指明方向、制定路线图并确定情报工作优先事项。其中,包括七大任务目标:战略情报;预期情报;当前行动情报;网络威胁情报;反恐情报;反扩散情报;反间谍和安全,处理来自外国情报机构和内部人士的威胁。美国的情报理论主要围绕安全和军事情报来展开,司法情报等分支理论或部门理论还没有建立起来[①]。

2.2.1 情报学基础理论

(1) 概念及学科属性

关于情报学的定义,美国情报学家是世界上最早开始研究的,可追溯至20世纪60年代末期。美国情报科学学会哈罗德·勃考于1968年对情报学的定义为:情报学是一门研究情报的行为与属性,处理信息使其易于获得和易于使用的最适宜方法的学科[②]。情报学关注的是与信息的产生、收集、组织、存储、检索、解释、传播、转换和使用相关的知识体系,情报学来源于以下学科并且与它们相关:计算机科学、数学、逻辑学、语言学、心理学、运筹学、图形艺术、传播学、图书馆学、管理学及其他相关的领域。情报学具有跨学科的属性。国际标准化组织ISO在1979年对情报学的定义是:对情报的功能和结构、传递的研究和情报系统管理的研究[③]。

情报学在美国自诞生起,一直将解决信息生产和利用之间的矛盾作为基本任务,具有稳定的学科边界,但情报学还是一门交叉性、综合性的学科。它的理论基础涉及许多相关学科,如图书馆学、文献学、计算机科学、数学、经济学、系统学、军事学等,而且随着情报学的不断发展,其理论基础还在逐渐夯实。情报学的综合性属性,主要体现在多学科的综合、多种知识和技术的综合、情报研究成果的综合性上。情报学的本质是在对知识的有序化和激活化的基础上提供知识服务。情报学的基础理论经历过两次转变:一次是从以情报和整个情报交流过程为研究对象转向以信息活动为研究对象;另

---

① COYNE J W, BELL P. Strategic intelligence in law enforcement: a review [J]. Journal of policing, intelligence and counter terrorism, 2011 (6): 23-39.
② HAROLD B. Information science: what is it? [J]. American documentation, 1968 (1): 3.
③ 靖继鹏,马费成,张向先. 情报科学理论 [M]. 北京:科学出版社,2009:13.

一次是从泛化的信息科学转向以知识和智能为核心的真正的情报学[①]。情报学虽然具有交叉学科性质，但其具有专门的研究方法，这被视为情报学作为一门独立学科的显著标志。情报学研究方法中最具特色的是文献计量学，从统计学的角度研究文献的发展规律，并在此基础上衍生出信息计量学、网络计量学、替代计量学、知识计量学等。

（2）学科理论基础

1）哲学理论基础

哲学是研究整个世界一切事物、现象的共同本质和普遍规律的科学。情报学理论的发展也需要依托哲学理论基础，各国情报学家始终在探索能积极推动情报学理论发展的哲学理论基础，目前情报学家们已研究形成了多种情报学理论哲学基础。就美国而言，以科学哲学历史主义学派代表——美国哲学家库恩的"科学范式"为哲学基础，基于其范式理论和科学发展动态模式，确立了情报学范式，帮助情报学家从整体来把握情报学的发展[②]。

2）跨学科理论基础

美国情报学家 A. Debons 在论著《情报科学：一种综合观》中阐述了情报学的一个研究前提是情报学具有跨学科特征，它是关于记录知识的存储和检索，或认知心理、人的信息处理、交流技术的一门学科，所有这些领域及其他领域都将为情报学做出贡献[③]。情报学的跨学科性使得其吸收了其他多门学科的理论，这些均构成了情报学的理论基础，可以多角度地推动情报学发展。

苏州大学阚振分析了 Web of Science 数据库中情报学的相关引文文献[④]，时间跨度为 2007—2011 年，根据情报学多学科交叉特性选出了 6 个与情报学关系最为紧密的学科：计算机科学、图书馆学、医学信息学、管理学、数学和通信学。

计算机科学：计算机技术改变了情报的收集、整理、存储、组织、检索和利用等工作方式，提高了情报分析的效率，基于计算机网络技术发展起来的智能化和网络化分析工具，创新了情报研究的方法，这些已成为现代情报学的重要支柱，美国情报学家萨拉

---

① 贺德方. 数字时代情报学理论与实践：从信息服务走向知识服务[M]. 北京：科学技术文献出版社，2006：68-69.
② 张恒. 情报学研究的哲学理论基础：现代阐释学[J]. 情报探索，2009（6）：34-36.
③ 查先进，严密. 走向多学科融合的情报学[J]. 高校图书馆工作，2006（1）：1-7.
④ 阚振. 美国情报学前沿热点的可视化分析[D]. 苏州：苏州大学，2013：11-15.

赛维克在20世纪就意识到，计算机技术与情报学发展不是竞争关系而是互补关系①。

图书馆学：情报学和图书馆学都是在文献学和文献工作的基础上产生和发展的，二者是同宗同源的关系，密切关系可见一斑。在 Web of Science 数据库中，图书馆学和情报学合并在同一个学科类别下（Information Science & Library Science）。情报学与图书馆学研究的交叉点有信息检索、信息服务和信息基础理论。

医学信息学：美国有非常发达的医学图书馆和高效率的信息传播系统，美国医学在信息技术发展的背景下产生了数量庞大的信息，这就需要借助于情报学的相关理论去进行分析和管理，如病案信息管理、医学信息管理和知识管理均可作为情报学的理论框架②。

管理学：情报学的产生源于解决信息爆炸带来的文献数量猛增的现象与无法满足大众情报需求之间的矛盾，因此，如何对情报进行科学、有效的管理以使其发挥最大作用是情报学的研究内容之一。可供情报学吸收借鉴的管理学理论基础有激励理论、决策理论、危机管理理论、知识管理理论。

数学：在对情报研究对象进行定量化研究时需要使用到数学中的概念、理论和方法，特别是对随机现象进行分析时，情报学需要借用概率论与数理统计的方法。其他可供情报学利用的数学理论有数学分析、线性代数、集合论、模糊数学和运筹学等。

通信学：美国情报学家罗伯塔·沃尔斯泰特将通信学领域的"信号"和"噪声"两个概念引入了情报学领域，开创性地提出了一套全新的情报分析理论——"信号与噪声"理论。该理论包含两层意思：一是信号总是模糊的、不确定的；二是在信号中还混杂着大量阻碍人们正确理解真正有用信息的信号，即噪声。由此可以管窥情报学与通信学的内在联系③。

（3）主要研究内容

2001年，《情报学文摘》（*Information Science Abstract*，*ISA*）主编唐纳德·T.霍金斯在美国情报科学学会会刊上通过回溯情报学概念发展历史，分析其他学者给出的情报学定义，利用绘制的情报学映射图提出了情报学的定义。在映射图中，霍金斯将情报学的研究内容总结为情报的属性、信息获取、信息产业/市场/参与者、知识组织、出版

---

① SARACEVIC T. Interdisciplinary nature of information science［EB/OL］.［2019-03-07］. http：//dici.ibict.br/archive/00000598/01/natureza_interdisciplinar.pdf.
② 何小菁. 医学信息学的三个科学范式［C］// 中国医院协会病案管理专业委员会. 中国医院协会病案管理专业委员会第二十三届学术会议论文集. 西宁，2014：4.
③ 高庆德. 美国情报组织揭密［M］. 北京：时事出版社，2016：231-232.

业、电子信息系统、在线搜索、查新、数据库设计、历史等 12 个方面，同时还概括出情报学的相关学科和领域有计算机技术、法律和政府、行为科学、图书馆学、统计学、传播学等①。

2003 年，霍金斯与拉尔森、卡顿设计出新的情报学分类体系，面向实际工作将情报学的研究内容分为 11 个方面，即情报学研究，知识组织，情报职业，社会事务，信息产业，出版发行，信息技术，电子信息系统和服务，特定主题资源及其应用，图书馆和图书馆学，政府、立法信息及发布。这种划分方法实际上是对情报学内涵的一种界定。

2003 年，美国情报科学技术学会主席哈恩从宏观角度，基于情报学在社会发展背景中的作用，将情报学的重大发展概括为五大方面：通过建立文献计量学方法测度了信息爆炸；通过发明引文索引系统抑制了信息爆炸；通过计算机存储和检索系统将计算机技术应用于文献和文献记录的处理；研究了用户需求、信息查询和选择行为；建立了国家信息政策②。

2.2.2 主要情报学理论

20 世纪 90 年代后，美国发展的情报理论主要包括情报失察理论、情报分析理论、竞争情报理论、公开来源情报理论、情报共享和融合理念。

（1）情报失察理论

情报失察（Intelligence Failure）所面向的对象是已然实践，即情报对威胁或危险未能及时警告或对情况误判等。情报失察研究的意义在于探究失察的原因，可以启发避免失察的智慧，获得后见之明，可以启发先见之明③。

情报失察的研究源于 20 世纪 40 年代第二次世界大战中频频出现的重大军事失误和意外打击，如珍珠港事件、德国突袭苏联等。在情报失察研究的摸索阶段，研究者们关注的是对第二次世界大战中及第二次世界大战后的政治、军事冲突中呈现的情报失察现象进行还原和过程解析④。20 世纪 90 年代中后期，随着苏联解体和冷战的结束，各国开

---

① HAWKINS D T. Information science abstracts: tracking the literature of information science. Part 1: definition and map [J]. Journal of the American society for information science and technology, 2001, 52 (1): 44-53.

② HAHN T B. What has information science contributed to the world? [J]. Bulletin of the American society for information science and technology, 2003, 29 (4): 2-3.

③ 张晓军. 美国情报理论研究的宏观考察 [J]. 情报杂志, 2017 (2): 5-11, 23.

④ 江洁, 徐志峰. 国内外情报失察研究述评 [J]. 图书情报工作, 2011, 55 (6): 24-28.

始广泛重视情报学,情报失察研究进入了发展时期,开始引入其他学科的相关理论。

对美国来说,反思失误和自我纠偏是其文化特点。法国思想家托克维尔在考察美国的民主后发现:美国人的优势之一在于他们犯了错误后能够改正[①]。美国情报失察研究的暴发是从2001年"9·11"事件和2003年伊拉克大规模杀伤性武器调查的错误结论导致美国发动伊拉克战争开始的。

在情报失察研究成果中,大多数聚焦于情报失察原因的剖析。初期,情报失察主要采用情报学相关理论和分析方法,从情报工作的资源、方法和流程等方面来研究情报工作中的失察,情报学相关理论包括情报循环理论和情报周期理论等[②]。具体研究的内容包括分析军事情报流程中导致失察的基本元素[③]、研究美国情报失察历史,以及政府吸收和解释情报的过程,总结出"9·11"事件中情报失察的重要原因是美国情报机关在搜集和分析情报过程中出现的人员不足、任务分散、重心错误等问题。

(2)情报分析理论

美国《国防部军事与相关术语字典》对情报分析的定义为:通过对全源数据进行综合、评估、分析和解读,将处理过的信息转化为情报,以满足已知或预期的用户需求的过程[④]。情报分析时情报工作流程中至关重要的环节是将信息转化为情报的枢纽,同时也是情报价值得以实现的关键[⑤]。

20世纪40年代中期到60年代中期,是情报分析理论的初步创立阶段。代表成果有:威廉·兰格开创了情报分析理论的基本范式和科学基础;谢尔曼·肯特提出了基本分析模式"分析金字塔"和战略情报分析的理论体系。这两位代表为美国战略情报分析家开创了情报分析的新模式,奠定了情报分析的理论基础。

20世纪60年代中期到90年代初期,是情报分析理论的发展壮大阶段。代表成果有:查理兹·休尔借用认知心理学关于人们在信息模糊的情况下如何进行判断的理论,提出了情报分析心理学,深入揭示了长期困扰情报分析人员的难题,并提出了解决问题的可行方法;戴维·舒姆对情报分析的各个要素(假定、依据、设想)进行研究,从微

---

① 托克维尔.论美国的民主:上卷[M].董果良,译.北京:商务印书馆,2002:257.
② 江洁,徐志峰.国内外情报失察研究述评[J].图书情报工作,2011,55(6):24-28.
③ O'LEARY J. Surprise and intelligence towards a clearer understanding[R]. Air War College Maxwell AFB AL,1997.
④ U. S. Joint Chiefs of Staff. Joint publication 1-02:department of defense dictionary of military and associated terms(as amended through 15 March 2015)[M]. Washington,D.C.:GPO,2010:14.
⑤ 张晓军.美国情报理论研究的宏观考察[J].情报杂志,2017(2):5-11,23.

观视角解剖情报分析过程；罗伯特·盖茨推行"以政治为导向"的分析理念，要求情报分析人员主动去营造良好的互动关系，以最大限度吸引政治家的注意，提升情报产品的审核标准，比较强调"官僚主义"和"投机主义"。

20世纪90年代初期以来，美国的情报分析理论逐渐走向完善。2001年"9·11"事件及2003年美国对伊拉克拥有大规模杀伤性武器调查的情报分析失误，使得美国情报界开始反思情报分析理论与实践存在的问题，这些为美国情报分析理论的成熟发展创造了一个契机。

1996年，美国的研究报告《美国情报的未来：使情报更智能化》指出，情报分析的目的是帮助决策者塑造未来，而不是预测未来[①]。1997年，美国情报分析理论家杰克·戴维斯（Jack Davis）提出了被称为"机遇分析"的理论。他认为，情报分析不是纯粹的学术研究，分析人员提供的情报产品，必须为决策者和具体行动人员量身定制，情报分析人员所接受的每一项分析任务，都是为决策者和决策过程提供支持的机会[②]。具体来讲，从美国角度出发，美国的情报分析人员在开展情报分析时，必须考虑美国的国家利益所面临的机遇与挑战，美国的对手国、盟国及其他有关各方的意图、目标、实力和弱点等，美国对其他各方和相关问题产生影响的直接和间接原因，还包括旨在实现美国既定政策目标的战术取舍[③]。

在矛盾分析方面，罗伯特·克拉克（Robert M. Clark）提出了三种不同的预测方法，即不变力预测法、变力预测法和变力与新力预测法[④]。由于情报分析的复杂性，情报分析人员主要使用第三种，即在进行预测时重点关注力量的变化和新力量的影响。罗杰·乔治（Roger Z. George）系统阐述了情报分析人员在战略制定中的作用、提供的政策支持，以及如何应对威胁与机遇等问题；詹姆斯·布鲁斯（James B. Bruce）阐述了认

---

① BERKOWITZ B D. Making intelligence smarter: the future of U.S. intelligence Report of an independent task force [EB/OL]. [2019-02-21]. http://galeapps.galegroup.com/apps/auth? userGroupName=&sid=googleScholarFullText&origURL=http%3A%2F%2Fgo.galegroup.com%2Fps%2Fi.do%3Fv%3D2.1%26it%3Dr%26sw%3Dw%26id%3DGALE%7CA18798582%26prodId%3DAONE%26sid%3DgoogleScholarFullText&prodId=AONE.
② DAVIS J. A compendium of analytic tradecraft notes [M]. Washington, D. C.: Center for the Study of Intelligence, Central Intelligence Agency, 1997: 3.
③ 高金虎. 试论信息时代的情报分析理论创新[J]. 情报杂志, 2018, 37(7): 1-6, 15.
④ CLARK R M. Intelligence analysis: a target centric approach [M]. Washington, D. C.: CQ Press, 2012: 207-224.

识论对情报分析的影响[①]；查理兹·霍耶尔（Richards J. Heuer Jr）等认为，结构化分析方法是提升情报分析质量的有效途径[②]。

(3) 竞争情报理论

从20世纪90年代中期开始，管理者们逐渐认识到作为重要资产的竞争情报和知识的重要性，同时，竞争情报被认为是一种获取竞争优势的战略管理工具和主要的技术手段。竞争情报的定义为：一个组织感知外部环境变化，并做出相应反应，以更好地适应环境变化的能力，换言之，获取环境信息和与之相适应的能力，也可称为情报能力和对策能力[③]。竞争情报理论是一种应用性比较强的理论，主要通过竞争情报系统来实现，企业通过使用竞争情报系统能更有效率地收集竞争情报源，高质量地开展竞争情报分析，并产出竞争情报产品给管理层，以辅助决策。

美国竞争情报从业者协会（Society of Competitive Intelligence Professionals，SCIP）为了规范竞争情报人员的行为，建立了较为严格的伦理守则，包含8条守则，包括对从业者遵纪守法的要求和对其职业操守的规范等[④]。美国竞争情报从业者协会后更名为美国战略竞争情报从业者协会（Strategic and Competitive Intelligence Professional，SCIP），成了美国竞争情报领域最为专业的协会。美国在竞争情报系统方面研究起步较早，发展也较快，特别是在云计算和大数据的推动下，美国竞争情报系统的开发和利用得到了长足进步。

作为提供竞争情报咨询服务的美国Fuld+公司，与SCIP联合开展竞争情报系统的评价工作，在评估过程中提出了竞争情报循环，成为竞争情报系统的工作指南和建设标准。竞争情报循环包含五大步骤：规划与定向、公开信息搜集、初始信息搜集、分析与生成、报告与服务。美国Fuld+公司对每个步骤均提出了评估标准。

第一步，规划与定向。这是找出问题并做出有助于信息搜集决策的阶段，评估标准为：在竞争情报系统中是否提出了关键情报课题；是否响应他人的竞争情报请求；在竞争情报团队和公司其他员工间是否具备竞争情报工作流和项目流的协同管理。

---

① GEORGE R Z, BRUCE J B. Analyzing intelligence [M]. Washington, D.C.: Georgetown University Press, 2008: 135-156, 181-196.
② HEUER R J, RANDOLPH H P. Structured analytic techniques for intelligence analysis [M]. Washington, D.C.: CQ Press, 2015: 4.
③ 包昌火. 加强竞争情报工作 提高我国企业竞争能力 [J]. 中国信息导报, 1998 (11): 33-36.
④ HEMPHILL T A. Oracle vs. microsoft: corporate espionage or competitive intelligence? [J]. Business and society review, 2010, 107 (4): 501-511.

第二步，公开信息搜集。评估标准为：信息搜集是否涵盖众多信息源，如政府文件、期刊论文、供应商手册、广告等；是否进行了全方位的检索与跟踪（包括内部检索、外部检索、定制综合性搜索、动态检索、跟踪等）；是否对信息进行相关性排序和验证、做动态摘要、自动分类、编目和存档等。

第三步，初始信息搜集。这主要指人际情报，即直接从人那里获取的信息。评估标准为：是否可以从公司内部各个渠道较为容易地捕获人们输入或检索得到的原始信息；是否能够检索得到顾客反馈等定性信息；是否具备在系统中上传一手描述内容（访谈、领域报告等）的功能。

第四步，分析与生成。这也被称为"情报生成器"，即将搜集的信息转换为有价值的评估报告。评估标准为：是否按自定义规则分类信息；是否可以查看分类信息的可视化界面；是否具备多维视角的分析模型；是否按某种规则排序、抽取等。

第五步，报告与服务。这是指将关键情报信息以清晰、易让人相信的方式传递给决策层。评估标准为：是否具有标准化、定制化的报告模板；是否支持多种多媒体格式文件输出并能连接其他数据库和报告系统；是否具备多种方式传输的能力[①]。

（4）公开来源情报理论

公开来源情报理论是美国知名情报专家罗伯特·斯蒂尔提出来的。斯蒂尔于1993年4月从海军陆战队情报部门退役后创办了公开来源情报咨询网站，该网站于2003年成为一家全球情报股份公司，斯蒂尔担任首席执行官，公司业务为合法的情报搜集、处理与分析。斯蒂尔的该段经历让他深刻认识到了美国情报体制中的弊端，即目前情报机构过度依赖秘密情报的现状。因此，斯蒂尔主张将公开来源情报与秘密情报有机结合，从而发挥出情报更大的作用。基于此，斯蒂尔提出了范畴广泛的公开来源情报理论，这些理论集中体现在斯蒂尔2000年出版的论著《论情报：开放世界中的间谍和秘密》中，为美国在信息时代的情报奠定了基础。

斯蒂尔的公开来源情报理论中公开来源情报的定义为：为特定用户解决某一问题而从报纸、书籍、学术和技术刊物、政府公报、广播、电视和互联网等公开渠道以合法手段获取的信息，以及对这些信息处理后所获取的情报[②]。斯蒂尔将公开来源情报的获取渠道根据媒介、在线或离线获取、价值等分为以下7类：传统媒体来源、互联网、电子商务来源、其他商业来源、灰色文献、商业图像、各类专家和观察员。斯蒂

---

① 官思发，李宗洁. 美国竞争情报系统研究及对我国的启示［J］. 图书情报工作，2015，59（4）：83-92.
② 高庆德. 美国情报组织揭密［M］. 北京：时事出版社，2016：205-208.

尔认为，公开来源情报工作流程包括4个部分，简称为4D：发现（Discovery）、鉴别（Discrimination）、浓缩（Distillation）及分发（Dissemination）。发现，即确定搜集目标和来源；鉴别，即鉴别情报来源的真伪正误；浓缩，即给信息赋予情报价值；分发，即明确情报用户。

(5) 情报共享和融合理念

美国情报共享和融合理念从兴起、发展到现在经历了5个阶段。20世纪50—60年代，是情报共享的初始阶段，信息共享从部分机构的"自发"行为逐渐发展到"自觉"行为；70—80年代，情报共享经历了一个过山车式的发展历程，70年代蓬勃发展，后由于民权意识的觉醒和情报滥用，80年代进入了情报共享的低潮期；90年代，随着信息技术手段的发展，开始兴起以情报共享与分析为核心的情报主导警务运动[①]。这是美国发生"9·11"事件之前美国情报共享和融合经历的3个发展历程，此后，美国情报共享和融合的发展是在美国发生的各个大事件推动下进行的改革。一次是"9·11"事件，一次是"斯诺登事件"，让美国的情报共享理念发展到情报融合理念，进而出现了情报透明度原则。

虽然在"9·11"事件发生之前的一年，美国国家安全局（National Security Agency，NSA）已经获取了有助于确认"9·11"事件犯罪嫌疑人身份的情报，但是没有与需要此情报的相关机构进行共享，使该情报没有发挥作用。2001年的"9·11"事件后，美国对"情报共享"理念逐渐重视，并出台了一系列相关的文件，成立了专门机构（美国情报融合中心），旨在通过共享美国国内犯罪情报资源来提升美国执法机构的犯罪情报分析能力，时任美国总统的乔治·布什更是明确提出"犯罪情报共享是美国反恐斗争中的一个重要工具"[②]。

第一份相关文件是"9·11"事件发生两年后的2003年由美国司法部发布的《国家犯罪情报共享计划1.0》[③]，其两大特点是需要多部门配合协作及构建实现具体目标的方案途径。美国政府在2007年发布了《国家信息共享战略——提升恐怖主义相关的信息共享的成果与挑战》，随后美国国家情报总监办公室（Office of the Director of National

---

① 谢晓专. 美国执法情报共享融合：发展轨迹、特点与关键成功因素[J]. 情报杂志，2019，38（2）：12-20，115.
② 张鹏，周西平. 基于演进视角的美国情报共享研究：从"犯罪情报共享"到"情报融合"再到"情报透明"[J]. 情报杂志，2018，37（3）：11-14.
③ National criminal intelligence sharing plan version 1.0 [EB/OL]. [2019-03-01]. https://it.ojp.gov/documents/National_Criminal_Intelligence_Sharing_Plan.pdf.

Intelligence，ODNI）发布了《美国情报界信息共享战略》，随着这些国家政府层面的文件发布，情报共享的地位在国家层面得以确定；2012年白宫发布的《国家信息共享与安全战略（2012）》进一步凸显了国家对情报共享的重视程度。此后，在2013年，为了总结2003年的《国家犯罪情报共享计划1.0》版本，并且再次推动美国犯罪情报共享改革，美国政府出台了第二份相关文件，即《国家犯罪情报共享计划2.0》[①]。该文件在6个关键维度上提出了对策建议：管理层、公共政策、隐私安全、伙伴关系、计划流程、技术规范和教育培训。

在具体实践过程中暴露出情报共享的问题，如多源化共享程度不足、出现情报滥享的苗头等。为了解决这些问题，美国提出了"情报融合"理念。在2003—2007年，由美国国土安全部和美国司法部联合发起创建了美国情报融合中心，其目的是提升美国联邦政府层面机构（联邦调查局、中央情报局、司法部、军队等机构）、州级和地方政府之间的情报分享能力[②]。"情报融合"理念中的融合（fusion）[③]指的是把无序的信息和情报转变为指导实践的理论，具体来说，是当某种公共安全问题被识别时，基于预测由情报融合中心的代表在符合相关政策的前提下，访问地方政府、部落或联邦政府各自所管理的数据库，以便于对来自所有信息源的情报进行分析和交换[④]。通过情报融合，可以提高定向信息收集和分析能力，优化整个情报系统，间接提升全国范围的情报共享能力。可见，情报融合包含了4个关键性能力，即接收能力、分析能力、分发能力和聚集能力[⑤]。

2013年6月，爱德华·斯诺登将美国国家安全局自2007年小布什执政时期开始实施的PRISM（棱镜计划）监听项目的秘密文档披露给了英国的《卫报》和美国的《华盛顿邮报》[⑥]，此次"斯诺登事件"将美国情报共享与情报融合中的安全性问题推入了舆论的旋涡。因此，2015年，美国国家情报局局长办公厅发布了美国情报透明度原则实施计划，其中，情报透明度原则是指以公开的方式提供情报信息促进政府决策，以增强公

---

① National criminal intelligence sharing plan version 2.0［EB/OL］.［2019-03-01］. https：//it.ojp.gov/gist/National-Criminal-Intelligence_Sharing_Plan.
② Wikipedia. Fusion center［EB/OL］.［2019-03-09］. https：//en.wikipedia.org/wiki/Fusion_center.
③ Office of justice program. Fusion center guidelines［EB/OL］.［2019-03-09］. https：//it.ojp.gov/documents/fusion_center_guidelines_law_enforcement.pdf.
④ 张家年. 情报融合中心：美国情报共享实践及启示［J］. 图书情报工作，2015，59（13）：87-95.
⑤ 蔡士林. 美国国土安全事务中的情报融合［J］. 情报杂志，2019，38（1）：8-12，18.
⑥ 棱镜门［EB/OL］.［2019-03-09］. https：//baike.baidu.com/item/%E6%A3%B1%E9%95%9C%E9%97%A8/6006333？fr=aladdin.

众对情报活动的理解，使他们知悉泄露情报对本国和公众的危害，同时促进他继续保护本国的情报信息[1]。

2.3 美国情报工作机制

2.3.1 情报服务业

美国拥有世界上最庞大的情报机构，开展情报服务的主体有很多，包括政府部门、科研院所、企业、图书馆和信息服务机构等各类主体，服务领域涉及科技情报、竞争情报、政策与战略咨询、自然灾害应急管理等，其中医疗情报服务通常也属于科技情报的范畴。从目前的国际形势来看，科技和经济等对于国计民生和国家发展至关重要，而与经济发展直接相关的是企业竞争情报。此外，随着公共卫生和自然灾害等突发事件的发生，灾害应急情报服务成为美国安全战略的重要组成部分。因此，本部分将主要以灾害应急情报服务、科技情报服务和竞争情报服务为代表，对美国情报服务业进行解析。

(1) 灾害应急情报服务

美国将应急情报纳入国家安全预警机制。自然和人为灾害影响人们的生活，造成巨大的经济和生活损失，灾害应急管理的情报服务是应急情报服务的重要组成部分，有效开展相应的情报服务能够最大限度地降低由此带来的损失[2]。美国早在20世纪上半叶就初步建立了应急情报体制，是世界上最早开始应急情报服务的国家，灾害应急情报服务系统也在这个过程中不断完善。1979年，卡特总统将分设的应急处置机构整合，成立了联邦应急管理局（FEMA），主要职责包括：协调应付核进攻、核电站事故和核武器事故的准备工作；在紧急情况下协调资源动员；确定战略和重要物资及其储备指标；支援州与地方政府的救灾计划、救灾准备、减灾和灾后恢复工作；对联邦、州和地方政府的应急管理人员进行教育和训练；等等[3]。它的建立标志着国家综合性应急情报体制的形成。后冷战时期，美国的应急情报机制实现了防灾救灾职能的分化，联邦政府在搜集应急情报信息方面加大了技术和资金的投入，不断提升对重大灾害的应急响应与救援能

---

[1] 张鹏，周西平. 基于演进视角的美国情报共享研究：从"犯罪情报共享"到"情报融合"再到"情报透明"[J]. 情报杂志，2018，37(3)：11-14.
[2] 宋丹，高峰. 美国自然灾害应急管理情报服务案例分析及其启示[J]. 图书情报工作，2012，56(20)：79-84.
[3] 美国灾害医学救援组织体系现状[EB/OL].[2019-09-08].https://www.gdjyw.com/zainanjiuyuan/yingjizhishi/3992.html.

力[①]。自2001年"9·11"事件后,联邦政府认识到必须采取其他有效手段保证与州和地方政府的有效协调,并逐步变革响应方式。布什总统在2002年7月发表的《全国国土安全战略》一文中号召积极构建全国灾害管理体系,并把分散的响应计划整合为一个单一的多学科的灾害管理计划[②]。2001—2006年,联邦政府在计划、政策及指导等方面强化对自然和人为灾害的应急准备、防御、响应和恢复工作。这些计划、政策和指导包括《国家响应计划》《全国突发事件管理体系》《短期国家基础设施保护计划》和《中期国家应急准备目标》等。2005年,"卡特里娜"飓风造成了巨大的人员伤亡和财产损失,布什政府进行了深刻的反思,认识到灾害应急准备同国家安全、反恐和国土安全战略是分不开的,指出缺失准确可用的应急情报信息是应急救援不力的主要原因,提出在已建立的国家和国土安全的基础上必须把联邦、州、地方、私人部门、社区及其他合作者之间的应急行动整合成一个统一的系统,并协同工作,实现跨部门、跨地区的应急情报传递与共享,确保全国应急准备工作的顺利进行[③]。

在国家方针的指引下,美国图书情报机构利用其丰富的信息资源和服务工具加入灾害应急管理,积极主动承担社会责任。美国国家医学图书馆(NLM)是世界上最大的生物医学图书馆,支持和开展生物医学信息学和健康信息技术的研究、开发和培训,特别是面向社会公众开展健康信息服务,积极主动参与各类灾害事件的应急救援服务[④]。NLM在2006—2016年长期的发展规划中成立了灾害信息管理研究中心(Disaster Information Management Research Center,DIMRC),作为NLM专业信息服务的一部分,DIMRC的主要任务是收集、组织和传播与自然、意外或蓄意造成的灾害相关的卫生信息资源与技术服务工具,同时通过加强与联邦、州、地方政府、企业及当地社区的联系,使图书馆、图书馆员在国家灾害管理的应急准备、响应和恢复工作中发挥情报支撑作用。DIMRC工作的重点领域包括以下几个。①在灾害和突发的公共卫生事件中获取健康情报。DIMRC收集、组织和传播灾害所有阶段的健康信息,类型包括培训课程、研究报告、专业评估、事后报告、经验教训,并将这些情报存储在灾难医学与公共卫生指南数据库,注重灾害情报的长期保存与利用。此外,NLM与多个出版商签订

[①] 刘胜湘,邬超.美国情报与安全预警机制论析[J].国际关系研究,2017(6):83-105,153-154.
[②] 孙亮,顾建华.美国政府对卡特里娜飓风的调查报告 联邦政府对卡特里娜飓风的响应:经验与教训(一)[J].世界地震译丛,2008(1):68-81.
[③] 孙亮,顾建华.美国政府对卡特里娜飓风的调查报告 联邦政府对卡特里娜飓风的响应:经验与教训(四)[J].世界地震译丛,2008(4):69-81.
[④] 张靖.美国国立医学图书馆灾害应急信息服务与启示[J].图书情报工作,2016,60(7):72-77.

了"紧急准入倡议",在发生灾害时免费提供650多种医学期刊、大量电子书和数据库的全文访问。此外,NLM培训和支持图书馆员担任灾害情报专家,满足社区的情报需求。②为公众和灾害应急响应的专业人员开发创新产品与服务。通过多种工具帮助应急人员处理危险材料事故及化学、生物、辐射、核(CBRN)事件。产品包括WISER(Wireless Information System for Emergency Responders)和REMM(Radiation Emergency Medical Management)。同时,NLM与CHEMM(Chemical Hazards Emergency Medical Management)合作提供化学灾害应对策略,与社交媒体合作促进灾害应急情报的传播、交流、共享。③开展研究支持灾害应急情报服务。提供科研经费、研究项目支持灾害情报学领域的新技术开发。④与其他机构和社区合作。NLM与多个联邦机构、国际组织和教育机构合作,在国家和地方层面建立广泛的伙伴关系,以确保最大限度地满足灾害应急管理中的情报需求[1]。NLM已将灾害应急情报服务纳入长期发展战略,并通过教育培训、整合灾害应急情报、开发情报工具满足用户的需求,成为美国灾害应急情报服务的重要支撑机构。

(2) 科技情报服务

科技情报历来都是美国较为重视的,尤其是在当前以科技制胜的国际背景下,它已经成为美国情报服务行业关注的重点领域。从机构所属性质来看,美国的科技情报系统主体大体包括3类情报服务机构,即隶属政府和国会的科技情报机构、科研机构和学协会等具有科学研究性质的科技情报机构或其下属的科技情报服务部门、隶属工商企业科技情报网的科技情报服务机构等其他更多类型的科技情报服务机构[2]。从机构分布特点来看,美国的科技情报服务机构分布较为广泛,分散在不同的组织中,科技情报服务系统实施分散式管理,各个科技情报服务单元之间同时存在合作和竞争的关系。

美国联邦政府内设庞大的科技情报服务体系,包含大量的科技情报服务机构,涉及不同的行业领域,这些机构所服务对象之间的职能定位和所承担的工作任务不同,因此,不同的科技情报服务机构所专注的领域和侧重点也各有差别。如表2-1所示,这些机构大多分布在政府或直属机构、国会下属机构和机构联盟中,如国防部、商务部、能源部、国家航空航天局等根据自身的职能定位和核心业务,都设立了专属的科技情报服务机构,为其收集和处理相关领域的情报信息,制作情报产品并进行保存。闻名世界的

---

① About the Disaster Information Management Research Center (DIMRC) [EB/OL]. [2019-09-08]. https://disasterinfo.nlm.nih.gov/about-dimrc.

② 孙素云. 中美科技情报系统体系结构的比较研究 [J]. 情报杂志, 2005, 24 (7): 105-106.

AD报告、PB报告、DE报告和NASA报告四大科技报告便由以上4个机构分别完成，并由商务部下属的国家技术情报服务局（National Technical Information Service，NTIS）编辑出版。卫生与公共服务部专注于卫生、医疗和健康等公共服务行业，旗下的NLM成立于1836年，是世界上最大的生物医学图书馆，收藏了大量印刷资料和电子资料，并为全球用户提供广泛的信息资源，包括文献检索系统、词典和软件工具等。其中，闻名世界的PubMed/ MEDLINE和MeSH等就是由美国NLM所属的国家生物技术信息中心（National Center for Biotechnology Information，NCBI）开发的生物医学文献检索系统。用户可以通过PubMed免费检索到包括MEDLINE在内的自1950年以来全世界70多个国家4300多种主要生物医学文献的书目索引摘要数据库，并提供部分免费和付费全文链接服务。此外，NLM还积极支持和开展生物医学信息学和卫生信息技术等方面的研究、软件开发和培训等，并协调了一个由6500名成员组成的全国医学图书馆网络，该网络为全美社区卫生信息的获取提供了便利。对于生物医学科研工作者和医生等服务一线的工作人员及全社会来说，PubMed的存在是必不可少的。除政府机构内部设置的专属科技情报服务单元外，不同机构之间还形成了跨机构合作的科技情报联盟，与此同时，美国政府还通过国家科学基金会（National Science Foundation，NSF）资助相关的科研项目和活动，并对已有科技数据进行收集和加工。如Science.gov联盟通过Science.gov网站管理政府各部局的科技情报。政府科技情报服务机构的存在为美国国家科技工作的全面展开提供了良好的支撑，其提供的科技情报服务成果也在一定程度上为全世界带来了益处。

表2-1 美国代表性政府机构内设科技情报服务单元

政府机构	科技情报服务单元
能源部	科技情报办公室（Office of Scientific and Technical Information，OSTI）
商务部	国家技术情报服务局（National Technical Information Service，NTIS）
国防部	国防技术情报中心（Defense Technical Information Center，DTIC）
农业部	国家农业图书馆（National Agricultural Library，NAL）
教育部	国家教育图书馆（National Library of Education，NLE）
国土安全部	科技部门（Science and Technology Directorate）
国家航空航天局	航空航天信息中心（Center for AeroSpace Information，CASI）
卫生与公共服务部	国家医学图书馆（National Library of Medicine，NLM）

第 2 章
美国情报学与情报工作

科研机构和学协会等具有科学研究性质的科技情报机构或其下属科技情报服务机构大多扮演着科学研究支撑者和服务者的角色，主要目的是追踪科学研究的前沿和趋势，为科研工作的开展提供信息源和学科情报产品，从而推动科学研究的发展。科研机构包括以教学和科研为主要任务的高校和以科研项目为核心的研究院所，这些机构内部通常会设置图书馆或信息中心，它们承担着组织、保存、挖掘和传播信息资源的各项功能，基于组织和用户需求，在收集和分析大量信息资源的基础上，通过主动或被动的方式为组织和用户提供科技情报服务和科技情报产品。以美国科学情报研究所（Institute for Scientific Information，ISI）为例，其由尤金·加菲尔德于1961年创立，是一所国际性的专业出版检索科技文献和情报信息的机构。其产品从最初的"近期期刊目次"扩展到SCI、SSCI、ISTP、A&HCI和ISSHP等许多著名的学术研究检索工具和数据库，在此基础上运用引文分析等科学计量方法开发了影响因子、基本科学指标等科学评价工具。ISI已成为目前国际上最具权威性的、用于基础研究和应用基础研究成果的重要评价体系。学协会较多隶属某一公司，除为科技和社会的发展提供服务支撑外，追求经济效益才是其根本目的。其中较为著名的有美国化学学会（American Chemical Society，ACS），其成立于1876年，是化学行业领域的专业组织，目前已经成为世界上最大的科技协会。ACS一直致力于为全球化学研究机构、企业及个人提供高品质的文献咨询与服务，每年举行两次涵盖化学各方向的年会，并有许多小规模的专业研讨会，在科学、教育、政策等领域提供了多方位的专业支持，成为享誉全球的科技出版机构。旗下的化学文摘社及其SciFinder、Reaxys，集成了ACS所出版的37种期刊，涵盖了24个主要的化学研究领域，并提供检索服务。非营利的学协会，如美国情报科学与技术学会（ASIST），成立于1937年，原名为美国文献学会，1968年改为美国情报科学学会，2000年更名为美国情报科学与技术学会（American Society for Information Science & Technology，ASIST），下设24个专业组，主要召开各种交流会，出版学报、通报等，推行继续教育计划，并进行咨询服务等活动。生物科学情报服务社（Biosciences Information Service，BIOSIS）于1926年建立，编辑出版了《生物学文摘》，建立了生命科学方面最完善的综合性文献数据库之一——BIOSIS Previews，并提供培训、定题服务、磁带与缩微品。

隶属工商企业科技情报网的机构通常有两类。第一类是企业内部设置的科技情报部门和机构，主要服务于企业自身的发展。例如，美国的洛克希德·马丁公司和微软公司等涉及科技产品研发和销售的企业，通过设立科技情报部门，服务于其产品研发和战略决策等。目前世界上规模最大、影响最广泛的综合性商业信息检索系统DIALOG最初就是由洛克希德下属的情报科学实验室建立的。微软研究院是微软公司设置的基础科研机构，分布在海内外多个国家和地区，致力于推动计算机科学领域的前沿技术发展和革新，从而推动微软公司实现长远发展。

第二类是以（科技）情报服务为主要业务的工商企业等营利性的科技情报服务机构，这类情报机构致力于为用户提供包括科技情报在内的综合性情报服务和信息咨询，如麦肯锡咨询公司。该公司创立于1926年，是一家全球性管理咨询公司，主要为企业和公共机构提供有关战略、组织、运营和技术方面的咨询，涉及农业、化学、航空航天、金融服务、交通、通信和高科技等不同的产业，其中，在大中华区客户群体中有90%是企业用户，包括国有企业、私营企业和跨国企业。麦肯锡咨询公司与世界各地的高科技公司合作，帮助它们执行创造价值的IT战略，并部署技术以优化运营和效率，主要的技术咨询业务包括：①通过实施精细化方案来管理数据中心全局和整体IT架构；②开发和落实私有和半私有云解决方案；③开发全面的IT策略和治理模型；④进行IT能力差距分析，确保服务无缝交付；⑤设计、管理和/或重定向ERP实现，以及完成产品开发、制造、定价和供应链中IT驱动的功能转换；⑥对现有和新兴公司及技术联盟的服务交付模型进行客观的成本/性能分析；⑦准确比较特定软件和服务的优劣，以帮助选择产品。

通过对以上内容的总结梳理，得到美国科技情报服务的主要特点。①全方位构建协同发展的科技情报服务体系。美国的科技情报机构广泛分布在政府部门、科研机构及学协会组织、工商企业中。与此相应，美国联邦政府的科技情报服务机构也分散在各个政府部门中，未采用集中管理的方式。在数字化、网络化环境中，这些机构不断更新和发展其情报收集、分析、存储、服务与技术体系，改善服务模式和提升服务能力。各个类型的科技情报机构建立了各具特色、协同发展的情报服务体系，主要通过以下两个方面形成：首先在国家层面有专门的科技情报机构统筹规划、总领全局，在强化各自情报能力建设的同时，通过政策协调，推动全国情报资源的集中利用；其次在建设模式上强调合作共享，在突出自我特色的同时，强化情报的整合与协同服务。②注重科技情报资源的共建共享。美国政府对科技情报资源建设非常重视，不断推动资源的收集、整理、分析、共享与利用。在网络环境中对拓展信息源、资源积累、资源共享机制、服务创新等方面不断改革，其中跨机构的科技情报合作联盟为资源的共享提供了渠道和平台，如美国能源部科技情报办公室（OSTI）建立的http://www.science.gov网站，通过跨领域、跨部门、跨组织间的协作，实现科技情报资源的广泛获取、整合利用[①]。

(3) 竞争情报服务

竞争情报（Competitive Intelligence，CI）出现于 20 世纪 50 年代，伴随着 1986 年美国竞争情报从业者协会（SCIP）的成立，竞争情报得以快速发展和推广，目前已经遍及全世界，对全球经济的发展和社会的进步产生了重要的影响[②]。SCIP 是非营利性的组织，作为全球专业人士收集、整合和使用情报做出关键决策的首选社区，其成员来自 6 大洲 50 多个国家，遍布企业、学术界、解决方案提供商和非营利组织/政府。关于竞争情报的界定，学界多以 SCIP 的定义为准，综合相关研究和实践，我们认为，竞争情报应该是以合理合法的手段收集和分析与竞争环境和竞争对手有关的公开信息，识别潜在风险和机会，并对竞争对手的行动和事件做出快速的反应，从而实现主体目标的过程。这里的公开信息指的是任何可以合法获得的信息，而不是被调查企业免费提供的信息，公开的信息来源包括公司目录、法律文件及来自政府机构和监管机构的文件等众多其他可能的渠道。从广义层面来说，竞争情报研究和服务涵盖了经济、科技、军事、文化等多个领域，正如波特在《国家竞争优势》一书中，将国家竞争研究重点由产业、企业的竞争力转向产业集群、区域和国家的竞争力[③]。从狭义的角度出发，当前国内外竞争情报研究及竞争情报服务实践更多地出现在企业运营管理中，企业是竞争情报的主要使用者，因此，综合现实发展与研究视角的需要，本书主要对企业竞争情报及其服务进行梳理。

从竞争情报服务及工作的开展主体来看，美国的竞争情报服务体系由国家主导的竞争情报服务和企业主导的竞争情报工作构成。企业是经济活动的主要参与者，是国家经济发展的助推器，因此，美国政府对于企业的发展极为重视，从良好环境创造和竞争情报服务供给两个方面出发，为企业提供全面的竞争情报服务。良好环境创造方面，包括建立健全企业发展的政策与法律体系、构建完善的管理与服务体系和财政税收保障体系等；竞争情报服务供给方面，包括联邦政府和地方政府针对企业需求建立的竞争情报服务机构及开展的相关服务。

通过对美国联邦政府网站进行调查，发现政府层面的企业服务主要是针对小企业

---

① 刘记，陈美华，王延飞. 国家科技情报治理的途径探索研究：以美国科技情报治理历史与现状为例[J]. 情报学报，2018，37（8）：760-767.
② 竞争情报[EB/OL].[2019-06-02]. https：//wiki.mbalib.com/wiki/%E7%AB%9E%E4%BA%89%E6%83%85%E6%8A%A5.
③ 梁秀娟. 中美国家竞争情报体系比较研究[D]. 湘潭：湘潭大学，2010.

的。其中,联邦政府层面所涉及的情报服务机构如表2-2所示,所提供的情报内容包括综合性的情报和专业性的情报[①]。这些机构由于其性质和职能的差异,所提供的情报服务也各有特色。以美国联邦小企业管理局为例,该局成立于1953年,是综合性的情报服务机构,作为联邦政府的一个独立机构,小企业管理局也是制定小企业政策的主要参考和执行部门,其主要的职责是为小企业提供咨询服务并帮助、协助和保护小企业的利益,维护自由竞争的企业,维持和促进美国整体经济的发展。在企业计划制订、计划实施、企业管理到企业持续发展的整个企业生命周期,小企业管理局从环境分析、政策咨询、技术援助、资金服务、学习培训等多个方面给予了相关实体咨询服务等。此外,小企业管理局还与许多当地的合作伙伴合作,通过"网络化"的服务体系开展全方位的服务,为小型企业提供咨询、指导和培训。合作机构通常是有多个功能相同且有不同区域服务站点分布的机构,如"退休经理服务团"(Service Corps of Retired Executives,SCORE)有366个服务站点分布在全美,它将退休的经理人召集起来,为全美的企业提供低成本的商业顾问和咨询;女性商业中心(Women's Business Centers,WBC)在全国有137个服务站点,重点关注那些想要创业、发展和扩大小型企业的女性,为她们免费提供低成本的咨询和培训;小企业发展中心(Small Business Development Centers,SBDC)是美国小企业信息咨询与教育培训服务网络的成员机构之一,也是在美国各个州分布服务站点较多的机构,目前共有服务站点911个,该机构在为小企业提供咨询和培训、帮助小企业成长和扩大业务等方面发挥了重要的作用。除以上综合性的竞争情报服务网之外,美国联邦政府还为小企业提供专业的情报服务,如以商务部为核心机构而布局的进出口信息服务网络、以国税局为核心机构而布局的商业税信息服务网络等。地方政府层面,美国在其每一个州和地区都为企业开展了特定的情报服务,为企业提供注册建立和经营管理等方面的信息和服务,具体包括企业注册流程、运营管理、法律法规、税收、资源和融资机会、国内外合作等。如美国夏威夷州政府,除提供以上的服务内容外,还为企业提供数据服务,包括企业实体列表、专业和职业许可列表等信息的检索和查阅服务。

---

① 赵筱媛,刘志辉.美国面向小企业的竞争情报供给体系研究[J].图书情报工作,2012,56(14):6-11.

第 2 章
美国情报学与情报工作

表 2-2 美国联邦政府面向小企业竞争情报服务的机构、部门和项目

英文名称	中文名称
Small Business Administration	小企业管理局
General Services Administration	总务管理局
Minority Business Development Agency	少数民族企业发展局
GovLoans	美国政府贷款
USA.gov	美国联邦政府网站
Internal Revenue Service	美国国税局
System for Award Management	奖项管理系统
Employment and Training Administration	就业及训练行政局
Federal Trade Commission	联邦贸易委员会
U.S. Department of the Treasury	美国财政部
U.S. Citizenship and Immigration Services	美国公民和移民局
U.S. Department of Defense	美国国防部
U.S. Department of Homeland Security	美国国土安全部
U.S. Customs and Border Protection	美国海关和边境保护局
U.S. Department of Labor	美国劳工部
U.S. Department of Agriculture	美国农业部
U.S. Census Bureau	美国人口普查局
U.S. Department of Commerce	美国商务部
U.S. Department of Veterans Affairs	美国退伍军人事务部（VA）
VA Office of Small & Disadvantaged Business Utilization	VA 下设的小型和弱势企业专用办公室
U.S. Patent and Trademark Office	美国专利商标局
Rural Development	美国农业部农村发展署
Centers for Medicare & Medicaid Services	医疗保险和医疗补助服务中心
Occupational Safety and Training Administration	职业安全及训练管理局

企业层面，竞争情报在经营管理和发展过程中扮演了支撑和辅助的角色，开展竞

争情报工作的部门或人员可以分布在企业的不同位置，且来自不同部门和位置的竞争情报服务和产品所发挥的功能和作用也有很大的差异，因此，竞争情报功能在企业中的设计和布局对于竞争情报服务工作效用的发挥是非常重要的。通常，处于企业战略发展和规划部门的竞争情报团队的业务是以企业的战略定位为导向的，主要是针对高层管理人员的决策需求来开展工作[①]。美国多数的跨国公司和大型企业，都在企业内部设置了专门的竞争情报分析部门或职位，也有企业通过外包的形式，结合外力来开展各种情报分析活动。在当前全球化竞争加剧、科技创新日趋重要和知识经济快速发展的环境下，情报工作及情报应用场景更加多元化，在企业市场竞争、战略合作和网络组织建设等领域都发挥了关键的作用。与此同时，美国企业的竞争情报研究与服务的重点也有所转变，范围也逐渐扩大，由过去以"竞争"为主导的情报观向当前"竞争与合作并存"的情报观转变，竞争情报工作重点也由监视竞争环境和竞争对手发展的对抗性情报，转向合作发现新知识、识别发展新机会的合作性竞争情报[②]。以 IBM 公司为例，其竞争情报工作在 1993 年之后开始布局，经过多年的发展形成了较为完善的符合其经营和发展战略的情报服务体系和情报工作流程。在企业高层中建立一个核心的竞争情报机构，即公司层面的协调机构，下设和管理多个竞争情报小组，这些情报小组通常由一个高级的竞争情报管理人员和其他各个业务部门的专业人员组建。在具体的情报业务开展过程中，企业根据自身的需要，确定其竞争对手，并针对每一个竞争对手确定关键的情报课题（Key Intelligence Topic，KIT），以此对所有目标竞争对手进行监测，从而为公司整体的战略决策和每个部门的战术实施提供竞争情报支持。作为全球 500 强的跨国公司，IBM 协作型的竞争情报体系不仅是对公司职能布局的补充和完善，而且是公司实现国际化发展和可持续经营的重要支撑，可以说，没有竞争情报，就不会有今天的 IBM[③]。

2.3.2 组织机构与业务范畴

19 世纪末，在经历第一次世界大战之后，美国政府和军队相继成立了专业的情报部门，专职的情报队伍和稳定的情报工作流程逐渐形成。第二次世界大战期间，出于战争

---

① 陶庆久，徐宏宇.中美竞争情报的差距何在？：访美国詹姆斯麦迪逊大学陶庆久教授[J].竞争情报，2015，11（2）：42-45.
② 彭靖里，李建平，杨斯迈，等.竞争情报研究与服务业的发展态势及其述评[J].情报杂志，2008（5）：151-154，157.
③ 彭靖里，杨家康，邓艺.IBM 公司竞争情报体系建设及其案例分析[J].图书情报工作，2004（5）：58-60.

的需要，美国的情报工作得到了迅速的发展。战后，世界进入了以美苏为首的东西方对峙的冷战时期，以中央情报局（Central Intelligence Agency，CIA）的成立和《国家安全法》的出台为标志，美国各类军事情报部门和行政部门情报机构等相继成立，规范化的情报体系开始形成，情报组织和机构成为政府对外活动中必不可少的组成部分。在"9·11"事件发生以前，美国的情报组织体系是"以机构为中心"的烟囱式布局，情报工作体制和机制呈现"分散式"的特点，即不同情报机构独立负责不同门类的情报工作，各个机构独立"作战"，相互之间缺乏统一的组织框架与联合工作机制。"9·11"事件之后，美国开始了大刀阔斧的情报改革，涉及机构的新增与整合、机构权力和职责的重新梳理、情报界的领导和管理等方面。2004年，布什签署了《情报改革与恐怖主义防治法》，设立了国家情报总监（Director of National Intelligence，DNI）一职，取代中央情报主任成为情报界的领导者，对情报界的预算和人事任免等具有特定的权力。该法案的确立解决了以往情报界各自为政、协调不足和资源分散等问题，实现了情报界的统一管理，使得原本分散的组织体系走向一体化[①]。目前，美国国家情报体系已经形成了由DNI领导、国家情报总监办公室（ODNI）等其他情报界16个机构相互协作的情报工作体系。

当前美国情报界（Intelligence Community）共由17个行政机构构成，包括ODNI、中央情报局（CIA）、国家安全局（NSA）、国家侦察办公室（National Reconnaissance Office，NRO）、国家地理空间情报局（National Geospatial-Intelligence Agency，NGA）、国防情报局（Defense Intelligence Agency，DIA）、国务院情报与研究局（Bureau of Intelligence and Research，BIR）、五军内部各自的情报机构、司法部联邦调查局（Federal Bureau of Investigation，FBI）、司法部缉毒局国家安全情报办公室，以及能源部、财政部和国土安全部各自的情报机构。Jeffrey T. Richelson曾将这17个机构划分为四类，第一类是国家层面的情报组织，第二类是国防部下属的情报机构（国防情报局），第三类是军事情报组织，第四类是行政部门的情报组织[②]。根据ODNI官方公告，如图2-1所示，情报界17个机构按照行政级别和权力的大小可以分为独立情报机构、与国防相关的情报机构、其他机构和部门的情报单元[③]。其中ODNI是情报界的监管部门，由DNI进行管理和领导，DNI直接向总统汇报工作，其他各个情报机构具有各自的职能，相互

---

① 高庆德. 美国情报组织揭密[M]. 北京：时事出版社，2016：1-20.
② RICHELSON J T. The U.S. intelligence community[M]. New York：Routledge，2016：16.
③ Office of the director of national intelligence. What we do? [EB/OL]. [2018-01-05]. https://www.dni.gov/index.php/what-we-do/members-of-the-ic.

之间具有一定的业务关联和合作。情报界致力于通过提供及时、有洞察力、客观和相关的情报，为国家安全决策提供信息支持，保护本国的国家安全和利益。DNI 通过决策机构、情报界战略、情报界预算与资源管理、情报界能力提升、信息共享与保障、与国内外合作伙伴合作等方式，执行情报界的使命。

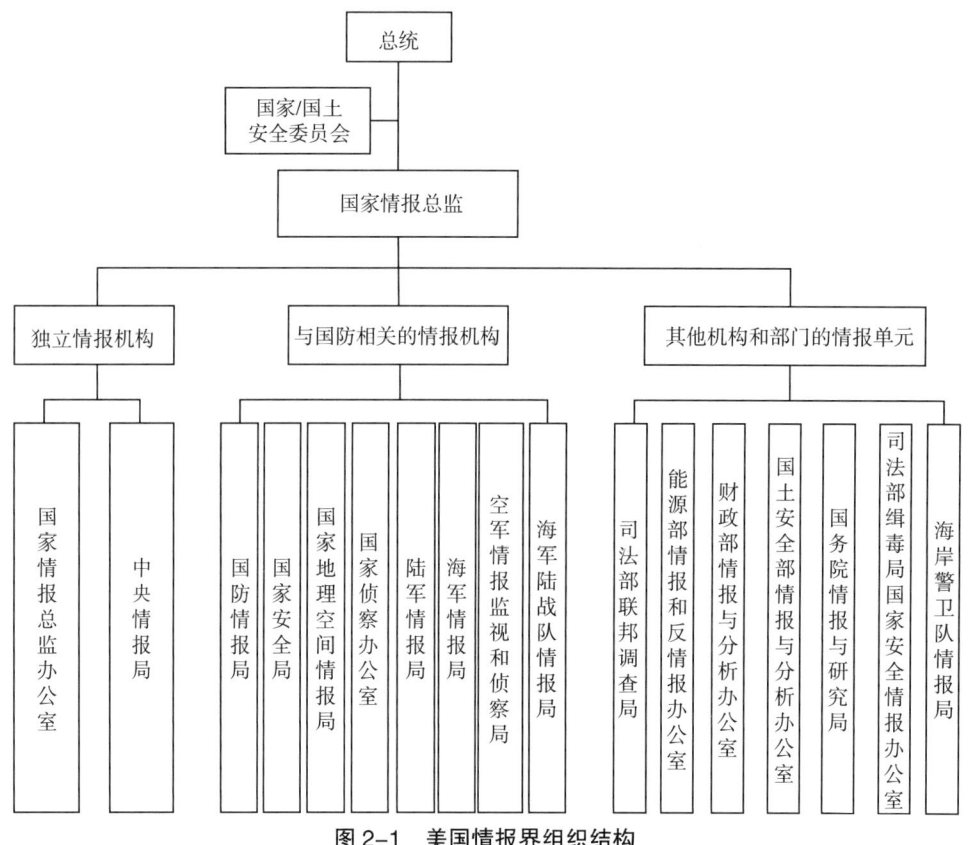

图 2-1　美国情报界组织结构

（1）国家情报总监

国家情报总监（DNI）是美国情报机构的负责人，负责监督和指导国家情报计划（National Intelligence Program，NIP）的实施，并担任美国总统、国家安全委员会和国土安全委员会与国家安全有关的情报事务的主要顾问，为保卫国土安全和维护国家安全利益提供情报支撑，总统在参议院的建议和同意下任命 DNI。基于以上的角色定位，美国国会赋予了 DNI 相应的权力和职责①，其核心职责包括：负责制定情报界各个情报机构的战略方向，组织并推动机构之间的协同合作，以应对单个机构无法解决的综合性情报问题；通过建立情报整合的政策和标准，管理情报界各个机构与企业的情报活动，负责各个机构情报收集、分析和反情报的协调与情报界总体工作的统筹；确保情报界任务的执行，通过决策机构间的协调、情报界战略制定、情报界预算分配和资源管理、情报界能力的培养、信息共享和保护，以及与国内外合作伙伴的合作等方面，领导情报界任务的执行。此外，DNI 还负责情报界 NIP 的预算分配，通过《国家情报战略》（*National Intelligence Strategy*，*NIS*）调整 NIP 资源并向国会报告资源支出和绩效②。

（2）独立情报机构

1）国家情报总监办公室

国家情报总监办公室（ODNI）负责对情报界其他 16 个任务部门进行监管，由国家情报总监（DNI）进行管理和领导。ODNI 的工作人员来自情报界，其核心使命是促进美国情报界的情报整合，实现情报机构的一体化，尽可能构建一个能传播最具洞察力情报的情报组织。这意味着情报界所有机构应该作为一个团队有效地运作，实现搜集、分析和反情报过程中的情报信息同步，以便将它们融合在一起。这种一体化是确保国家决策者从情报界得到及时和准确的分析，从而做出明智决策的关键。ODNI 的愿景是通过对情报部门的灵活领导增加国家安全的决定性优势。在价值理念方面，该机构秉承卓越、勇敢、尊重和廉政的核心思想，努力为美国的情报事业创造更大价值。

ODNI 由理事会、任务中心（Mission Centers）和监督办公室构成。其中理事会下设组织产能处（Enterprise Capacity，EC）、任务整合处（Mission Integration，MI）、国家安全伙伴关系处（National Security Partnerships，NSP）及战略与参与处（Strategy & Engagement，S&E）4 个部门，这 4 个部门围绕 ODNI 的核心职能进行组织，其目的是为 ODNI 情报整合提供全面的视角和战略途径。组织产能处从战略层面集中关注情报界的资源、劳动力、系统、技术和基础设施，以便推动成果快速转化；任务整合处分发战略情报和独特见解，并推动资源解决国家情报问题；国家安全伙伴关系处优化 ODNI 广泛的合作伙伴关系，以便同步关于全国挑战的活动，借助于该机构内外 ODNI 合作伙伴

---

① Office of the director of national intelligence. What is intelligence？［EB/OL］.［2018-01-05］. https：//www.dni.gov/index.php/who-we-are.
② National intelligence strategy 2019［EB/OL］.［2018-01-05］. https：//www.dni.gov/files/ODNI/documents/National_Intelligence_Strategy_2019.pdf.

的信息和专业知识；战略与参与处制定战略和政策框架，使情报界能够提供及时、准确和关联的情报支持，面对情报界复杂的、富有挑战性的、全球化的和技术性的环境中的机会和风险，仍能保持领先。

  任务中心的建立源于"9·11"事件。事件发生之后，美国决策层对重大的长期威胁更加重视，希望将分散的情报力量进行整合，针对特定的情报任务进行识别和分析，授权 DNI 建立不同的"国家情报中心"，这些"中心"都是美国情报一体化建设的重要产物[①]。到目前为止，ODNI 已经根据美国当前所面临的威胁组建了如表 2-3 所示的 4 个国家情报中心。除任务中心和理事会外，ODNI 还设置了如表 2-4 所示的相关监督部门。

表 2-3 国家情报中心

名称	应对威胁	职责
网络威胁情报集成中心（Cyber Threat Intelligence Integration Center，CTIIC）	网络威胁	了解外国网络威胁对美国国家利益的影响，集成了来自网络防御、情报和执法部门的信息，为联邦网络中心、部级和局级机构及决策者的决策提供情报信息，支持跨部门规划制定政府各个部门对抗网络攻击的方法
国家防扩散中心（National Counterproliferation Center，NCPC）	大规模杀伤性武器扩散	引导情报界各个机构和机构间防止大规模毁灭性武器及其运载系统、相关技术和专业知识的扩散，其目标任务是保护美国人民免受大规模杀伤性武器的伤害，推进应对核扩散的创新方案，使美国政府及其合作伙伴能够预见新出现的威胁和挑战
国家反情报和安全中心（National Counterintelligence and Security Center，NCSC）	间谍破坏	领导和支持美国政府保护国家至关重要的反情报和安全活动，向面临外国情报渗透风险的美国私营部门实体提供信息通报服务，并就美国面临的情报威胁发出公开警告
国家反恐中心（National Counterterrorism Center，NCTC）	恐怖主义	通过制定核扩散的创新方案、融合国内外反恐信息、提供恐怖主义分析、与参与反恐事业的合作伙伴共享信息、推动政府整体行动，确保国家反恐目标的实现

---

① 谢海星.聚焦"一体化"的美国国家情报体系改革［J/OL］.情报杂志，2019（10）：27-31［2019-09-06］.http://kns.cnki.net/kcms/detail/61.1167.G3.20190829.1153.016.html.

表 2-4 ODNI 下设的监督部门

名称	职责
公民自由、隐私和透明度办公室（Civil Liberties, Privacy and Transparency，CLPT）	负责推动公民自由和隐私保护融合并将其纳入情报界的政策、程序、项目和活动，它的首要目标是确保情报界在其职权范围内以保护公民自由和隐私、提供适当透明度、赢得和保持美国人民信任的方式运作
平等就业机会与多元化办公室（Equal Employment Opportunity & Diversity，EEOD）	负责 ODNI 平等就业和多样性项目的全面管理，并在平等就业、多样性和包容性的发展、实施和进展衡量方面提供整个情报界的监督和指导，其目的是通过一项旨在排除与工作绩效无关因素的歧视且继续肯定就业计划的项目，促进平等就业机会的充分实现
情报界督察办公室（Intelligence Community Inspector General，ICIG）	在国家情报总监的职责和职权范围内，对项目和活动进行独立审计、检查、调查和审查，主要业务是审计、调查、视察和评价
总法律顾问办公室（Office of General Counsel，OGC）	支持 ODNI 向总统、国会、政策团体、作战人员和其他情报使用者提供准确、及时和客观的保护生命的情报，同时保障美国宪法和法定的公民权利

2）中央情报局

中央情报局（CIA）是美国情报系统中唯一通过国会立法建立起来的情报机构，成立于 1947 年，负责向美国高级决策者提供国家安全情报。CIA 局长由总统提名，并经参议院确认，主要负责管理 CIA 的行动、人员和预算，并担任国家人力资源情报管理者。CIA 局长是 CIA 的直接领导人，承担情报的收集、关联、评估和传播的职责，指导和协调经授权的美国本土以外的国家情报收集工作，执行国家情报总监或总统指示的影响国家安全的情报工作。CIA 的职能是协助 CIA 局长履行上述职责。为了完成任务，CIA 致力于用于情报目的的高效能技术的研究、开发和部署。作为一个独立的机构，CIA 充当了对人们关注的问题进行分析的独立来源，并与情报界的其他组织密切合作，以确保国家决策者和军事指挥官等情报消费者获得尽可能优质的情报[①]。

CIA 以人力情报(Human Intelligence，HUMINT) 搜集工作为主，将保证其信息、洞察力和行动始终能为美国提供战术和战略优势作为其愿景，其使命是通过收集重要情报，进行客观的全源分析，按照总统的指示开展有效的秘密行动，以及保护有助于维护美国国家安全的秘密。CIA 的员工始终遵循一定的职业精神，这种精神体现在其一

---

① Central intelligence agency. About CIA［EB/OL］.［2018-01-05］. https：//www.cia.gov/about-cia.

贯遵循的原则、核心价值观和最高抱负中。CIA 分为 7 个基本组成部分，包括分析处（Directorate of Analysis，DA）、行动处（Directorate of Operations，DO）、科技处（Directorate of Science and Technology，DS&T）、支援部（Directorate of Support，DS）、数字创新中心（Directorate of Digital Innovation，DDI）、任务中心和主任办公室，执行"情报循环"，即承担收集、分析并向美国政府高级官员传播情报信息的全流程工作（图 2-2）。

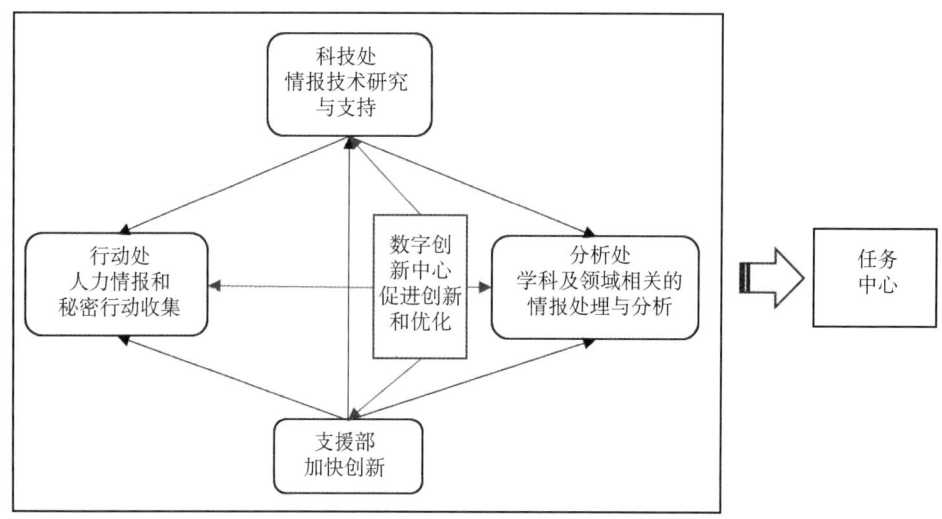

图 2-2　CIA 机构协作示意图

分析处（DA）的主要职责是为美国政府的总统、内阁和高级决策者提供及时、准确和客观的关于国家安全和外交政策的全方位情报分析，通过撰写诸如"总统每日简报"和"全球情报评论（WIRE）"等情报产品，预测并迅速评估迅速演变的国际事态发展及其对美国政策的关注点产生的正面和负面影响。

行动处（DO）是 CIA 的秘密机构，是负责协调、消除冲突和评估美国情报界秘密行动的国家权力机构的秘密分支。通过秘密收集人力情报和秘密行动向美国总统、高级决策者、军方和执法部门提供情报，来强化国家安全和外交政策目标。

科技处（DS&T）是 CIA 执行任务的 5 个主要部门之一，为解决美国最紧迫的情报问题提供了专业技术和知识的支撑。DS&T 以有效的目标、大胆的技术和高超的谍报技术来解决国家情报问题，他们创建、调整、开发和管理技术整合系统，并将支持技术应用于信息的收集、处理和分析。除了为 CIA 服务外，DS&T 还与情报界、军方、学术界、国家实验室和私营部门的许多其他组织合作。

支援部（DS）与分析处、科技处、数字创新中心和行动处合作，共同为 CIA 提供为完成保卫国家重要使命所需要的一切东西，参与 CIA 行动的全过程，为每项任务不断地提供支援，并在行动结束后保证所有人员安全撤离，这种"先入后出"的支援通常必须是秘密进行的。

数字创新中心（DDI）是 CIA 最新和最年轻的一个部门，致力于通过最前沿的数字和网络技术及 IT 基础设施，加快该机构各项任务活动的创新。从为 CIA 的员工配备在网络和大数据领域脱颖而出所需的工具和技术，到优化 CIA 的业务运营，DDI 与 CIA 其他部门、任务中心及情报界其他机构共同合作，为国家安全等的需要提供思路。

任务中心将与情报界各个机构密切合作，帮助其应对美国当前和未来所面临的国家安全挑战。该中心将作为 CIA 能力和职能的集成和综合单元，广泛发挥 CIA 在业务、分析、支援、技术和数字等方面的能力，以应对美国最紧迫的国家安全问题。这些任务中心不受 CIA 任何一个部门的约束，它们将与 CIA 的所有部门合作，进一步加强集成和互通。

除以上的行动部门以外，CIA 还设立了主任办公室（Office of the Director）负责处理公共事务、人力资源、外交礼仪、国会事务、法律问题、信息管理、内部监督、军事人才和卓越人才培养等方面的事务。例如，公共事务主管是 CIA 局长和其他高级领导人在媒体、公共关系和传播事务方面的高级顾问，负责监督与媒体、公众和 CIA 工作人员的日常互动，还管理着该机构的演讲稿撰写骨干等。总法律顾问办公室（Office of the General Counsel，OGC）是 CIA 的独立办公室，由总法律顾问领导，协助总法律顾问履行其法定职责和其他职责。OGC 的责任有 3 个方面：其一是代表总法律顾问向 CIA 和 CIA 局长提供法律咨询和指导；其二是监督 CIA 的行动符合美国法律规定；其三是处理与 CIA 有关的法律纠纷等。

（3）与国防相关的情报机构

1）国防情报局

美国国防情报局（DIA）成立于 1961 年 10 月，是美国国防部的一个作战支援机构，是美国军队的"中央"情报局，在全球拥有 16 500 多名军职和文职人员，是美国联邦政府的对外情报机构，专门从事国防和军事情报工作。DIA 主要收集和管理外国军事的情报，为国防部和情报界的作战人员、国防决策者和部队规划人员提供军事情报，以支持美国的军事规划和行动及武器系统的采购。DIA 局长是国防部长和参谋长联席会议主席在军事情报问题上的主要顾问，还担任军事情报委员会主席，负责协调国防情报界的活动①。

DIA 将以决定性地赢得战争为使命，以成为国防情报专家不可缺少的独立情报来源为发展愿景，其核心价值包括卓越、团队、廉政、创新和问责制5个方面。从组织机构和职能分配来看，除机构主管领导和一些小型的办公室外，DIA 的主要职能部门包括行动处、分析处、科技处、特派团事务司，并设有美洲中心、亚太中心、欧亚中心和中东北非中心等情报中心②。职能机构的业务布局同样执行"情报循环"，即情报收集、分析和传播的全流程。其中行动处和科技处是 DIA 的两个主要情报收集机构，行动处聚焦于那些难以通过科技手段、采集难度较大的人力情报，科技处着眼于一切可以用技术手段采集的测量与特征信号情报（Measurement and Signature Intelligence，MASINT）；分析处管理着 DIA 的全源分析元素，重点关注国家层面的、战略性和战术性的军事问题，负责情报产品和分析报告的撰写；特派团事务司向 DIA 在国内和全球的行动和分析工作提供行政、技术和方案支持，包括向 DIA 提供反情报，以及担任国防部的反情报执行机构；任务中心则负责管理该机构在美洲中心、亚洲/太平洋中心、欧洲/欧亚中心、中东/非洲中心和国防反恐中心这些责任领域的工作。

此外，DIA 还提供了各种培训场所，并与其他政府机构建立了培训伙伴关系，将作战任务部署给可靠的情报工作伙伴，从而更好地实现 DIA 的最终目标。例如，通过情报界学术卓越中心，向那些学术项目能够为情报或国家研究项目提供基础的大学提供资助。同时，DIA 还通过本机构创办的联合军事武官学校（Joint Military Attaché School，JMAS）和联合军事情报培训中心（Joint Military Intelligence Training Center，JMITC）项目开展内部项目，为其培养人才。另外，DIA 还管理着国家情报大学（National Intelligence University，NIU），这是一所授予联邦学位的教育机构，开展本科和硕士培养，肩负着教育和培训情报官员的重要使命，其目的是保证美国的情报人才储备能够更好地应对当前及未来美国国家安全面临的挑战。

2）国家安全局

国家安全局（NSA）成立于1952年，隶属国防部，是美国的秘密组织，负责协调、

---

① Defense intelligence agency. About DIA ［EB/OL］.［2018-01-05］. https：//www.dia.mil/About/.
② Defense intelligence agency ［EB/OL］.［2018-01-05］. https：//en.wikipedia.org/wiki/Defense_Intelligence_Agency#Organization.

指导和执行高度专业化的活动,以保护美国的信息系统,并提供外国信号情报(Signature Intelligence,SIGINT),为军事客户、国家决策者、反恐和反情报机构及重要的国际盟友提供支持。NSA还是一个高科技机构,在通信和信息技术方面处于领先地位,有分析师、工程师、物理学家、数学家、语言学家、计算机科学家、研究人员,以及客户关系专家、数据流专家、管理者、行政人员和文书助理等各个类型的员工,是美国政府最重要的外语分析和研究中心之一,被称为美国乃至全世界数学家的最大用人单位[①]。

NSA引领着美国政府密码学领域的发展,包括SIGINT和网络安全产品与服务,并保证计算机网络操作在任何情况下都能为美国及其盟友提供决策的优势。其核心价值观包括致力于服务、尊重法律、廉政、透明度、尊重人民、问责制。作为美国情报界最保密的机构之一,NSA有1个联邦总部和4个地方总部,联邦总部位于马里兰州米德堡,其他4个地方总部分别位于夏威夷州、佐治亚州、科罗拉多州和得克萨斯州。其中,联邦总部下设局长办公室和3个总局、5个分局及2个中心。3个总局包括信号情报总局、情报保障总局、技术总局,5个分局包括教育培训局、后勤设施局、人力资源局、反间谍保障局、调查研究局,2个中心包括国家安全保障作战中心(National Sigint Operations Center,NSOC)、国家安全局/中央安全局威胁作战中心(National Threat Operations Center,NTOC)[②]。

NSA所关注和承担的职能要点包括发现威胁、SIGINT、网络安全、客户服务、密码学等研究及支持军队等方面。

发现威胁主要是指发现来自网络空间的威胁,包括网络犯罪、远程黑客入侵、恶意软件威胁、鱼叉式网络钓鱼及外国对手通过网络从事的不法活动等,这些来自网络空间的不法活动对美国国家和经济安全造成威胁的频率、范围和影响程度每年都在增加。NSA需要明确了解和识别网络安全对手是谁,他们在哪里,他们的能力、计划和意图是什么等,并报告国家领导人、军事领导人、政策制定者和执法人员,确保国家安全信息不受侵害。

就SIGINT而言,NSA主要负责向美国决策者和军队提供外国SIGINT,包括美国行政部门等所有部门在内的对情报有官方需求且提出正式情报要求的组织和人。SIGINT

---

① National security agency/central security service. About us [EB/OL]. [2018-01-05]. https://www.nsa.gov/about/.
② 晨心.日本情报界眼中的美国国家安全局[J].现代世界警察,2016(11):62-66.

任务特别注重收集国际恐怖分子和外国势力、组织或个人的信息，以及从外国电子信号和系统中获得的情报，如通信系统、雷达和武器系统，SIGINT 为美国了解外国对手的能力、行动和意图提供了一个重要的窗口。

在网络安全方面，NSA 的作用是帮助保护和捍卫国家安全系统，这些网络包括包含着机密信息的网络，或者对执行军事和情报任务至关重要的网络，其主要的工作职责包括三个方面：全天候的网络安全行动，监视和帮助应对国家安全系统面临的威胁，并为国家安全系统实施战略防御措施；制定标准，NSA 在相关技术领域处于美国或世界的前沿，通过创新和伙伴关系，可以发现漏洞，制订解决方案，并为国家安全系统制定标准；推进网络安全的状态，为网络安全专业人员发布报告和最佳实践指南等。

在客户服务方面，美国政府、军方和许多盟国依靠 NSA 在外国 SIGINT 和网络安全方面的专业知识来完成任务。NSA 的客户范围从政府最高层到部署在危险地带的小团队作战人员，包括美国情报界、美国国家安全委员会、美国总统及总统办公室、美国军方、美国国土安全部、美国联邦调查局、美国能源部、美国国务院、美国参谋长联席会议及澳大利亚、加拿大、新西兰和英国等。

就研究而言，NSA 首要的研究项目主要关注 4 个关键目标：其一是开发主导全球计算和通信网络的手段；其二是应对环境中的信息过载，并将其转化为 NSA 的战略优势；其三是提供与政府或通过和政府互动与各类伙伴建立无所不在且安全合作的途径；其四是创造一种可以渗透到威胁美国"硬"目标的手段，无论这些威胁在哪里、在何时、是何人。

就军队的支持而言，NSA 隶属美国国防部，是一个作战支援机构，支持美国在世界各地的军人是其最重要的事情之一。NSA 不仅通过 SIGINT 为军事行动提供情报支持，同时还基于网络安全人员、产品和服务确保军事通信和数据安全，从而不受对手的控制。

3）国家侦察办公室

1961 年 9 月，国家侦察办公室（NRO）作为国防部的一个秘密机构正式成立，总部设在弗吉尼亚州的尚蒂伊。1992 年 9 月，NRO 的存在及其任务被解密。NRO 由国家情报计划和军事情报计划提供资金支持，受国家侦察计划资助，是美国外国情报计划的一部分，负责设计、建造和运营独特创新的国家空中侦察系统，通过卫星进行图像和信号情报的采集，其产品提供给越来越多的客户群体，如 CIA 和国防部。NRO 可以对世界各地潜在的问题位置发出警告，帮助计划军事行动，并监测环境。作为情报界的一部分，NRO 在为美国政府和军队获取信息的优势方面发挥着主要作用①。

NRO 从一开始创立就与创新紧密相连。1961 年 9 月 6 日，苏联发射了人造卫星"斯普特尼克"（Sputnik），NRO 便秘密成立，直到今天，NRO 仍然将超越和创新作为其发展的核心理念，将为国家安全提供创新的空中情报系统作为核心使命，其核心价值观是诚信、责任、卓越，以及建立在尊重和多样性基础上的团队合作。NRO 的组织架构如图 2-3 所示。

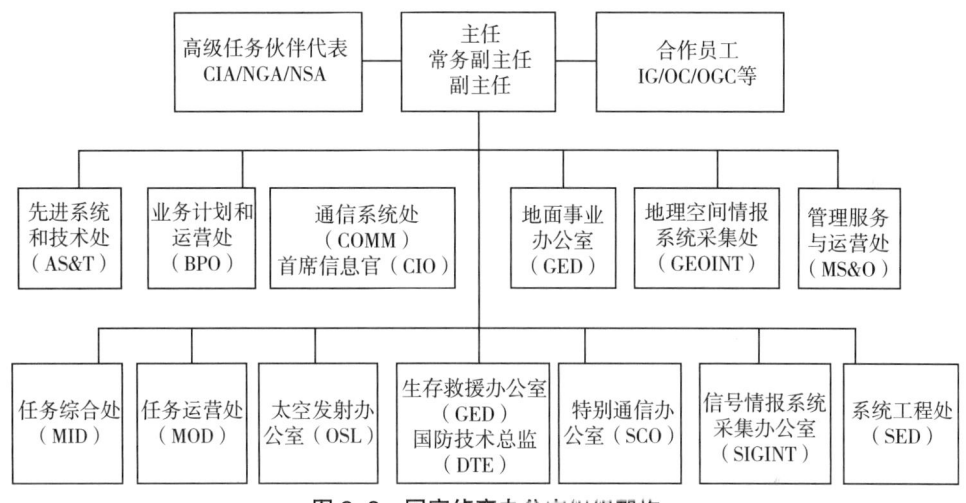

图 2-3 国家侦察办公室组织架构

NRO 是一个由 3000 名人员组成的混合组织，由武装部队、中央情报局和国防部文职人员组成，其职能涉及军事和社会等各个领域，具体包括监控大规模杀伤性武器的扩散，追踪国际恐怖分子、毒贩和犯罪组织，开发高度精确的军事目标数据和炸弹损害评估，支持国际维和和人道主义救援行动，评估地震、海啸、洪水和火灾等自然灾害的影响等。NRO 系统与国防部其他卫星一起，为美国军队提供全球通信、精确导航、导弹发射和潜在军事侵略的预警、信号情报和实时图像，以支持反恐战争和其他持续性行动。NRO 卫星还支持民用客户救灾响应和环境研究。科学家们通过利用 NRO 图像创建全球环境数据库，以帮助预测气候变化、评估作物产量、绘制濒危物种栖息地地图、追踪石油泄漏及研究湿地。NRO 数据所形成的产品还帮助描绘和评估受自然灾害影响地区的破坏情况。此外，NRO 的创新工作还激发了日常生活中的技术创新，为医学成像、全球通

---

① The national reconnaissance office ［EB/OL］.［2018-01-05］. https：//www.nro.gov/About-the-NRO/The-National-Reconnaissance-Office/.

信、高清电视、移动电话、全球定位系统（GPS）等做出了贡献。

4）国家地理空间情报局

国家地理空间情报局（NGA）的诞生始于"9·11"事件，其首要任务是协助情报部门挑选、处理、分析和发布及时、相关和准确的地理空间信息和情报，为客户提供特定的解决方案。通过提供随时可用的地理空间情报，NGA 为文职和军事领导人提供支持，并在战备状态服务于美国军队。NGA 还为诸如跟踪洪水和火灾及维和等人道主义的工作做出贡献。

5）效力于各军种的情报机构

a）陆军情报局

陆军情报局（Army Intelligence，G-2）是美国军事情报局中最早建立的机构，建立于1882年，负责美国陆军部情报活动的政策制定、计划、规划、预算、管理、人员监管、评估和监督。承担全军五人军事情报学科的整体协调工作，包括图像情报、信号情报、人力情报、测量与特征信号情报、反情报与安全对策[①]。

b）海军情报局

海军情报局（Navy Intelligence）由现役和预备役军事人员、文职人员组成，在世界各地的海上和岸上服务，其情报领导机构是海军情报办公室（Office of Naval Intelligence，ONI），成立于1882年。海军情报局是美国持续运作时间最长的情报机构，拥有世界一流的分析师、专家、工程师、科学家、技术人员、领导者和管理者，是海军信息部门的核心成员，其目标是获得并保持面向美国潜在对手的决定性信息优势。因此，该情报机构在收集、分析和生产科学、技术、地缘政治、军事和海事情报方面保持着无与伦比的领导地位，通过收集、分析和生产相关的海上情报，并将这些情报迅速传递给战略、行动和战术决策者，以满足海军、国防部和国家的需求。目前，ONI 及其领导的海军情报局的主要职责是为美国抵御海上威胁提供重要信息，就海军武器和技术扩散、民用海上反扩散中的跨国威胁、反毒品和全球海洋环境，以及其他直接支持美国海军、联合作战人员及国家决策者和机构的活动提供海事情报。在美国 ONI 的领导下，美国海军情报团队已经成为海军和联合作战部队、国家决策者，以及美国国家情报部门的其他合作伙伴和客户的主要海上情报提供者[②]。

---

① Our mission［EB/OL］.［2018-01-05］. http：//www.dami.army.pentagon.mil/Mission.aspx.
② Who we are［EB/OL］.［2018-01-05］. https：//www.oni.navy.mil/This-is-ONI/Who-We-Are/Who-We-Are/.

c）空军情报监视和侦察局

空军情报监视和侦察局（U.S. Air Force — Intelligence, Surveillance, and Reconnaissance, AF ISR）是美国领先的机载、太空和网络传感器等情报成品的供应商。AF ISR 提供决策优势，确保指挥官能够实现对全球任何地方目标的动力和非动力效果，以支持国家、战略、作战和战术的需求。AF/A2 是美国空军的高级情报官员，负责空军全球综合情报、监视和侦察（ISR）能力的职能管理，包括计划、规划和预算的监督，制定和实施空军管理全球综合情报、监视和侦察活动的政策和指导方针，以及 5 万名美国空军军事和文职情报人员的专业发展、培训、教育、准备和部署[①]。

d）海军陆战队情报局

海军陆战队情报局（Marine Corps Intelligence）为战场支持提供战术和作战情报。它的情报单元由海军陆战队负责情报和支持活动的政策、计划、规划、预算和人员监督的所有专业情报人员组成。海事处支持海军陆战队司令担任参谋长联席会议成员，代表海事处处理联合及情报事宜，并监督海军陆战队的情报活动。国土安全部的服务人员负责地理空间情报、先进地理空间情报、信号情报、人力情报、反情报，确保海军陆战队 ISR 事业的发展有一个同步战略。海军陆战队的情报总监是司令官的主要情报参谋官和情报、反情报与密码事务的职能管理者。

（4）其他机构和部门的情报单元

1）司法部联邦调查局

联邦调查局（FBI）成立于 1908 年，总部在华盛顿，是一个情报驱动和聚焦安全的国家安全组织，承担情报和执法的双重角色任务，负责了解威胁国家安全、渗透有意图和能力危害美国的国家和跨国网络。该机构由 3 万多名专职人员组成，包括特工、分析师和其他专业人士，他们在全球范围内开展工作，保护美国免受恐怖分子、间谍活动、网络攻击和重大犯罪的威胁，同时还为众多合作伙伴提供服务、支持、培训和领导。情报部门是 FBI 情报计划的战略领导，推动实现情报工作和业务操作的完全整合，它还与情报和执法部门的合作伙伴积极开展合作。情报部门通过监督情报政策和指南，确保 FBI 的情报生产能够保持客观，并正确处理战略工作和战术工作的平衡关系[②]。

FBI 的愿景和根本使命是通过领导力、敏捷性和一体化防范威胁，保护美国人民，维护美国宪法。它秉承忠诚、勇敢和正直的信念，以严格遵守美国宪法、尊重受保护者

---

① About us [EB/OL]. [2018-01-05]. https://www.25af.af.mil/About-Us/.
② FBI. About [EB/OL]. [2018-01-05]. https://www.fbi.gov/about.

的尊严、保持同情心和公正性、维护毫不妥协的个人诚信和体制公平、承担本局行动和决策相关后果的责任、具有在个人和专业方面体现出的领导力和多元性等为核心价值观，机构行动和任务遵循一定的优先事项，包括打击恐怖袭击、及时发现并制止外国情报行动及间谍活动、打击网络攻击和高科技犯罪、打击各个层面的公共腐败、保护公民权利、打击跨国/国家犯罪组织和机构、打击严重的白领犯罪和打击重大暴力罪行。

FBI在全美主要城市设有56个办事处、360多个卫星办公室和60多个国际办公室，其中卫星办公室是全国各地的常驻机构，国际办公室中的成员是驻世界各地美国大使馆的法律专员。56个部署在各个城市的办事处主要负责对各个城市和区域进行调查，评估这些城市和区域的犯罪威胁，并在案件和行动方面与合作伙伴密切合作。除了在洛杉矶、纽约和华盛顿的办公室直接由局长助理负责外，其他外地办事处都由一名负责的特工进行监督。此外，为与全球主要执法、情报和安全部门建立关系，帮助确保迅速和持续的信息交流，以维护美国的安全，FBI一直在海外派驻特工和其他人员。除60多个国际办公室外，还有20多个较小的分处，覆盖180多个国家、地区和岛屿。每个办事处都是由东道国和美国驻该国大使馆或领事馆共同商定设立，设在中国的办事处有两个，分别位于北京和香港。国际办公室由设在华盛顿联邦调查局总部的国际行动司管理。该办公室与其他联邦机构、国际刑警组织、华盛顿的外国警察和安全官员，以及国家和国际执法协会保持密切联系，根据行政命令、法律、条约、总检察长指导方针、联邦调查局政策和机构间协议进行国际联络和信息共享。

FBI的主要高层领导包括局长、副局长、办公室主任、局长助理与执行局长助理等，下设专门的局长和副局长办公室，直接负责管理总法律顾问办公室、国会事务厅、信息管理部、公共事务厅和资源规划办公室等一共12个办事机构。局长助理与执行局长助理分管相关的业务和服务部门，包括国家安全部门、刑事和网络犯罪应对及服务部门、情报部门、科学技术部、信息技术部和人力资源部门。FBI的调查内容和活动涉及国际和国内恐怖主义、反间谍活动（包括经济间谍等）、网络犯罪、公共腐败、公民权利、组织犯罪、白领犯罪、暴力犯罪和大规模杀伤性武器等多个方面，在维护国家安全方面发挥了重要的作用。

2）其他部级机构的情报单元

a）国务院情报与研究局

国务院情报与研究局（Bureau of Intelligence and Research，INR）成立于1957年，是国务院内涉及情报界所有政策问题和活动的协调中心，为国务卿提供及时、客观的全球发展分析及来自全源情报的实时洞察。INR助理国务卿直接向国务卿报告,并担任国务卿在所有情报事务上的主要顾问。INR的专家、独立外交事务分析人士搜集来自正常外交渠道和公开来源的情报信息,包括全源情报、外交报告、INR的民意调查及与美国和外国学者的互动等,他们能够对不断变化的政策优先事项做出迅速反应,并对影响美国外交政策和国家安全利益的事件和趋势提供早期预警和深入分析。

INR内部设立了不同的职能办公室来履行其机构职能,这些职能办公室按照其负责的主要工作内容可以分为管理部门与相关配套设施部门、分析办公室及情报和政策协调办公室。其中,管理部门与相关配套设施部门主要负责INR的整体运营和管理等上层业务,包括政策规划的制定、财务管理、人力资源管理、情报生产流程管理与质量评估等。分析办公室从区域与国家、社会发展和国家安全等不同切入点设置了13个专门的分析办公室,其中关注区域和国家的分析办公室主要负责研究和分析各大洲、地区和国家的政治、外交、社会和其他问题,如东亚及太平洋分析办公室和非洲事务分析办公室等;而聚焦社会发展和国家安全的办公室深入关注具体领域问题,如经济分析办公室、民意研究办公室及恐怖主义、毒品和犯罪分析办公室等;此外,还有负责与非政府组织专家进行交流和沟通的分析推广办公室。情报和政策协调办公室下设网络事务办公室、情报工作与监督办公室及情报政策与信息共享中心等5个办公室。这些不同类型机构的设置,有力地推进了INR工作的实施,使得INR成为美国国务院和情报界开展情报工作的重要力量。

b)国土安全部情报与分析办公室

国土安全部情报与分析办公室(Dept. of Homeland Security Office of Intelligence and Analysis,I&A)是国土安全部的情报总部,由担任国土安全部首席情报官的I&A副部长负责,I&A副部长同时对国土安全部部长和国家情报总监负责。I&A通过多个来源的信息和情报来识别和评估当前和未来对美国的威胁,重点关注4个战略领域:通过情报分析促进对威胁的理解;收集与国土安全有关的信息和情报;分享采取行动所需的资料;为国土安全相关企业管理情报。

I&A的运营理念和工作原则包括7个方面:培养一个完全同步的、有凝聚力的机构,将情报融入业务职能,并通过任务中心推动行动,从而减少反间谍、反恐、网络、经济安全和跨国有组织犯罪等对国土的威胁;国土安全部业务部门提供其在情报界的能力、数据和系统访问、基础设施、分析专业知识和任务准备服务;推动与国家、地方、部落、区域和私营部门(State,Local,Tribal,Territorial and Private Enterprise,SLTTP)

及外国合作伙伴进行多方位的信息交流，以填补关键的信息和情报空白；确保国土安全部数据集能够为任务中心、情报界和执法伙伴所使用，以加强政府的整体工作效果，对抗威胁；利用执法能力、独特的国土安全部数据和情报界资产生产战略情报产品，以支撑各级国土安全部领导层、其他美国政府决策者和SLTTP合作伙伴以情报为驱动的决策；提供独特的移民、旅行和情报数据，以及分析工具、分析报告和技术基础设施，以协助美国政府维护国家审查中心；通过不断加强I&A的人才和领导能力建设，培养一支高效的国土安全情报专业人才队伍，为实现上述运营理念和工作原则培养人才。

c）海岸警卫队情报局

海岸警卫队归属于国土安全部，其职责包括保护公民的海上安全、保护美国免受来自海洋的威胁及保护海洋本身。由于其任务集的多样性和广泛的法律权威，海岸警卫队在海事领域持续存在，它能够填补情报界在该领域的空缺。海岸警卫队情报局在海事领域拥有独特的使用权、专业知识及重要的地位，致力于开展情报活动，提供及时、客观、关联和可操作的海上情报，为海岸警卫队执行工作任务、国家战略目标的制定及相关决策提供情报支撑。海岸警卫队的情报人员被整合在各个级别的海岸警卫队指挥部，隶属各个部队的情报组构成了海岸警卫队的"情报组织"。

海岸警卫队情报组织可以分为两类，一类是情报管理组织，一类是战地情报组织。其中，情报管理组织由海岸警卫队总部负责情报的副指挥官（CG-2）管理。CG-2监管着一个由大约1500名人员组成的情报机构，是海岸警卫队与国家情报系统在政策、项目、预算、规划和监督事务方面的主要接口，通过下属的反间谍服务部、海岸警卫队密码组和情报协调中心开展海岸警卫队具体的情报工作。战地情报组织包括区域指挥官的情报部门、海事情报融合中心、地区情报专员和部门情报专员等，这些情报部门和人员负责为所在部队的指挥官提供情报支撑。

d）能源部情报和反情报办公室

能源部情报和反情报办公室负责美国整个能源系统的情报和反情报活动，在全国分设了近30个情报和反情报办公室，其主要任务是保护、激活和组建能源部实验室和工厂里的科学智囊团。办公室保护至关重要的国家安全信息技术和价值不可估量的代表性知识产权，并为美国政府应对外国情报、恐怖主义、网络威胁等提供高超的科技专长，解决美国能源安全中面临的最困难问题及其他广泛的国家安全问题。

e）财政部情报与分析办公室

财政部情报与分析办公室（Office of Intelligence and Analysis，OIA）是根据《2004

财政年度情报授权法》设立的,负责搜集、分析、整理和分发与财政部的运营和职责有关的外国情报和外国反情报信息。OIA 是美国财政部恐怖主义和金融情报办公室（Terrorism and Financial Intelligence，TFI）的一个组成部分。TFI 承担财政部情报和执法的双重职能,其目标是保障美国的金融系统不被非法使用,打击流氓国家、恐怖主义头目、大规模毁灭性武器扩散者、洗钱者、毒枭和其他威胁国家安全的要素。OIA 通过为财政部决策提供及时、关联和准确的情报和分析信息,促进国家安全,保护财政稳健,其职责和任务包括 4 个方面：推动情报工作优先满足财政部决策者和外部客户的需求；生产全源的评估报告和其他材料,以确定合法和非法网络中存在的、可由财政部领导的行动来解决威胁和漏洞；向决策者提供及时、准确、相关的情报；提供必要的安全基础设施,以保护财政部的国家安全信息。

f) 司法部缉毒局国家安全情报办公室

缉毒局（Drug Enforcement Administration，DEA）负责强制执行美国的管制物质法律和条例,主要负责管理美国海内外毒品活动,是美国在海外最大的执法机构之一,在全美有 21 个分支机构,并在全世界 60 多个国家设置了 80 多个办事处。DEA 的国家安全情报办公室（Office of National Security Intelligence，ONSI）在 2006 年成为 IC 的成员,其任务是搜集、分析和分发与毒品活动有关的情报。ONSI 的目标是发挥自身优势增强美国实力,与美国情报界和国土安全部门的其他成员进行充分和适当的情报协调和信息共享,以更好地致力于减少毒品供应、保护国家安全和打击全球恐怖主义。

2.3.3 情报运行管理机制

通过梳理情报界的组织机构和业务范畴,发现美国国家情报运行和管理机制经过不断的改革和完善之后,已经形成了自己独特的特点。

（1）务实的情报工作理念

情报工作理念是美国情报界开展一切情报工作的灵魂和思想指导。诚信、责任、廉政、遵守宪法和问责制等是情报界各个机构情报工作愿景和核心价值观中出现较为频繁的词。它们尊重纳税人所赋予情报界的权力,遵守宪法和法律,坚定保护国家和人民的信念,不断提升自己的情报工作能力,努力把自身建立成公正、卓越的情报团队。

（2）完整的组织机构部署

秉承"一体化"的建设和管理思想,美国建立了较为全面和完善的国家情报体制。情报界 17 个机构中,包括 2 个独立情报机构、8 个与国防相关的情报机构及 7 个部级的机构，涵盖了政治、经济、能源、军事和国防等多个领域，关注战略情报、预期情报、军事情报、网络威胁情报（重点聚焦）、反恐、反扩散和反间谍与安全等。其中，国家情报总监办公室（ODNI）是集中管理机构。各个独立情报机构的内部也都设置了完整的组织体系，包括维护日常运行的职能部门和开展情报业务的业务部门两种部门。业务部门基于情报工作的一般流程，设置了情报收集、分析和传播等相关部门。职能部门和业务部门之间相互配合，促进了情报工作机构的持续运行和发展。

（3）规范的情报政策体系

情报界政策支持整个情报界的一体化，并与行政指导、立法要求、国家情报总监（DNI）战略计划和情报界优先事项保持一致。情报机构 101 指令，包括情报界指令和隶属情报界的政策指导，情报界政策系统为情报界政策制定提供了框架。根据需要，政策部门与 ODNI 各个部门和情报界成员密切合作，审查、修订和撤销政策，以确保情报界政策是中肯的和通用的。根据情报透明原则，情报界公开了其非保密的有效政策，其目的是促进公众了解情报界活动的管理政策。相关报告和活动按照内容类别可分为纳入情报界政策库的内容、其他报告和记录、情报界博客"IC on the Record"的记录、国家情报委员会产品等。其中情报界政策库的内容包含情报机构运行过程中所涉及的多个方面的政策指南和文件，包含《情报界指令》（Intelligence Community Directives，ICD）、《情报界政策指南》（Intelligence Community Policy Guidance，ICPG）、《情报界政策备忘录》（Intelligence Community Policy Memorandums，ICPM）和《情报界法律参考手册》（IC Legal Reference Book）。其他报告和记录主要包括《国家情报战略》和《透明度实施计划》等。"IC on the Record"是 ODNI 维护的 Tumblr 博客，突出展示了美国情报界的合法情报活动，它的特点是解密信息及演讲、声明、证词和监督活动。国家情报委员会产品由国家情报委员会（National Intelligence Council，NIC）制定和生产，作为 DNI 担任情报界负责人的支持者，NIC 向高级决策者提供情报界的意见，并充当情报界和政策界之间的桥梁。NIC 的主要产品包括《国家情报评估》（National Intelligence Estimates，NIEs），该评估是情报界针对国家安全问题的最权威书面评估。除此之外，NIC 还通过接触学术界和私营部门的非政府专家来扩大情报界的知识和视野，并充当情报界的"智库"[①]。

（4）复杂的情报预算机制

美国的情报预算主要通过情报计划来体现。情报计划是有关美国所有情报、反情

---

① 高庆德.美国情报组织揭秘［M］.北京：时事出版社，2016：4.

报、侦察活动及情报界管理机构的总体描述，主要通过计划、功能和经费管理来实现目标。其中，计划管理规定情报工作的方向和目标；功能管理按照情报产生、搜集和基础设施三大类进行经费投入；经费管理则具体调节各项情报任务的方向和重点。情报计划的重点就是预算问题，情报任务的计划、情报功能的实现都必须以充足的资金为前提。合理的预算机制从资源上保证了体制分工的最终实现。

美国的情报预算机制于1995年开始进行第一次修改，情报预算分为3个部分：国家外国情报计划（National Foreign Intelligence Program，NFIP）、联合军事情报计划（Joint Military Intelligence Program，JMIP）及战术情报与相关活动（Tactical Intelligence and Related Activities，TIARA）计划。其中，NFIP是指情报界所有计划、项目和活动，包括国防部的国家级情报计划和联邦政府其他部门的国家级情报计划，所负责的都是国家级情报需求，而非与单一部门或机构需求相关的计划。JMIP和战术情报与相关活动计划目的都是利用与控制军事情报资源，不同之处在于JMIP主要负责的是国防范围内的情报需求，战术情报与相关活动计划主要负责由单个军种管控的战术军事情报项目。然而，这3个组成部分并没有严格意义上的界限，只是在功能上存在差异。例如，NFIP和JMIP均为国家安全局的密码破译活动提供资金，虽然大部分资金来源于NFIP，但一些与军队利益相关的军事项目很有可能由JMIP提供资金。从组织方面来看，NFIP中的情报活动预算内容既包括国防部机构内的活动，也包括国防部机构外的活动，而JMIP和战术情报与相关活动计划只负责国防部的活动。由NFIP提供资金的非国防机构或活动包括中央情报局、联邦调查局的反情报和情报活动、国务院情报与研究局、能源部情报办公室、财政部情报支援办公室。同时，国防部内也有情报机构从NFIP中得到部分资金，如负责卫星活动的国家侦察办公室、负责信号情报的国家安全局、负责图像情报的国家地理空间情报局，以及负责国防范围的国防情报局等。美国政府于2005年9月将"国家外国情报计划（NFIP）"更名为"国家情报计划（National Intelligence Program，NIP）"，将"联合军事情报计划（JMIP）"和"战术情报与相关活动计划"合并为"军事情报计划（MIP）"。尽管更名后的各个情报计划内容和范围没有发生实质性的变化，但是情报预算的整个机制进行了相应的调整。

2005年之前，中央情报主任与国防部部长享有国家情报计划（NIP）预算的制定实施权，然而，在美国历史上，中央情报主任并没有掌握真正的情报预算权，真正拥有情报预算权的是美国的国防部部长。NFIP由中央情报主任及其下属的情报界管理参谋、国家情报委员会进行管理，后两者还负责对计划预算资金的使用情况进行全程监控，并在必要时增拨或调配预算资金。JMIP、战术情报与相关活动计划由负责情报事务的国防部副部长进行总体协调和指导。从 2005 年开始美国情报界重新规划了情报预算的职权和流程，设立国家情报主任一职，并且赋予其前所未有的情报预算大权。另外，从 2005 年开始情报计划的内容也发生了变化，由原来的三项内容变更为现在的两项，即 NIP 和 MIP，此次变更更加有利于情报界职权范围的划分，同时也使得美国的情报预算体系变得更加精简。另外，国家情报副主任辅助情报主任进行 NIP 的制定和实施，MIP 预算也变更为由国防部部长和国家情报主任共同制定，作为图书情报副主任特派员的首席金融官负责辅助国家情报主任对 MIP 进行参与和监督。

冷战后，美国情报界的经费预算一直稳定在 260 亿～ 300 亿美元的水平上。据不完全统计，1993 年美国的情报预算为 290 亿美元，1994 年为 280 亿美元，1995 年为 285 亿美元，1996 年为 290 亿美元，1997 年为 266 亿美元，1998 年为 267 亿美元，1999 年为 280 亿美元，2000 年和 2001 年均为 290 亿美元。"9·11"事件以后，美国着手进行情报改革，情报预算有了一个质的飞跃。截至 2004 年，美国的情报预算已经上升至 400 亿美元。2008 年，美国公布 NIP 的预算高达 475 亿美元，2011 年为 546 亿美元，2013 年为 527 亿美元，相比 2012 年减少 12 亿美元[①]。

根据官方数据统计，如图 2-4 所示，2007—2018 年，美国的情报预算拨款总额（NIP 与 MIP 预算拨款总和）持续增加，大部分年份的情报预算拨款总额在 700 亿美元左右，且每年的 NIP 预算拨款较高，2010 年后每年都保持在 500 亿美元以上，远高于 MIP 预算拨款[②]。

---

① 2013 财年美国国家情报项目预算说明［J］. 保密科学技术，2013（10）：23-27.
② U.S. intelligence community budget［EB/OL］.［2019-01-17］. https://www.dni.gov/index.php/what-we-do/ic-budget.

第 2 章
美国情报学与情报工作

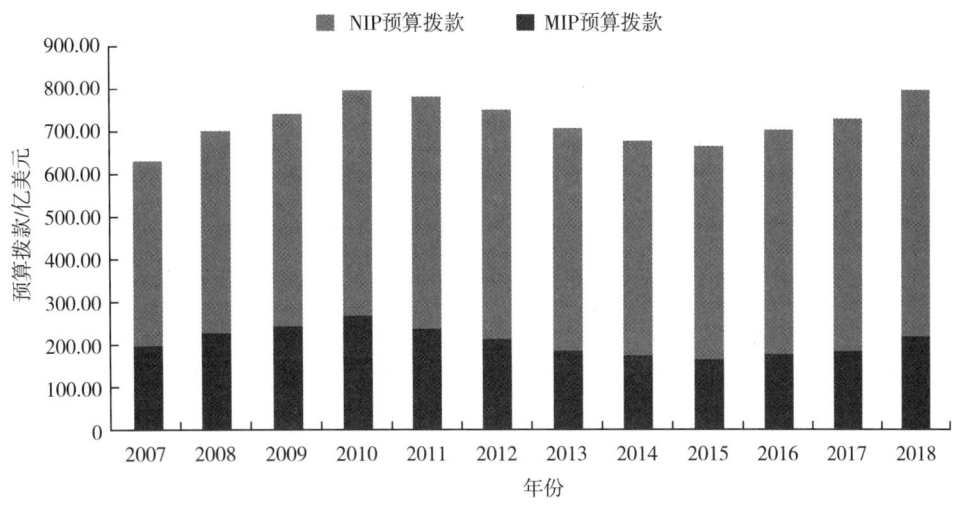

注：2013 财年 NIP 预算拨款总额为 527 亿美元，经自动减支后减少至 490 亿美元。

图 2-4 美国情报界预算拨款

(5) 完备的情报监管体制

美国情报界是当今世界上规模最大、影响力最强的情报系统，情报机构与情报活动在巩固国家主权与领土完整、维护国家利益方面发挥着重要作用。信仰自由民主与道德法制的美国人认为：情报工作的失败带来的绝不只是政策的失败和国家安全受损，民主政治和人权保障同样会受到伤害与威胁；同时，情报活动过程及其运用手段如果逾越法律规范与道德的要求，也将造成国家利益与人民权利受损。因此，如何对情报机构和情报活动进行适当而有效的监管就成为美国各界关注的一项重要议题。美国现代情报机制从创立至今已经走过 60 余年的路程，其间经过不断的发展完善，其情报监督和控制机制已经逐渐走向成熟[1]。

强大的情报能力背后涉及美国政府对情报界的监督管理问题。为保证情报界能够恰当地履行职能，响应决策者的需求，保证情报分析质量，提高情报搜集和隐蔽行动能力，并防止情报界尾大不掉、滥用职权、侵犯公民合法权利，美国政府建立起一套完善的情报监督机制[2]。与其他政府职能一样，情报监管需要建立有关监管规则，设立相应的实施与监督机构。情报机构作为政府行政部门的一部分，其监管责任由行政、立法和司法部门共同实施。一般来说，行政、立法与司法部门的情报监管属于正式的法定机

---

[1] 汪明敏，谢海星，蒋旭光. 美国情报监督机制研究［M］. 北京：光明日报出版社，2013：7.
[2] 王万，张伟伟. 论美国总审计署对情报界的监督［J］. 情报杂志，2017，36（10）：7-11，21.

制，主要作用是保证情报机构和情报活动遵守相关的政策和程序、获得适当的授权和拨款、接受相应的审计和审查。除了正式的法定监管机制外，还存在两种非正式机制：第一种是公众监督，主要形式是媒体、非政府组织、社会大众、智库等对情报机构和情报活动的合法性与正当性进行关注与调查；第二种是内部竞争，不同情报机构之间的相互监督与竞争也是情报监管的有效实现途径之一。

下面简要介绍几种不同的监督机制及其在不同时期所呈现的特点。

一类是总统主导的行政监督，主要通过颁布行政命令及建立各种委员会来监督情报界；另一类是总统临时任命的对情报机构展开调查的委员会，总统将根据委员会的报告建议来监督和调整情报体制；还有一种情况是行政部门为了排除来自非行政部门（主要是国会）的介入调查，而主动采取任命人员和委员会调查的方式来调查情报机构的活动，从而避免对情报机构和行政部门造成不利影响。

美国国会的情报监督方式有以下三种。第一，通过审核和批准情报机构的活动、情报机构的预算及新机构的设立来监督情报界。只有在国会的授权下，美国情报界才能创建新的机构、废弃旧的机构和重组情报系统。第二，通过常设情报特别委员会监视和调查情报机构的活动来监督情报界。第三，通过审核和批准总统对情报机构领导人的任命来监督情报界。

法院主要通过以下两种方式对情报机构实施司法监督：第一，通过与情报相关的司法解密权来监督情报界；第二，通过对情报机构不当行为的司法修正权来监督情报界。

在美国情报界，各个机构内部负责情报监督的部门一般有两个，即总检察长办公室和法律顾问办公室，绝大多数情报机构内部都设有这两个办公室。一般来说，总检察长办公室担负的责任就是对本机构的一切活动进行监督，特别是对不正当行为的监督和调查。法律顾问办公室的责任包括在法律事务方面为所在机构提供建议和从法律的角度为所在机构的情报活动进行监管，从而保证其符合美国法律。除以上两个机构外，美国情报界内部监督机制中还有一个不可忽视的部门，它就是美国国防部为监督和控制下属众多情报机构而专门设立的情报监督办公室。该监督办公室主要由一名助理国防部长负责，直接向国防部部长和国防部副部长汇报情况，并对国防部下属所有情报机构的一切情报活动、反情报活动及与情报相关的活动进行独立监督。

在美国，公众崇尚言论自由，媒体常常以政府的监督者自居，被视为立法、行政、司法三权以外的第四权力，并对以上三种权力起着监督作用。情报机构因在美国的国家安全体制中扮演着重要的角色而受到媒体的广泛关注和监督。媒体监督与其他监督方式不同的地方就在于它更突出表现在对情报黑幕的揭露上。

总之，各种监管方式在对情报机构进行监督方面各有特点，其中，行政监督通常关注的是情报机构的效率问题，即情报机构是否有效运转并完成指定任务；国会监督主要关注的是情报活动的效率和正当性；司法监督关注的主要是情报活动的合法性问题；社会监督关心的则是情报机构和情报活动的正当性问题。

(6) 严格的情报评估机制

情报工作的核心是情报分析和情报预测，情报评估作为情报分析的一个重要组成部分，在情报工作中发挥着不可替代的作用。战略情报是美国情报活动中比较重要的部分，然而因其具有推测性和鉴定性，所以在情报的加工过程中算是比较困难的一部分。情报评估的任务就是预测将来从而给予相关政府官员充分的警告，这部分的情报被称为评估性情报。美国评估性情报的主要表现形式是《国家情报评估》。它的产生和发展与美国国家安全问题密不可分。美国通过情报评估的方式对国际安全环境及趋向进行预测，为国家政策的制定提供参考依据，从而防止历史灾难的重演。

情报评估并非一般意义上我们理解的评估报告，而是一个评估知识体系，或者说是一个知识平台，情报评估机制更多体现的是情报机构运作的核心过程。《国家情报评估》是由中情局制作的与国家安全事务有关的、最具权威的书面判断，可以用来预测未来发展趋势并揭示其中隐含的深层意义。《国家情报评估》范围涉及从军事到科技、从经济到政治的广泛领域，面对最高决策层及总统或其助手，通常是为了应对总统对某个特殊问题提出的质疑和询问。情报评估不仅提供一个信息源，而且可以帮助决策者进行思考。它是由中情局与情报界的其他机构共同准备并协商完成的。

例如，1962年美国总统国家安全事务副助理卡尔·凯森给肯尼迪提交了一份报告，报告指出：由国务院、中情局和国防部共同磋商的《关于中印边境当前活动和未来发展的评估报告》，通过对当前的军事行动和政治形势，以及美国与西方国家援助行动的回顾和分析，认为当前中印边界形势使印度面临着严重的危机，打击了印度不结盟政策的核心，印度已向西方寻求援助以满足其军事需要；与此同时，西方与印度关系的密切发展又对巴基斯坦造成几乎创伤性的打击[①]。

---

① 汪婧.中央情报局对1962年中印边界冲突的评估与美国政府的应策[J].四川师范大学学报（社会科学版），2007（1）：135-142.

2.3.4 情报工作流程

情报工作流程是情报工作得以有序开展的普遍性准则和模型,工作流程的制定是情报机构保证其良好运行和发展所必不可少的。情报工作流程会随着主体所处环境和发展阶段的不同发生变化。在美国情报界具有影响力的情报工作流程和机制有两种,一种是呈网状拓扑结构的传统情报工作流程,另一种是"以目标为中心"的情报工作流程。

（1）传统情报工作流程

传统情报工作流程分为计划与指导、搜集、处理与加工、分析与生成、分发与共享、评估6个流程阶段,如图2-5所示,该情报流程和网络强调不同情报环节之间的相互关联,用户需求是情报工作的核心①。

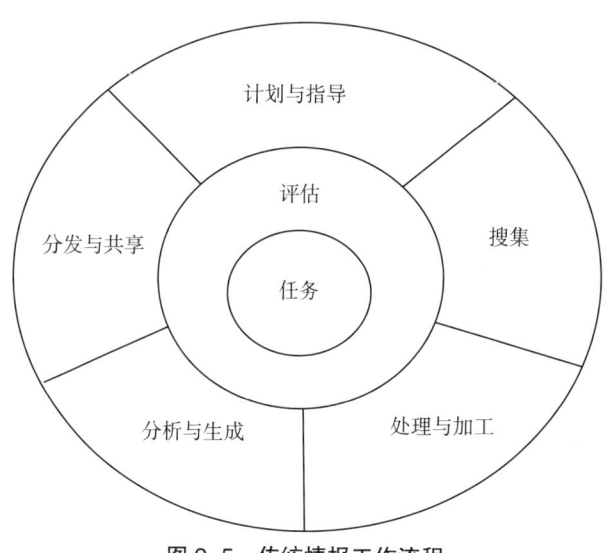

图 2-5 传统情报工作流程

1) 情报计划与指导

政策指令和战略规划是美国国家情报战略体系的关键要素和组成部分,是美国情报界得以有序运行和发展的宏观指导,也是情报界各个机构开展情报工作的准则。美国国家情报总监（DNI）是美国情报机构的负责人,通过制定一系列的战略计划和情报界优先事项来设计情报界未来及当前的发展路径,包括情报界战略规划、年度预算、人事政策和方案的制定,以及情报计划落实情况的监督和指导,以更好地满足不断发展的情报

---

① Joint Pub 2-01：Joint intelligence support to military operations［EB/OL］.［2019-01-17］. http：//navybmr.com/study%20material/JOINT%20PUB%202-01.pdf.

需求。此外，美国情报界还在其他各个层级出台了不同的情报战略。这些不同层面情报计划和指导政策的出台，有力地推动了美国国家情报战略体系的形成。

美国的情报战略体系具体来说包括3个层面的内容。一是由DNI签署颁布的长期发展和短期实施战略文件。其中以美国国家情报战略最为重要，该战略是美国情报界影响最大的情报计划与指导之一，在美国国家情报战略体系中处于核心地位。它是协调、整合情报界力量，指导美国整个情报界工作和未来发展的4～5年期战略规划，目前已经出台了2005年版、2009年版和2014年版共3版。二是由ODNI内各个部门和机构制定的各类战略规划，这些战略涉及情报信息共享、人力资源建设和反情报等具体的工作领域。三是情报界各个成员颁布的战略报告，如DIA颁布的《国防情报战略》和《2012—2017国防情报局战略》、CIA颁布的《中央情报局战略意图2007—2011》及国家侦察办公室颁布的《国家侦察办公室战略》等。

2）情报搜集

情报搜集是情报任务实施阶段的第一步。美国情报界组织庞大，各个机构之间的情报工作重点有所差异，但其情报搜集手段总体而言可划分为人力手段和技术手段两种。人力手段就是通过人与人的交流进行情报搜集，详细来说又可分为两种：一是公开的人力情报，即通过参加一些非保密的会议交流等活动获取情报，或者通过搜集和阅读报刊和公开发布的政府文件等进行情报搜集；二是秘密手段，即通过间谍派遣和渗透等方式搜集那些基于公开人力情报活动无法获取的情报信息。技术手段就是通过网络、无线电、卫星、侦察机、雷达频谱分析仪和密码编制机等搜集情报信息。在信息技术高速发展的现实环境下，技术手段逐渐成为美国情报界多数情报机构开展情报搜集工作的主要手段，而人力情报作为深度情报信息获取的关键手段也必不可少。情报搜集工作的开展需要确定情报信息源，并构建情报搜集策略。首先，评估证据，对信息来源渠道、信息质量及评估证据本身等进行分析和明确；其次，综合证据，对获取到的趋同和趋异等证据进行整合；再次，对这些搜集的证据进行分析论证；最后，根据获得的证据确定目标信息源。在以上目标情报获取信息源确定之后，根据过往经验和专门评估，建立搜集策略，明确搜集技术、手段和人员与情报信息搜集内容和渠道等的组合策略[①]。

3）情报处理与加工

情报处理与加工阶段是将搜集到的数据进行加工并转化成一种产品，从而可以方便地用于情报分析和生产。处理与加工过程必须优先进行，并与用户的优先情报需求

---

① 刘新欢.《情报分析：以目标为中心的方法》解读[J].文化学刊，2017（9）：236-239.

同步。在处理与加工过程中，需要充分考虑系统和数据的互操作性，将搜集到的数据进行关联和转换，形成适合情报分析和生成的格式。在这个步骤中，数据可能会得到进一步的加工，以使挖掘到的情报内容尽可能全面。情报周期的处理阶段不同于生产阶段，处理阶段的数据还不能够完全用于分析评估，但所搜集信息的处理和加工与这些信息的管理密切相关。通常情况下，搜索工具对一些特别的处理、加工和分析设备有限制，不同的信息搜集系统还具有信息加工的功能。情报信息加工的管理者需要计划工作量，并制定完成任务的优先制度，这样才可以确保在大量搜集活动期间优先处理和加工信息。情报处理与加工内容如图2-6所示。

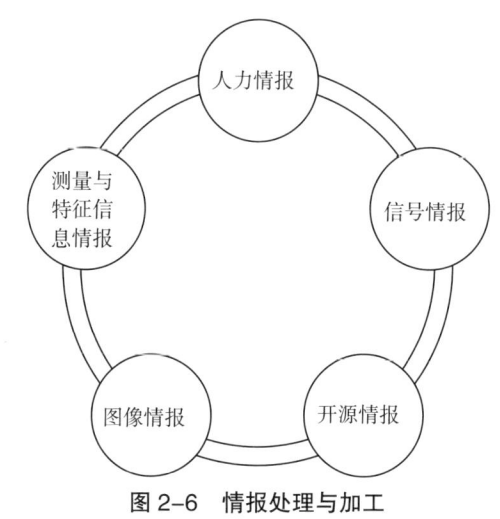

图 2-6　情报处理与加工

4）情报分析与生成

情报生成是基于用户所表达的和预期的需求完成的，所生成的情报包括产品和服务两种类型，这些生成的情报响应它所支持的一系列命令和决策权力，美国的政策决策和军事作战需求，以及美国在战略、战术、装备和总体能力方面的变化等。情报产品是基于单个或多个来源信息的整合、评估、分析和解释所形成的最终情报，其情报类型包括现状描述类、预测和警示类、问题解决方案类等。2007年国家情报主任签发的203号情报界指令（ICD 203）《分析标准》对情报分析准则进行了阐述，提供了情报界进行情报分析和产品开发的统一要求和规范（表2-5）[①]。此外，ICD 206[②]、ICD 208[③]、ICD 209[④]等系列指令还围绕情报产品的信源参引、制作与分发及效用最大化等进行了专门规定，这些指令的颁布有力地促进了情报产品质量的提升。除法律法规之外，情报界还从多个方面建立了情报产品的控制机制，包括情报分析员自我把关机制、用户反馈机制、同行评议机制、机构监管机制等，从而确保所生产的情报产品符合准确、客观和及时等质量标准。

表2-5 情报分析与情报产品应遵循的基本规范[⑤]

分析标准（Analytic Standards）	1. 客观（Objective） 2. 独立于政治考虑（Independent of Political Consideration） 3. 及时（Timely） 4. 基于所有可用情报信息源（Based on All Available Sources of Intelligence Information） 5. 遵循分析行业标准（Implements and Exhibits Analytic Tradecraft Standards）
分析技术标准（Analytic Tradecraft Standards）	1. 正确描述基础来源、数据和方法的质量及其可靠性 2. 正确表达和解释与主要分析判断有关的不确定性问题 3. 正确区分基础性的情报信息和分析师的假设与判断 4. 提供替代方案（备选方案）分析 5. 阐明与用户的相关性及其意义 6. 运用清晰、符合逻辑的论证 7. 解释分析判断的一致性和变化 8. 做出准确的判断和评估 9. 适当运用可视化信息

---

① Intelligence community directive 203（ICD 203）. Analytic standards［EB/OL］.［2019-04-25］. https：//www.dni.gov/files/documents/ICD/ICD%20203%20Analytic%20Standards.pdf.

② ICD 206. Sourcing requirements for disseminated analytic products［EB/OL］.［2019-04-25］.https：//www.dni.gov/files/documents/ICD/ICD%20206.pdf.

③ ICD 208. Maximizing the utility of analytic products［EB/OL］.［2019-04-25］.https：//www.dni.gov/files/documents/ICD/ICD%20208%20-%20Maximizing%20the%20Utility%20of%20Analytic%20Products%20（09%20Jan%202017）.pdf.

④ ICD 209. Tearline production and dissemination［EB/OL］.［2019-04-25］.https：//www.dni.gov/files/documents/ICD/ICD%20209%20Tearline%20Production%20and%20Dissemination.pdf.

⑤ Intelligence community directive 203（ICD 203）. Analytic standards［EB/OL］.［2019-04-25］. https：//www.dni.gov/files/documents/ICD/ICD%20203%20Analytic%20Standards.pdf.

5）情报分发与共享

情报信息共享机制是情报战略体系的重要组成部分，情报的分发和共享方式在一定程度上反映了情报战略体系的组织方式，而情报战略体系的构建也在一定程度上决定了情报信息分发与共享的流程与形式。美国情报界自创建之初，就一直希望能够统筹管理情报力量，促进情报机构的协调发展及情报资源的有效利用，但成效并不明显。"9·11"事件以前，美国情报界各个机构之间基本互不干扰，甚至存在很大的竞争关系，各个机构之间相互割裂的体制和运行机制严重阻碍了情报信息的普遍分发和共享。直到"9·11"事件以后，美国联邦政府开始着手情报界的改革，设立国家情报总监（DNI），成立国家情报总监办公室（ODNI），情报界工作的整合得以完成。在情报机构改革期间，美国出台了数十部情报战略，以更好地配合机构改革，包括《国家情报战略》《情报界信息共享战略》及情报界各个部门和机构根据自身特点制定的本机构情报信息共享战略[1]，这些战略从宏观和微观层面对情报分发和共享制度进行了规定，有力地促进了情报界的一体化发展。其中，在情报信息共享层面最为核心且重要的是美国ODNI于2008年发布的《情报界信息共享战略》（简称《战略》），该《战略》指导了美国情报界的改革，直接决定了后来美国情报界的情报分发和共享机制。

《战略》明确了未来情报界的愿景，指出情报界最终的情报信息共享状态是形成一种共同的信任和信息环境，构建一个集成化的情报行业。在这种状态下，所有的情报信息对所有授权机构都是开放的，所有机构都可以获得相同的信息，从而使它们能够进行真正的竞争和协作分析。如表2-6、表2-7所示，《战略》对美国情报界的信息共享模式和总体目标进行了明确规定，新的情报共享模式强调"有责任提供"文化和以情报界为中心，从影响情报共享的环境（管理）、情报共享规则（政策）、保证情报共享的能力（技术）、情报共享的意愿（文化）、情报共享的价值（经济）5个层面来落实和评估情报分发和共享机制的发展[2]。除此之外，为推动情报界情报信息的共享，美国还建立了多个情报融合中心，来加强联邦政府、州政府、地方政府相互之间的信息共享，同时，情报界各个部门内部还根据情报信息的性质等制定了特定的情报分享机制。

---

[1] 聂宏.美国情报战略体系解析[J].情报杂志，2018，37（10）：42-49.
[2] ODNI. United States intelligence community information sharing strategy [EB/OL].[2019-01-15]. https://fas.org/irp/dni/iss.pdf.

第2章 美国情报学与情报工作

表 2-6 新的情报共享模式

	原始情报共享模式	新的情报共享模式
情报共享愿景	"需要知道":在原始情报共享模式中,由信息提供者认定是否有必要将情报数据分享给可信组织	"有责任提供":一种全新的情报数据共享思想,强调共享过程中隐私、公民自由、情报信息来源和方法的保护
共享范围	以机构为中心:支持特定机构的特定任务集	以情报界为中心:为满足多样化任务的需要,合作/服务市场范围扩展到了众多机构合作伙伴和国际范围内
合作形式	战术型:遵循特定情报产品要求的政策和规则,灵活性和应变性差	以任务为中心的"自生型":快速适应不断变化的需求和新加入的合作伙伴(州、地方和部族政府)
安全模式	以网络为中心:围绕每个网络设计安全方案	以情报为中心:针对数据和环境构建安全方案
获取模式	基于部门:主要基于安全获取控制和规则获取情报	基于身份属性:除安全等级外,还应基于身份属性进行情报获取(如环境、任务核心、隶属关系等)
数据使用	数据所有者:在严格的控制获取、分发和共享机制下,情报提供机构对情报数据拥有所有权	数据管理:对情报数据进行管理,在安全协议下,促进数据的多维分析和使用

表 2-7 情报共享战略目标

战略目标	详细内容
目标1:制定统一的情报共享政策和管理	保证情报共享所需的文化转换:政策、管理模型、标准、人员评估和奖励及合规机制
目标2:促进广泛的情报发现和检索	通过遍布整个情报界的公共元数据标记、安全标记和网络,推进情报搜索、发现、检索、分发和普及连接
目标3:建立统一的信任环境	建立统一的身份属性、身份认证管理、情报安全标准、情报访问规则、用户授权、审计和访问控制,促进共同信任
目标4:促进整个情报界的合作	在机构、领导和员工层面推出必要的工具和激励机制,以协作和共享知识、专业技术和情报信息

6）情报评估

情报评估是情报分析工作中重要的组成部分，在情报工作流程中具有不可替代的作用。美国的情报评估机制较为精细，其情报评估产品及其情报评估工作以《国家情报评估》(NIE)最具代表性。NIE是美国联邦政府的文件，是对与特定国家安全问题有关情报的权威评估。NIE由美国国家情报委员会（National Intelligence Council）制作，其评估结果代表了美国情报界协调一致的判断。NIE被认为是"有价值的"产品，它展示了情报分析人员对未来事件发展过程的估计，涉及政治、经济、军事和科技等广泛领域，是情报界提交决策者使用的机密文件。每一份NIE报告都要经过国家情报委员会的审查和批准，该委员会由国家情报总监（DNI）和情报界其他高级领导人组成。

NIE的制作流程和程序较为严格，是在对情报资料不断整理、研究和审核等流程不断迭代的基础上形成的。NIE的制作流程主要涉及7个步骤。①制订计划表，启动评估任务，由国家和政府决策者及国家情报委员会授权，由国家情报办公室执行，根据决策者指令和机构评估需求确定评估选题。②确定评估选题的评估范围，对评估项目做更加详细的策划。③确定评估任务参与者并报送相关任务。在确定选题和选题实施方案后，美国情报界等参与评估任务的机构和具体的负责人向NIE办公室提交相关的材料和报告。④制订评估草案，并进行协调讨论。NIE办公室根据搜集到的材料和报告等内容撰写评估草案，之后协调项目相关参与机构齐聚一堂，对草案进行讨论，逐步优化。⑤进行安全审核。国家情报委员会对报告中可能涉及的机密信息进行审查，以确保不会泄露相关危及情报来源的信息。⑥评估报告定稿通过。由DNI和情报界各个相关部门首脑组成的国家情报理事会将初步优化的评估报告递交审核，最终形成正式文本，代表着DNI的官方立场。⑦评估报告分发。DNI将评估文本呈送给总统、高级决策者及两院的情报委员会，为其决策提供参考。除以上一般性的评估流程外，还有一些特殊的评估报告，这些报告通常根据评估项目的优先等级和突发状况进行紧急处理，生产程序会比较精简[①]。

(2)"以目标为中心"的情报工作流程

高质量的情报产品是基于高效率的、科学的情报工作和分析流程产生的。由于传统情报工作流程存在一定的缺陷，无法较好地适应不断出现的新情况和新问题，美国情报界引入了"以目标为中心"的情报工作流程，希望以此来满足新时期美国政府和社会等各个方面发展的需要。

---

① 彭立新，刘鹏喆. 美国《国家情报评估》解析[J]. 情报探索，2015（6）：46-49.

"以目标为中心"的情报工作使所有的利益相关方都成为情报工作流程的组成部分，让他们能够围绕共同的目标，根据各自的职责分工合作，完成最终的情报产品。在情报界，利益相关方包括情报信息搜集人员、处理人员、分析人员、用户，以及保证情报工作顺利开展的其他相关人员。如图 2-7 所示[①]，"以目标为中心"的情报工作流程是一个不断循环的良性过程，情报需求目标的达成是用户与情报搜集人员和分析人员在持续的沟通与反馈中实现的，用户在目标的达成过程中不仅是需求的提出者，而且可能会扮演情报信息提供者等角色。与传统的情报工作流程相比，该工作流程更加强调各个利益相关方之间的沟通与交流，互动性更强，更有利于情报工作者对用户方情报需求的明确和把控，提供精准的情报服务，也可以让用户在不同的阶段对所获得的情报服务和情报产品做出实时的评估，判断目标与自身需求是否匹配，进而对阶段性情报产品做出及时调整，可以节省不必要的时间、资源和人力，也不至于在情报产品最终呈现给用户时是偏离需求的。

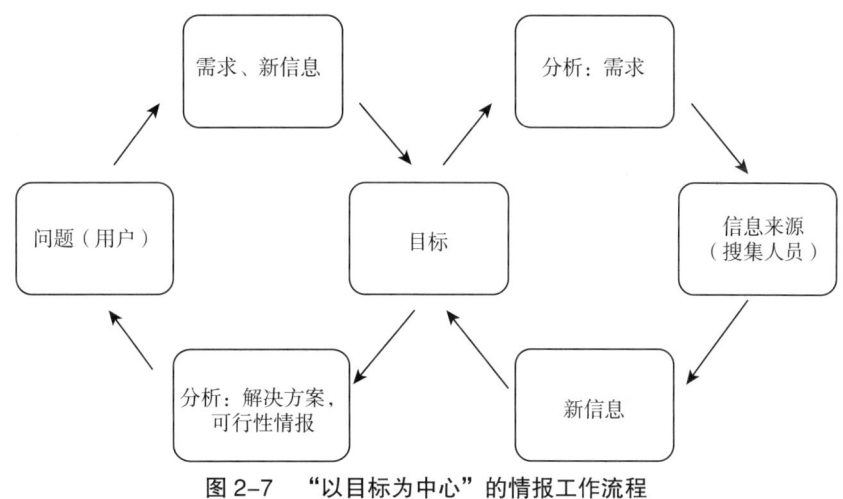

图 2-7 "以目标为中心"的情报工作流程

2.4 美国情报界代表人物

2.4.1 情报学界代表人物

美国作为情报理论研究大国和情报实践强国，在国家发展的各个阶段产生了一大批

---

① 吴素彬，陈云，王科选，等.美国"以目标为中心"的情报分析流程研究[J].情报杂志，2013，32（4）：6-9, 21.

情报理论专家，他们的情报思想不断丰富和发展，影响着美国乃至全世界的情报学理论的研究，涌现出一批具有重要影响力的情报学家及其代表思想，如谢尔曼·肯特的战略情报思想、安吉洛·科迪维拉的国家情报思想、罗伯特·斯蒂尔的公开来源情报思想、迈克尔·汉德尔的"三重噪声"情报思想、罗伯塔·沃尔斯泰特的"信号与噪声"情报思想、理查德·贝茨的情报预警思想、理查兹·休尔的情报分析思想、杰克·戴维斯的战略预警情报思想、若米尼的军事情报思想等。这里遴选三位情报学家及其思想体系进行重点介绍。

(1) 谢尔曼·肯特与战略情报思想

谢尔曼·肯特（Sherman Kent，1903—1986），美国情报理论专家，美国战略情报分析领域的开拓者，美国的"情报分析之父"，中情局（CIA）最有影响的分析家之一，是美国历史上兼具行政和研究领导职务的著名情报分析专家。他不仅在美国 CIA 担任要职，而且在情报分析理论领域做出了开创性的贡献。

肯特从事战略情报分析工作近 30 年，丰富的情报实践让他对情报工作产生了独特的思考。他发表了大量有关情报理论的著作，他撰写的《战略情报：为美国世界政策服务》（*Strategic Intelligence for American World Policy*）一书，是美国系统研究战略情报分析及其相关理论的开山之作，奠定了美国第二次世界大战后及当今战略情报理论的基石，被称为美国战略情报研究的奠基之作。肯特的思想对美国的情报工作产生了深远的影响[①]。

肯特是美国 CIA 历史上的一位传奇人物。他于 1903 年出生于美国芝加哥，1926 年获得了耶鲁大学的文学学士学位，之后于 1933 年又取得了耶鲁大学的历史学博士学位。1941 年，他出任情报协调局研究分析处亚洲科科长，后又担任过战略情报局研究分析处欧洲和非洲科科长、国务院情报与研究司代理主任。1946 年，肯特在美国著名的国家战争学院任教，次年回到耶鲁大学任历史学教授。1952—1967 年，肯特任美国中情局国家评估委员会主席，1967 年退休后，他仍然为中情局撰写情报专题文章。

肯特在其 20 多年的情报生涯中，不仅担任过中情局要职，而且著作丰硕。其研究具有鲜明的实践导向，形成了独树一帜的战略情报理论体系，对美国中情局和情报界开展 NIE 的方式产生了重要影响，其中比较著名的有情报"分析金字塔"理论、情报分析九原则、情报工作方法六阶段。

肯特认为战略情报是战略家制订和执行计划、身居高位的文武官员保卫国家所必

---

① 谢尔曼·肯特. 战略情报：为美国世界政策服务［M］. 北京：金城出版社，2012：1.

须掌握的知识，它是情报的一个重要类别。要正确理解肯特战略情报观的内涵，首先必须明白情报的含义。肯特认为，情报这个词，尽管听起来神秘，但实际上每个人都会碰到。当一个家庭主妇需要购物时，她需要对某种商品有一定的了解和认识，这就是情报。因此，情报其实是一件简单的事情：作为一种活动，它是对某种知识的追求；作为一种现象，它是由此而产生的知识。无论是出于本能还是出于深思熟虑，情报工作本质上都是对唯一的最优答案的追求。此外，它还是机构追求的知识。以上几个因素结合，可以得出肯特对情报的定义：情报是某种组织通过行动而追求的特定的知识[①]。

肯特认为，战略情报分为三类：一是基本描述性部分，这一部分提供有关目标国家的一切静态知识，它包含的是过去已有的知识，代表目标国家的已有状况；二是动态报告性知识，这一部分提供有关目标国家的一切动态知识，为了使情报组织所掌握的目标国家的描述性知识运用程度大、不过时，就必须对于目标国家若干重要方面的情况时刻加以关注，这样才能知道目标国家的现有能力，通过持续关注获得的动态性情报能够不断向基础性情报注入新鲜血液，为基本描述性情报和预测评估性情报之间搭起桥梁；三是预测评估性知识，这一部分提供有关目标国家的一切潜在行动的知识，以推测未来为目的，主要是设法了解目标国家的意图。这三个方面的知识汇总起来就构成了战略情报[②③]。

(2) 安吉洛·科迪维拉与国家情报思想

安吉洛·科迪维拉（Angelo Codevilla）是美国著名情报学专家。他从国家政策的角度对情报概念进行了诠释，将情报的研究提升到了国家情报的层面。情报的决策属性、情报的国家政策服务原则、情报政策与国家政策协调统一及将国家利益作为评估情报价值标准等诸多方面构成了他的国家情报观的基本理论框架[④]。

在部队和情报行业多年的任职经历是科迪维拉情报理论的主要实践来源。他早年曾在军中服役，最初是为美国空军本迪克斯空间系统局工作，负责研究苏联空军的战术；后在海军的基层单位任职，成为一名军舰工作人员，负责情报的上传和下达，并担任过海军舰队情报中心的值班军官；后来他又为美国国务院下属的情报与研究室服务，参与

---

① 孙晶琼.谢尔曼·肯特战略情报观与我国传统情报观的比较研究[J].科技创业月刊, 2017, 30(7): 106-109.
② 鞠心昊.总体国家安全观下美国战略情报思想对我国反恐战略的启示[J].安徽警官职业学院学报, 2016, 15(1): 115-117, 128.
③ 汤欢.战略情报观与我国传统情报观的比较研究[J].科技创业月刊, 2017, 30(6): 103-104.
④ 高庆德, 宗盟, 任珊珊.美国情报组织揭秘[M].北京：时事出版社, 2011.

欧洲方向的情报分析。在军界、情报界基层和领导层任职的经历让科迪维拉对具体的情报工作有着切身的体会。除此之外，科迪维拉的政治学、国际关系等学科的教育背景和学术积淀构成了他的情报学理论基础。凭借着这些跨学科领域综合知识构建起来的坚实基础，他成为美国情报革新派的重要代表。

对情报、国家政策与政治三者关系的探讨是贯穿科迪维拉整个情报理论的主线，也是他进行情报研究的基本切入点。科迪维拉从国家政策的角度出发对情报概念进行了诠释，将对情报的研究提升到国家情报的高度，并根据国家情报的特点总结了适用于各个层次情报的原则和规律。首先，科迪维拉将情报范围界定在与治国方略，也就是与国家政策有关的信息上，突出了情报的决策属性，然而这并不意味着只有直接为国家政策服务的信息才算得上情报。科迪维拉要突出的是进行情报研究的基本出发点，即国家情报或大情报。其次，科迪维拉对情报的基本认识是建立在情报功用性的基础上的，他所研究的情报是一种"决策性的认识"，也就是说他研究的是对国家政策有价值的信息，研究的重点问题是情报与国家政策的关系，即情报是如何为国家政策服务的。最后，科迪维拉定义的情报内涵突破了传统情报概念仅包含敌情的局限，将"我情"也涵盖在了情报内容中，不仅满足了对情报与国家政策关系进行研究的内在必然要求，而且使其研究内容更符合情报工作实际，有助于情报理论指导下的具体实践。

在科迪维拉看来，虽然不可能所有的情报都达到国家情报的高度，但为国家政策服务这一根本原则是任何普遍意义上的情报都必须遵守的。因此，他认为情报的最终目的必须是为国家政策服务、满足国家政治目标需求，绝非仅仅为了情报本身。他认为，国家情报是指专门为决策服务的情报，相对于一般意义的战略情报，国家情报处于更高的国家战略层次。他认为，情报必须以为国家政策服务为第一要求，情报机构作为国家权力机器的一部分，无论规模大小和地位高低，都不是情报产品的最终用户。情报机构需要对上级的国家决策机构负责，真正的情报用户正是国家的决策层或决策者。因此，情报的最终目的是服务于国家政策，满足政治需求，并非单纯获得秘密。科迪维拉认为情报政策必须以国家政策为导向，并能够与国家政策相契合。情报工作并非指由情报机构向决策层提供信息的单向过程，事实上它是一个双向的过程，因为决定着情报工作目标和方向的情报政策最终仍然是根据决策层对情报使用的反馈并结合现实客观形势所制定的。

（3）杰克·戴维斯与战略预警情报思想

杰克·戴维斯（Jack Davis）是当代美国情报理论研究领域的领军人物，其情报思想不仅包括对美国传统情报理论的总结，而且代表了美国情报理论发展的主要趋势。戴维斯从情报分析的角度出发，对美国预警机制、情报失误和情报与决策关系等多个问题进行大量批判性研究，并提出了很多改革建议，受到CIA的高度重视。戴维斯于1956年加入CIA分局，师承谢尔曼·肯特，颇受其情报分析思想的影响。从CIA退役后，戴维斯专职从事情报分析理论研究，并受CIA委托，对相关学术理论术语进行整理和规范。2000年，戴维斯进入谢尔曼·肯特分析学校从事教学工作，致力于推动情报分析技巧的教学工作。

戴维斯的战略预警情报思想形成于"9·11"事件以后，核心内容是战略预警情报分析理论。在"9·11"事件发生前，情报部门已多次发出预警，警告美国政府基地组织在美国境内可能发动大规模恐怖袭击，其可能性也不断升级。多位相关政策官员也通过不同的情报来源确定该预警的准确性。在认识到不断升级的恐怖威胁之后，政府与非政府部门开展的研究都开始建议国家对多种保护性措施进行投资，如强化航空旅客审查、情报及执法部门加大合作力度、更严格实施移民法等。公开记录显示，已发出战略预警、预警已被接收、预警已被确信，但事实上包括情报部门在内的政府安全机构都未能采取适当可行的措施来加强戒备。那么这是一次战略预警的成功，还是情报失误？"9·11"事件促使戴维斯开始严格审视战略预警理论及其实践效能。

早在第二次世界大战期间，美国就开始使用"预警情报"这一术语。美国《国防部军事及相关术语词典》（*Department of Defense Dictionary of Military and Associated Terms*）将"预警"定义为"对潜在敌人的各种活动中隐藏的危险进行通告和告知"，而"战略预警"则是"威胁性行动开始前发出的警报"。戴维斯对"预警"的定义与官方大致相同，不同的是，他对"预警"的阐释更为深入和全面，并突出强调分析和评估是预警的核心部分。在戴维斯看来，"战略预警"应该被定义为对威胁的分析性认知和与决策者的有效沟通，告知他们威胁美国国家安全利益的重大改变及其程度和性质，促使他们重新评估美国应对威胁的准备程度，从而阻止袭击或降低危害。

戴维斯情报思想研究历时50余年，从美苏对抗的高潮到反恐战争的兴起，见证了美国情报理论建设在过去半个世纪的斗争变化与显著成长。戴维斯从情报工作者到情报理论专家和教育者的转变值得研究。独特的情报工作经历给戴维斯的情报理论研究蒙上了一层神秘色彩，也为戴维斯后续情报理论建设打下坚实的基础。相比纯理论学者，戴维斯的情报理论研究更加贴近美国情报工作实际，更加重视与情报工作实践和培训相结合。戴维斯的著作不仅能用于督促情报分析人员的工作，而且能对决策者和情报管理人员提出中肯的建议，得益于其特殊工作经历，他能够通过现象，抓住情报工作掣肘的关键[①]。

2.4.2 情报实践界代表人物

同样，在美国情报工作的发展进程中也涌现出一批代表人物，如"中央情报局之父"威廉·杜诺万、热衷谍报的局长艾伦·威尔逊·杜勒斯、信号情报专家威廉·弗里德曼、博士局长雷·克莱因、超级计算机与密码破译专家路易斯·托德拉、提出美国国家情报转型战略的小布什等。这里遴选三位代表性人物进行重点介绍。

(1) 倡导战略情报的威廉·杜诺万

威廉·杜诺万（William Donovan）原名为威廉·约瑟夫·杜诺万，1883年1月1日出生于美国纽约州西部的布法罗，父母均是贫穷的爱尔兰移民。他从小就在"书本堆里长大"，少年时就博览群书，涉猎极广。1914年第一次世界大战爆发后，身材矮小而强壮、生性勇敢、爱冒险的杜诺万立即投入了戎马倥偬的生活，担任过连长、营长和团长，骁勇善战、指挥有方、身先士卒，战友们都称他为"野人比尔"，他也一直以这个绰号为豪。他一共获得了4枚国家最高级勋章，与道格拉斯·麦克阿瑟将军一起成为美国历史上获得最高级勋章最多的两名军官。他是第一次世界大战中的英雄、律师、政治家、将军、大使、情报首脑、间谍头目，虽然从未担任过 CIA 局长，但以他的精神和视野塑造了 CIA。他在第二次世界大战期间创建并领导美国情报协调局和战略情报局，提出关于建立永久性和平时期中央情报机构的构想，被称为"美国中央情报之父""美国战略情报之父"，在美国情报史上占有重要地位，对后世影响深远。同时，他也是第二次世界大战期间获得最高荣誉勋章、优秀服役勋章和优秀服役十字勋章三项勋章的唯一美国人[②]。

(2) 热衷谍报的艾伦·威尔逊·杜勒斯

艾伦·威尔逊·杜勒斯(Allen Welsh Dulles)是美国情报史上的著名人物，被誉为"美国中央情报局之父"[③]。艾伦·威尔逊·杜勒斯于1893年出生于纽约州沃特顿一个显赫的家族。该家族里早年就出过两位国务卿——其外祖父约翰·沃特森·福斯特和其姨夫罗伯特·兰辛。在两位长辈的熏陶下艾伦从小就有"国务卿之梦"。后来果真出了一个杜勒斯国务卿，然而却不是他，而是比他大五岁的哥哥约翰·福斯特·杜勒斯。这位仁

---

① 祁露露，王立婷. 杰克·戴维斯战略预警情报思想探析[J]. 学理论，2015（8）：6-7.
② 高庆德，宗盟，任珊珊. 美国情报组织揭秘[M]. 北京：时事出版社，2011：140-146.
③ 高金虎. 美国战略情报之父威廉·杜诺万[J]. 文史天地，2014（2）：83-87.

兄处处压他一头。现如今，华盛顿杜勒斯国际机场也是以约翰而不是以艾伦命名的[①]。他于1942年加入美国战略情报局，在第二次世界大战时期被战略情报局局长派往瑞士，担任战略情报局瑞士分部的头领，成为当时最杰出的间谍。1953年艾森豪威尔入主白宫后，年届六旬的杜勒斯被任命为CIA成立以来的首位情报局局长，并在任8年之久，成为美国历史上任职时间最长、影响最大的CIA局长。杜勒斯为人随和，注重礼貌，赢得了下属们的忠诚和爱戴，甚至在他离开CIA 20年后依然如此。

1941年7月，48岁的杜勒斯加入了新组建的美国战略情报局，这个机构负责为罗斯福总统提供战时情报。1942年，他以"美国驻瑞士大使特别助理"的身份被派到中立国瑞士，代号为110，从此开始了其特工生涯。第二次世界大战结束后，杜鲁门总统解散了战略情报局。1945年底，杜勒斯回到纽约，不久被选任美国对外关系委员会主任。1947年2月26日，杜鲁门总统向国会提出1947年《国家安全法》，其中包含了设立国防部、组建国家安全委员会、在国家安全委员会下设CIA等内容。1947年4月25日，杜勒斯作为美国对外关系委员会主任，就"国家安全法"问题向参议院军事委员会提交了一份备忘录，明确对成立中央情报机构表示赞成。1947年6月27日，负责情报事务的众议院拨款委员会举行听证会，杜勒斯在发言中把矛头指向军事情报机构通过职业间谍搜集情报的做法，从而使得对情报工作一窍不通的议员们明白了其中的奥秘，并就建立强大的中央情报机构一事达成了共识。1947年7月25日，国会正式通过了1947年《国家安全法》，翌日经杜鲁门总统签字生效，美国CIA就此成立。杜勒斯本人有意出任CIA局长，可杜鲁门在位期间始终没有意愿让杜勒斯担任这个局长。1953年1月20日，艾森豪威尔出任总统，提名杜勒斯担任CIA局长。1953—1961年，杜勒斯经历了艾森豪威尔两届政府，接着又被肯尼迪政府留用。加上他在杜鲁门政府时期的副局长生涯，他在CIA领导职位上任职长达10年之久。

担任CIA局长之后，杜勒斯凭借自己在第二次世界大战期间积累的情报工作经验，让CIA的隐蔽行动达到了顶峰。CIA在这段时间里大大扩展了活动的范围，迅速成为美国这个"世界宪兵"的万能政策工具，以"斗篷加匕首"的方式在世界各地从事情报工作，在全世界实施了大量的颠覆、破坏、暗杀行动。杜勒斯担任局长时期，通常被认为是CIA历史上的黄金时期。杜勒斯是最有权势的CIA局长，他的权力基础除了他在第二次世界大战期间主持在欧洲的情报工作而建立起来的声誉外，还在于他的哥哥约翰·福斯特·杜勒斯是美国国务卿。艾森豪威尔给予他高度的信任，杜勒斯几乎每星期都能见到

---

① 苏涵. 再度成为话题谈资的"CIA之父"[J]. 当代世界, 1995（5）：34-35.

艾森豪威尔总统两次。高超的情报管理能力、显赫的身世背景、丰富的情报工作经验，使杜勒斯非常强势，他的铁腕让对手无不心生畏惧[①]。

(3) 信号情报专家威廉·弗里德曼

威廉·弗里德曼（William F. Friedman）是第二次世界大战期间美国信号情报工作方面最重要的人物之一。他领导信号情报局破译了日本的外交密码，为美国的信号情报工作做出了巨大的贡献。

弗里德曼于1912年毕业于美国康奈尔大学，现在美国一家陆军部队单位从事密码研究工作。他于1921年加入美国陆军通信部密码组，1929年任通信谍报部长，1935年任密码解译主任。在第一次世界大战期间的编制和破译密码方面，他曾有过卓越的成绩。第二次世界大战之前，弗里德曼任战争部属下绝密的信号情报局局长，从此创造了他与美国信号情报共荣辱的工作生涯。

早在美国独立战争时期，由富兰克林在1775年11月牵头组成的秘密通信委员会就开始担负编制密码、建立通信和宣传系统的任务。美国现代信号情报工作开始于第一次世界大战时期，1919年10月1日美国密码研究机构成为美国有名的"黑屋"。1929年胡佛总统上台后，命令撤销"黑屋"，创建信号情报处，接替"黑屋"的具体工作。1935年，信号情报处更名为信号情报局，并升级为直属于战争部的通信情报机构，威廉·弗里德曼被任命为CIA局长。在第二次世界大战前的一段时间，日本的外交密码是最复杂的。第二次世界大战期间，日本的密码已经不像先前那么落后，但还存在破译的可能。1938年，美国陆军部决定全力以赴破译日本密码。弗里德曼指挥他的19名部下开始着手这项最困难的工作，经过长达18个月的呕心沥血，终于在1940年首次破译了日本密码。美国获得破译日本密码的方法后，凡是获得的日本密码信息便持续不断地被破译出来。

威廉·弗里德曼对美国的信号情报工作做出了巨大的贡献。在他的努力下，美国信号情报工作蒸蒸日上，他不仅在破译日本外交密码方面功勋卓著，而且开创了聘用数学家和语言学家到信号情报部门工作的先例，在领导美国情报走向科学化方面也同样功不可没。

2.5 美国情报学教育

美国情报学教育不仅包括高校情报学专业教育，而且包括国防、政府等各类机构

[①] 崔龙. 中情局长秘密档案［M］. 武汉：华中科技大学出版社，2013：7.

建立的专业培训中心。随着美国情报学的逐步发展和成熟，美国高校情报学专业教育所起到的作用越来越突出。本部分重点围绕教育体系进行介绍和分析。美国高校情报学教育以为领域培养优秀的硕士研究生与博士研究生为主，尽最大努力为本领域学生提供良好的学术研究环境，培养并锻炼其参与实际工作的能力，一直遵循先进的发展理念、明确的教育目标、合理的教育模式，致力于通过研究、教育、实践塑造情报学的未来并保持在情报学专业教育的全球领导地位，可以说，美国的情报学教育在全球情报学教育网络中发挥了重要作用，其发展对其他国家的情报学教育亦具有示范作用和一定的参考价值。本部分采用实例分析的方法探析美国情报学教育的发展现状，为使案例研究具有权威性和代表性，以美国具有图书情报学学科且2019—2020年QS大学排名处于前5位的高校即伊利诺伊大学厄巴纳-香槟分校（University of Illinois at Urbana-Champaign，UIUC）[1]、北卡罗来纳大学教堂山分校（University of North Carolina at Chapel Hill，UNC）[2]、雪城大学（Syracuse University，SU）[3]、华盛顿大学（University of Washington，UW）[4]和印第安纳大学布卢明顿分校（Indiana University Bloomington，IUB）[5]的信息学院为研究对象，通过文献调研和内容分析的方法，从美国情报学教育的地位与目标、课程体系和改革趋势这三个方面对美国情报学教育展开研究。

2.5.1 情报学教育的地位与目标

（1）情报学教育的地位

美国情报学专业一般隶属高校的信息学院，拥有属于自己的学科教学体系，所属学院也配备有较为雄厚的师资为教育发展服务，如UIUC的信息学院共有38位专职教师，其中教授6人、副教授19人、助理教授10人、高级讲师2人、讲师1人。除此之外，学院还聘请了学界名誉教师指导学生研究实践，通过教师的学科背景可以看出学院根据图书情报学科的发展趋势，着重建设高水平、多元化、国际化的师资队伍，培养具有学科交叉性的研究方向。在专职教师中有35人具有博士学历，占比为92%，其中图书馆、信息科学、信息研究博士共16人，占比为46%，其他教师的学科背景

---

[1] ILLIONS.School of information sciences［EB/OL］.［2019-09-05］. https：//ischool.illinois.edu.
[2] UNC. School of information and library science［EB/OL］.［2019-09-05］. https：//sils.unc.edu.
[3] Syracuse University. School of information studies［EB/OL］.［2019-09-05］. https：//ischool.syr.edu.
[4] University of Washington.Information school［EB/OL］.［2019-09-05］. https：//ischool.uw.edu.
[5] Indiana University Bloomington. School of informatics，computing，and engineering［EB/OL］.［2019-09-05］. https：//sice.indiana.edu.

涵盖了计算机科学、统计学、工程科学、物理学、行为科学、工商管理、哲学、社会学、心理学、文学、科学技术史学，博士毕业于 UIUC 的教师仅为 6 人。总体来看，学院配备的师资队伍海外教育背景丰富，大部分教师具有多学科背景，在本科、硕士、博士阶段修读不同专业，与情报学结合发掘新的研究内容，如社会、信息技术、人类心理学的交互，用户建模，数据伦理与文化，信息经济学，商业信息咨询，文本与数据挖掘等研究重点。

（2）情报学教育的目标

美国信息学院的教育层级一般可包括学位教育、认证教育和继续教育（或其他），以 UNC 信息学院为例，将教育层级分布进行整理，如表 2-8 所示。情报学多培养硕士研究生和博士研究生，学院一般在研究方向设置方面也侧重于与情报学密不可分的数据管理和信息管理等领域，学科结构上向交叉领域拓展，具有多样化的特点，同时也开展相关的本科生教育（多以"信息科学""信息管理"等对学位进行命名）。本科生的教育目标为向学生传递信息系统对人类生活的有用性，使学生初步了解"信息"及其相关词语，为以后选择某一分支或相关专业（如图书馆学、情报学、数据科学等）提供基础知识和必备技能，主要教授学生以下 4 个方面的技能与技巧：查找信息的有效方法、评估人们对技术的需求、设计和管理满足这些需求的系统；定位和获取信息资源；选择、管理和使用信息技术；帮助组织更有效地利用信息资源。

表 2-8 教育层级分布

教育级别	学位名称
学位教育	信息科学学士
	信息系统辅修
	本硕连读
	环境信息学双学位
	图书馆学硕士
	信息科学硕士
	数据管理硕士
	双学位
	图书情报学博士

续表

教育级别	学位名称
认证教育	数据管理证书
	研究生证书
其他	校园图书馆媒体计划
	实证医学
	健康信息学计划

硕士研究生的教育目标可归结为以下三个方面。①注重高层次专业人才的培养。学院通过课程学习、网络活动和相关领域知识推行卓越的专业教育，使学生获得扎实、强大的学术基础，在技术创新中发挥重要作用，满足社会对情报专业人员的需求，培养解决信息问题、开展决策的专家。②注重对学生实践能力和专业技能的培养。通过多样化的课程实现人、信息和技术的交互融合，使学生具备管理、分析、保存信息的技能，通过小组讨论、演讲展示、学术互动的形式锻炼学生的交流沟通、团队协作、管理领导能力，学生将所学知识运用到实际工作中，在实习中获取实践经验，直接理解如何解决现实社会的信息科学问题，从而在信息环境中的各行各业担任领导职务，包括公共、学术、学校图书馆及商业、医学、科学等领域。③培养跨学科领域的人才。部分学校设有跨学科中心或提供跨学科岗位，鼓励具有实践经验和跨学科视角的学生开展讨论交流，以获得独特的课堂体验，从而培养出全面感知发展前沿、研究视域广阔的信息专业人士，如专业相关硕士可以跨校区参与跨学科课程，培养分子生物学、环境生物学、生物医学等专业的信息分析师。

博士研究生的教育目标涵盖如下内容。①培养教学研究型人才。将学生培养为走在信息革命最前沿的学者，实行以研究为导向的教学计划，给予学生充分的科研训练，允许博士生从入学开始就加入教研人员的项目，并担任项目负责人或主要参与者，此外为学生提供教学实践机会，打造学科所需的教学科研型人才。②培养技术应用型人才。为商业、政府部门、学术部门等输出专业人才，学生的毕业流向除了高校、图书馆研究人员，还有研发人员、数字产品经理、数据科学家等。③培养交叉学科领域专才。使培养的博士研究生具有广泛的学术背景和专业实践经验，从而创建具有协作创新精神、充满研究活力的学术社群，通过跨专业之间的交流合作拓宽学术研究视角、引荐更多研究方法和思路。在读博士的研究重点可包括社会计算、社会技术系统评估、知识组织系统、音乐信息检索、社交媒体技术的应用、医学信息学、文本挖掘与应用、数据分析与知识发现等领域当前的热点前沿问题。

2.5.2 情报学教育课程体系

在课程设置方面一般包括核心（专业）课程、必修课程、选修课程，授课方式分为课堂教学和网络教学两种，教学形式涵盖但不限于资料阅读、交流讨论、案例研究、项目实践等。综合以上，根据课程的不同性质，参照王知津教授等提出的图书情报学研究生课程分类框架体系[①]，结合课程设置的实际情况进行适当调整，将课程分为三个一级类目，分别为专业课、研讨课、实习课。本部分主要对研究生课程体系加以梳理与总结。

（1）硕士研究生课程体系

1）重视图书情报基础理论与方法

相关课程设置在顺应时代变化的同时，仍然坚持学科的基础与核心。第一，信息服务、信息组织、信息素养、信息法律/政策/伦理课程较多，注重培养图书情报硕士的信息管理与信息服务、信息采集与知识组织、情报研究与智慧服务等学科的核心能力，特别是信息服务课程分类细致、涉及广泛，服务对象包括儿童、成人及健康科学、商学、文学等，服务方式包括线上参考咨询与线下的具体实践。信息法律/政策/伦理在网络化环境中具有较高的争议性和关注度[②]，该类课程有利于培养学生的科研诚信和知识产权意识，从而更好地开展信息咨询服务。第二，图书情报学专门理论兼具广度与深度，研究对象涉及学术图书馆、音乐图书馆、法律图书馆等；研究内容涉及竞争情报、信息经济学、图书馆评估、图书馆资助等。第三，具有较为完善的图书情报学研究方法，包括社会研究方法、定性研究方法、数据分析方法等，但欠缺文献计量方法。

2）信息技术、系统与网络课程成为重中之重

在数字化、网络化、大数据的环境中，图书情报行业强调以海量信息与数据为研究

---

① 王知津，李彤，严贝妮，等.中美图情学研究生教育与培养比较研究：硕士课程设置实例分析[J]. 图书馆杂志，2009，28（5）：57-64.
② 严贝妮，邢欣.我国台湾地区图书资讯学硕士教育与培养：基于课程设置的透视[J].大学图书馆学报，2016，34（5）：95-102.

基础[1]，相关教育应紧跟时代发展潮流，根据社会发展需求注重信息与技术的融合，培养学生情报分析的核心竞争力，不断侧重于技术类课程。例如，UICI 大学的相关专业课程共有 142 门，信息技术、系统与网络课程数量最多，占课程总量的 29%，其中信息技术类课程有 25 门，是开设课程最多的三级类目，涵盖数据科学的基础理论、方法工具、实践应用，贯穿多源数据采集、处理、分析、保存、利用的整个生命周期；同时关注交叉学科领域信息技术能力的培养，如数字人文、社会计算、健康数据分析、企业信息技术设计。信息系统、Web 技术类目在传统课程的基础上聚焦于特定的应用场景，锻炼学生的实践能力。

3）设置较为广泛的其他专业课程

允许学生选修校内其他专业若干学分的课程，鼓励学生开展跨专业的学习，这样的教育理念同样反映在课程设置上。通过开设教育学、商学、管理学、统计学等课程，在研究对象、研究内容、研究方法上拓展思路，培养学生教学指导、实践应用、统筹规划、管理协调的综合能力。

4）研讨课与实习课程内容丰富

研讨课以学生、师生之间的自由讨论、开放交流为主，补充和支持学生的课程与专业发展，课程特点表现为：第一，范围广泛，研讨内容覆盖了理论与方法、用户与服务、管理与环境、技术与规范，跨专业学科发展和有效促进学术交流的途径为探讨重点；第二，关注前沿热点，如数据管理、科学数据政策、机器学习方面的研讨；第三，具备国际视野，如关注信息职业中的人权问题。

实习课程也是课程体系的重要组成部分，研究实习旨在提升学生的专业素养，在实践中加深对理论知识的理解，培养其独立研究和知识表述能力；工作实习提供了在图书馆及各类信息管理机构兼职和全职的实践机会，将专业技能和实践技能融入实际应用。

（2）博士研究生课程体系

博士研究生教育反映了该学科发展的现状和前沿，在一定程度上体现最高教学水平和教学特色。博士培养方案受到培养目标的指导，体现在培养模式和课程要求上，研究方向能够反映社会对图书情报领域高层次人才的需求和重点关注的研究领域[2]。它具有

---

[1] 初景利，张颖. 以信息和数据为核心构建图情档学科体系与能力[J]. 文献与数据学报，2019，1（1）：21-31.
[2] 王知津，严贝妮，李彤，等. 图书情报学博士教育与培养：美国模式实证研究[J]. 大学图书馆学报，2009，27（1）：82-91.

以下特征。

1）鼓励参与研究项目

博士研究生通过参与多学科交叉的研究项目在各个研究领域产生了实质性工作，解决了关键性的挑战，涉及的研究方向包括科学数据和知识实践、知识和信息组织、数据管理、数字人文、数字图书馆、社区信息学、青年服务和数字青年、信息计量学、人机交互、以人为本的数据科学和社会计算、信息隐私、安全和伦理、健康与生物信息学、信息史等。

2）支持前沿研究

提供优越的研究资源，如超级计算机、学术型图书馆、科学技术研究所、国家超级计算应用中心，依托此类资源，博士研究生可深入专业实践明确研究内容，寻求跨专业领域的合作与技术支持，开展基于海量文献与数据的研究。

3）提供研究服务

研究服务为博士研究生开展各类研究活动提供了"绿色通道"，嵌入整个学术研究的流程，从前期项目规划咨询、资助提案制定，到中期的研究管理和研究基础设施的提供，再到最后的研究政策制定，实现全过程的支持协助。

此外，研究生协调员兼学术顾问随时帮助学生解决学术上的困难，在制订课程计划、开展学术研究等方面与学生保持密切联系和沟通。职业服务协调员通过定期举办职业服务活动，指导撰写求职简历、选择实践岗位、联系专业导师、寻找工作机会，形成完整的职业规划链条，帮助学生实现社会需求和个人技能的匹配。

2.5.3　情报学教育改革趋势

对比现有研究发现[①]，美国情报学教育重点在不断发展演变，目前具有的特征可归结为以下几点。①研究方向明确具体。每个相关研究方向皆为学生提供了详细的介绍、明确的职业匹配、针对性的专业课程，供学生根据自己的兴趣专长和职业规划确定发展方向、定制个性化的学位课程。②数据科学成为重要研究内容。情报学在大数据、人工智能、云计算、物联网环境的产生过程中创新、把握机遇，且科学研究范式向数据密集型转变，专业学生培养日益关注基于数据的深度分析和挖掘，由此产生了数据管理、数据分析等需要掌握的必备技能。③学科交叉融合特质明显。与商业领域融合发展知识管

---

① 刘桂锋，卢章平，郭金龙. 美国 iSchool 图书情报学研究生课程设置与教学方式的特点与启示：以伊利诺伊大学香槟分校为例［J］. 情报资料工作，2015（6）：97-102.

理、竞争情报;与其他学科相辅相成,如与生物学领域融合发展生物信息学,与计算机领域融合发展数据科学。

未来情报学教育应在以下方面继续加强与发展。①以图书情报理论为基础支撑。构建网络时代的情报学科体系应坚持继承性原则[①],需着眼于学科发展体系与社会发展需求选择性地保留传统图书情报学的基础理论与方法,侧重资源服务与评估的能力建设。②以信息技术、系统与网络为重点内容。信息技术的革命深刻影响了图书情报学学科体系,信息技术在图书情报工作中的应用提高了信息处理、存取、传递与利用的水平,对信息技术的全面深入研究能够解决图书情报学学科体系面临的技术应用问题[②],注重培养学生关于信息技术、系统、信息检索的核心能力。③以用户服务为拓展路径。在数字化和网络化迅速发展、信息基础设施日益完善的时代,用户个性化需求日益强烈,信息服务的内容和对象在不断延伸,重要性越来越强,在服务内容上涉及了图书馆、商业信息、健康信息、文学等,服务对象覆盖了儿童、青年、成人及弱势群体。④紧密结合学科和技术手段发展前沿。可重点考虑机器学习、AI 对各个领域的影响、社会信息学、开放获取、数据管理与安全及数字管理、人机交互等,将理论应用于实践,重视学生在技术领域的实践,如在信息技术公司、IT 行业的实习。

2.6 美国情报学与情报工作的发展特点与影响

2.6.1 主要特点

通过研究发现,美国的情报学及情报工作在其漫长的发展历程中形成了独特的发展模式及规律特点,主要表现在以下几个方面。

第一,美国情报学研究受社会环境和发展需求驱动的因素明显,在新形势下呈现新动向。历史上,美国情报学研究受社会发展需求的驱动因素明显。在美国,"情报"一词往往与军事情报密切相关。美国历史上情报学研究的主要代表人物的出现和重要情报思想的产生都离不开军事战争,美国情报学以军事学理论与思想为基础,主要服务于国家或军队,多数美国情报专家均在部队担任过重要职务,在第二次世界大战、朝鲜战争

---

① 王知津,张桂玲.网络时代情报学学科体系的主要结构与特征[J].情报理论与实践,2002(5):321-323,328.
② 吴慰慈,张久珍.信息技术革命影响下的图书馆学情报学学科体系[J].情报学报,2000(2):98-103.

中，美国也都利用了情报手段，来为战争提供支持、为战争胜利寻找机会。

当前，随着信息量的急剧增长及科学技术的快速发展，美国社会发展呈现新的特点，对情报学的需求不断更新，推动情报学呈现新的趋势和特点[①]，主要包括以下几点。①在研究内容方面，逐渐与国家战略相结合。情报研究更加贴近高层决策者，以满足国家安全需求为目标，朝与国家战略研究相结合的方向发展，关注国家安全方面的重大重点问题，呈现战略研究与情报研究一体化趋势，体现情报为决策服务的智囊作用。②研究视角从传统安全领域逐步转向非传统安全领域。随着冷战结束，国际格局的剧变导致美国所面临的安全威胁来源更加分散，更多的研究者开始探讨在新时期、信息时代背景下情报所面临的新挑战，从对传统情报解谜模式的研究过渡到对整合情报新范式的研究。③情报资料来源，从传统战时谍报秘密手段转向公开源情报的搜集整理。④情报研究方法趋向多元化，引入融合更多学科领域的分析方法。

第二，美国情报工作体制和机制呈现"分散式"特点，在新形势下致力于"一体化"改革。在长期的发展过程中，随着战略环境迅速变化，美国情报学结合自身的实际需要形成了比较完备的组织结构和工作机制。以"9·11"事件为分水岭，美国从"以机构为中心"的分散式情报体系布局，开始了大刀阔斧的改革，涉及机构的新增与整合、机构权力和职责的重新梳理、情报界的领导和管理等方面。2005—2014年，美国国家情报总监办公室发布了三份《国家情报战略》，反映了后"9·11"时代美国国家情报工作的发展变革及出现的新变化、新特点和新趋势。国家情报工作内涵得到丰富，任务目标更细化，工作体制机制得到完善；国家情报工作也体现出一体化、全局性、适应性等特点；国家情报工作中的反恐怖、网络情报、反情报、信息共享与安全问题则代表了美国情报工作发展的新趋势[②]。

2.6.2 社会影响

美国情报学与情报工作建设处于世界领先水平，可以从以下两个方面归纳其社会影响。

美国的情报学和情报工作的发展与美国社会发展需要密切相关。发端于文献学以

---

① 胡雅萍，潘彬彬. Intelligence 视角下的美国情报学研究进展：以 Studies in Intelligence 解密文献为例[J]. 情报杂志，2014（1）：6-10.
② 马德辉，黄紫斐，MaDehui，等. 美国《国家情报战略》的演进与国家情报工作的新变化、新特点与新趋势[J]. 情报杂志，2015（6）：1-4.

后，美国情报工作对于推动美国社会发展发挥了重要的作用，如美国在第二次世界大战、朝鲜战争及贸易战等过程中对情报工作的依赖。更重要的是，着眼未来发展，美国情报学可以为美国应对当前全球变化及挑战提供重要支撑。情报界改革是战略环境迅速变化的必然要求。在全球化的大背景下，美国将面对的是更大的不确定性、更多的风险和更难预测的未来。不确定领域可以分为两类，即持续性威胁和正在出现的威胁。其中，持续性威胁包括恐怖袭击、技术扩散、反情报斗争、情报欺骗、地区性强国等；正在出现的威胁包括传染病、科技突破、金融病毒、经济竞争、环境问题、能源问题，以及网络攻击、全球贸易威胁、跨国犯罪等。为此，未来的情报界更加需要一体化协作的能力，这样才能预期到广泛的威胁和风险，并迅速做出反应。

与此同时，美国作为情报大国和情报强国，其情报理论和情报技术一直以来影响着世界上其他国家的情报事业发展，主要表现在：先进的情报与反情报技术手段运用于社会发展的各个研究领域，为各个领域的发展提供技术支持；完善的情报理论体系成为其他国家学习和参考的标准。美国情报界在世界情报体系中发挥着不可低估的作用，其制度的复杂性、手段的多样性均可推动全美和全世界高度重视情报在社会各个领域的发展中所发挥的至关重要的作用。

2.7 本章小结

美国情报学与情报工作的发展均处于世界领先水平，对世界各国情报事业发展具有重要的借鉴作用。在本章中，首先，从时间轴出发，系统梳理美国情报学的产生与发展脉络。其次，总结美国情报学理论研究进展，包括情报学基础理论及主要情报学理论，包括情报失察理论、情报分析理论、竞争情报理论、公开来源情报理论、情报共享和融合理念等。再次，详细阐述了美国情报工作机制，重点包括两大类：①以服务于国家安全、国防和军事等为要务的情报界17个机构；②旨在服务关系社会和民生发展的情报服务业和情报服务机构，并分析了情报运行管理机制和工作流程特点。然后，简要阐述了美国情报学界与实践界的代表人物及其代表性思想观点。接着，概述美国情报学教育的地位、目标、情报学课程体系及情报学教育改革趋势。最后，基于以上内容归纳分析了美国情报学与情报工作的发展特点与影响，以期通过系统总结美国情报事业发展概况及规律特点，为世界情报事业的发展提供参考。

第3章 英国情报学与情报工作

19世纪90年代情报学在欧洲以"文献工作"为开端，宗旨是更好地为科学研究者的文献需求服务，20世纪30年代才传到美国[①]。英国的情报学与情报工作的发展与美国有很大的不同，但并不逊色。英国的情报学与情报工作历史悠久，在情报学理论、情报实践及情报学教育上有很重要的创见，有独到的理论贡献与实践探索，在国际上占据十分重要的地位，对其他国家情报学与情报工作的发展具有重要的影响。

3.1 英国情报学的起源与发展

英国情报学的发展主要经历了学科萌芽期、学科确立期和学科发展期三个发展阶段。

3.1.1 情报学的起源

情报学起源于文献学，可以追溯到1895年比利时学者奥特莱和拉封登等创立的国际目录学会，文献工作和文献学19世纪在欧洲开始，20世纪30年代传到美国后得到发展，文献学的发展是情报学阐述的背景之一[②]。现代情报学的理论与活动主要始于第二次世界大战前后，在英国文献学家布拉德福（Samuel Clement Bradford）和美国科学家维纳·布什（Vannerar Bush）等奠定的情报学最初阶段的理论基础上，文献工作的部分内容开始向情报学发生转移[③]。布拉德福1934年在《特定学科的信息源》（Sources of

---

① 汪冰, 孟广均. 情报科学史（1945—1985）[J]. 情报科学, 1993（2）: 69-74, 80.
② 靖继鹏, 马费成, 张向先. 情报科学理论[M]. 北京: 科学出版社, 2009: 19.
③ 同②19-21.

Information on Specific Subject)一文中,首次提出了定量描述文献分散规律的经验定律,出现了现代情报研究工作的雏形;1948年出版了《文献工作》,被谢拉(1966)称为"英语世界的文献工作之父"。

3.1.2 主要发展阶段

(1) 学科萌芽期(20世纪40年代)

学科萌芽期主要提出了对情报及其有关方面进行单独研究的需要和设想。在"情报学"专业术语尚未正式提出的时候,英国早期的情报学教育是辅助性的科目和课程。1947年,英国情报学家布鲁克斯首次在英国大学教育中开设了"技术情报表达"课程,同时发表了《技术情报论》(The Presentation of Technical Information)[1]。1948年,布拉德福的《文献工作内容的改进和进展》,强调了自19世纪90年代以来蓬勃发展的文献工作到20世纪40年代所面临的必须革新的局面,揭示了传统文献工作向情报学专业发展的历史趋向[2]。同年,维克利发表论文正式提出了"布拉德福离散分布"和"布拉德福分散定律"的概念,提出了自己的修正和补充,最早把布式定律推广到一般的情形[3]。1948年,英国皇家学会在伦敦召开了首次国际科学情报会议,全面讨论与科学和技术有关的图书馆和情报问题,会议后规定了科技论文要包括一段摘要,使得传统的资料文献服务扩展到文摘服务成为可能,科学家如何寻找和获得情报,以及如何利用可能获得的工作和情报资源成为重要的研究内容[4]。

(2) 学科确立期(20世纪50—60年代)

学科确立期初步形成了情报学的研究体系与内容,英国情报学确立了其教育课程与结构。20世纪60年代,是英国情报学教育发展的重要时期。1966年,布鲁克斯受邀到伦敦大学1919年建立的图书馆档案学院(1947年加入"档案"一词)任教和讲授"情报用户研究"课程,在其建议下,该学院加了"情报"专业,其专业名称改为"情报研究"(Information Studies),同时该校自然科学学院允许提供一个新型的第一学位"情报学",由其负责提供"情报学"选修课,后又建立了情报学的高级学位——科学硕士、哲学硕

---

[1] 陈思彤. 布鲁克斯情报学思想研究[D]. 长春: 东北师范大学, 2009.
[2] 同[1] 21.
[3] 邱俊平. 信息计量学[M]. 武汉: 武汉大学出版社, 2007: 114.
[4] 同[1] 21.

士和哲学博士,"情报学"在伦敦大学作为一门科学建立起来了①。高等教育受到社会和政府的重视,情报学教育得到了快速发展,主要体现为以下几个方面:首先,情报学的课程被正式确立,许多院系的名称中加入了"情报";其次,全日制教育得到了普遍确立;最后,完善了教育结构②。

(3) 学科发展期(20世纪70年代至今)

情报学在快速发展期理论研究相对薄弱,情报学家们认识到必须加强基础理论的研究。1975年,布鲁克斯在伦敦大学组织了首次"国际情报学研究论坛"(International Research Forum in Information Science,IRFIS),讨论情报学理论方面的问题③。1980年,布鲁克斯出版了《情报学》(*Information Science*),发表了《情报学基础》(The Foundations of Information Science)系列文章,如《哲学方面》(Philosophical Aspects)、《定量问题:事物的类别与人类个性的挑战》(Quantitative Aspects:Classes of Things and the Challenge of Human Individuality)、《定量问题:客观地图与主观展望》(Quantitative Aspects:Objective Maps and Subjective Landscapes),将波普尔"三个世界"理论作为情报学的基础,提出情报学的基本任务是探索和组织客观知识的观点。1987年,维克利与妻子艾琳娜(Alina Vickery)合作出版了《情报学的理论与实践》(*Information Science in Theory and Practice*),全面阐述了情报学的理论与实践问题。

3.2 英国情报学理论

英国学者与实践者在情报学理论方面的理论探索与研究成果,为全球情报学的建设奠定了坚实的基础,对促进情报学与情报工作发展起到了重要的推动作用。

3.2.1 情报学基础理论

(1) 集中离散分布原理

信息、知识与情报都是以离散形式分布的,在离散分布基础上趋向集中,表现为其内容单元以不同的形式、从不同的角度分散于各种著作或不同形式的载体中。布拉德福

---

① B.C.Brookes,刘迅. 情报科学的发展:一份来自英国的个人评述[J]. 情报科学,1990(5):71-78.
② 刘迅. 英国图书馆学情报学教育状况考察[J]. 大学图书馆学报,1992(2):33-39.
③ 陈思彤. 布鲁克斯情报学思想研究[D]. 长春:东北师范大学,2009.

定律是最能体现文献及其信息集中与离散现象的研究成果，是情报学的基本定律。揭示文献信息在期刊的集中与离散、文献作者科研生产集中与离散的洛特卡定律和词频分布集中与离散的齐普夫定律也都体现了情报学的集中离散分布原理[①]。

（2）有序性结构原理

情报结构的有序性是情报学的基本原理，也是情报工作和信息服务的基本目标。情报结构的有序性来源于科学体现的有序性和人创造过程的有序性。情报的有序性结构既来自情报创造过程的机制，也来自知识体现自身的组织功能。布鲁克斯方程式 $K(S)+\Delta I=K(S+\Delta S)$，提出信息与接受者原有的知识结构 $K(S)$ 相作用，产生出接受者新的知识结构 $K(S+\Delta S)$，不仅适用于主观知识结构（波普理论中的"世界2"），而且适合于客观知识结构（波普理论中的"世界3"）[②]。

（3）相关性原理

情报结构都是按照一定规则相互关联的，研究和揭示情报相互关联（相关性）的规律和规则，是有效组织和检索信息、知识和情报的基础。布拉德福在20世纪30年代提出"相关文献"（Relevant Literature）的概念，指凡属同一个学科、专业或特定主题的文献，总是具有内在的关联性。它在20世纪90年代发展为三个重要的思想：为信息处理过程提供逻辑基础的情报检索，直接面向人类信息需求与评价过程的相关性，促成了人机间交流与反馈的交互性；系统相关性主要研究用户情报需求的描述和表达与系统文档描述之间的相关匹配关系；用户相关性指用户及用户检索的代理者与检索系统之间的关系[③]。

3.2.2 主要情报学理论

（1）布鲁克斯的属性结构情报理论/知识基础论

布鲁克斯是情报学理论知识学派和认知学派的典型代表人物。1980年他发表的《情报学的基础》系列论文系统、创新性地阐述了情报学研究的任务、方法、原则、基准和目标等学科理论体系构建的核心问题[④]。他从哲学角度"还原思考"地引入了波普尔的"世界3"理论作为情报学的哲学基础，逻辑性地指出情报学的任务是探索和组织客观知识、

---

① 靖继鹏，马费成，张向先. 情报科学理论[M]. 北京：科学出版社，2009：32-33.
② 同①36-37.
③ 同①39.
④ 布鲁克斯. 情报学的基础（一）[J]. 情报科学，1983（4）：84-94.

研究"世界2"与"世界3"的相互作用从而更有效地进行知识组织；前瞻性地提出用"知识地图"来组织知识，继而形成独立于人体的体外大脑。布氏观点的核心思想乃是：面向"知识"（立足"世界2"）加工、组织与整理"世界3"，形成"知识地图"，最终形成独立于人体的体外大脑（客观化后的"世界3"），以完成语义信息及知识检索和服务。这种思想也表明了"世界2""世界3"及知识组织之间的结构及其相应的关系。随着网络化进程的不断加快，基于体现出"世界2"与"世界3"相互关联和语义映射的"知识超网络"更具穿透力地体现了布鲁克斯所强调的"知识地图"的思想，或者说由多网络关联而成的"知识超网络"将群体认识主体的认知结果"客观化"后生成了由相应的"认知关系、语义关系、存储关系"而关联的"网络的网络"。这种"知识超网络"形象地体现出布鲁克斯所预见的情报工作的目标，即构建独立于人体的体外大脑，以实现知识检索和知识服务。

（2）贝尔金的情报结构理论

贝尔金（N. J. Belkin）对情报学中information概念的论述，在情报学界产生了一定的影响。自1975年以来，他连续发表了多篇关于"情报学中information概念"的论文。贝尔金提出定义情报学中information的概念应具备三个条件：①定义方面的条件主要与概念的背景和环境有关；②行为方面的条件主要与概念所说明的现象有关；③方法论方面的条件主要与概念的使用有关。这三个方面不是相互排除的，而是相互依存的。总的来说，任何一种情报学中的information概念，与情报学要解决的问题相同，起码应该是针对情报学的特定领域的，即有目的的、有意义的、人类之间的交流领域。通过定义、行为和方法论等三个方面的探讨研究，贝尔金提出了应具有8个具体的必要条件限定情报学中特定的information：①必须指的是在有目的的、有意义的交流环境中的information（D）；②应该说明information是在人类社会交流过程中的（D）；③应该说明information是被希望得到的（D）；④应该说明information对接受者的效果（D/B）；⑤应该说明information和知识状态之间的关系（产生者的知识状态和接受者的知识状态）（D/B）；⑥应该说明用各种不同形式表示的内容效果不同（B）；⑦应该具有普遍意义，概括每个个体（M）；⑧应该提供预测information效果的手段（M）。(D表示定义方面的必要条件De finitional；B表示行为方面的必要条件Behavioural；M表示方法论方面的必要条件Methodological；条件①～⑥是相关性必要条件，条件⑦和⑧是使用性必要条件。）①

(3) 维克利的人本社会传播理论

维克利对情报学的基础理论也颇有研究，并有着独到的见解，对情报的认识是以人本为中心，并且是放在社会背景上对情报传递进行探讨的。他将情报传递概括为 S→C→R 模式，S 为情报源，C 为情报传递渠道，R 为情报接收者。传递过程中，各个成分之间的联系是双向和交互的。他强调情报传递是以人为中心的，传递的兴趣焦点集中在将人作为源和将人作为接收者。同样人也在传递渠道中，这种参与可以直接，也可以间接。因此，个体之间情报传递行为的实质是在亲自参与或与源、接收者、渠道有联系的人之间的一系列关系。他还认为，情报传递是在社会背景下进行的，情报行为是使情报传递赖以产生的社会的一种存在形式。从事情报传递活动的社会成分可以是个人、团体、组织或任何其他社会组成成分。维克利认为情报学研究的情报应当是与人源直接发生关系的情报，为了有别于这些相关学科，从实际角度看情报学工作者的兴趣焦点在于情报系统及信息赖以传递的正式渠道，而渠道、情报系统只是人类决策、态度和理解的体现，与信息的源和接收者一样，都受着社会的影响。由此，维克利将情报学定义为研究社会情报传递活动的一门学科②。

(4) 费桑的情报流活动规范理论

费桑在基础理论方面提出的情报流模型理论对于情报学理论建设是一种贡献。在情报概念方面，他认为有必要将"情报"中所包含的明显的、起本质作用的活动与其他活动区别开来，区别出"情报流"有意义的使用条件和场合，建立起明确的情报流模型。他认为情报学的活动范围和研究领域是思想交流，活动所包含的变量有源、接收者、标引、信息、信道和编码，情报学就是研究这 6 个变量及其各种组合。他认为情报学的基本活动——报道（告知），是最低层次的一整套文献或情报性活动，包含着源、编码、渠道或标引几者之一或更多方面的情况下，将接收者与信息关联起来的方法。他认为，可以用三元方法来方便地表述情报报道基本的、可以细分的语言学关系③。

(5) 法拉丹的情报思维智能过程理论

法拉丹从人的思维过程来探讨情报现象的本质，提出了以认知过程为主要内容的

---

① 唐津. 情报科学中情报概念的必要条件：介绍英国情报学家贝尔金的情报学思想 [J]. 情报科学，1981 (6)：91-95.
② 王益明. 英国著名情报学家维克利 [J]. 情报理论与实践，1994 (1)：55-56.
③ 靖继鹏，马费成，张向先. 情报科学理论 [M]. 北京：科学出版社，2009：117-118.

情报学图景。他认为情报过程中的事件应当涵盖情报发出者和情报接收者的各个思维阶段,以及从知识产生情报和情报转化为知识的活动,其主要研究的是在知觉水平上和概念水平上对情报产生者和情报接收者认识、处理情报的过程进行描述和探索。他认为如果将情报学的研究重点放在情报从发生到接收这个链两个极的智能过程上,认知及其语言和思维结构是两个重要的问题,从大的方面来看情报学处理的是思维过程,从情报过程的多个阶段或步骤来看是从认知角度进行认识和处理的[①]。

3.3 英国情报界代表人物

英国在情报学理论方面的成就与贡献离不开诸多英国情报学界的学者和实践界工作人员的理论研究与实践探索,其提出的情报学理论对整个情报学的兴起与发展都起到了重要的促进作用,为英国情报学在全球情报学中取得突出的地位做出了重要的贡献。

3.3.1 情报学界代表人物

布鲁克斯(B. C. Brookes,1910—1991),是英国著名的情报学家,在情报学理论、定量化研究、文献计量学、统计学等方面都有一定研究与贡献。他于1928年进入牛津大学就读于数学与原子物理系专业,1932年获学士学位,1935年获硕士学位;1932—1941年在Bedford Modern School教高中数理;1941—1946年在皇军空军任职;1947年正式成为伦敦大学工程学院的讲师;1954年兼管该校交流研究中心的活动;1956年晋升为高级讲师,直到1966年,其间还在伦敦帝国学院与美国安阿伯密执安大学夏季工程学院授课;1966年被邀请转到该校图书馆学院担任高级讲师;1977年从该校退休;1980年任加拿大西安大略大学客座教授;1984年返回英国,在伦敦城市大学情报学系任客座教授[②]。

布鲁克斯还担任了诸多的学术职务,1948—1968年担任英国技术情报交流学会秘书,后任学会主席;1955—1965年担任英国科学哲学学会秘书;1970—1980年任国际文献联合会(FID)情报学理论分委员会委员。此外,他于1970—1974年任英国《文献工作杂志》(*Journal of Documentation*)编委会主席,1981—1986年任荷兰《情报学杂志》

---

① 靖继鹏,马费成,张向先. 情报科学理论[M]. 北京:科学出版社,2009:123.
② 陈思彤. 布鲁克斯情报学思想研究[D]. 长春:东北师范大学,2009.

(*Journal of Information Science*)副主编[1]。

3.3.2 情报实践界代表人物

(1) 布拉德福

布拉德福（S. C. Bradford，1878—1948），是英国知名的文献学家、目录学家和物理化学家，是文献计量学的主要奠基人之一，在图书馆学、目录学、文献学的实践与研究方面都有很大的贡献。他毕业于英国伦敦大学，1922年荣获科学博士学位；1899年进入大英科学博物馆（British Science Museum）工作，1901年进入该馆图书馆（Science Museum Library，又称 Science Library，后来称为全国科技图书馆 National Library of Science and Technology）工作，先后任助理管理员、副管理员、主任馆员，1925年担任馆长[2]，1937年12月退休[3]；1927年与波拉德（A. Pollard）教授等人发起成立英国国际目录学会（British Society for International Bibliography，BSIB），任副会长，1945年任会长，1939年起还任《英国国际目录学会志》主编[4]；1947年当选为国际文献联合会副主席，1947年当选为国际分类委员会主席[5]。

布拉德福有很多与分类和编目相关的著作，图书主要有《理论科学与应用科学著作的分类》《分类原理》《科技目录的组织》《图书馆编目》；论文主要有《国际十进分类法的起源、目的、结构及其使用》《文献工作五十年》《科学技术的全部文献工作》等。1948年他还完成了专著《文献工作》，对文献工作做了系统的理论总结，探讨了文献工作的性质、起源和目的，阐述了字顺主题索引、UDC、标引工作、文摘工作、图书馆的科技服务，以及专业图书馆和专业情报服务等问题[6]。

(2) 维克利

维克利（B. C. Vickery）是英国著名的情报学家，在文献计量、分类与主题、情报检索、情报学理论等方面都有卓著的建树。他曾先后就读于英格兰坎特伯雷国王学校和牛津的 Brasenose 学院，攻读化学并获得硕士学位；大学毕业时，应征去了皇家兵工厂；1946年，做了一段时间的科技记者后被聘为帝国化学工业公司 Butterwick 研究实验

---

[1] 陈思彤. 布鲁克斯情报学思想研究[D]. 长春：东北师范大学，2009.
[2] 邱俊平. 信息计量学[M]. 武汉：武汉大学出版社，2007：97.
[3] 佚名. 布拉德福简介[J]. 情报科学，1980（2）：111.
[4] 同[3].
[5] 王益民，谢新洲. 文献学先驱：布拉德福[J] 情报理论与实践，1993（4）：55-56.
[6] 同[3].

室的图书馆馆长，工作了 14 年；1960 年，和英国图书馆界人士一起创建了英国国家科技外借图书馆，担任科技部主任；1964 年，出任曼彻斯特科技学院图书馆馆长；1966 年，担任专业图书馆协会（后改为信息管理协会）研究部主任，出版了《情报检索技术》和《情报系统》两部专著；1973 年，担任伦敦大学图书馆、档案和情报研究院主任，增设了计算机应用、通信技术、图书馆及情报机构的调研与评估方法等课程；1983 年，从该校退休，之后受聘于卢森堡欧洲信息管理学院教育委员会[1]。

维克利在图书馆学和情报学的许多领域都有广泛的研究。在文献计量学方面，他于 1948 年研究布拉德福的发现，将其称为"布拉德福分散定律"，并将其最初的描述进行了推广，被称为维克利修正。在分类理论研究方面，他成为英国皇家学会情报工作委员会伦敦分类研究小组的主要成员之一，发表了《科学分类和标引》《论检索系统理论》等多篇有影响力的论文，提出分类是所有检索语言的基础。在分类实践的研究方面，他认识到阮冈纳赞分面分类思想的价值，成功地用高度实用的方法将其 5 个基本范畴 PMEST 和组织西方科技文献主题检索系统的需求结合起来，1958 年运用分面分类思想与方法编辑出版了《航空航天及相关主题分面分类表》，1960 年出版了根据冒号分类法修改压缩而成的《分面分类法：专类表的结构和使用指南》以供专业图书馆使用。在情报学基础理论研究方面，他认为对情报的认识要以人本为中心，放在社会背景下对情报传递进行探讨[2]。

（3）厄克特

厄克特（Donald John Urquhart）是英国图书馆员、情报学家。他曾就读于巴纳德·卡斯尔学校，在谢菲尔德大学毕业，获得理科学士和哲学博士学位；1934—1937 年在英国钢铁公司研究院工作；1938 年入职科学博物院，后成为国际十进分类法的积极支持者和英国国际目录学会的缔造者之一[3]。

第二次世界大战期间，厄克特曾在政府部门工作，主要是在提供重要的科学和工业情报的军需部工作。战争使科学家和工业家们认识到情报工作对于工业化社会活动的重要性，为此多次召开会议详细讨论科学情报服务的问题，主要有英国皇家学会科学会议（1946 年）、英国皇家学会科学情报会议（1948 年）、专门图书馆和情报机构协会第 27 届年会（1952 年）。在开最后一次会议时，厄克特是在科学和工业研究部工作，他特别

---

[1] 王益明，谢新洲. 英国著名情报学家：维克利［J］. 情报理论与实践，1994（1）：20，55-56.
[2] 同①.
[3] 曲力. 英国情报学家唐纳德·约翰·厄克特［J］. 图书与情报，1985（1）：88-89.

提出了科学工业研究部在提供情报方面所起的作用。在厄克特的指导下，外借图书馆部门成立了，后来成为英国图书馆的一部分，即国家科技外借图书馆[①]。

3.4 英国情报学教育

英国的图书情报学专业教育由来已久，最早发端于 1885 年英国图书馆协会组织的图书馆员教育考试，但直到 1919 年，英国才在伦敦大学设立了第一所正规的图书馆学院，并提供图书馆学专业的全日制课程[②]。20 世纪 90 年代以来，英国情报学教育经历了多次改革和重组，体现了高校对情报机构社会信息服务功能的重新定位。目前，英国情报学教育院系，一部分保持独立的院系设置，如谢菲尔德大学和伦敦大学学院；一部分与其他院系合并重组作为下属的部门，如计算机、人文、商业、文化产业、传播等。

iSchools 英国大学院校成员[③]包括以下几项。① iCaucus 层次成员：谢菲尔德大学信息学院（University of Sheffield，Information School）。② Supporting 层次成员：诺森比亚大学计算机与信息科学系（Northumbria University，Department of Computer and Information Sciences）。③ Basic 层次成员：伦敦大学学院信息研究系（University College London，Department of Information Studies），格拉斯哥大学人文学院的信息研究系（University of Glasgow，School of Humanities，Information Studies），斯克莱德大学计算机与信息科学系（University of Strathclyde，Department of Computer and Information Sciences），罗伯特·戈登大学创意文化商业学院信息管理与图书馆学系（Robert Gordon University，Department of Information Management and Librarianship of School of Creative & Cultural Business），曼彻斯特大学语言、信息和传播系（Manchester Metropolitan University，Department of Languages，Information and Communications）。本部分将重点介绍其研究方向、内容及特色。

---

① 曲力. 英国情报学家唐纳德·约翰·厄克特 [J]. 图书与情报，1985（1）：88-89.
② THOMAS C. Library education in the United Kingdom: past history, current trends, future possibilities and implications for library education in the United States [EB/OL]. [2019-03-30]. https://ils.unc.edu/MSpapers/2564.pdf.
③ iSchools. iSchools member institutions [EB/OL]. [2019-03-30]. https://ischools.org/members/directory.

3.4.1 专注在信息服务基础上拓展特色信息服务

谢菲尔德大学信息学院[①]，致力于信息领域及其专业的研究和发展，最终目标是加强信息获取、信息管理、信息共享和使用，以造福社会。50多年来，该学院一直走在信息领域发展的最前沿，被公认为英国一流的信息学院，在教学和研究质量及毕业生的成就方面享有国际声誉。特别因其研究环境世界领先质量排名第四和研究影响力世界领先质量或国际优秀排名第三，在2014年英国科研水平评估（Research Excellence Framework，REF）中获得最高排名，寻求促进本领域的知识和影响信息的实际管理与使用。信息科学是一门多学科交叉的学科，因此该学院根据员工在计算机、健康、化学和不同的艺术、人文和社会科学学科及信息专业实践经验的背景和研究影响力，除重点专注信息和知识管理、信息系统、图书馆和信息社会、信息检索、数据科学等信息专业领域的研究，还特别关注健康信息学和化学信息学等特色领域的研究。

谢菲尔德大学信息学院目前主要有四大研究中心。

① 信息素养研究中心（Centre for Information Literacy Research，CILR）[②]。它于2007年7月设立，旨在通过研究相关活动的开展并激励对其探索，阐明和发展信息素养领域。该中心的目标包括：a.制定信息素养研究议程；b.开展研究，特别关注优先领域，如将界定信息素养的概念、探讨信息行为与信息素养的关系、制定和评估适合调查信息素养的研究方法、调查信息素养教育学（教、学、评及课程设计）的性质及影响、信息素养发展的组织策略及架构、工作场所的信息素养、为信息社会公民和终身学习提供信息素养等；c.寻求获得活动研究经费的机会；d.发展研究能力，特别是通过探究式教育项目；e.通过知识、学习、教学、创新和其他活动分享发现，并鼓励实践界采取行动；f.扩大和发展与国际信息素养研究人员的联盟和合作，以促进以上目标。

② 健康信息管理研究中心（Centre for Health Information Management Research，CHIMR）[③]。作为一个跨学科的研究中心，由信息学院、健康及相关研究学院（School of Health and Related Research）、医学与生物医学科学学院（School of Medicine and Biomedical Sciences）和谢菲尔德临终关怀研究小组合作。其主要开展健康信息管理方面的国际研究，促进健康信息管理研究的传播，并为医疗保健工作者的专业发展提供健康

---

① University of Sheffield, Information School [EB/OL]. [2019-03-30]. https://www.sheffield.ac.uk/is.
② Centre for Information Literacy Research [EB/OL]. [2019-03-30]. https://www.sheffield.ac.uk/is/cilr.
③ Centre for Health Information Management Research [EB/OL]. [2019-03-30]. https://www.sheffield.ac.uk/chimr.

信息学硕士课程。

③ 跨学科社会科学中心（Interdisciplinary Centre of the Social Sciences，ICOSS）[①]。以谢菲尔德大学的国际声誉为基础，联合社会科学学院（Faculty of Social Sciences）的14个院系和研究所成立一个跨学科的研究、创新、学习和教学论坛。ICOSS设立有社会科学学院办公室、社会科学博士培训中心（DTC）、新谢菲尔德方法研究所（Sheffield Methods Institute，SMI）及许多研究中心和项目，还提供现代化的会议空间。

④ 艺术与社会科学探究式学习中心（Centre for Inquiry-based Learning in the Arts and Social Sciences，CILASS）[②]。该中心于2005年10月在谢菲尔德大学的Firth Hall正式启动，2006年初开始正式工作，为各个部门的项目筹集资金，以促进其在现有的探究式学习（IBL）方面取得优异成绩。资助的第一批项目包括教育学院加勒比地区在线小组研究项目、英语学院让学生有机会参与各个层次文学学习的项目及人类传播学将IBL融入周期阶段的项目。学生代表以独立、小组、整体网络等方式准备和运营研讨会，制作材料和拍摄影片，支持部门学习和教学，规划和筹办年会，以及支持中心研究。截至2010年夏天CILASS资助了大学的30个部门，在2009/2010年度为所有院系（包括图书馆和国际学院）提供IBL"融合"资金。

谢菲尔德大学信息学院的研究主要包括7个不同的研究小组和方向。

① 化学信息学（Chemoinformatics）[③]，研究计算机和信息系统在化学领域的应用。该小组与谢菲尔德大学其他学术部门合作，包括自动控制和系统工程、化学和神经科学。其主要研究领域包括：a. 开发和评估虚拟筛选方法，包括二维和三维相似性搜索，重点是基于计算机的化合物性能预测的虚拟筛选方法；b. 重新设计，设计出符合各种约束条件的新型化合物，以适应各种药物设计的限制；c. 化学信息学技术在药物发现中的应用，主要利用在数据挖掘、图论和进化计算方面的专长。

② 数字社会（Digital Societies）[④]，主要通过"大数据"（包括社交媒体的数据），研究信息在当代问题中的作用，如社会行动主义、公民创造力、学术创新和气候变化。

[①] Interdisciplinary Centre of the Social Sciences［EB/OL］.［2019-03-30］. https：//www.sheffield.ac.uk/icoss.

[②] Centre for Inquiry-based Learning in the Arts and Social Sciences［EB/OL］.［2019-03-30］. https：//www.sheffield.ac.uk/ibl/cilass.

[③] Chemoinformatics［EB/OL］.［2019-03-30］.https：//www.sheffield.ac.uk/is/research/groups/chemoinformatics.

[④] Digital Societies［EB/OL］.［2019-03-30］. https：//www.sheffield.ac.uk/is/research/groups/ds.

该小组批判性地探讨数字领域的发展与更广泛的社会文化和政治经济力量的相互影响。其主要研究领域包括：a.业余天气观测、历史天气数据救援、粮食种植和博客社区的社会行动主义与公民创造力；b.政治、经济、社会和文化方面的"大数据"和开放数据，目前重点关注社交媒体、天气数据和研究数据；c.创新研究社交媒体的方法和理论；d.学术在当代社会的性质和作用的变化，采用成熟和创新的研究方法研究学术交流和开放的论述、实践和政策，包括对不断发展的学术交流和实践的兴趣，如学科文化、科研数据的管理和关于开放获取研究成果的辩论；e.在人为和自然灾害期间使用社交媒体众包信息，一些研究是在新视觉社交媒体实验室进行的，其致力于开发研究社交媒体图像的方法和理论，并致力于为学术界创造新的研究工具；f.在国内动乱期间利用数字媒体进行监视，在对数字社会中的数据、信息和知识理论研究与方法创新研究中，其吸收了不同的理论影响，包括实践理论、创新扩散理论、社会信息学、批判政治经济学、视觉文化和照片理论，同时使用了一系列定量和定性的方法，包括数据挖掘、合作制作、（数字）民族志和视觉研究方法。

③健康信息学（Health Informatics）[①]，调查数字技术和信息的管理和使用，支持病患、护理人和公众的健康与福利。其研究领域包括：a.医疗保健中信息的使用，包括数字信息和基于纸张的信息系统，特别是患者和公众使用基于 Web 的健康信息，以及卫生保健领域信息系统的评价；b.与卫生保健有关的信息需求和信息行为，调查病人及其家属和护理人员、卫生保健专业人员、卫生服务经理和图书馆员及公众使用的信息，特别是卫生图书馆管理与卫生信息服务、支持老年人健康和福祉的信息；c.使用统计模型和数据挖掘方法分析卫生数据，定量方法包括使用统计方法（如回归模型）调查和分析健康数据及数据挖掘方法（如遗传算法），定性方法采用访谈和焦点小组方法，并采用主题分析，包括框架分析。该研究涉及多个不同的利益相关者，包括政府部门、医疗信托机构和慈善机构，合作对象包括临终关怀医学、公共卫生、急诊医学、精神病学、生物医学工程、社会学和计算机科学领域的校内外同行。

④信息、知识与创新管理（Information, Knowledge and Innovation Management）[②]，关注跨机构动态合作中信息、知识与创新实践和流程的管理。该小组具有很强的跨学科性质，从组织和社会学理论、战略管理、信息科学、信息系统和信息技术等方面汲取理

---

① Health informatics [EB/OL]. [2019-03-30]. https://www.sheffield.ac.uk/is/research/groups/hi.
② Information, knowledge and innovation management [EB/OL]. [2019-03-30]. https://www.sheffield.ac.uk/is/research/groups/ikim.

论观点，重点关注讲话、知识和权利的阐述方法。其主要研究领域包括：a. 社会实践，信息与知识发现、共享与转化的社会动力，组织适应和知识共享、跨界合作的实践、社会网络和知识社区；b. 战略，知识与信息管理、治理与战略、知识吸收与创新、无形资产估值；c. 系统，正在使用的系统、知识工作和数字工作场所、社会企业系统与创新、系统评估和变更管理、数字身份。

⑤ 信息检索（Information Retrieval）[1]，关注人们如何发现和使用信息，发展新技术以提高检索效率。该小组关注开发有效的基于 Web 的技术，支持人们访问、管理和使用信息。其从不同的角度来处理这个问题，包括研究人、信息和技术之间的互动，以及支持信息访问和使用计算方法的发展。其多学科团队汇集了计算机科学、信息科学和人机交互技术，在国家和国际资助机构的资助下还与外部学术和非学术伙伴合作开展。其研究一般是建立在考虑用户、系统和使用环境的基础上的，主要包括：a. 研究人机交互，了解用户对信息获取、使用和重用所涉及交互行为的认知和行为；b. 提出信息访问问题的新解决方案，从特定算法的开发到整个原型系统的设计，特别关注 Web 规模的系统和算法偏好；c. 研究和设计用于评估各种应用程序和搜索场景的信息访问系统的方法和技术；d. 提出新的方法来研究社交媒体平台上的社交互动动态。其特定的研究领域包括人类的计算和众包、信息可视化、网络科学、信息检索、数据挖掘、大数据、地理空间搜索、人工智能、语义搜索、多媒体检索、数字文化遗产、NLP、数据流、搜索日志分析、基于任务的信息交互、生活实录、探索性搜索、人机交互、推荐系统算法的偏差、用户界面设计和评估。

⑥ 信息系统（Information Systems）[2]，关注社会和组织中信息通信技术变革的潜力。私人营利性组织、政府、教育机构和公民社会组织等各个领域的活动都普遍存在着信息系统。因此，其主要研究领域分布广泛：信息社会与全球化，全球采购，信息通信技术与发展，信息系统思维和战略规划，信息系统部署，信息系统中的人力资本，组织变革和信息系统，项目管理和变更管理，信息系统的采用和信任，信息系统使用的障碍和推动者，分布式协同系统的开发，创新、研发和网络，企业和教育环境中的电子学习。

---

[1] Information retrieval [EB/OL]. [2019-03-30]. https://www.sheffield.ac.uk/is/research/groups/ir.
[2] Information systems [EB/OL]. [2019-03-30]. https://www.sheffield.ac.uk/is/research/groups/is.

⑦ 图书馆与信息社会（Libraries and Information Society）[①]，关注信息素养、社会公平和教育。该小组的研究涵盖了图书馆和所有部门的信息服务，以及当代社会中与信息相关的问题和关注。其主要研究领域包括：a. 社会公正，与图书馆的关系，以及更广泛的与信息社会的关系；b. 图书馆与信息部门的专业角色，不同利益相关者的看法、性质及实务、转变等；c. 图书馆策略与参与，策略问题、社区和用户的参与；d. 不同语境中的信息素养，主要从定性上探讨 IL 的情境意义与实践；e. 上下文中的信息行为，主要从定性的角度探讨 IB 的特定内涵和实践，广泛采用威尔逊关于 IB 的观点。

3.4.2 从新兴技术的角度研究信息行为与服务

计算机技术、信息技术、通信技术的快速发展，为信息科学的发展带来了新的发展机遇。英国大学的信息学院（系）从新兴技术的角度出发，一方面研究人工智能、机器学习、大数据等新技术；另一方面研究其对信息行为和服务的影响。

（1）诺森比亚大学计算机与信息科学系

诺森比亚大学计算机与信息科学系[②]的研究涉及人工智能、机器学习、计算机取证与网络安全、数字网络、社会计算、人机交互、游戏、物联网、大数据与信息科学等领域。其教学设施堪称世界一流，有专业化的实验室、工厂和研究室，斥资 700 万英镑兴建的新教学楼已正式启用，拥有 6 个研究中心及新落成的 3 个实验室。该系提供非常广泛的本科、授课型硕士、研究硕士和博士学位课程，始终保持 90% 以上的毕业生就业率。2014 年英国 REF 显示在计算机科学方面的大部分研究都处于世界领先或国际优秀水平。

诺森比亚大学信息科学是 iSchools 组织的成员[③]，其涵盖个人、组织和社会的重要领域；近 70 年来一直与客户和专业人士紧密合作，开发和提供应对不断变化的需求和技术的课程，并利用大学的经验和专业知识；课程、研究和员工活动涵盖从信息和知识管理、图书馆管理和记录管理到沟通管理、公共关系和参与的一系列应用。信

---

① Libraries and Information Society［EB/OL］.［2019-03-30］. https：//www.sheffield.ac.uk/is/research/groups/lib.
② Northumbria University，Department of Computer and Information Sciences［EB/OL］.［2019-03-30］. https：//www.northumbria.ac.uk/about-us/academic-departments/computer-and-information-sciences/.
③ Northumbria University，Department of Computer and Information Sciences. iSchool at Northumbria University［EB/OL］.［2019-03-30］. https：//www.northumbria.ac.uk/about-us/academic-departments/computer-and-information-sciences/ischool-at-northumbria-university/.

息和通信技术在本质上是无处不在和动态的，信息的创建、存储、检索、使用和共享可以提高组织的效率、效力和业务竞争力，因此对信息管理的角色和职责日益重视。该校信息科学主要研究人、信息、组织和技术之间的互动所产生的复杂问题，研究其人文、社会、组织和政治等不同方面，目标是为信息用户、从业者/专业人士、学术界和组织社区等用户提供理论、政策、良好实践和信息治理的发展信息。该学科秉承创新、创造性和批判性的研究理念，重点采用混合方法开展参与和合作性研究，具体方法包括民族志、德尔菲研究、行动研究、案例研究、社区咨询、调查、系统的文献综述、建模、设计科学和历史研究，致力于支持图书馆、信息、记录、系统和技术专业人员及信息管理和系统学科的发展。其信息管理创新（Information Management Innovation，IMI）研究小组已经建立十多年，获得了大量的科研资助，包括英国艺术与人文研究委员会（Arts and Humanities Research Council，AHRC）、工程与物理科学研究理事会（Engineering and Physical Sciences Research Council，EPSRC）、联合信息科学理事会（Joint Information Science Council，JISC）、Eduserv、MLA、国家彩票遗产基金/英国国家图书馆（National Lottery Heritage Fund/British Library）及一系列健康组织（如NHS信托和慈善机构）等。此外，该学科还通过与Frank Haslam Milan Ltd.等公司的合作创新伙伴关系，将研究迅速转化为实践。企业活动的重点是与公共和私营部门的从业人员进行专业合作，如英国广播公司、欧洲中央银行、国家档案馆和纽卡斯尔市图书馆等。

（2）斯克莱德大学计算机与信息科学系

斯克莱德大学计算机与信息科学系[①]具有突破性的研究和优秀的教学与创业精神，课程设计旨在满足业界和公立机构所需要的知识和技能，研究涵盖了从基本算法和编程语言设计到以人为中心的计算和信息科学的整个理论和应用领域，包括人工智能、计算机安全、组合学、数据分析、数据密集型系统、健康信息学、人机交互、信息架构、信息寻求行为、信息政策、交互式信息检索、数学结构化程序设计、移动交互、软件工程等。该系设有6个研究小组，即调查正在出现的社会技术现象和正在发展的信息系统和行为的iSchool研究小组（iSchool Research Group），着眼于未来编程语言发展的数学结构化程序设计小组（Mathematically Structured Programming），研究排列模式、单词组合学及在物理和生物学中应用的组合学小组（Combinatorics），研究计算机安全中的

---

① University of Strathclyde，Department of Computer and Information Sciences［EB/OL］.［2019-03-30］. https：//www.strath.ac.uk/science/computerinformationsciences/.

入侵检测、恶意软件特征和人为因素的计算机安全小组（Computer Security），着眼于以人为中心的数字健康服务和产品完整开发生命周期的数字健康小组（Digital Health & Wellness），研究数据分析、软件系统、网络安全、可用性、交互系统设计、软件及其可用性评估的数据分析、软件系统与交互研究小组（Data Analytics, Software Systems, and Interaction Research Group）。

SiSRG[①] 在信息行为、信息参与、交互式信息检索和信息政策方面开展了国际认可的研究，从 RCUK 的收入和小组长期建立的信息科学指数中排名前四分之一的产出记录来看，SiSRG 已成为英国领先的信息科学研究小组之一。该小组重点研究信息系统和行为，调查人类信息的需求和使用，并为未来的交互信息系统设计提供信息。其重点研究四大领域。

① 交互式信息检索。a. 领域和行业：了解医疗、专利、新闻媒体、学术、欺诈、安全和文化遗产等领域的信息寻求行为和任务，以及成年人、儿童（从幼儿到青少年）、学生、老年人、专家、残疾人士等不同类型的用户。b. 界面和系统：设计交互式用户界面和可视化技术，研究用户在各种环境中的行为，包括 Web、数字图书馆、协作、移动、平板电脑、语音和手势等；开发智能搜索代理，帮助支持任务完成和新的个人信息管理系统。c. 评价：通过开发成功的方法和措施来评估交互式信息检索系统和界面。d. 理论：利用经济理论、决策理论、最优觅食理论、交通规划理论等对用户和搜索系统之间的交互进行建模，描述、预测、解释搜索和搜索行为。e. 模型：开发检索和信息过滤算法和模型，包括主题建模、分布式信息检索、摘要、信息提取、结构化数据检索和文本挖掘，以解决信息检索问题。f. 相关性、益处和有用性：理解对模型相关性的隐性、显性和有效反馈，测量与信息交互相关的好处和有用性并建模。

② 信息行为。关注人们如何及为什么参与信息交互，以及相关信息检索的过程与挑战，特别是健康和幸福背景下弱势群体的信息行为，如个人如何处理信息、所经历的挑战和问题、情感因素、对未来交互信息系统和服务的物理和数字设计含义。

③ 信息法律与伦理。分析在社会中使用信息所产生的法律和伦理问题，特别是隐私、言论自由、获取信息的自由及信息对社会的影响等问题，试图从法律和伦理的角度探索和理解管理信息获取的组织及影响信息流动的系统对人们生活的影响，以指导未来的信息政策。

---

① iSchool Research Group [EB/OL]. [2019-03-30]. https://www.strath.ac.uk/research/subjects/computerinformationscience/strathclydeischoolresearchgroup/.

④信息参与。研究人们如何及为什么与信息打交道，以及如何提高用户参与度，特别是在数字健康和社交媒体领域，包括广泛的在线信息交互，如浏览、搜索、发现、描述、共享、重新利用和与信息交互，试图理解个人对信息的认知过程对社会互动的影响。

3.4.3 将信息服务置于文化发展大背景下研究

经济发展到一定阶段，全球普遍开始关注文化建设对经济社会发展的推动作用。图书馆作为公共文化服务的重要阵地，信息产业作为文化产业重要的组成部分，受到大学信息学院的普遍关注，开始将信息服务置于文化发展大背景下研究。

（1）伦敦大学学院信息研究系

伦敦大学学院信息研究系[①]，是英国唯一包含图书情报研究、信息科学、档案与档案管理、出版与数字人文的机构。作为图书馆管理、档案和档案管理、出版，以及信息科学和数字人文学科领域的知识创造和转移的国际中心[②]，该部门汇集了这些领域的学者和实践者，旨在培养塑造新兴信息环境所需的理解和见解。其为学生提供基于基本原理、历史、背景和信息评估的专业基础教育，同时关注当前数字技术的发展。通过与信息及文化遗产专业、校友、公众成员的合作，为其研究和教学创造新的机会，对学术界以外的世界产生影响，并为人们参与其工作创造新的方式，包括在物理环境和数字环境中。信息研究系下设三大研究中心和一个研究小组。

信息研究系设有三大研究中心。①伦敦大学学院数字人文中心（UCL Centre for Digital Humanities，UCLDH）[③]：创建于2010年的跨学科研究中心，包括管理团队、信息研究及相关部门的工作人员团队、行业咨询小组，以及访问人员和相关贡献者，通过帮助确定范围、计划和执行数字项目等咨询工作，举办研讨会，与大学、国际组织、文化和遗产部门及行业合作伙伴合作等一起支持和促进跨艺术、人文和文化遗产的广泛技

---

① University College London，Department of Information Studies [EB/OL]. [2019-03-30]. https://www.ucl.ac.uk/information-studies/.

② University College London，Department of Information Studies. About the Department of Information Studies [EB/OL]. [2019-03-30]. https://www.ucl.ac.uk/information-studies/about-department-information-studies.

③ University College London，Department of Information Studies. UCL Centre for Digital Humanities [EB/OL]. [2019-03-30]. https://www.ucl.ac.uk/digital-humanities/.

术合作。②伦敦大学学院出版中心（UCL Centre for Publishing）[1]：与信息科学、数字人文、图书馆及档案研究等相关学科紧密合作，与 UCL 以外的出版业机构合作，如应用程序开发商、书店、博物馆、画廊、图书馆和档案馆。③国际档案与档案管理记录研究中心（International Centre for Archives and Records Management Research）[2]：创建于 2005 年，致力于建立一个积极、国际、包容和可持续的网络，对档案和档案管理实践进行批判性和反思性思考，促进合乎道德和有效地利用档案、记录、资料、遗产及管理工作，以支持社会公正、社会凝聚力及更公平地获取资料等更广泛的社会目标。其开展的活动包括推动公共活动计划，为 ARM 领域的早期职业学者提供更多的机会，发起和合作研究项目，将国际、批判和多元主义的观点应用于其所有工作，发展更具参与性的研究模式，在实践中参与档案管理工作。

除以上三大研究中心外，信息研究系还有一个研究小组，即知识、信息与数据科学组（Knowledgc, Information and Data Science, KIDS）[3]，研究团队拥有广泛的兴趣和专业知识，涉及多个学科，包括知识表示、行动推理、自然语言处理、概率逻辑、非单调逻辑、论证、贝叶斯推理、统计机器学习、数据科学和众包，目标是开发方法、算法和范例，在基于逻辑的人工智能和统计机器学习方法之间架起桥梁，并应用到实际场景中。

（2）格拉斯哥大学人文学院信息研究系

格拉斯哥大学人文学院[4]设有考古学、凯尔特人和盖尔特人研究、古典文学、历史学、哲学和信息管理 6 个专业，以及苏格兰和凯尔特研究中心（Centre for Scottish & Celtic Studies）、苏格兰战争研究中心（Scottish Centre for War Studies）、性别历史研究中心（Centre for Gender History）、安德鲁·胡克美国研究中心（Andrew Hook Centre for American Studies）、战争考古中心（Centre for Battlefield Archaeology）、知觉经验研究中

---

[1] University College London, Department of Information Studies. UCL Centre for Publishing [EB/OL]. [2019-03-30]. https://www.ucl.ac.uk/drupal/site_information-studies/ucl-centre-publishing.

[2] University College London, Department of Information Studies. International Centre for Archives and Records Management Research [EB/OL]. [2019-03-30]. https://www.ucl.ac.uk/information-studies/icarus.

[3] University College London, Department of Information Studies. Knowledge, Information and Data Science (KIDS) Group [EB/OL]. [2019-03-30]. https://www.ucl.ac.uk/information-studies/knowledge-information-and-data-science-kids-group.

[4] University of Glasgow, School of Humanities [EB/OL]. [2019-03-30]. https://www.gla.ac.uk/schools/humanities/.

心（Centre for the Study of Perceptual Experience）、格拉斯哥全球安全网络中心（Glasgow Global Security Network）、全球历史中心（Global History）、祖先研究中心（Ancestral Studies）、奴隶制度研究中心（Slavery Studies）和贫困研究网络中心（Poverty Research Network）11个研究中心。

格拉斯哥大学人文学院的信息研究系[①]，重点关注数字时代信息的创建、管理和利用，特别是博物馆学、档案学、图书馆学、数字文化和信息管理（包括数字管理、电子游戏、信息可视化和检索）。该系基于遗产的实践教学和研究环境，为知识从过去到数字时代的创造、保存和传播提供了经验，设施包括世界一流的亨特博物馆收藏、格拉斯哥大学档案和特藏、格拉斯哥市博物馆和图书馆，工作人员主要围绕信息管理、文化遗产信息、数字人文开展研究，作为iSchools国际网络的一部分为学生和校友提供各种机会，作为数字保存联盟（Digital Preservation Coalition，DPC）的总部与其在教学和研究方面紧密合作。

信息研究系的研究重点[②]是数字时代信息的创建、管理和使用，特别是文化遗产部门（图书馆、档案馆和博物馆）跨越三个相互关联的领域，是英国唯一将博物馆/画廊、档案/记录和图书馆的实践和收藏与数字人文相结合的部门。这三个研究领域都有一个公开的问题，即研究在数字化使所有人都成为生产者的时代信息如何变化。保存数据既是最紧迫也是最烦琐的任务，对于数字媒体，唯一确定的是其可变性。其研究基于此理念，为文化遗产和数字人文部门确定和分享最佳实践，批判性地评价并形成新方法，使得当前和未来的观众和用户体验过去。

1）文化遗产（Cultural Heritage）

信息研究系结合了对博物馆/画廊、档案/记录和图书馆的实践和收藏的研究，认识到数字时代文化遗产从业者所需的技能与数字人文学科的理论和实践存在重叠，其研究建立在数字保存和保护（及新媒体行为的挑战）领域早期重要工作的基础上，利用对媒体和信息传播的理解，探索原生数字和数字化信息如何转变受众/用户体验的问题。本研究领域涵盖创意文化产业的实践，包括文本和物质文化的思考、保存和教育实践，根据用户体验重新考虑和重组收集的数据和数字资产、原始数字资产的来源（如互动艺

[①] University of Glasgow，School of Humanities，Information Studies［EB/OL］.［2019-03-30］. https://www.gla.ac.uk/subjects/informationstudies/.

[②] University of Glasgow，School of Humanities，Information Studies. Research Areas 2019［EB/OL］.［2019-03-30］. https://www.gla.ac.uk/subjects/informationstudies/.

术)、记录评估的责任制和透明度、可访问性和数字的重要性等。

2)数字人文（Digital Humanities）

信息研究系以内容和馆藏建设与管理及支持这些的研究基础设施为前提，数字人文学科的研究建立了一个基于 praxis 的知识创造和维持关键框架，作为与图书馆、档案馆和博物馆的合作生产流程，创造一个更好地使用、重用和连接数字内容的环境。数字人文重点关注数字资源、方法和工具在人文研究生命周期中的使用，并对其如何成为文化生产、知识创造和传播的重大转变进行批判性的评估。该领域其他研究包括知识的建构与传播和数字文化身份、数字化人文方法的本体论方法及人文学科研究基础设施的开发和使用。

3)信息管理与分析（Information Management & Analysis）

该研究领域反映多学科的性质。例如，数字文化如何影响记忆和身份的问题包含许多研究主题，包括在处理来自不同来源的异构数据时能够向上（和向下）扩展，具备对用户和商业实体在本地创建的数据进行关键分析和解释的技能，在文化内容中嵌入数字学术的经验，特别是那些促进广泛公众参与的内容。信息学需求研究也具有跨学科性，如探索数字取证、人工智能和数字保存之间的联系。同样，数字古地理方法或媒体考古方法也将物质文化/对象传记问题与数据管理、可视化和开放访问相结合。从 20 世纪 60 年代的远程实验到今天的大数据可视化，基于信息的艺术作品为用户体验、博物馆/档案管理和保护及共享的信息技术文化遗产本身提供了潜在的案例。

(3)罗伯特·戈登大学信息管理与图书馆学系

罗伯特·戈登大学信息管理与图书馆学系原设于阿伯丁商学院[①]，目前属于创意文化商业学院[②]。该学院作为一个多学科学院，涵盖了传播学、传媒和数字产业的本科生和研究生教育，培养创新思维，培养团队精神，鼓励创业精神，创造、创新和引领未来的创意经济。其专业包括事件管理，时尚管理，公关、媒体和新闻业，国际酒店及旅游管理，数字营销，营销和沟通，信息管理和图书馆事业，石油数据管理。其多元化的课程组合包括合作和跨学科学习，以获得可转让的商业、营销和管理技能，提供校内、网上或混合式学习（校内和网上），以及全日制和兼职的选择。其大部分教学和评估是基

---

① Robert Gordon University, Aberdeen Business School [EB/OL]. [2019-03-30]. https://www.rgu.ac.uk/study/academic-schools/aberdeen-business-school.
② Robert Gordon University, School of Creative & Cultural Business [EB/OL]. [2019-03-30]. https://www.rgu.ac.uk/study/academic-schools/school-of-creative-and-cultural-business.

于实践的,强调行业联系和数字技术、策略和实践日益增长的影响。与信息管理和图书馆事业相关的研究领域包括文化遗产,数字保存,知识管理,信息检索行为,信息与数字素养及影响,信息政策、法律与伦理,公共图书馆的价值与影响力,培养新的信息专业人才[①]。

(4) 曼彻斯特大学语言、信息和传播系

曼彻斯特大学语言、信息和传播系[②],提供信息、图书馆及信息管理、数字媒体、网页建设、传播及多媒体新闻等方面的学士及硕士课程。该系成立于1946年,前身为曼彻斯特图书馆学院,在教学和研究方面享有国际声誉,除了与公共部门开展研究合作外,还与传媒行业、图书馆和信息专业人士合作。该系提供独特的社交学习空间和多媒体资源实验室。

语言、信息和传播系共有两个研究小组[③],调查的"用户"包括消费者、提供者、受众、学者和学习者,以及其参与数字媒体内容和基于信息的应用程序及其互动,其研究工作涉及信息科学、传播学、信息行为、信息架构和设计等领域。一是信息交互研究组(Information Interactions Research Group,IIRG),开展与人们交互方式相关的研究,包括如何访问、评估和使用信息,以及如何设计系统来支持这种信息行为,目前的研究包括数字卫生信息信任的评估、动态获取文化遗产的设计、探索性和会话界面中搜索行为的建模、学习和日常生活中的信息行为、组织和社会环境中的知识共享等。二是技术和用户研究小组(Technology and Audiences Research Group,TARG),负责研究媒体生产者和用户如何回应数字技术和社交媒体的进步并与之互动,目前的研究包括媒体生产的感知民主化、公共与私人界限模糊的研究、跨媒体讲故事、广播和身份等。此外,该部门还是图书馆、信息与媒体中心(Centre for Research in Libraries,Information and Media,CeRLIM)所在地,也是曼彻斯特城市大学数字创新小组(Digital Innovations Group)的成员。

---

① Robert Gordon University, School of Creative & Cultural Business. Research [EB/OL]. [2019-03-30]. https://www.rgu.ac.uk/study/academic-schools/aberdeen-business-school.
② Manchester Metropolitan University, Department of Languages, Information and Communications [EB/OL]. [2019-03-30]. https://www.mmu.ac.uk/infocomms/.
③ Manchester Metropolitan University, Department of Languages, Information and Communications. Research [EB/OL]. [2019-03-30]. https://www.mmu.ac.uk/infocomms/research/.

3.5 英国情报工作发展

情报工作体系不仅包含情报体系与国家决策层的关系,以及情报体系的职能、管理、监督与预算等,而且包含情报体系内部各个机构之间的竞争与合作关系①。

3.5.1 组织机构与业务范畴

英国情报工作机构主要包括:①三大专业机构,包括国家安全局(Security Service,MI5)、秘密情报局(Secret Intelligence Service,SIS)和政府通信总部(Government Communications HeadQuarters,GCHQ);②内阁办公室(Cabinet Office)情报工作的相关机构,包括联合情报委员会(Joint Intelligence Committee,JIC)和国家安全秘书处(National Security Secretariat,NSS);③国防部(Ministry of Defence)的国防情报局(Defence Intelligence,DI);④内政部(Home Office)的安全与反恐办公室(National Counter Terrorism Security Office,NaCTSO,原名为Office for Security and Counter Terrorism,OSCT)。三大专业情报机构的工作既专注于各自特定的领域,相互之间又密切合作;国防部和内政部相关部门主要服务于本部门,保障其需求;内阁办公室的JIC则负责进一步对各个情报机构的情报进行深度分析和评估,并上报给政府部门和部长。

(1) 国家安全局(MI5)

国家安全局②,也被称为军情五处(MI5),是英国对内的反间谍和安全机构。1989年《英国安全服务法》首次赋予其应有的法律地位,目前MI5的职责包括:保护国家,防范间谍、恐怖主义破坏和外国代理人的活动,以及通过政治、工业或暴力手段推翻或破坏议会民主的行动;保护英国的经济福祉免受不列颠群岛以外人员的行为或意图所构成的威胁;支持警察及其他执法机构在预防和侦查严重犯罪方面的活动③。

MI5的管理人员和组织架构设置如下④。①局长:直接负责联合反恐分析中心(Joint Terrorism Analysis Centre,JTAC)和国家基础设施保护中心(Centre for the Protection of National Infrastructure,CPNI)。②副局长、业务负责人、战略负责人共同

---

① 王谦. 英国情报体制简介 [J]. 国际研究参考,2009(10):19-25.
② The Security Service [EB/OL]. [2019-03-01]. https://www.mi5.gov.uk/.
③ The Security Service. What we do [EB/OL]. [2019-03-01]. https://www.mi5.gov.uk/terrorism.
④ The Security Service. People and organisation [EB/OL]. [2019-03-01]. https://www.mi5.gov.uk/people-and-organisation.

负责下设的 10 个处，包括跨国反恐处（International Counter-Terrorism）、爱尔兰反恐处（Northern Ireland Counter-Terrorism）、网络反间谍和反扩散处（Cyber Counter-Espionage and Counter-Proliferation）、技术运行和监督处（Technical Operations and Surveilance）、分析处（Analysis）、技术处（Technology）、信息处（Information）、道德和审查处（Ethics and Review）、财务和战略处（Finance and Strategy）、人事和安全处（People and Security）。③法律顾问。目前，MI5 拥有约 4000 名员工，其中约 40% 为女性，50% 以上的员工为 40 岁以下。

MI5 的工作内容主要包括以下四大部分①。①打击恐怖主义。自 20 世纪 60 年代以来，MI5 一直负责应对国内外对英国利益日益严重的恐怖威胁，包括国际恐怖主义、与北爱尔兰有关的恐怖主义、国内极端主义等。②处理间谍活动。MI5 设有专门负责打击间谍活动和网络威胁的分支机构，参与保护性安全工作，找到并破坏那些试图将敏感的英国信息和设备传递给其他国家的行为，调查和阻碍外国情报官员损害英国国家利益的行为，主要向拥有广受欢迎的信息和设备的公司和组织提供安全建议。③保护网络。国家基础设施保护中心（CPNI）提供一系列建议和指导以帮助和保护国家的基本服务免受不法安全威胁，CPNI 还与国家网络安全中心（NCSC）合作开展网络安全工作，搜集来源于 Get Safe Online 网站或 GOV.UK 的个人或企业的有用信息。④大规模杀伤性武器（WMD）的反扩散。MI5 将重点放在那些被认为对其安全构成威胁的政权上，包括拒绝签署"不扩散条约"的核国家，追求秘密武器化计划的国家及违反联合国决议以限制核武器积累的国家，主要通过与其他国家和国际政府机构及私营企业和学术机构合作，还特别强调英国制造商和供应商的风险，如可能会在不知情的情况下向与之合作或相关制度规定的实体机构提供货物、软件或培训。

MI5 的工作方式主要包括以下几种②。①收集情报。建立对国家有威胁的详细知识库是 MI5 工作的核心，通过评估和调查过程协助决定如何应对威胁及采取何种保护措施。收集技术包括：人工智能或"代理人"，代理人是能够提供有关调查目标秘密信息的人且不是下属员工；指导监视，如跟踪和/或观察目标；通信的接收，如监控电子邮件或电话；通信数据（包括使用批量通信数据），通常从通信服务提供商处获得通信信息，如"如何和何时"；批量个人数据，包含大量个人信息的数据集，可以有针对性地访问以识别或查找感兴趣的主题信息；侵入式监视，如将窃听设备放在某人的家中或车

---

① The Security Service. What we do [EB/OL]. [2019-03-01]. https://www.mi5.gov.uk/terrorism.
② The Security Service. How we work [EB/OL]. [2019-03-01]. https://www.mi5.gov.uk/terrorism.

内；设备干扰，如隐蔽地访问计算机或其他设备。②法律和治理。MI5在严格的立法和监督框架内工作，以确保其调查权力仅在有必要和相称的情况下使用。其工作受到严格审查，由内政大臣亲自为其最具侵入性的活动签署保证书，要经过议会、ISC、两名独立委员、两名前高级法官和调查权力法庭等一致讨论通过。③证据和披露。从20世纪90年代开始，不断变化的国家安全威胁和法律发展使MI5更多地参与刑事司法程序，其材料被证实有证据或在案件中向辩方披露，法官允许其工作人员匿名提供刑事审判证据。④管理信息。情报工作运营依赖高质量的记录保存和信息管理系统，因此是MI5的核心业务活动，支持其工作持续、综合的研究与分析。根据1989年《安全服务法》，MI5只能获得履行职责所需的信息，只能披露信息以防止或发现严重犯罪或任何刑事诉讼，截取通信产品则要完全遵守2000年《调查权力法》（*Regulation of Investigatory Powers Act*，*RIPA*）中规定的保障措施。

（2）秘密情报局（SIS）

秘密情报局（SIS）①，也被称为军情六处（MI6），使命是通过收集全球情报维护英国的安全与发展，具体包括帮助英国识别和利用机遇，识别与国家安全、军事效率和经济相关的风险，打击恐怖主义，解决国际冲突，防止核武器和其他非常规武器的扩散，进而保护英国公民、经济和利益。1994年英国《情报服务法》（*Intelligence Services Act*，*ISA*）赋予SIS法定地位和收集海外情报的法定职责②。2010年10月颁布的英国《国家安全战略》（*National Security Strategy*，*NSS*），列出英国面临的四大威胁，包括国际恐怖主义、网络攻击、国际军事危机（包括因核武器扩散所带来的威胁）和大规模国内突发事件，要求所有政府部门要为国家安全服务，规定SIS要为包括军队在内的所有部门提供全球情报支持③。

SIS通过拥有不同技能背景的工作人员、所掌握的技术资源和国外情报与安全服务部门的合作来运行，如国家安全局、政府通信总部、英国执法机构和政府部门④。

---

① The Secret Intelligence Service［EB/OL］.［2019-03-01］.https：//www.sis.gov.uk/.
② 邱斌.英国情报机构：军情六处介绍［J］.上海公安高等专科学校学报，2014，24（3）：89-92.
③ The Secret Intelligence Service. Current Threats［EB/OL］.［2019-03-01］.https：//www.sis.gov.uk/our-mission.html.
④ The Secret Intelligence Service. Our Mission［EB/OL］.［2019-03-01］.https：//www.sis.gov.uk/our-mission.html.

2017年调查显示，其工作人员约2500名①。SIS对议会负责，其工作的秘密性质意味着要在一个严格的法律框架内运作并向政府部长报告，1994年《情报服务法》和2000年《调查权力法》规定其受ISC和调查权力法庭（Investigatory Powers Tribunal）的公开监督②。

（3）政府通信总部（GCHQ）

政府通信总部（GCHQ）③，是世界领先的情报、网络和安全机构，负责维护英国安全，利用尖端技术、技术独创性和广泛的伙伴在严格的法律框架下通过多种方式收集通信和数据并分析从而识别、分析和瓦解威胁，其优先事项由英国《国家安全战略》、首相主持的国家安全委员会（National Security Council，NSC）及联合情报委员会来决定④。GCHQ局长由外交部部长任命，三位总干事分别负责所有情报业务与运营、技术能力建设、总体战略，首席执行官负责国家安全中心的工作⑤。2017年调查显示，GCHQ拥有6000多名工作人员⑥，不仅包括一般性工作人员，而且包括密码专家、数学家、科学家、语言学家等⑦。GCHQ的工作受多个法律管辖，1994年《情报服务法》规定了其重点关注外国信号的情报机构的职能，2016年《调查权力法》为包括GCHQ在内的执法部门、安全和情报机构使用和监督调查权力提供了一个现代化的框架，还有1998年的《人权法案》，总的来说，只有在维护国家安全、英国经济利益（就国家安全利益而言）及预防或侦破重大犯罪行为时才能使用其权力⑧。

GCHQ的工作内容主要包括以下几个方面⑨。①反恐怖主义：利用世界一流的能力

---

① Intelligence and Security Committee of Parliament. Diversity and Inclusion in the UK Intelligence Community［EB/OL］.［2019-03-01］.http：//isc.independent.gov.uk/committee-reports/special-reports.
② The Secret Intelligence Service. Our Mission［EB/OL］.［2019-03-01］.https：//www.sis.gov.uk/our-mission.html.
③ The Government Communications Headquarters［EB/OL］.［2019-03-01］.https：//www.gchq.gov.uk/.
④ The Government Communications Headquarters. Mission［EB/OL］.［2019-03-01］.https：//www.gchq.gov.uk/section/mission/overview.
⑤ The Government Communications Headquarters. Leadership［EB/OL］.［2019-03-01］.https：//www.gchq.gov.uk/section/governance/leadership.
⑥ Intelligence and Security Committee of Parliament. Diversity and Inclusion in the UK Intelligence Community［EB/OL］.［2019-03-01］.http：//isc.independent.gov.uk/committee-reports/special-reports.
⑦ 邓鑫. 英国政府通信总部：一个神秘的情报机构［N］. 深圳特区报，2013-07-01（B10）.
⑧ The Government Communications Headquarters. Governance：legal framework［EB/OL］.［2019-03-01］.https：//www.gchq.gov.uk/section/governance/legal-framework.
⑨ 同④.

识别和制止英国境内的恐怖袭击和海外损害英国利益的恐怖主义。②网络安全：NCSC负责保护英国重要服务免受网络袭击，管理重大突发事件，通过改进技术改善英国网络的基本安全并告知公民和组织，使英国成为在线生活和商务最安全的地方。③重大有组织的犯罪：与国家犯罪署（National Crime Agency，NCA）、税务海关总署（HM Revenue and Customs，HMRC）在网络犯罪、有组织的移民犯罪、洗钱、金融犯罪、毒品走私等方面合作，减少重大有组织的犯罪行为对英国造成的社会及财政损害。④战略优势：管理来自敌对国家的威胁，促进英国的繁荣，塑造国际环境。⑤支持国防：保护国防人员和资产，为作战提供综合性支持方法。

（4）国防情报局（DI）

国防部（Ministry of Defense）的情报机构主要是国防情报局[①]，是一个世界级国防情报、反间谍和网络电磁活动的组织。作为国防部的重要组成部分，DI 向国防部和军队提供情报产品、评估和建议类战略防御情报，以指导政策决定和武装部队的承诺与就业、开展国防研究与装备方案及支持军事行动。DI 的职责包括为政策、部署和研究决策提供情报产品和建议，支持英国中央情报系统和其他政府部门与相关机构，以及盟国、欧盟和北约[②]。

DI 组建于 1964 年，由原陆、海、空三军的情报处与文职的三军联合情报局合并而成，直接对国防大臣负责，主要任务是为国防部、军队和其他政府机构提供及时的情报产品、评估和建议，以及与军事相关的政治和经济情报，为北约和欧盟提供情报评估，与盟国相关机构进行合作并对其他国际组织进行情报支援[③]。目前 DI 主要分为三个部门：①联合部队情报组，为国防、其他政府部门和国际伙伴提供情报、信息、服务和部队要素；②联合情报培训小组，提供创新和响应性的培训，满足当前和未来的国防和国家需求；③网络防御，协调网络安全，确保进攻和防御能力之间的凝聚力[④]。2017 年调查显示，其工作人员约 4000 名，其中 65% 为军事人员[⑤]。

[①] Defence Intelligence [EB/OL]. [2019-03-01]. https://www.gov.uk/government/groups/defence-intelligence.

[②] Defence Intelligence. Our Responsibilities [EB/OL]. [2019-03-01]. https://www.gov.uk/government/groups/defence-intelligence.

[③] 丁顺珍. 英国情报与安全机构 [J]. 国际资料信息，2003（10）：14-18，24.

[④] Defence Intelligence. Our Organisation [EB/OL]. [2019-03-01]. https://www.gov.uk/government/groups/defence-intelligence.

[⑤] Intelligence and Security Committee of Parliament. Diversity and Inclusion in the UK Intelligence Community [EB/OL]. [2019-03-01]. http://isc.independent.gov.uk/committee-reports/special-reports.

第 3 章 英国情报学与情报工作

（5）安全与反恐办公室（NaCTSO）

英国内政部（Home Office）的情报机构主要是安全与反恐办公室[①]，是一个支持政府反恐战略"保护和准备"工作的警察部门。作为国家警察局长委员会（National Police Chiefs' Council，NPCC）的一部分，目前 NaCTSO 有约 10 名工作人员，支持在当地警察部队中担任警官和工作人员的约 190 人的反恐安全顾问小组，向特定工业部门就反恐保护安全问题提供帮助、咨询和指导。NaCTSO 的主要职责是为政府及业界提供协助、意见及指引以防范恐怖主义威胁，包括全英国拥挤的地方、危险场所和危险物质、重要的国家基础设施（与国家基础设施保护中心合作）、个人安全等。

（6）内阁办公室情报部门（包括 JIC 与 NSS）

英国内阁办公室（Cabinet Office）的情报部门主要包括联合情报委员会（JIC）和国家安全秘书处（NSS）。

联合情报委员会（JIC）[②]的主要工作是提请英国政府部门和部长在需要时评估与运行、规划或政策相关的行动，主席特别负责确保委员会的监测和警告作用得到有效履行，委员会还可根据履行其职责的需要，设立常设和临时小组委员会和工作组。JIC 的职责有 6 项：①利用秘密情报、外交报告和公开材料，评估与对外事务、国防、恐怖主义、重大国际犯罪活动、科学技术和国际经济事务及其他跨国问题有关的事件和局势；②监测和预先预警以上领域中对英国利益或政策及整个国际社会的直接和间接威胁与机会的发展；③长期审查来自国内外的安全威胁，并处理有关的安全问题；④协助拟订情报收集的要求和优先次序，以及情报机构将执行的其他任务；⑤通过情报分析专业主管，监察情报机构的分析能力；⑥在适当情况下，与英联邦及外国情报机构保持联络，并考虑如何向其提供情报产品。

国家安全秘书处（NSS）[③]，负责为政府间具有战略重要性的安全和情报问题提供协调，联合情报组织（JIO）负责对国家安全和外交政策重要性问题进行独立、全面的评估，它们分别支持 NSC 和 JIC 的工作，就这些问题向首相和其他高级部长提供咨询意见。NSS 的职责包括：①就部长们在战略层面上讨论的国家安全问题向 NSC 提供政

---

① National Counter Terrorism Security Office［EB/OL］.［2019-03-01］. https：//www.gov.uk/government/organisations/national-counter-terrorism-security-office.
② The Joint Intelligence Committee［EB/OL］.［2019-03-01］. https：//www.gov.uk/government/groups/joint-intelligence-committee.
③ The National Security Secretariat［EB/OL］.［2019-03-01］. https：//www.gov.uk/government/organisations/national-security/about.

策建议；②协调和制定政府间的外交和国防政策；③协调整个情报界的政策、道德和法律问题，管理其资金和重要工作，处理 JIC 提出的问题；④为政府制定有效的保护性安全政策和建设相应的能力；⑤提高英国应对突发事件的应变能力和恢复能力，维护有效协调政府应对危机的设施；⑥根据国家网络安全战略，为英国网络安全提供战略领导。2017 年调查显示，其工作人员约 150 名[①]。

联合情报组织（Joint Intelligence Organisation，JIO）[②] 负责英国情报的评价和情报界分析能力的发展，以支持 JIC 和 NSC 的工作。JIO 由评估人员和情报分析专业负责人组成，其评估人员由从多个部门和学科借调来的情报分析员组成，负责起草对当前局势和关切问题的评估报告，对英国利益受到的威胁提出警告，并查明和监测有不稳定危险的国家。2017 年调查显示，其工作人员约 100 名[③]。评估人员利用来自情报机构的资料及外交报告和开源资料，形成评估报告，在 JIC 同意后分发给部长和高级官员。JIO 职责包括：①为首相、NSC 和政府各个部门的政策制定者提供全来源的情报评估，评估英国面临的威胁及英国在海外的利益；②就这些领域向英国利益或政策及整个国际社会的直接和间接威胁与机会的发展提出事先预警；③监督政府内部情报评估，鼓励专业标准和最佳做法以提高政府整体的分析能力[④]。

3.5.2 情报运行管理机制

情报运行管理机制是情报机构之间建立联结关系的支撑点。英国政府进行情报管理与协调的主要机构是部长级情报机构委员会（Ministerial Committee on the Intelligence Services），由首相担任主席，主要负责情报与安全事务，成员包括副首相、负责 DI 的国防大臣、负责 GCHQ 和 SIS 的外交与联邦事务大臣、内政大臣、财政大臣等，主要任务是审核相关情报机构的政策，具体协调工作由常务次官情报机构委员会负责实施，包括监督情报机构年度经费预算，确定情报工作需求，制订情报管理计划等[⑤]。

---

① Intelligence and Security Committee of Parliament. Diversity and Inclusion in the UK Intelligence Community [EB/OL]. [2019-03-01]. http：//isc.independent.gov.uk/committee-reports/special-reports.
② The Joint Intelligence Organisation [EB/OL]. [2019-03-01]. https：//www.gov.uk/government/groups/joint-intelligence-organisation.
③ Intelligence and Security Committee of Parliament. Diversity and Inclusion in the UK Intelligence Community [EB/OL]. [2019-03-01]. http：//isc.independent.gov.uk/committee-reports/special-reports.
④ The National Security Secretariat. Responsibilities [EB/OL]. [2019-03-01]. https：//www.gov.uk/government/organisations/national-security/about.
⑤ 王涛. 解读英国情报工作建设 [J]. 现代军事，2016（8）：43-48.

同时对于情报机构来说，国家必须拥有一套行之有效的情报监督系统，通过一定的机制对情报机构进行控制和监督，以防止情报机构发生权力滥用、腐败、违犯法律、侵害人民权利等现象，使情报机构能够遵守相关法律法规并正常运作、有效发挥被赋予的情报功能。在英国，正式的情报监督由行政、立法和司法部门共同实施，此外还有非正式的社会监督。英国的情报监督体制主要由4个部分组成。①议会监督：主要通过审核预算、审查法案、计划报告、举行听证会和调阅相关文件等手段掌握信息，特别是建立了情报与安全委员会（Intelligence and Security Committee of Parliament，ISC），负责对情报机构实施监督。②行政监督：主要通过政府行政部门发布行政指令和制定行政规章制度，规范情报机构的运作，并对情报活动进行控制和对情报机构工作绩效进行考核。③司法监督：主要通过司法机关介入调查，依据司法程序形成判例或解释，间接实现对情报机构的监督；其司法体系派有独立的专员对情报机构进行监督，并设立了调查权力特别法庭负责处理有关调查规范涉及范围的投诉案件。④社会监督：主要通过媒体报道和公众舆论，对非法和非道德的情报活动进行监督，提请立法机关注意，并敦促行政部门和国会采取必要的纠正和补救措施[①]。

英国情报工作体系中具体负责情报工作监督的机构是英国议会的情报与安全委员会（ISC）[②]，于1994年根据《情报服务法》建立，负责监督国家安全局、秘密情报局和政府通信总部三大机构的政策、经费、管理和运行；它根据2013年《司法和安全法》（*Justice and Security Act*）进行了改革，确定了作为议会的一个委员会，可以直接向议会汇报或向英国首相汇报有关国家安全的敏感问题，职权范围新增了监督政府运作的活动和更广泛的情报与安全工作，工作具体包括审查内阁办公室情报工作，监督联合情报委员会、国家安全秘书处（NSS）、国防部的国防情报局和内政部的安全与反恐办公室等相关机构[③]。

ISC的成员由议会任命，2013年《司法和安全法》规定其成员数量为9人，从下议院和上议院的议员中选取，且不得担任内阁大臣（Minister of the Crown，英国首相提拔内阁大臣需要君主正式同意）；首先由首相提名（与反对党领袖协商），再由议会任

---

① 王涛. 解读英国情报工作建设[J]. 现代军事，2016（8）：43-48.
② The Intelligence and Security Committee of Parliament [EB/OL]. [2019-03-01]. http://isc.independent.gov.uk/home.
③ The Intelligence and Security Committee of Parliament. About the Committee[EB/OL]. [2019-03-01]. http://isc.independent.gov.uk/home.

命①。ISC 成员在履行职责时基于 1989 年出台的《官方保密法》第 1（1）(B) 条款被允许获得高度机密的材料；根据需要从政府部长、情报机构负责人、情报部门馆员或其他证人处收集证据，还可以在必要时获得法律、技术和财政方面专家的支持②。ISC 的报告分为两种：一是就其职能的履行情况向议会提出年度报告，政府对其提出的建议做出回应；二是就具体调查提出报告，如 2019 年 3 月同意下一步将调查与中国相关的国家安全问题③。

3.6 英国情报学与情报工作的发展特点与影响

欧洲是情报学的发源地，英国学者与实践者关于文献工作的理论研究与实践，为英国情报学的兴起与发展提供了坚实的理论基础与丰富的实践基础，也对全球情报学与情报工作的发展产生了重大的影响。

3.6.1 创建了世界上最早的国家情报机构

早在 20 世纪初，英国就创建了国家情报机构。MI5 与 MI6 均创建于 1909 年，作为国家的军事情报机构，支持英国的军事情报工作，是世界上最早的国家情报服务机构，已经有 110 多年的发展历史。美国中央情报局、以色列秘密情报局（Institute for Intelligence and Special Operations）、苏联国家安全委员会（Committee of State Security）创建于 20 世纪 40—50 年代。后 MI5 改建为国家安全局，MI6 改建为秘密情报局，它们作为英国政府最重要的两大情报服务机构，分别负责维护国家安全和经济发展的国内和国外情报工作。MI5 依照 1989 年《安全服务法》由联合情报委员会指导，保护英国议会的民主和经济利益，在国内开展打击恐怖主义和反间谍活动；MI6 则负责在海外收集秘密情报和开展行动，以预防和发现严重犯罪，促进和捍卫国家安全和经济福祉。

---

① The Intelligence and Security Committee of Parliament. Committee Members [EB/OL]. [2019-03-01]. http：//isc.independent.gov.uk/committee-members.
② The Intelligence and Security Committee of Parliament. Intelligence and Security Committee of Parliament annual report 2016—2017 [EB/OL]. [2019-03-01]. http：//isc.independent.gov.uk/committee-reports/annual-reports.
③ The Intelligence and Security Committee of Parliament. Recent announcements：the committee has agreed that its next inquiry will be into national security issues relating to China [EB/OL]. [2019-02-02]. http：//isc.independent.gov.uk/home.

3.6.2 从不同角度研究和提出情报学理论

英国学者与实践者在情报学理论方面的贡献对全球情报学的建设和情报工作的发展都起到了重要的推动作用。他们不仅提出了集中离散分布、有序性结构原理、相关性原理等基础理论,而且从知识地图、情报结构化、传播学、信息流、思维过程等角度提出了情报学的主要理论。英国情报界的代表人物大多数是从实践工作出发研究情报学,布拉德福与维克利长期从事图书馆各项工作,特别关注从文献计量的角度开展图书馆资源建设等其他工作,厄克特则具有专业公司研究院和博物馆的工作经历,只有布鲁克斯一直从事教职工作。

3.6.3 从不同方面拓展或改革情报学教育

全球情报学教育呈现融合发展的趋势,英国的情报学教育也不例外。目前英国情报学教育可以归纳为三种类型:①立足本专业,在专注信息服务研究的基础上拓展特色信息服务研究,如谢菲尔德大学;②利用新兴的计算机技术、信息技术开展研究,主要通过与计算机专业的合作来达到优势互补的效果,如诺森比亚大学和斯克莱德大学;③在国家实现创新发展的过程中,文化产业被美国、英国等国家作为实现经济可持续发展和创新发展的重要推动力,联合国也在全球层面承认文化多样性是可持续发展的核心推动力,因此,英国的伦敦大学、格拉斯哥大学、戈登大学、曼彻斯特大学都与人文学科合作成立新的学院或从文化发展的角度开展研究。

3.7 本章小结

英国无论在情报工作方面的实践还是在情报理论方面的研究都早于世界上很多国家。英国在情报实践方面的探索为国内外情报学的发展提供了研究基础,在情报理论方面的研究为国内外情报实践提供了理论指导。首先,英国创建了世界上最早的国家情报机构,在110多年的发展过程中,形成了完善的国家情报工作组织结构和运行管理机制。其次,英国情报学界和实践界的情报学家和学者从不同的角度研究和提出集中离散分布原理、有序性结构原理、相关性原理等情报学基础理论,以及属性结构情报理论/知识基础论、情报结构理论、人本社会传播理论、情报流活动规范理论、情报思维智能过程理论等主要的情报学理论,情报学界的专家布鲁克斯、布拉德福、维克利、厄克特、费桑、法拉丹、贝尔金等为情报学的发展做出了突出的贡献。最后,随着计算机技术和信息技术的迅速发展，对信息社会的发展提出了新的挑战和要求并产生了新的信息需求，英国情报学教育开始向不同的方向发展和调整，有的专注于传统的信息服务并开始拓展特色领域的信息服务，有的从新兴技术的角度出发研究不同的信息行为与服务，有的将信息服务置于文化发展大背景下与其他学科相结合进行研究。本章通过总结、梳理和分析英国情报学的起源与发展、情报学理论、情报界代表人物、情报学教育、情报工作发展等，以期为情报学的理论研究与情报工作的实践探索提供参考。

第 4 章
日本情报学与情报工作

每个国家的学科发展都有其独特的特点。情报学在日本是一个大学科，包含了我国的计算机科学、情报学、信息学、传媒学等各个方面。在日本的情报学发展过程中，这些方面并不是独立的，而是以"信息"为主线交织在一起的。在日本，不仅有图书馆情报学，还有灾害情报学、社会情报学、生物情报学等，"情报"二字更偏向于我国的"信息"概念。

4.1 日本情报学的界定与发展

4.1.1 "情报学"的含义

日语的"情報"（じょうほう，jyohou）包含了比较广的含义，有 information、data、intelligence、knowledge 等[①]。尽管如此，在日常生活和学术研究中，情报还是主要指 information。data 和 intelligence 一般用片假名"データ"和"インテリジェンス"表示，knowledge 则直接用汉字"知識"表示。日本的情报学是大情报学的概念，通常定义为"情报学是探求情报的产生、探索、表现、存储、管理、认识、分析、变换、传播相关的原理与技术的学问"[②]。从概念上讲，日本的情报学涵盖了我国的计算机科学、信息学、传媒学等学科。然而，情报学的核心并不单纯以获取和处理情报为目的，而是基于情报，发掘情报背后的深层价值，通过情报为世界赋予意义秩序，为社会创造新的价值。从这个意义上讲，日本的情报学和我国的情报学又有很大的共同之处。

---

① 飯沼光夫. 情報（データ）の基礎 [〈講座〉情報の解析・加工・活用入門（1）][J]. 情報の科学と技術, 1987, 37（6）：226-233.
② 萩谷昌己. 情報学を定義する-情報学分野の参照基準 [J]. 情報処理, 2014, 55（7）：734-743.

表4-1列举了日本不同机构对情报学的定义,尽管定义各有不同,但是从其关键字可以看出对日本情报学的描述集中在"信息相关""新兴学科""交叉学科"上。当代学科的交互发展使得学科之间的界限已经不那么明显,对于日本的情报学来说,但凡涉及"信息"的学科,皆在情报学范围之内。

表4-1 情报学的概念

编号	单位	含义说明
1	情报知识学会	作为学科体系的情报学是逐渐被确立的新的专业领域,其中一部分迄今为止处于"语言学""心理学""数学""工学"等的范围内。情报学在与情报活动相关的各个人文、社会和自然学科中都有研究和应用
2	京都大学情报学研究科	京都大学的情报学指与自然和人工系统中情报相关的学科,以复杂动态变化系统中信息的生成、识别、表现、收集、组织化、优化、转换、传达、评价、控制为研究对象。情报学与人文社会科学和自然科学领域有着密切的关系,与人文学、社会学、认知科学、生物学、语言学、计算机科学、数理科学、系统科学和通信工程都有交织。京都大学情报学的三个支柱为人与社会的沟通交互、数理建模及情报系统
3	东京大学情报学环	"情报"这个词是谈论当今自然和人类社会的关键概念。对于情报及相关事情和现象进行明确定义,还是存在困难。情报的概念与沟通、媒体、语言、符号、市场、环境、文化、身体、自由、空间等概念相互交织,只有将这些概念理解,"情报"概念的轮廓及其作用和效用才会浮现出来
4	国立情报学研究所	情报学是一个跨学科的信息相关研究领域,涵盖了信息科学与工程,以及与信息有关的作为各类科学领域基础的自然科学、人文社会科学
5	静冈大学情报学部	情报学是为了实现人类与科学技术高度融合的信息社会,信息技术与其他学科的教育、研究相结合的新的跨学科领域
6	维基百科 Wikipedia	情报学是一门关于如何处理"信息"的学问。情报学是多种学科交叉的学科。在日本,虽说情报学被视为以情报工学为首的自然科学领域,同时也包括了社会科学和人文科学
7	日本学术会议情报学委员会	情报学是以为世界带来意义和秩序,并创造社会价值为目的的,探求与信息的生成、探索、表达、存储、管理、识别、分析、转换和传递相关联的原理和技术的学问

4.1.2 情报学的产生和发展

尽管与"情报"相关的概念在很早以前就存在，但是情报学在日本作为一门系统的科学是随着现代信息技术发展而发展起来的。如同我国一样，日本的情报学可以追溯到图书馆学的产生和发展，因为信息最早的载体便是图书，早期对信息的收集、整理、分析也是图书馆的重要任务。随着社会的发展，信息的重要载体开始不局限于图书，电话、电视、广播对信息的承载使得信息理论成为情报学的重要部分；其后，计算机对信息的处理和分析使得计算理论和计算工学成为情报学的重要支柱；再后来对复杂系统的关注自然而然地使信息系统和社会情报学成为情报学的内容。这些构建了近代的情报工学和情报科学。与此同时，传统的图书馆学和文献学也在不断发展，在信息社会和知识经济的理念下，发展成为重视情报服务和情报管理的图书馆情报学。尽管图书馆学和文献学是情报学的开端，但是目前在日本情报学中占统治地位的是情报工学和情报科学，即以计算机和信息技术为基础发展起来的信息科学。

日本情报学发展谱系如图4-1所示。与现代信息学直接关联的计算理论是由库尔特·哥德尔（Gödel）、阿隆佐·邱奇（Church）、艾伦·图灵（Turing）于19世纪30年代建立起来的。当时的研究集中于可计算与不可计算的区别上，通过严格定义可计算性来证明某类问题无法通过计算获得解答。这里提到的"计算"指的是科学意义上的可以解答的公式化概念。自19世纪40年代开始，冯·诺伊曼（John von Neumann）等人开始进行计算机的研发，伴随着计算机制造技术的发展，"计算机科学（computer science）"从电子工程等基础学科中分离出来。作为计算机科学最主要基础原理之一的计算理论，重心由不可计算性逐渐转移到了计算可能性，尤其是计算效率相关理论的研究。与此同时，克劳德·香农（Shannon）在19世纪40年代发表了关于信息论的一系列著名论文，确立了信息量的概念，使得人们对信息转换与信息传送的科学理解加深，通信技术得到快速发展。

随着计算机科学的进步及计算机的普及，计算机之间及计算机与其他各种机器之间的连接网络在整个世界范围内逐渐铺开，由此形成的信息系统也逐渐成为支撑社会运行的基础。信息技术改变了人类社会的组织方式，人类社会的组织正在与信息系统逐渐合为一体。人与人之间的交流方式也发生了改变，社会规范与制度发生改变，决策机制进行调整，一个社会最为基础底层的伦理观也发生变化。因此，社会情报学作为一个从信息角度探索人类社会的学科出现了。当然，情报学对于信息传播的研究可以追溯到诺伯特·维纳（Wiener）的控制论。

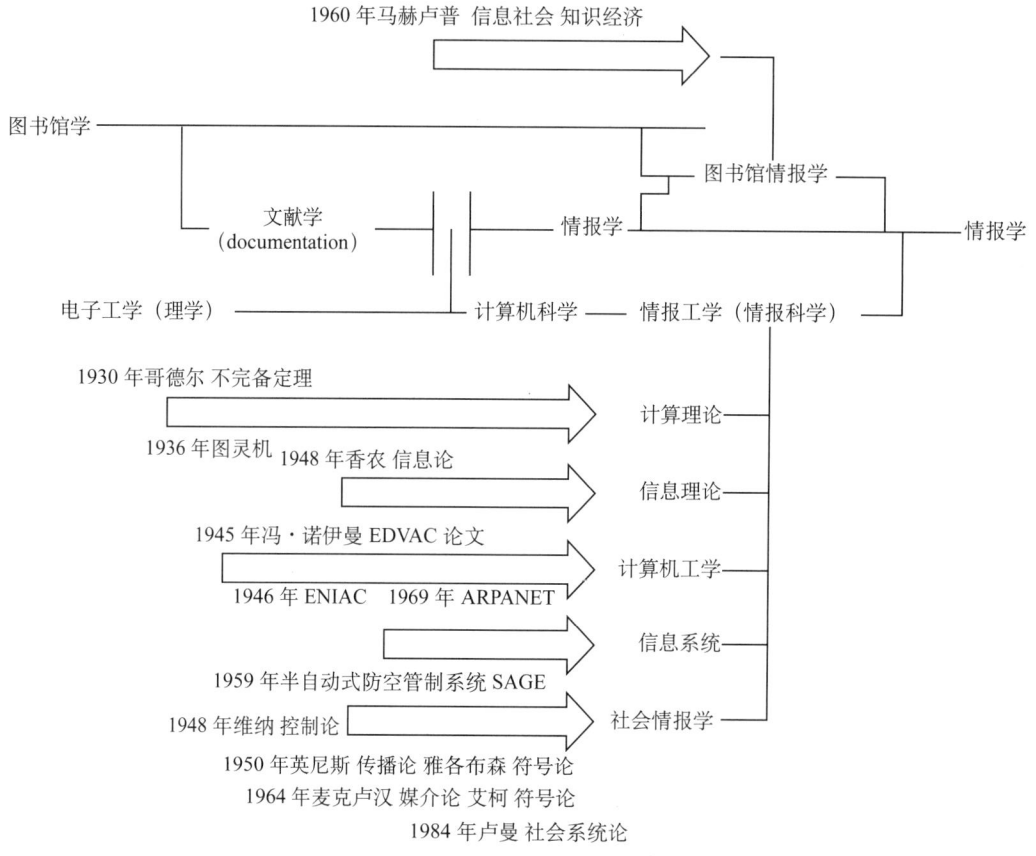

图 4-1 日本情报学发展谱系 [1][2][3]

于是，从图书馆学发展出来的关注图书、文献信息的传统情报学逐渐被新兴的关注计算机、信息、通信、系统等的情报学所代替，并被包含于社会情报学中。尽管如此，传统的与图书馆相关的情报学也逐渐与新兴的计算机、信息、通信等领域融合，形成了图书馆情报学，尤其是 20 世纪 60 年代，马赫卢普（Machlup）等提出了信息社会和知识经济的概念后，图书馆情报学逐渐发展成为关注知识、重视情报服务和情报管理的情

---

① 村主朋英. 情報・ドキュメンテーション年表（〈特集〉ドキュメンテーション世界への誘い）[J]. 情報の科学と技術，1993，43（4）：356-367.
② 萩谷昌己. 文理融合的な発展が期待される「メタサイエンス」としての [J]. 情報学，2017（34）：51-55.
③ 村主朋英. 情報史研究の戦略：情報史における情報学史の役割を中心に [J]. Journal of library and information science，1995（9）：57-76.

报学分支。对于传统的与图书、文献相关的情报学和新兴的融合计算机等学科的情报学之间的关系,日本在 20 世纪 90 年代也进行过一番辨析。然而,2000 年以后,这种界定传统情报学和现代情报学的概念和研究范围的论文便几乎消失[①]。社会民众和研究机构普遍接受了大情报学的概念,情报学,即与情报相关的所有学科的集合,从计算机科学到信息学,从文献学到信息系统,甚至包含统计科学。

上述内容虽然涉及各个学科领域,但它们相互关联,并作为一个整体从信息和信息处理的角度出发来理解囊括了人类社会的整个世界,并努力基于这种理解运用信息技术来变革这个世界。这些细分的学科构成了情报学的基础,这些学科的发展也构成了情报学的发展谱系。

4.2 日本情报学的核心知识体系

根据日本学术会议情报学委员会的情报学教育课程参照标准[②],日本情报学的核心知识体系包含以下 5 个方面:情报学基本原理,计算机情报处理原理,情报处理机械设备的设计技术及实施技术,对于处理情报的人类社会的理解和情报处理系统的构建及应用技术、制度和组织。

4.2.1 情报学基本原理

情报学基本原理包括情报的意义、情报的种类、情报和符号、情报和交流、社会价值的创造等。

情报的意义通过非物理方法改变世界,为世界带来价值和秩序。依据西垣通所著《基礎情報学》[③],按照处理情报的主体,情报分为生物情报、社会情报和机械情报三大类。生物为了生存而进行的活动是情报意义的本源。因此,与生物的生存相关的情报(生物情报)是最为基础的、广义的情报。社会情报是通过符号被明示化的生物情报,包括在人类社会通用的所有情报,是狭义的情报。用计算机等机械的方式处理的情报

---

① 加藤淳一. 日本における information science についての構想[J]. 名古屋大学附属図書館研究年報,2007(6):81-84.
② 日本学術会議,情報学委員会,情報科学技術教育分科会. 大学教育の分野別質保証のための教育課程編成上の参照基準情報学分野[R/OL].(2016-03-23)[2019-09-24]. http://www.scj.go.jp/ja/info/kohyo/pdf/kohyo-23-h160-323-2.pdf.
③ 西垣通. 基礎情報学:生命から社会へ[M]. 东京:エヌ・ティ・ティ出版株式会社,2004.

（机械情报）被定位为由社会情报派生而来，是有着独立的符号、含义内容，被潜在化了的最为狭义的情报。

符号是情报的表达。符号的含义解释和处理的方法根据处理信息的主体而异。情报的交流方式，也因为情报处理主体的不同有着不同的特征。其中，生物系统是一个自主的封锁系统，而计算机等则是他律的开放系统。因此，包含着人类和计算机的人类社会的复合型系统也可以说成是半自律的、暂时封闭的系统。正是这些系统间的相互作用，个体为了生存而反复地进行情报的搜索、选择，形成了信息交流，通过信息的不断组合、积累和筛选，逐渐衍生出了社会价值。此外，人类社会中未曾出现的新现象也随着情报处理开始出现，并且创造有意义的社会价值。

4.2.2 计算机情报处理原理

计算机情报处理原理包括情报的变换和传播，情报的表现、存储和管理，以及情报的认识和分析等。

与情报的变换和传播相关的原理包含信息量的概念，包括信息的量化（离散化）、采样、符号化、压缩等原理。与情报的表现、存储和管理相关的原理包括文字、数值、图像、声音等多种数据的记录方式，以及数据的结构（排列、树状图、图标、集合等基本的数据构造及回归的数据构造）、数据类型等。与情报的认识和分析相关的原理包括信号处理、模式识别、机械学、数据挖掘等数据的认识分析原理。

4.2.3 情报处理机械设备的设计技术及实施技术

情报处理机械设备的设计技术主要包括计算机硬件系统与基础软件系统等。与计算机硬件相关的技术，主要包括半导体、门电路、包含 VLSI 的元件技术、数字电路技术和计算机体系结构。其中数字电路包括算术电路、控制电路和存储器；计算机体系结构包括微体系结构、指令集体系结构和各种并行体系结构。与计算机输入/输出设备有关的技术，主要包括网络配适器等接口、播放器或执行器等输出装置、指点设备和传感器等的输入装置，以及各种二次记忆装置等。基础软件系统则主要分为操作系统、中间件、编程语言和语言处理系统。其中，操作系统需要了解其类型、基本功能和具备的网络功能等；中间件包括 DBMS、交易处理、网络服务和 WWW 等；编程语言包括低级语言、高级语言、语法、意义和范例等方面；语言处理系统则主要学习词法分析、构文分析、语义分析、最优化和代码生成，程序系统的执行方式主要包括编译器和解释器。

4.2.4 对于处理情报的人类社会的理解

该部分承接情报学体系中的社会情报学，主要包括以下几个方面：沟通的原理、社会媒体、计算机介入后信息沟通的特征、以信息技术为基础的社会信息沟通文化背景等。

社会情报沟通，即社会学和沟通理论中的通过肢体语言（动作）、口语、文字等媒介，将意见、意志、情感等传达给他人，并伴随着信息内容的创造、生成、传达。情报的价值是通过信息的沟通过程创造的。在计算机介入后的社会信息沟通中，信息的扩展性、传播性和高速性进一步增强。一方面，虽然社交媒体提高了个人的信息传播能力，但随着公共空间和私人空间界限的模糊化，信息的可靠性受到质疑；另一方面，信息的多元化使得社会决策复杂性提高。这些是现代情报学需要面对的问题。

4.2.5 情报处理系统的构建及应用技术、制度和组织

情报处理系统的构建及应用技术、制度和组织包括情报系统开发技术、情报系统效果评价技术、与情报系统相关的社会系统、人与情报系统交互相关的原理或设计方法等。该部分包括信息系统、信息技术和软件工程等与信息系统相关的学科，不仅限于技术方面，而且包括如何活用信息系统的制度与组织等内容，除此之外还涉及用户界面（UI）等系统使用者方面的知识。

4.3 日本的情报服务产业

日本的情报服务产业主要是指 IT 技术支撑下的信息服务产业，是为顾客提供信息支援的知识密集型产业，具体包括软件行业的程序开发、信息系统开发、软件咨询等。情报处理提供的行业有计算中心、数据库服务等。网络及网络附带的信息服务包括网络信息检索服务、网站运营管理、情报信息网络、网络安全服务等。

情报学在日本是一个独立的大学科，情报学发展的同时也带动了情报服务产业的蓬勃发展。如图 4-2 所示，情报服务产业自 20 世纪 90 年代起成为推动日本经济增长的重要部分，1990 年情报服务产业创造了超过 3 兆日元的销售额，其后不断增长，在 2017 年增长到了 11 兆日元，相比 1990 年增长了 8 兆日元，并仍持续保持上升趋势。日本的

情报产业不仅在过去起到了推动国民经济的作用,而且随着科技、信息发展的不断完善,在未来也将成为日本国民经济运行中的重要支柱产业。

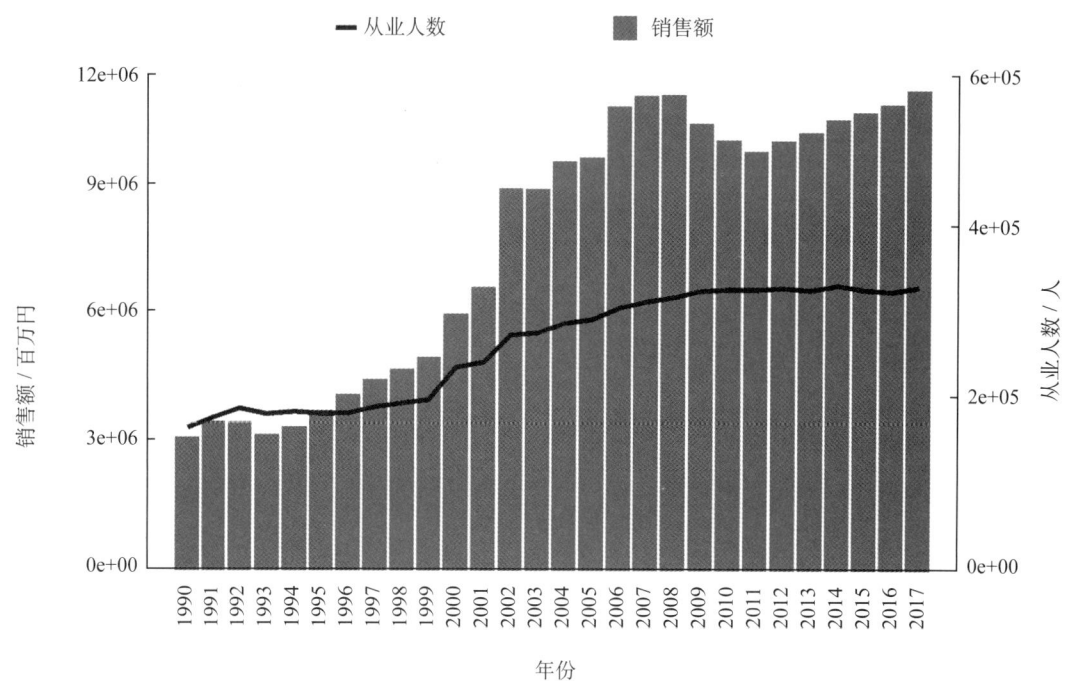

图 4-2　日本情报服务产业从业人数及销售额

(资料来源:日本经济产业省统计数据)

日本的情报产业带动了一大批的从业人员,2017 年末,日本情报服务产业从业人员达到 60 多万人,相比 1990 年增加了近一倍。在这些情报服务产业的从业人员中,技术人员占了很大一部分,如图 4-3 所示。技术人员所占的比重自始至终是其他人才的 3~4 倍,说明了日本情报产业属于知识密集型产业,并且对于高技术型人才的需求量自 1990 年起到 2017 年都在不断增多。

情报服务产业对于高技术型人才的需求不断增多,与其自身的发展需求密切相关,如图 4-4 所示,反映了 1990—2017 年日本情报服务产业内部的发展状况,可见市场调查、舆论调查等信息调查服务业所占的比重很小,并且几十年来没有什么较大的变化,而受托开发、程序制作、信息系统开发等占据了整个行业经济 7 成左右的比重,是情报服务产业的重要组成部分。此外还有信息处理服务、委托管理系统、数据服务等产业,在近几年销售额也有所增长。

第 4 章
日本情报学与情报工作

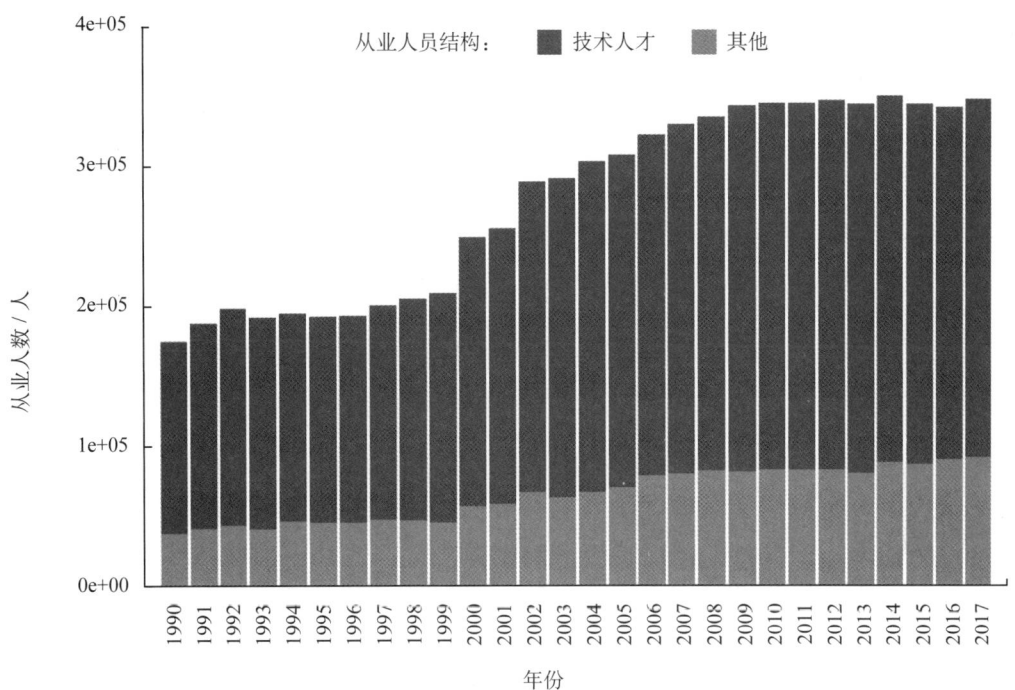

图 4-3　日本情报服务产业从业人员构成

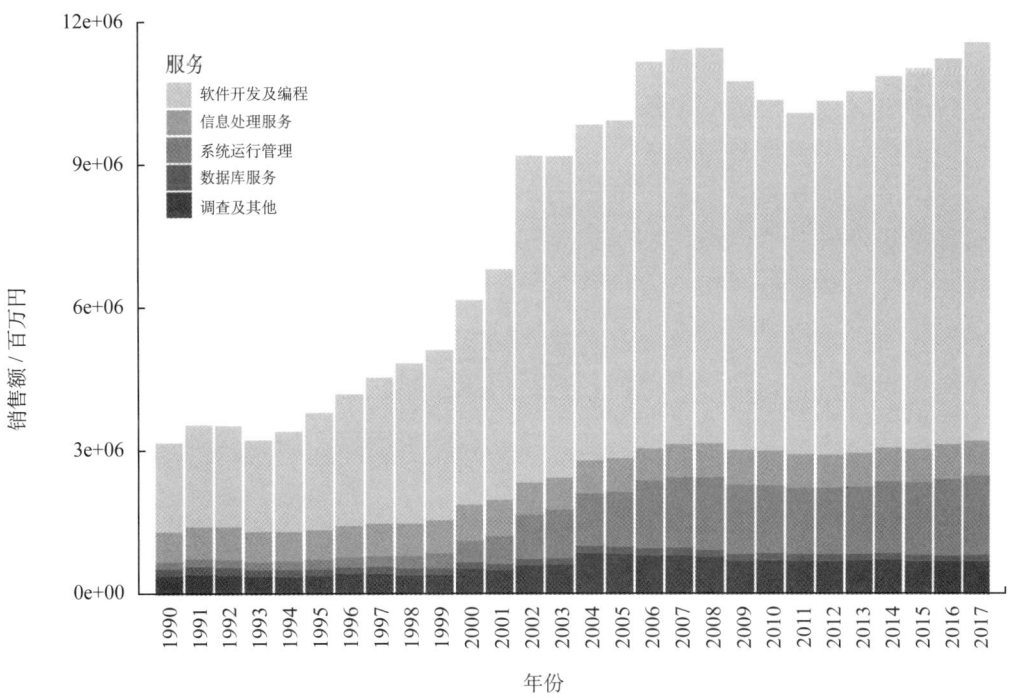

图 4-4　日本情报服务产业销售额构成

4.4 日本情报学代表性学会

日本情报学的广义性，使得介绍日本情报学的代表人物和代表理论变得困难：一方面，列举各个情报学领域代表人物具有较强的主观性，日本同行认为，在日本，"情报学公认的代表性人物"这样的提法并不常见；另一方面，日本同行认为，"日本情报学相关的很多基础理论也来源于西方学界，区分日本原创的代表性情报学理论并不重要"，尽管日本也有着诸如赤池信息准则（Akaike Information Criterion，AIC）这样广泛应用的学术贡献。相比较于代表性的人物和理论，日本情报学代表性的学会值得特别介绍，因为在日本的社会体系和学术体系里，学会是一个非常重要的方面，它的组织行为比个人行为更能代表日本情报学的发展。

根据日本学会名簿，截至 2017 年底，与情报学相关的学会多达 126 个。我们将各个学会名称的关键字进行提取，制作文字云，如图 4-5 所示。不同的字体大小代表不同的出现频次。从中可以看出，围绕着"情报"二字，教育、系统、技术、文化、图书馆、公司、观光等各个方面都与情报学存在交叉融合，并产生了实质性的学会组织，从一个侧面说明了情报学的广泛性。我们根据学会的规模、学会的特征，选取情报处理学会、社会情报学会、管理情报学会及灾害情报学会进行简单介绍。

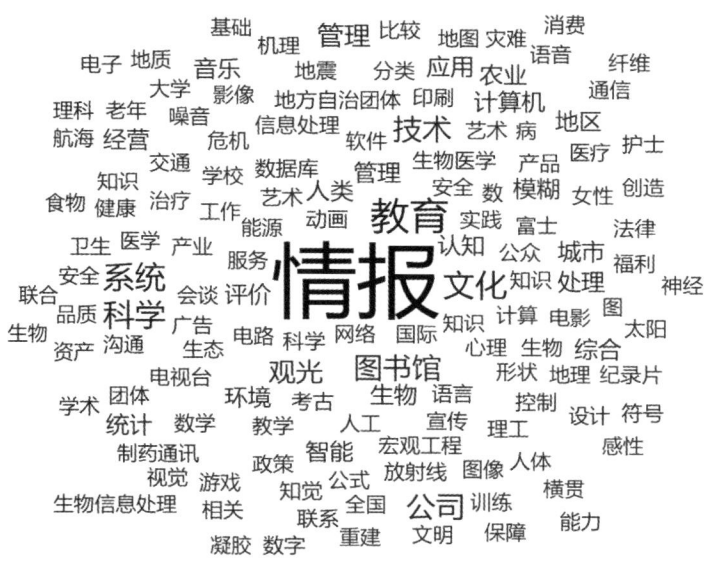

图 4-5　情报相关学会关键字文字云

4.4.1 情报处理学会

情报处理学会成立于1960年,是日本信息处理和计算机科学技术领域的权威学会。学会旨在通过推动以计算机和通信为中心的信息处理学术和技术,为科学文化与社会发展做出贡献。学会通过举办会议,发行刊物,出版书籍,构建电子图书馆,组织调查研究活动、情报处理教育活动,以及推行标准化活动、国际交流活动、产学交流活动等,振兴日本的情报处理事业,促进日本情报学科发展。截至2019年3月,学会共有19 862名会员,包含大学、企业的研究者和技术人员、专业情报处理用户及对信息处理工作关心的各个层次人员。

总体而言,情报处理学会偏向于理工科,是以计算机和通信工程为基础的,但近些年学会也开始包含很多文科类和交叉学科的研究。对情报处理学会的关注有助于了解日本情报学的发展动向。值得一提的是,情报处理学会的电子图书馆——情报学广场[①],收录了近20万件日本情报学方面的会志、论文、研究报告等。其注册和下载都是免费的,是了解日本情报学很好的资源。

4.4.2 社会情报学会

日本的情报学以图书馆学、文献学等文科学科作为开端,经过计算机、通信、信息等理工学科的助推发展,形成了其后的大情报学的概念。当今日本的情报学更注重文理融合,社会情报学会的出现便顺应和促进了这种趋势。社会情报学会成立于1996年,其主要目的是构建横跨情报学文理领域,以社会情报问题为导向的理论、分析、实践体系。以情报在社会中的各种问题为主线,其涉及信息、经济、都市、计算机、传媒、文化、系统、法学等众多的领域。

日本社会情报学会主要通过组织全国年会、定期研究会、情报政策研究会、学生讨论会等形式开展活动,学会也发行了《日本社会情报学会会志》及《学会通信》等刊物。此外,日本还有一个情报社会学会,规模稍微小一些,但在情报与社会结合的出发点方面,两个学会很像。不过,社会情报学会更偏重于情报学,而情报社会学会更注重社会学。

4.4.3 管理情报学会

管理情报学会成立于1992年,以促进管理信息相关方面的研究和应用、加强会员

---

① 情报学广场[EB/OL].[2021-09-05]. https://ipsj.ixsq.nij.ac.jp/ej/index.php.

之间的协作与信息交换、推动产业进步为目的。学会旨在为关心信息与管理结合的研究者、企业家、教育者针对企业、组织、社会、个人的信息及信息技术的活用提供交流的平台。学会整合社会科学与理工科学，使得交叉学科的大学研究者与企业人员可以共同参与学会活动，营造一种自由、开放的学术氛围，也接受非学会会员论文投稿。

总之，管理情报学会以管理信息为核心，活动包括组织研究会、演讲会、发表会，发行学会杂志，开展学术研究及调查等；同时，推动国际合作，奖励管理信息领域的优秀研究成果，推进管理信息及信息技术方面的人才培养。

4.4.4 灾害情报学会

灾害情报学会是以灾害情报为关键词，针对服务于防灾减灾的灾害情报及其传播、接受等诸方面进行调查、研究，向社会建言献策的学会组织。灾害情报学会成立于1999年，即阪神地震4年后。在这4年内，日本以阪神地震为契机，全面探讨了日本的防灾情报体制、系统。大学、研究机构、行政单位、企业等的研究者、实践者都深刻地认识到灾害情报的重要性，各种灾害情报的研讨会、报告会蓬勃发展，一方面促进灾害情报学的研讨与发展；另一方面使这些科研成果正确、合适地传播给社会。灾害情报学会在这样的背景下由研究者、实践者及普通市民共同建立。

灾害情报学是情报学与防灾研究和工作结合的产物，由于情报学与防灾研究和工作都具有非常强的综合性，因此，灾害情报学会也包含了多个领域。尽管如此，日本的灾害情报学会主体构成更偏向人文社科方面，更关注信息的沟通、传播、心理和社会影响等方面，这与情报处理学会以理工方面为主的构成有所不同。

4.5 日本情报学分支与情报学教育

4.5.1 情报学分支

日本的情报学是高度交叉的学科。根据日本文部省的学科分类，情报学属于综合领域，包含情报学基础、软件、计算机系统与网络、媒体情报学与数据库、智能情报学、知觉情报处理与智能机器人、感性情报学与软件计算、图书馆情报学与人文社会情报学、认知科学、统计科学、生命情报学11个子学科。然而，各个子学科之间或与其他学科之间存在交叉，情报学的分支远远多于11个。

在日本，情报学的定位同数学、物理学一样，既是独立的一门科学，又是覆盖各个学科的基础科学。作为基础科学的情报学和其他学科领域进行交叉融合，进而诞生了情报学各个领域的分支。其交叉融合的方式一般是情报学提供一般原理，其他学科提供实际问题和应用方向。例如，防灾情报学就是将情报学的原理、理念、工具、方法等应用到防灾领域而产生的。融合以后的情报学分支也同样继承了来自其他领域的理念、技术、方法、要求等，进而归纳反馈，进一步发展情报学。例如，防灾情报学对极端灾害事件（地震、洪水、海啸等）的研究，促使情报处理与传递时效性的发展。日本当前的情报学包含了图书馆情报学、环境情报学、都市情报学、经济情报学、政策情报学、人文情报学、防灾情报学、生物情报学、机械情报学、脑情报学、设计情报学、医疗情报学、教育情报学等分支，就连音乐、艺术领域都有相关的情报学分支，如音乐情报学。可以说，情报学的领域包含了情报化社会的各个方面，涵盖了人与社会的情报、人与计算机的情报、社会与计算机的情报。本章选取防灾情报学、管理情报学、图书馆情报学及生物情报学对日本的情报学分支进行简单介绍。情报学与其分支的关系如图4-6所示。

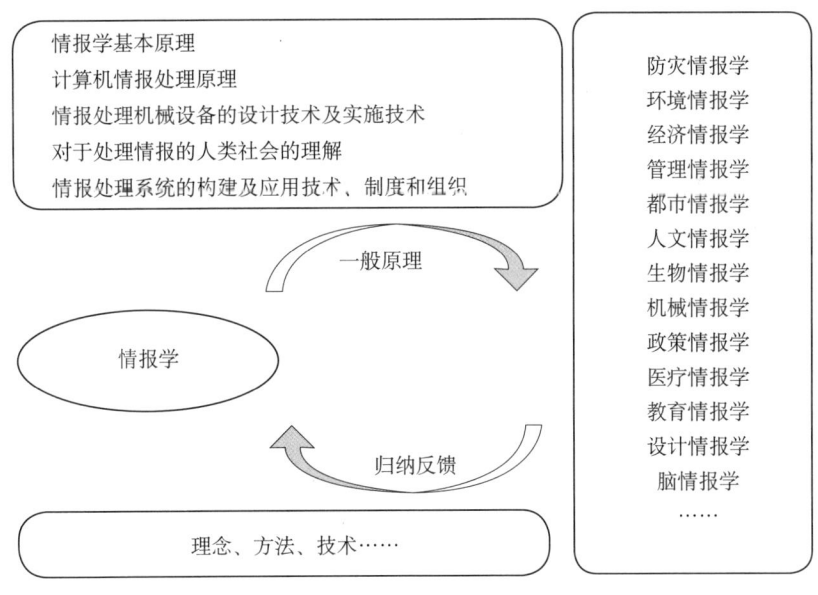

图4-6　情报学与其分支的关系

（1）防灾情报学

日本是地震、海啸、火山喷发、台风、洪山、泥石流等自然灾害比较频发的国家。即使是在科学技术发达的今天，日本自然灾害所造成的损失仍然不可忽视。1995年的阪神地震死亡6000多人，受伤43 000多人，房屋倒塌损毁24万栋，经济损失达9.6兆日元。2011年的东日本大地震（海啸），死亡15 800多人，失踪3481人，受伤5800多人，房屋倒塌损毁35万多栋，经济损失达16.9兆日元。

防灾减灾是日本不可缺少的研究领域。在1995年阪神地震之前，日本的防灾研究注重工程领域，认为通过工程手段便可有效地防灾减灾：通过修建堤坝预防洪水，通过提高建筑抗震标准抵御地震灾害，通过防潮堤降低海啸危害等。然而，1995年的阪神地震使得日本学界从"工程神话"中惊醒过来，整个日本社会开始认识到，"无论多高标准的工程措施，总会有超标的自然灾害发生"。因此，防灾减灾研究和工作开始转向工程措施和非工程措施结合的综合防灾方面。灾害信息和灾害信息学作为非工程减灾措施的重要部分，开始快速发展，各种灾害信息相关学会和研究机构也开始成立。2011年的东日本大地震在信息传送及时性、海啸风险图准确性等方面暴露出来的问题更是直接推动了防灾情报学的进一步发展。

防灾情报学是以灾害应对为目的，研究情报及其有效利用方法的科学[①]，对防灾减灾必需信息的内容、传递方法、传输系统及信息的传递者和接受者进行研究。具体而言，当前日本防灾情报学的研究主要分为两大部分，一部分是针对灾害信息理论的研究，如受灾者的避难行为、灾害信息的有效传播方式、受灾者对灾害信息的接受程度、流言恐慌与灾害报道等[②]。这部分研究多与心理学、社会学等相关，主要是一些偏文科背景的研究室在做，其代表性的学会为灾害情报学会。另一部分研究则是针对灾害信息理论的应用及灾害信息系统的构建，如地震预警系统、台风信息发布系统等[③]。这部分内容多与灾害学、工程学等相关，主要是一些偏理工科背景的研究室在做，其代表性的学会为自然灾害学会。

（2）管理情报学

管理情报学是管理学和情报学结合形成的，是以利用信息技术手段解决管理问题为目标的一门交叉学科。在日本，其起源于20世纪60年代，与计算机科学、通信技术等同步发展，从20世纪90年代开始快速发展，与管理战略和情报、管理和情报系统相关的一系列研究开始盛行。特别是1992年管理情报学会的成立促进了管理情报学在日本的发展。

管理情报学是管理学和情报学的融合，因此，管理情报学研究的问题横跨管理学

---

① 田中淳，吉井博明. シリーズ災害と社会 7 災害情報論入門［M］. 東京：弘文堂，2008.
② 日本災害情報学会. 災害情報学事典［M］. 鳥取：朝倉書店，2016.
③ 牛山素行. 豪雨の災害情報学［M］. 東京：古今書院，2012.

和情报学[①]。从管理学方面讲,管理情报学研究内容从企业总体的经营管理到生产、贩卖、劳务、财务、会计等个别领域产生的信息问题。从情报学方面讲,管理情报学研究内容从计算机利用方法、情报理论到管理情报、管理模型分析、决策支持系统等诸多方面[②]。

(3) 图书馆情报学

图书馆情报学是图书馆学与情报学结合形成的,为文献信息的组织、储存、检索、咨询、分析及读者服务,被广泛应用于文献查询与信息整理的一门交叉学科。日本具有近代意义的图书馆和图书馆学于明治时代以后开始出现,1951—1972年是日本传统图书馆学占主导地位,然而进入20世纪60年代中期之后,日本实现了由传统图书馆学向图书馆情报学的转变[③]。

日本是世界上计算机技术高度普及的国家之一,信息记录趋于多样化发展,由于通信技术的发达及数据库的广泛应用,图书馆情报学在日本得到飞速发展。由于新技术的应用与开发,同时伴随着传统信息服务业的转变,图书馆情报学出现了新的发展趋势。①迈向产业化。在图书馆情报学的飞速发展下,光盘、数字通信、光纤通信、人工智能系统等先进的理论与技术进行了大规模的应用。②实现信息化。在知识、信息蓬勃发展的时代,信息资源已经成为社会经济发展必不可少的一部分,图书馆情报学为现代信息资源的利用与管理提供了理论方法,图书馆情报学研究领域与信息技术的融合,将更好地满足用户的需求,加快社会经济信息化进程和知识经济的发展。③达成多门学科的综合渗透。随着信息化的发展,作为信息储存和处理中心的图书馆在进行数字化信息的管理中,不仅需要图书馆学、情报学、文献学等理论学科的支持,而且需要信息科学、计算机科学、经济学、管理学等学科的辅助。图书馆情报学与其他学科相互交叉、相互渗透,能够促进科学研究方法向整体化发展[④⑤]。

---

① 石川弘道.経営情報に関する一考察[J].高崎経済大学論集,2013,55(2):161-169.
② 島田達巳.経営情報システム研究の変遷と展望[J].経営情報研究:摂南大学経営情報学部論集,2006,14(1):13-26.
③ 山本貴子,大城善盛.欧米における図書館学と図書館情報学の概念:エスタブルーク(LS Estabrook),ベイツ(MJ Bates),オーダンソン(R. Audunson),マイバーグ(S. Myburgh),タマロ(AM Tammaro)の理解を中心に[J].大谷大學研究年報,2016(68):1-58.
④ 王东艳,宛福成.日本图书馆学情报学教育发展综述[J].图书馆建设,1999(6):68-70.
⑤ 杉内,真理惠,羽生,等.论文から見た日本の図書館情報学研究の動向[J].Library and information science,2011(66):127-151.

(4) 生物情报学

生物情报学是生命科学与情报学渗透融合形成的一门新兴交叉学科[1]。与常规的生物科学对基因和蛋白质的解释不同，生物情报学主要从实验科学和情报科学两个方面对复杂生命系统的构建原理进行解释，将生物的分子描述符与生物过程联系起来，促进对生物信息的数据挖掘与发现。简单来说，即运用情报科学的原理和技术使大量的、复杂的和分散的生命科学数据更加明了和有用。

生物情报学的发展大致经历了三个阶段。①基因组前期的生物情报学。其主要内容包括DNA序列和谱带的计算机分析、基因图谱相关分子生物学数据库的构建等。②基因组时代的生物情报学。其主要内容包括新基因和基因新功能的发现，生物情报学理论的探讨及其在生物学、医学、药学等学科的应用研究等。③后基因组时代的生物情报学。其主要内容包括基因组的功能注释、蛋白质组数据库的构建、蛋白质间相互作用及其结构的可视化、新型蛋白质结构与功能预测方法及情报分析工具和程序的研制并开发等。

在日本，生物情报学研究起源于时任东京大学教授Wada于1981年自主开发的自动DNA测序仪[2]，从20世纪90年代开始快速发展。RIKEN基因组科学中心于1998年成立，是日本第一家大型综合基因组研究机构。经济产业省（METI）也于2001年在东京成立了两个与生物情报学相关的中心，一个是生物情报研究中心，另一个是计算生物学研究中心。日本生物信息学联合会（JBIC）、日本生物情报学会及化学、生物学和情报学（CBI）学会的成立更促进了生物情报学在日本的发展[3]。

4.5.2 情报学教育

2016年日本文部省调查显示，日本有141个大学开设了情报学相关课程，其中，国立44个，公立12个，私立85个[4]，工学部称之为情报工学，理学部称之为情报科学，情报学部则直接称之为情报学。情报学教育也是围绕着情报学基本原理、计算机情报处

---

[1] RANGANATHAN S. Bioinformatics education-perspectives and challenges [J]. PLOS Comput Biol, 2005（1）: e52.
[2] WADA A. Automated high-speed DNA sequencing [J]. Nature, 1987, 325（6107）: 771-772.
[3] YAO T. Bioinformatics for the genomic sciences and towards systems biology: Japanese activities in the post-genome era [J]. Progress in biophysics and molecular biology, 2002, 80（1）: 23-42.
[4] 国内の情報系学科 [EB/OL]. [2019-03-30]. https://www.ipsj.or.jp/annai/committee/education/ISlist1.html.

理原理、情报处理机械设备的设计技术及实施技术、对于处理情报的人类社会的理解和情报处理系统的构建及应用技术、制度和组织5个方面展开的。由于日本的情报学含义比较广泛，在日本情报学教育中，值得注意的现象是情报学的本科教育根据不同的学校特色，表现得更精细一些，如有的大学着重于计算机方面，有的大学着重于通信工程方面，有的大学着重于社会信息方面。在研究生教育阶段，日本的情报学教育则显得比较综合了，往往是将理科、工科、文科、商科甚至医科等凡是跟情报学相关的领域综合到一起，构成大学院（研究生院）情报学科。这样的体系使得日本的情报学研究者很多都既有情报学小领域专门的专业知识，又有情报学综合概念上广阔的眼界。本科阶段的日本情报学对应着我国计算机、通信、情报、社会学等诸多专门学科，这里不详细说明。本小节通过日本京都大学大学院情报学研究科与东京大学大学院情报学院跨学科情报学府两个机构，介绍情报学教育和研究在研究生阶段的综合。

（1）京都大学大学院情报学研究科

京都大学大学院情报学研究科成立于1998年，是抽调了工学、理学、农学、文学、综合人类学5个学科的与情报有关的研究分野组合而成的。京都大学认为情报学是研究与自然或社会系统中情报相关学问的领域，是以复杂变化的系统中，情报的产生、认识、表现、收集、组织化、最优化、变换、传播、评价、防御作为研究对象的。其侧重于情报与人文科学、社会学、认知科学、生物学、语言学、计算机科学、数理科学、系统科学及通信工学方面的联系，与人文社会科学和自然科学的领域有密切的相互关系。情报学的发展来自其他科学的贡献，同时情报学也为其他科学的更好发展提供支持。京都大学情报学的三个支柱分别是情报与人类社会的接口、数理模型及情报系统。

京都大学大学院情报学研究科分为智能情报学专攻（侧重于智能情报处理）、社会情报学专攻（侧重于情报技术与社会系统的结合）、先端数理科学（侧重于情报学的数理模型构建）、数理工学专攻（侧重于数理模型在情报学中的实现和应用）、系统科学专攻（侧重于探索构建情报学与相关学科连接的方法论）、通信情报系统专攻（侧重于情报学中的通信）6个方向。

（2）东京大学大学院情报学院跨学科情报学府

东京大学大学院情报学院跨学科情报学府是2000年成立的研究生机构。东京大学以"情报"为引线，串联起与情报相关的各个领域，构成研究机构的"学院"和教育机构的"学府"，以高度综合性推进情报学的研究和教育。东京大学在情报学的理念、对象、方法、应用范围、定位、构成等方面，基本上与京都大学一样，这些也代表了整个日本社会情报学及情报教育的认知。在教育研究方面，东京大学大学院情报学院跨学科情报学府有社会情报学、人类文化情报学、先端设计情报学、综合分析情报学、亚洲情报社会、生物统计情报学等课程。同时，东京大学还有社会情报研究资料中心及综合防灾情报研究中心等研究机构。

此外，东京大学大学院还有情报理工学系研究科，但更加偏理工方向，包括计算机科学、数理情报学、系统情报学、电子情报学、智能机械情报学、创造情报学等 6 个专攻和社会信息通信技术中心、情报理工学国际中心、情报理工学教育研究中心 3 个中心。东京大学的两个情报学相关机构相辅相成，前者重视情报学的交叉应用，后者重视情报技术基础发展，共同支撑了东京大学作为日本情报学一流教学科研大学的地位。

4.6 日本情报学与情报工作的发展特点与影响

纵观日本情报学的发展，其特点可以概括为 8 个字，即"广义、多元、系统、务实"。

（1）广义性

日本的情报学是广义的情报学，包括从计算机科学到社会信息系统等的多个方面。情报学核心可以被认为是基础科学，其与各个领域交叉，诞生了众多情报学分支。日本情报学的广义性是与对情报的狭义理解相对的，它并没有刻意关注从事物到数据、从数据到信息、从信息到知识这个链条的每一部分，而是将从数据到知识的整个过程都定义为情报学。其广义性还体现在其学科的发展过程中，但凡与情报学相关的学科都会发展出情报学的分支。

（2）多元性

情报学研究内容、教授背景出身、研究机构是多元化的。日本情报学发展经历了图书馆、文献学主导到通信、计算机科学主导，再到当前的多学科融合发展阶段，相对应，日本情报学也经历了从文科主导到理工科主导再到文理融合发展的阶段。由于这样的融合发展，日本情报学研究内容、教授背景出身呈现多元性，同是情报学部，不同研究室的研究领域可以相差甚远。例如，日本著名的京都大学的情报学研究科，有生物学背景的研究室从事 DNA 信息方面的研究、有心理学背景的研究室从事行为信息方面的研究，有工学背景的研究室从事智能机器人方面的研究，当然也有图书馆、传媒等背景的研究室从事相关领域的研究。

（3）系统性

能将庞杂的情报学分支聚集成为一个学科，除了信息作为共同属性存在于各个学科之外，另一个关键就是情报学对系统的强调。系统不是各个部分简单的罗列，而是各个部分有机的连接，这种连接在大多数时候是通过信息实现的。因此，把系统相关的学科放在情报学中是最恰当不过的。日本社会对系统的理解与我们类似，分为两个方面，一方面是计算机系统、软件系统、通信系统等真实存在的可用为工具的系统，情报学的任务是构建这些系统，这些组成了日本情报学的理工科部分；另一方面是社会系统、经济系统等概念上的系统，情报学的任务是解释这些系统，这些组成了日本情报学的文科部分。情报学的文理交互实际上也是这些概念系统和实在系统之间的交互。

(4) 务实性

日本的情报学强调，情报学应该落到实处，体现出"通过情报创造社会价值"。情报学在日本不是理论驱动的学科，而是需求驱动的学科，尤其是情报学的各个分支，其成立的目的就是通过情报的理念、方法、手段解决其他学科实际的问题。因此，日本情报学的研究也多是面向问题的研究。这也是在日本情报学和社会结合非常紧密的原因之一。

4.7 本章小结

中日情报学在历史上有着紧密的联系。"情报"一词即借鉴于日语对西文的翻译。日本的情报学也在一定历史时期内对我国情报学及其相关学科发展起到了重要的作用。然而，随着时代的发展和本土化特征的影响，中日的情报学发展路径也不尽相同。在情报学相关的领域，中国的计算机科学、信息科学、情报科学、传媒科学等学科齐头并进，独立发展。而日本则在大一统的情报学概念下，将各类情报相关学科融合，与生物、环境、防灾等其他领域交叉发展。当前，我国情报学发展正处于关键时期，对日本情报学进行全面的了解对我国情报学建设有积极的促进作用。

本章对日本情报学进行了概述，介绍了日本情报学的界定与发展、核心知识体系、服务产业、代表性学会、学科分支与教育等方面，并总结了日本情报学发展"广义、多元、系统、务实"的特点。日本的情报学是贯通"数据—信息—知识—创新"整个过程的学科，是探求情报的产生、探索、表现、存储、管理、认识、分析、变换、传播相关的原理与技术的学问，其并不只以获取和处理情报为目的，而是基于情报，发掘情报背后的深层价值，通过情报为世界赋予意义秩序，为社会创造新的价值。日本情报学的学科分支、产业发展都围绕着这一概念进行，抓住"数据—信息—知识—创新"这条主线，日本情报学"松而不散，繁而不杂"的现状便不难理解了。

第 5 章
俄罗斯情报学与情报工作

俄罗斯情报学与情报工作产生于苏联时期。苏联情报学研究和情报工作在当时取得了令人瞩目的成就，不仅为本国科技、经济、军事、文化发展做出重要贡献，而且在国际上也具有一定的影响力。如今的俄罗斯基本上继承了苏联情报学与情报工作的传统，同时根据信息技术的发展、新时代的要求和国际环境的变化，逐步形成了自己的情报学理论体系和情报工作制度。

5.1 俄罗斯情报学的起源与发展

苏联学者米哈伊洛夫（А.И.Михайлов）的情报学理论思想曾对我国情报学产生和早期发展及情报工作的开展有重要的影响，他在 1966—1976 年发表的论著《Информатика—новое название теории научной информации》《Основы информатики》《Научные коммуникации и информатика》被我国图书情报界人士译为《情报学——科学情报理论的新基础》《情报学基础》《科学交流与情报学》，其中《科学交流与情报学》一书于 1980 年被徐新民等译成中文，由科学技术文献出版社出版。由此可见，俄语"информатика"一词被我国图书情报学者译为"情报学"，我国俄语词典一般将"информатика"译为"情报学""信息学"。但在俄语中，"информатика"作为学科术语是多义的，译为英语时多数情况下对应的是"informatics"和"computer science"，有时为"information science"等，谷歌在线翻译将"информатика"译为"computer science"。也就是，我们称为情报学的"информатика"，实际上在俄罗斯更多是指信息科学、计算机科学。遵循国内研究传统，也为使我们对俄罗斯情报学的研究能进行下去，本书在将"информатика"理解为情报学的基础上，开展对俄罗斯的情报学研究。

5.1.1 情报学的起源

"информатика"术语在俄罗斯既表示计算机科学、信息科学，也表示所有使用信息技术进行社会交流，开展科学研究，发展教育、经济和文化等活动的领域，包括生产情报学设备的工业领域①。"информатика"的多义性从其作为新词术语产生之日起直到现在，贯穿苏联/俄罗斯情报学发展全过程，而且"информатика"的多义性直接影响俄罗斯情报学的研究主题与范围、学科构成、学科性质等诸多方面，进而影响着俄罗斯情报学研究和情报工作发展，因此，研究俄罗斯情报学和情报工作需要首先从"информатика"术语的产生与使用谈起，"информатика"术语本身的变化在一定程度上体现出俄罗斯情报学的研究内容及其发展变化情况。

（1）俄罗斯情报学的产生与含义

俄罗斯情报学的历史（从苏联到如今的俄罗斯）充满了紧张的对立与主要研究内容的急剧变化，这体现在"информатика"术语上②。从"информатика"术语产生至今，从过去的苏联到如今的俄罗斯，对"информатика"始终没有一个普遍接受的、统一的共识定义③，研究者对"информатика"作为一门科学的本质定义的认识与理解是多种多样的④，对"информатика"术语含糊不清的解释在学校教学推荐使用的教科书和教辅书中显而易见⑤。

俄罗斯学者普遍认为，俄语的"информатика"术语来源于法语的"informatique"和德语的"informatik"，是按照"informatique"构成方式构造的合成词。1957年，德国工程师、卡尔斯鲁厄高级技术大学教授K.Steinbuch在《Informatik：Automatische Informationsverar-beitung》一文中最先提出和使用"informatik"一词⑥。1962年，法国

---

① К.К.Колин.Информатика как наука：история и перспекитвы развития［J］. Universum:экономика И Юриспруденция，2011，44（2）：633–640.

② Д.А.Поспелов Становление информатики в России［EB/OL］.［2017-11-24］.http：//xn--80aawbkjgiswr.xn-1-btbl6aqcj8hc.xn--p1ai/1999/art/ocherk1.htm.

③ Ю.Ю.Чёрный.Многоликая информатика［EB/OL］.［2018-01-12］.https：//www.iis.nsk.su/files/chernyi_uu_mnogolikaya_informatika. Ppt.

④ Симонов Б.А.Информатика：диалектический подход［EB/OL］.［2021-09-05］. http：//www.gpn.tb.ru/win/ntb/ntb96/5/flile8.html.

⑤ Б.Сейфуль-Мулюков. Информатика как дисциплина и её теоретические основы［J］.Открытое образование，2011（6）：88-96.

⑥ В.Н.Волкова，Ю.Ю. Чёрный.К 50-летию появления термина «Информатика» в отечественной научной литературе［J］.Прикладная информатика，2013（4）：129-133.

学者 Dreyfus 博士在文章《Термин l'informatique》中首次提出并使用"informatique"术语[①]，他还建议使用该词成立名为 Societe d'Informatique Applique（SIA）的协会组织，并向欧洲其他国家学者建议使用类似词语。1962 年，美国人 У.Ф.Бауэр 用英文"informatics"一词命名了一家从事信息自动化处理的公司——Informatics, -Inc.。受法国、德国的影响，这个时期其他欧洲国家文献中也出现了类似的术语，如荷兰语"informatika"、意大利语"informatica"、波兰语"informatyka"、西班牙语"informatica"等。informatique、informatik、informatics 等都是应时代所需而构造的新合成词，构词原理与方式基本相同，构造出的新词含义相近。以法语"informatique"为例，它是由 information（信息、情报）和 automatique（自动化）两个词组合而成，即 informatique = information + automatique，本意是指信息自动化或信息的自动处理，以区别当时的工业自动化。这些术语最早在国外学术文献、科学刊物中使用，含义是使用计算机对数据进行分析的理论、方法和工具设备，是作为使用计算机从事信息自动处理领域的名称术语使用的，表示的是从事信息数据自动化处理的科学实践研究工作、计算机存储与处理信息的科学。按 K.Steinbuch 的说法，informatik 由两个词组成，表示自动化或信息自动化的含义[②]。法国科学院在 20 世纪 70 年代初给出 informatique 的定义：是主要利用自动化手段对信息——技术、经济和社会领域的知识和消息进行处理的科学。意大利、西班牙、葡萄牙、罗马尼亚、荷兰等语种文献类似术语，表示的是信息的计算机存储与处理科学。

俄语"информатика"一词效仿法语"informatique"的构词方式，取 информация（信息、情报）的词根"информа-"加上 автоматика（自动化）的后缀"-тика"构造而成，即 информатика=информация+автоматика，从构词字面含义理解与法国、德国等欧洲国家是一致的，即"信息自动化处理"，但在使用中存在不小的差异。

информация 来自拉丁语 informatio，对应的英文为 information，我国俄汉词典一般将其译为信息、情报、消息、报道。考虑到我国将 information 理解为信息、情报的使用传统，本书不可能从头至尾只使用"情报"或"信息"一个词，而是需要在不同情形下交替使用。但需要指出的是，这两个词对应的俄语都是一个词——

[①] В.Н.Волкова.Федор Евгеньевич Темников：информатика，систематика，интеллектика［J］.К 100-летию со дня рождения.Прикладная информатика，2007（1）：98-107.

[②] А.С.Бондаревский.Информатика как наука об автоматизации нформационных операций［EB/OL］.［2017-07-19］.https: //applied-research.ru/pdf/2011/11/2011_11_99.pdf.

"информатика"，也是说，苏联时期，米哈伊洛夫提出的科学情报交流学说，使用的是"информатика"一词，如今信息社会，探讨各类信息、信息技术、信息活动等，使用的还是"информатика"一词。在俄语中，涉及国家安全等方面的情报，另有他词——разведка。

（2）俄罗斯情报学术语的使用

苏联最早在学术文章中使用"информатика"一词作为学科术语的是莫斯科动力工程学院的捷姆尼科夫（Ф.Е.Темников）教授和苏联科学院全苏科学技术情报研究所所长米哈伊洛夫教授。1963年，捷姆尼科夫在《高校公报·机电学》（1963年第11期）上发表题目为《Информатика》的短文，1966年，米哈伊洛夫等在《科技情报》（1966年第12期）上发表题目为《Информатика—новое название теории научной информации》的文章，这之后"информатика"作为学科术语开始在科学界逐渐被传播和使用。

捷姆尼科夫使用"информатика"术语所表达的含义与德国、法国等欧洲国家学者明显不同，不是指借助于自动化设备对数据信息进行处理，而是指关于информация（information）的一门科学学科[1]，可以说，捷姆尼科夫赋予"информатика"术语更加广泛的含义，他认为"информатика"是由"信息要素理论""信息过程理论""信息系统理论"三个部分构成的综合科学学科，适用于数据收集、传递、保存和处理系统，可以作为自动化、遥控力学、测量和计算技术，通信和无线电定位、仿生学和控制论等的重要理论核心（стержень）。捷姆尼科夫的这种观点在当时没有广泛传播，也没有产生任何影响。

米哈伊洛夫则是用"информатика"术语表示其所提出的"科学情报理论"，他把研究科学情报的构成、基本性能，以及科学情报产生、转换、传递和在人类各种活动中使用的科学学科称为"информатика"。米哈伊洛夫的这种界定得到了当时官方的认可，并在当时苏联国内和国际上产生了重要影响，加之捷姆尼科夫的"информатика"观点在当时没有产生影响和传播（原因是多方面的，其中之一是当时文章仅为一页，内容简短，而且缺乏后续的研究跟进与展开），学者认为米哈伊洛夫是俄罗斯在学术文献中第一个使用"информатика"术语的人，因为米哈伊洛夫使这个术语在学术界广为人知并广泛使用。从这个角度讲，"информатика"术语在苏联最早是用作表述科技情报信息和文献这一窄的、具体的领域，这样的定义使"информатика"与图书馆学、目录学及

---

[1] В.Н.Волкова，Ю.Ю.Черный.Вклад Ф.Е.Темникова в развитие информатики［J］. Прикладная информатика，2016，11（5）：122-143.

因为信息和信息过程是这个学科的主要研究对象内容客体[①]。从表达文献书目含义上，информатика= information science（英文）= Informationswissenschaft（德语）=science de l'information（法语），即研究情报信息的科学。

综上，从构词方式上看，информатика 与 informatique 等词一样，都是由含义为"信息（情报）"和"自动化"的两个词组合而成，从构词字面理解其含义应为"信息（情报）自动化"，在构成上，информатика（俄语）=informatique（法语）=informatik（德语）= informatics（英语）。但在实际使用中，информатика 与 informatique 等在含义上却是大相径庭。也就是说，虽然俄罗斯按照 informatique 的构词方式构造了 информатика，但 информатика 最初所表达的含义与 informatique 等截然不同。相较而言，informatique 等术语的含义单一，информатика 的含义更为丰富。从这个意义上讲，俄罗斯与法国等欧洲国家几乎是同时产生这个词的，但是在独立使用，时间上具有同时性，在含义上俄罗斯更具有独特性，也就是说，虽然 информатика 源于国外，但俄罗斯在对其的使用上具有一定的独立性和独创性。

到了 20 世纪 80 年代，苏联学者对情报学给出多种定义，将"信息"放在首要位置，计算机技术要素集中体现。例如，苏联科学院信息传递问题研究所所长 В.И.Сифоров 在《情报学及其对哲学和其他科学的影响》（1984）一文中指出：信息是确定定义的基础，情报学的发展受社会需求影响，按自身内在逻辑发展。情报学不研究特定形式的物质，而是研究信息、模型等一些范畴，情报学是综合学科，它是从事基础研究的科学，也是开展实验设计和技术开发的生产领域，还是支撑信息系统运行的基础设施，它以数学建模和计算实验为基础，是加快科学技术进步的首要战略储备。曾在 20 世纪 70 年代任 ВИНИТИ 副所长的 Ю.И.Шемакин 在《情报学概论》（1985）一书中指出，情报学的主要任务是研究各种信息的产生、转换、存储、传播和使用的规律，包括使用现代信息技术手段。Н.Н.Моисеев 在《情报学：认识自然界和社会规律的途径》（1985）一文中指出，情报学是综合学科，包括开发利用计算机进行科学研究和规划设计的新技术，以及与机器通信问题相关的几个主要科学学科，最后是机器制造。Ю.М.Каныгин 在《情报学基本概念》（1988）中指出情报学是研究社会中信息过程、信息系统运行及其对社会影响，以及利用计算机增强这种影响的科学。А.А.Дородницын 院士（1986）认为，情报学是基于计算机技术的信息转换科学，研究主题是计算技术，作为一种社会和历史

[①] К.К.Колин.Эволюция информатики и проблемы формирования нового комплекса наук об информации［J］.Научно-техническая информация.ВИНИТИ，1995（1）：1-7.

现象……情报学有三个不可分割且实质相互关联的组成部分：技术手段、程序和算法。В.О.Белошапка 在《模型语言与情报学》(1987) 一文中比较情报学各种定义，建议将其视为正式交流的科学。Б.Н.Наумов 院士在《情报学与计算机素养》文集（1988）序言中指出情报学是研究信息一般属性及信息自动化处理过程、方法和手段的自然科学，信息处理是指使用计算机设备丰富、再现、存储、转换、传输和输出（输入）信息的过程。Р.П.Дименштейн 认为情报学是从事计算机使用和开发方面的专业活动。到了 90 年代前后，情报学定义中开始出现知识概念，Г.С.Поспелов 院士在《人工智能——现代信息技术》(1988) 一文中分析论证了人工智能在情报学中的作用。技术学博士 В.Д.Ильин (1989) 定义情报学为一门研究主题为知识的创造、积累和应用过程的科学。近些年一些学者在定义情报学现代任务时，特别强调对知识的处理。

捷姆尼科夫、米哈伊洛夫、叶尔绍夫等处于不同时期、拥有不同学科背景、从事不同研究领域的学者，基于不同时代背景和各自研究认知视角使用同一个术语 информатика 表达各自科学研究领域内容，使用 информатика 术语代表不同科学学科，给出对 информатика 的各种定义、观点和研究内容，虽然在含义上大相径庭，但重要的一点是都有一个共同点，即研究内容、结构构成都围绕一个共同的非凡对象——информация（信息、情报）开展，只不过是从哲学、技术、语义等不同的层面、视角研究 информация，甚至是 информация 本身的不同类型或表现形式的不同方面，如文献中的信息、自然界生物信息、计算机的信息系统等。因为这些学者都使用同一个术语"информатика"给自己研究 информация 客体现象的学科内容命名，因此，我们认为它们构成了俄罗斯情报学的不同学派，由此也造就了俄罗斯具有丰富内涵和研究内容的大情报观、大情报学。

5.1.2 主要发展阶段

20 世纪 60 年代，情报学作为一门独立科学学科在苏联开始形成，发展至今历经了具有不同发展特点和研究内容的阶段。俄罗斯学者从情报学术语概念、内涵和学科属性等角度对情报学的发展阶段进行了划分。例如，哈卡斯国立大学 О.В.Артюшкин 从学科性质角度，将俄罗斯情报学发展划分为 4 个阶段[①]。①情报学作为人文科学的发展阶段（1962—1978 年）：以米哈伊洛夫提出科学情报理论为代表。②情报学作为技术科学的

---

① О. В.Артюшкин. Эволюция представлений о месте информатики в системе научного знания [J]. Вестник Хакасскогогосударственного университета им.Н.Ф.Катанова, 2012（2）：14-18.

发展阶段（1978—1983 年）：情报学的重新界定与认识阶段，代表人物是知名院士 A.A. Дородницин、A.A. Самарский、В.И. Сифоров、В.М.Глушков 等。③情报学作为自然科学的发展阶段（1983—1995 年）。④情报学作为基础科学的发展阶段（1995 年至今）。

俄罗斯科学院信息问题研究所科林（К.К.Колин）教授认为，情报学作为基础科学，在俄罗斯的发展经历了三个阶段[①]：①情报学作为技术科学的发展阶段（1978—1985 年）；②情报学作为自然科学的发展阶段（1986—1989 年）；③情报学作为综合性问题和跨学科研究领域阶段（1990 年至今）。

圣彼得堡国立文化与艺术大学教授 A.B.Соколов 对俄罗斯情报学发展阶段的划分是[②]：① 20 世纪 60 年代，科学情报学科学概念形成；② 20 世纪 70 年代，信息观念的全科学扩展和一般元理论（学科的基础理论）出现；③ 20 世纪 80 年代，控制情报学（综合情报学）成为国家认可的科学；④ 20 世纪 90 年代，信息的协同理论和泛神论发展。

国立太平洋大学情报学教研室的教育学副博士 T.A.Жданова、Ю.С.Бузыкова 从认识和界定"информатика"术语含义的角度，对俄罗斯情报学发展阶段做如下划分[③]：① 20 世纪 60—70 年代为形成时期；② 20 世纪 80—90 年代为重新界定时期；③ 20 世纪末—21 世纪初为信息化时期；④现今阶段。

经过综合分析，我们认为俄罗斯情报学从苏联时期发展至今大体经历了三个阶段，当然每个阶段之间的界限不是绝对的，而是逐渐过渡的。

（1）作为人文科学的形成时期（20 世纪 60 年代—70 年代中后期）

20 世纪 60 年代，捷姆尼科夫和米哈伊洛夫将"информатика"术语引入苏联学界，并分别赋予了其学科含义，有关"информатика"的研究开始出现在苏联 / 俄罗斯学术文献中。由于捷姆尼科夫只是在期刊上发表了一篇简要短文，尤其是其在之后并未使用该术语开展相关的研究，未能形成学科和影响，其"информатика"观点在当时没有得到传播和认可。相比之下，真正将"информатика"术语使用并形成一门学科，且在当时国内外产生一定影响的是米哈伊洛夫。米哈伊洛夫使用"информатика"术语表示科学情报理论的观点在这个时期占了主导地位，我国学者熟知的米哈伊洛夫科学情报理论

---

① К.К.Колин.Информатика как наука: история и перспекитвы развития [J]. Universum:экономика И Юриспруденция, 2011, 44（2）: 633–640.

② Ю.Ю.Черный.На пути к философии информации [J].Теория и практика общественно-научной информации, 2011（20）: 201-213.

③ Т.А.Жданова, Ю.С. Бузыкова.Основные подходы к определению понятия «информатика» [J]. Вестник ХГАЭП, 2012（3）: 34-38.

也就成为我们所认为的苏联/俄罗斯情报学的开始。

别尔哥罗德国立文化艺术学院的Л.В.Грекова在《情报学和图书馆学中的信息检索》一文①中引用并分析20世纪60年代到2000年初世界书刊出版量快速增长的事实，从一个侧面说明苏联情报学当时的产生与文献增长、信息需求的密切关系，20世纪50—60年代的"信息繁荣"使信息检索问题超越了传统上从事收集、整理和保存文献的机构（如档案馆、图书馆、出版社和印刷厂、图书销售机构）的能力范围，需要开始在新科学学科——情报学框架下积极研究。米哈伊洛夫指出："新科学学科的产生是对社会对科学情报收集、加工、保存、搜索和传播有效方法需要不断增强的回应。"1965年米哈伊洛夫等人合著的《科学情报基础》被认为是俄罗斯情报学领域第一本科学出版物，阐述了科学情报理论的主题和方法，描述了作为科学情报来源的各类文献，介绍了文献分析和综合处理的方法和形式，概述了情报检索的基本原理。1966年米哈伊洛夫等合作发表论文《情报学——科学情报理论的新基础》，首次使用"информатика"术语代替科学情报理论，1968年和1976年米哈伊洛夫等合作出版了《情报学基础》《科学交流与情报学》，使"информатика"术语在科技情报工作领域广泛应用。米哈伊洛夫的这几篇论著勾勒出以科学情报理论为核心基础的情报学研究内容，因此，情报学在苏联真正成为一门学科应当是始于20世纪60年代中后期米哈伊洛夫的研究，他的情报学得到当时官方的认可，《苏联大百科全书》中就是使用米氏的情报学定义。在此后的一段时间里，"科学情报"是业界对情报学唯一的理解。

这是俄罗斯情报学作为独立科学学科形成的初级时期，此时的情报学被认为是人文科学，主要以全苏科技情报研究所（ВИНИТИ АН СССР）所长米哈伊洛夫、Ю.М.Арский等为代表。当然，并非所有俄罗斯科学家都认同米哈伊洛夫的情报学理论，А.В.Соколов教授就是其中之一，他在1971年撰文预测未来的情报学应该成为一个"全交流周期过程的一般性科学学科，成为一个新的科学方向，不仅研究科技信息，还要研究所有其他类型的社会信息和社会交流"。

（2）作为技术科学的发展时期（20世纪70年代中后期—90年代）

科林把这个时期进一步划分为两个阶段②，一是情报学作为技术科学的发展阶段

---

① Л.В.Грекова.Информационный поиск в информатике и библиотековедении.Научные ведомости БелГУ.Сер.История. Политология. Экономика［J］.Информатика，2013，25（1）：144.
② К.К.Колин.История развития информатики как фундаментальной науки［EB/OL］.［2018-01-12］. http：//elib.ict.nsc.ru/jspui/ bitstream/ICT/880/3/kolin.pdf.

(1978—1985年)。20世纪70年代之前,"情报学"是计算机科学及其应用理论的观点在除了英国之外的西欧国家得到确立,在美国,这门学科被称为computer science,西方国家开始将情报学划分为"信息"情报学和"计算机"情报学。苏联计算机技术和程序设计领域专家在与西方学者的学术交流过程中,将西方的情报学观引入苏联,苏联情报学开启了作为技术科学而重新思考其学科内容的发展新阶段。这种变化与计算机技术和电子设备的快速发展及其开始在科学、国防、工业、经济、行政管理、金融等领域广泛使用密切相关。在信息技术快速发展及1983年苏联科学院创建情报学、计算机科学与自动化部的影响下,情报学就是科学情报理论唯一解释的观点被迫在科学领域为其他观点"腾出空间"[1],在科学研究和教育领域,情报学的"技术"观点(即认为情报学是信息存储和自动处理技术和软件的总和)占据了情报学研究主流地位,这种情报学观类似于美国和英国的computer science[2],促使苏联情报学含义及研究内容发生根本性转变的重要人物是苏联科学院院士叶尔绍夫。

1976年叶尔绍夫院士在翻译德国学者《情报学导论》一书的前言中引入新术语"信息技术",表示用计算机设备进行信息处理的所有领域方面,他指出情报学(информатика)作为一门科学,最重要的任务之一是研究信息技术,"信息技术"成为情报学术语库一员,如今仍是最常用的术语之一,尤其是用"информатика"的德语本意"计算机程序设计"作为书名。因此,从1976年开始,苏联出现了两种情报学,即"信息"情报学和的"计算机"情报学[3],前者是基于文献信息分析的情报学,后者是基于信息自动化处理技术与工具的情报学。同行对于叶尔绍夫的情报学是研究计算机程序设计和应用理论的观点没有异议。1983年6月,苏联科学院全体大会同意设立情报学、计算技术和自动化部,院长А.П.Александров院士指出,党中央委员会早就提出要求,希望科学院设立专门从事计算机生产制造、程序设计开发、现代计算方法和自动化生产方法研究等计算机技术方面研究(现在所使用的情报学术语所包含的内容)的机构。持"信息"情报学观点的学者没有受邀参会,参会的主要是以米哈伊洛夫为代表的情报学人物,因此,他们也就没有可能提出自己的情报学观点。院长的讲话为情报学术语含义

---

[1] В.Н.Волкова.Федор Евгеньевич Темников:информатика, систематика, интеллектика [J].К 100-летию со дня рождения.Прикладная информатика,2007(1):98-107.

[2] Н.Волкова,Ю.Ю.Чёрный.К 50-летию появления термина «Информатика» в отечественной научной литературе [J].Прикладная информатика,2013(4):129-133.

[3] Ю.Ю.Черный.Как понимал информатику академик Андрей Петрович Ершов [EB/OL].[2017-10-17]. http://www.computer-museum.ru/articles/sorucom_2011/123/.

讨论的结果定了调，意味着官方认同叶尔绍夫对情报学的理解。1986年苏联学校开设《情报学》课程，首批教材包括叶尔绍夫的《情报学基础与计算技术》，这使得叶尔绍夫的情报学思想随着学校教育而广泛传播。

到20世纪80年代初，俄罗斯情报学完全变了样，情报学的概念和研究内容更接近美国和大多数国家称呼的"computer science"，情报学成为研究计算机科学的学科，可称之为"计算机"情报学，由于它侧重于研究信息处理的技术工具和手段，因此也称它为"技术情报学"。情报学被认定是研究利用信息化技术手段，首先是计算机和通信网络对信息进行自动化处理和传递的方法手段的综合性技术学科，这种观点的形成很大程度上归功于一些知名专家学者，如苏联科学院院士 А.А.Дородницин、А.А.Самарский、Н.Н.Моисеев、В.И.Сифоров、В.М.Глушков 等，直到1995年这种观点都占主导地位，影响着学术界和教育系统对情报学的认识，俄联邦最高学位评定委员会（ВАК）专业目录中设立情报学博士、副博士学位，其培养目标与内容的确定也源于这种认识。

二是情报学作为自然科学的发展阶段（1986—1990年）。"计算机"情报学思想的确立有双重影响，积极的一面是促进了公众掌握计算机基本常识和计算机素养的提高，许多学校和大学编制"计算机"情报学教材，开展计算机方面素质教育和专业人才培养；消极的一面体现在"信息"情报学被忽视，无助于从逻辑、心理、语言、社会学等视角认识和研究信息活动与过程发展[①]。西方国家和国际学术界对情报学的认知和界定，对苏联学者情报学观转变产生了一定影响，如法国情报学词典将情报学界定为"借助于自动化机器设备对信息内容进行处理的科学，首先研究技术、经济、社会领域人类知识和交流的基本理论"。1978年日本国际情报学大会提出情报学的研究对象领域涉及信息处理系统的研发、设计、使用和维护等方面，包括机器、设备、软件、组织管理，以及工业、商业、行政管理、社会、政治影响的综合体。1986—1988年联合国教科文组织文件对"情报学"有一个宽泛解释，指出这个术语涵盖了信息本身及信息收集、分析和处理，以及相应的硬件，包括微处理器或其他电子系统，情报学被认为是一个值得为了全人类利益而积极发展的重大科学方向，它有能力（适当掌握其方法和手段）帮助人们更好地利用信息资源，以促进科学技术进步和社会发展。

20世纪80年代初期，在情报学的"工具—技术"观即认为情报学研究信息处理工具技术的观点在苏联占主导地位的情况下，一些学者已开始关注情报学发展的社会、经

---

① Л. Черняк. Неожиданная информатика, или must be read [EB/OL]. [2018-01-12]. https://www.osp.ru/os/2004/03/184075.

济和政治问题,即情报学的"哲学和社会经济"观处于发展的初始阶段。B.C.Михалевич 指出,情报学的研究主题不应仅局限于工具、技术问题,而应该更加广泛化。1983年3月,苏联科学院副主席 Е.П.Велихов 院士出席苏联科学院全体大会时专门强调,情报学应包含与信息处理有关的相当广泛的领域,要比生产计算机和开发软件广泛得多[①]。

作为苏联情报学研究和开展情报工作的重要机构,苏联科学院下属的各类研究所此时对情报学的科学方法论问题进行了探讨研究,就情报学的研究对象及情报学在科学知识体系中的地位等问题提出了一些新观点,研讨结果有的是以学术文集形式出版,如《控制论——情报学的形成》文集(1986),从文集内容可看出,这个时期苏联知名学者不再一味认同"工具—技术"情报学,而是认为情报学研究不应局限于"工具—技术"视角,而应更广泛。20世纪70年代曾任 ВИНИТИ 副所长的 Ю.И.Шемакин 教授在《情报学导论》一书中指出,情报学的主要任务是研究所有类型信息的产生、加工、转换、保存、传递和使用,包括使用现代技术手段所遵循的规律。苏联科学院情报学问题研究所所长 Б.Н.Наумов 院士在《情报学与计算机素养》文集序言中写到"当前的情报学可以确定为是研究信息基本特性,以及信息过程、信息处理(收集、保存、转换、传递)的方法和工具的自然科学"。叶尔绍夫在《情报学:客体与概念》一文中指出:"информатика 这个词已是第三次以新的、更广泛含义引入俄语中,是对研究信息传递与处理过程的基础自然科学的命名,这使情报学与哲学和一般科学范畴有了更直接关联,在'传统的'科学院学科中的地位变得明确,如果科学分为社会科学与自然科学,那么按照意识第二性及其本质属性,以及对人工系统、生物系统和社会系统中信息过程共同规律的理解认识,情报学应属自然科学,它是反映信息及其处理过程的一般科学性的基础学科。"叶尔绍夫对情报学在科学体系中定位的这个观点在俄罗斯和其他国家拥有越来越多的支持者,将情报学确定为基础自然科学的思想,对开展信息特性、自然界和人类社会中信息过程及其实现方法等综合性科学研究具有重要意义[②]。

俄罗斯学者对情报学发展问题的认识更具有综合性,在这个阶段,俄罗斯学者首次提出了情报学是具有跨学科意义、科学方法论意义和世界观意义的基础科学的观点[③]。

---

① Д.А.Поспелов.Становление информатики в России [EB/OL].[2018-01-12].http://elib.ict.nsc.ru/jspui/bitstream/ ICT/540/1/pospelov98.pdf.

② К.К. Колин.Становление информатики как фундаментальной науки и комплексной научной проблемы [EB/OL].[2018-01-15].http://www.mathnet.ru/links/ea767e5bc0f84be4a33b261ff755c6b6/ssi50.pdf.

③ К.К.Колин. Информатика как фундаментальная наука [EB/OL].[2017-12-06].http://elib.ict.nsc.ru/jspui/bitstream/ICT/880/3/kolin.pdf.

А.П. Ершова、Ю.И.Шемакина、Ю.А.Шрейдера、А.Д.Урсула 等预言情报学将发展成为不仅对自然科学而且对社会科学发展具有重要意义的新基础科学，他们的观点是建立在两个基础上的：一是情报学最为重要的研究对象——信息概念内涵广泛性认识；二是假定无论是生物界还是非生物界，甚至人类建立的人工技术系统，其中的信息过程具有共同性规律。科林赞同这个观点，肯定叶尔绍夫在《情报学：客体与概念》中给出的情报学定义的同时，也指出其缺点，认为其对情报学的研究对象——信息的人文和社会方面问题的体现不足，即叶尔绍夫的情报学没有从人文和社会等视角去研究信息，这方面的研究在当时没有得到足够的发展，但已经成为迫切的研究问题。科林从1990年开始对情报学的深入系统研究，开启了俄罗斯情报学研究与发展的新时代，他凭借丰富的研究论著和广博深邃的情报学思想，成为俄罗斯情报学新时代发展的重要领军人物。

(3) 作为综合跨学科科学研究领域时期（20世纪90年代至今）

进入20世纪90年代，随着信息社会的到来、信息技术的飞速发展、信息资源的激增，情报学成为科学体系的重要组成部分，情报学的发展战略意义日显突出，很大程度上决定着经济、科学、教育和文化的发展，以及国家竞争力、人民生活质量和国家安全。因此，俄罗斯学者对情报学在科学体系中的定位、情报学基础理论，以及从历史哲学、科学方法论、社会文化学等多个视角研究情报学等问题的关注度日益增强[①]。90年代初，在情报学是技术学科的认识仍是主流的情况下，关于情报学既是基础自然科学也是综合的实践活动领域的观点开始出现，如1991年苏联科学院情报学问题研究所的И.А.Мизин 等认为情报学是综合性学科：首先是包括基础研究和应用研究的自然科学；其次是从事试验设计和生产的工业领域；最后是供专家开展专业活动和信息系统运行的基础设施领域。进一步来说，作为自然科学，情报学研究信息（数据和知识）的一般属性，利用计算机技术和通信进行信息生成、加工、存储、积累、传输和传播的方法和信息系统开发；作为基础学科，情报学通过信息学说和知识理论与哲学关联，通过数学建模理论、数学逻辑和算法理论与数学关联，通过符号学和形式语言研究与语言学关联，情报学还与信息理论和管理密切关联；作为一个行业，情报学从事信息化系统及其组件的设计、生产、营销、开发研究；作为一个基础设施领域，情报学研究信息化系统的服务、运营、培训等。俄罗斯科学院下属的情报学问题研究所、信息传递问题研究所、圣彼得堡情报学与自动化研究所、无线电技术与电子学研究所的学者发表了情报学研究新

---

① К.К.Колин.История развития информатики как фундаментальной науки［EB/OL］.［2017-07-07］. http：//www.computer-museum.ru/histussr/hist_info_sorucom_2011.htm.

成果，其中科林为主要代表人物，他认为，这些研究成果使俄罗斯主要科研机构接受了情报学作为自然科学的学科属性定位，尽管强调了情报学是社会信息化发展的科学基础，情报学的科学方法如信息模型和信息视角对解决许多全球性现代文明发展问题具有意义，但对情报学的社会、生物、物理方面的问题研究是不足的。鉴于此，科林从1990年开始从多个角度综合性研究情报学，分析情报学研究对象认识的演进、情报学在科学体系中的地位、情报学跨学科的意义、情报学与其他学科的关系等问题。俄罗斯情报学迎来了第三个发展阶段，这个阶段开始于1990年并持续至今。这个时期，俄罗斯情报学研究更加活跃，思路观点更加丰富，情报学的研究视角与内容更加广泛多样，具有鲜明的信息社会时代特征，从研究基础、研究方向、研究内容来看，这个时期俄罗斯情报学的内涵更多是关于"信息科学""信息学"的，因此，本阶段的论述更多使用这两个词。有几个重要事件对这个时期俄罗斯情报学研究有重要影响。

第一个事件是1990年科林撰文《情报学综合性问题科学研究》，首次将情报学定位为"综合性问题和跨学科研究领域"[①]，他按照诺伯特·维纳构建控制论的方法界定了情报学研究的对象和主题内容，他认为情报学研究内容由4个部分构成：理论信息学、技术信息学、生物信息学和社会信息学。

第二个事件是1993年莫斯科举办的"信息处理与技术"国际会议。К.К.Колин 任会议主席，会议讨论了作为综合性跨学科问题的情报学的研究领域构成及情报学在科学体系中的定位问题。大会听取科林的《情报学的今天和明天：基础问题和信息技术》、东方科学研究所（НИИ《Восход》）Ю.И.Шемакин 教授的《信息作为物质的语义属性》、俄罗斯科学院物理研究所 Д.С.Чернавский 教授的《生物信息学》报告，科林在报告中首次将非生物界的信息过程研究这一新的研究内容纳入情报学研究范围，这个研究在俄罗斯得到积极发展并被赋予"物理信息学"。

第三个事件是1996年莫斯科举办 UNESCO 第二届"教育与情报学"国际会议，100多个国家的政府代表团参会，半数国家提交了《教育领域的政策和新信息技术》国家报告。俄罗斯提交的报告将情报学视为对形成科学世界观具有重要意义的基础科学和普通教育学科（基础教育学科），提出了新的通识课程《情报学基础理论》的体系结构，建议教育系统开展研究。俄罗斯学者提出的情报学发展的思想与建议得到与会者的肯定。

---

① К.К.Колин.Информатика как наука：история и перспеквиты развития［J］.Открытое образование，2011（6）：77-78.

进入21世纪,受美国、中国和西欧国家对情报学的科学方法论、哲学方面研究的启发与影响,俄罗斯科学院学者对情报学的哲学、符号学和语言学基本理论的兴趣日益浓厚,根据科学和教育发展的现代趋势对情报学研究内容、体系结构提出全新观点,这些观点不仅涉及情报学发展的现实和未来,还涉及科学和教育的未来发展,如科林的《信息现象与信息学的哲学基础》(2004)、《情报学的演进》(2005),2006年俄罗斯科学院情报学问题研究所(ИПИ РАН)专门出版了情报学研究文集《科学研究情报学问题的方法》。一些国家的大学成立了研究信息科学基础问题的学院和研究中心,如在中国,2006年华中科技大学成立社会信息科学研究中心(Social Information Science Institute),2010年西安交通大学成立国际信息哲学研究中心[①]。受此影响,在ИПИ РАН的倡议下,俄罗斯成立了两个新的科学教育中心,即西伯利亚联邦大学"情报学、信息技术与管理"科学教育中心、车里雅宾斯克国立文化和艺术研究院"信息社会"科学教育中心,其任务是将情报学基础理论研究成果应用于教育系统,研究设计面向硕士研究生的情报学新课程,为国家教育大纲的现代化修订提供建议。2011年,ИПИ РАН和俄罗斯科学院社会科学信息研究所联合举办情报学哲学问题研讨会。

这个时期,随着"信息"一词的广泛使用,俄罗斯学者逐渐意识到一般意义上的"信息"是情报学的重要研究内容,情报学或信息科学就是关于信息的科学,加之信息本身内涵的广泛性、存在的普遍性、实践表现的多样性,俄罗斯学者开始有针对性地关注不同信息环境(空间、系统)中不同表现方式的信息活动过程,并认为这些应当是情报学的研究内容,应当可以独立成为情报学的重要分支学科,如К.В.Судаков(1999)等提出研究生物系统中信息活动过程的生物信息学应当作为新的科学研究方面从情报学中独立出来,Б.Б.Кадомцев(1997)、И.М.Гуревич(2003)等撰文提出应有针对性地研究非生物界的信息活动,称之为"物理信息学"。在俄罗斯几个科学学科(传统信息学、社会学、心理学和哲学)的交会点,一种新的科学方向已经出现并且正在迅速发展,被称为"社会信息学"[②]。在此着重说一下其中研究较为突出的社会信息学,因为其对信息社会形成与发展具有重要作用。

人类从工业社会迈向后工业社会——信息社会,在客观上产生了对信息社会形成与

[①] К.К.Колин.История развития информатики как фундаментальной науки[EB/OL].[2018-01-12].http://www.computer-museum.ru/histussrhist_info_/sorucom_2011.htm.

[②] К.К.Колин.Эволюция информатики и проблемы формирования нового комплекса наук об информации[EB/OL].[2018-02-15].http://csef.ru/ru/nauka-i-obshchestvo/459/evolyucziya-informatiki-i-problemy-formirovaniya-novogo-kompleksa-nauk-ob-informaczii-1267.

建设等问题进行系统研究及有关信息社会科学知识形成和传播的需要,科学对这种需求的自然反应就是在情报学领域形成一个单独的研究方向,在俄罗斯将其命名为社会信息学[①]。20世纪80年代中期,有俄罗斯学者开始关注全球化和信息化背景下人类社会信息交流互动问题,А.В.Соколов是最早使用社会信息学术语的学者之一。90年代初,ИПИ РАН学者研究认为,将社会信息学作为独立科学学科是合理的。社会信息学作为一个重要分支学科从情报学中独立出来的重要标志是1990年А.Д.Урсул的专著《社会信息化——社会信息学导论》问世,这是第一部提出将社会信息学作为研究信息社会规律的独立科学研究方向的专著,它系统阐述了社会信息学的研究目的、任务等。社会信息学被视为科学和教育领域重要且有发展前途的研究方向之一,作为信息社会建设的科学基础加以研究。

俄罗斯学者在社会信息学研究方面颇有建树。他们研究认为,社会信息学是自然科学和人文科学的交叉领域,是因信息社会建设必须要有科学基础需要而产生的。社会信息学的研究对象是社会领域存在的各种信息现实(事实),换句话说,该学科研究对社会生活和发展具有社会意义的所有类型的信息资源、信息过程、信息技术、信息系统和信息交流系统等,系统研究社会信息化进程及其对社会结构、人本身在社会中的作用和状况的影响是特别重要的。社会信息学的基础问题之一是社会与全球信息化进程的协调发展问题,因此,社会信息学领域研究的优先任务应该是发掘和分析人和社会有效利用信息资源和信息技术的能力,能应对已经存在的及未来可能出现的与全球信息化有关的新威胁。社会信息学发展的科学基础是信息哲学和理论信息学领域的研究成果,这也是这个时期研究情报学哲学问题的原因之一。

俄罗斯学者提出了社会信息学研究的主要内容,包括:①社会信息化进程的基本规律;②社会信息资源(如类型、特点、构成、拓扑图)、社会发展对信息资源的需求;③社会信息潜能——生产和有效利用信息作为发展的战略资源的能力,研究问题包括信息基础设施建设、社会信息环境建设,建立和运行信息资源的生产、保存、传播中心,以及保障积极有效使用信息资源的技术工具方法的发展等;④全球信息社会建设问题、形成与发展的规律和特点,包括信息经济、就业结构变化问题、信息民主问题(如作为公民权利与自由实现的最重要条件的信息获取及信息可靠性问题);⑤信息社会中人的问题的全面研究,包括信息社会中个人发展问题和新能力、人的教育与素质培养、利用

---

① К.К.Колин.Социальная информатика:25 лет развития российской научной школы[EB/OL].[2018-02-17].http://sec.chgik.ru/category/polnyiy-tekst-stati/.

情报学成果和信息技术提高人的创造力、信息自由和信息安全问题、新信息空间技术和语言障碍的克服。俄罗斯学者自豪地认为，在社会信息学问题研究方面，西方国家要晚于俄罗斯，西方是在1996年开始讨论"社会信息学"问题。因为研究时间较早、成果较丰富，所以俄罗斯在社会信息学的理论基础、系统化研究内容、基本概念体系方面的研究成果在世界上占据领先地位。

近些年，俄罗斯在情报学的学科构成和研究体系方面有了一些研究成果，一些学者认为情报学包括理论信息学、技术信息学、应用信息学，Н.В.Макарова 和 В.Б.Волков 合编的教科书《情报学：大学教材》基于此提出了情报学的学科体系构成（图5-1）。

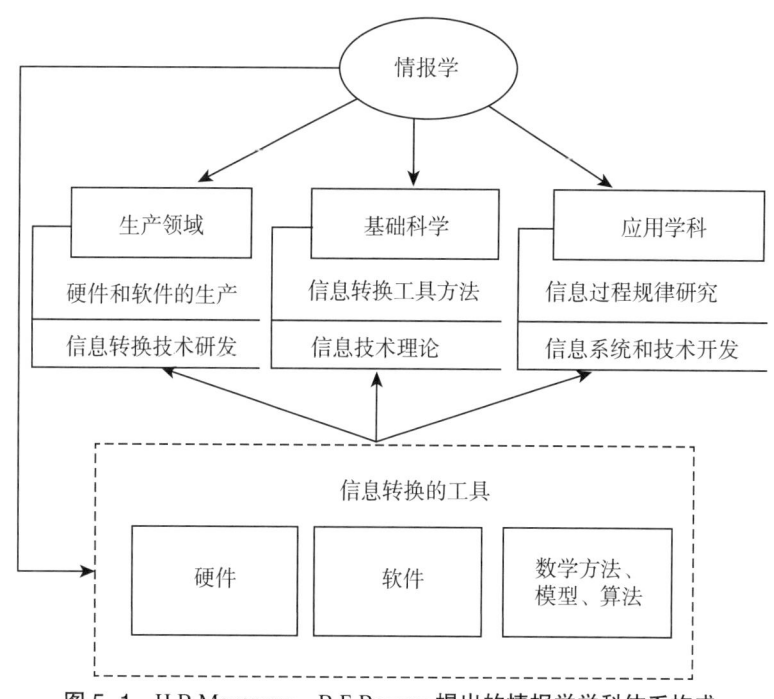

图5-1　Н.В.Макарова、В.Б.Волков 提出的情报学学科体系构成

需要指出的是，在俄罗斯情报学发展的每个阶段，俄罗斯学者对情报学的研究内容和学科定位并非绝对的，也就是说不能对俄罗斯情报学发展阶段，以及每个阶段的研究内容和对情报学学科认识与定位在认识上绝对化，俄罗斯情报学在不同发展阶段产生的每种观点和每种学科属性定位等之间不是随时代而轮替取代的关系，相反它们是共存发展的，只能说某种情报学观点和学科定位认识在某个阶段兴起或占主导地位。如在20世纪80年代初，苏联科学院信息传递问题研究所所长 В.И.Сифоров 在《情报学及其对

哲学和其他科学的影响》一文中指出：信息是决定情报学定义的基础，情报学的发展受社会需求影响，按自身内在逻辑发展，情报学不研究特定形式的物质，而是研究信息、模型等一些范畴，情报学是综合学科，它是从事基础研究的科学，也是开展实验设计和技术开发的生产领域，还是支撑信息系统运行的基础设施。В.И.Сифоров 的这种观点产生在以情报学技术论为主导的时代，90 年代之后占主导地位的"情报学是综合科学"的基础科学观也是在此基础上产生的。

俄罗斯情报学（информатика）是我们基于我国学者对苏联时期米哈伊洛夫科学情报交流理论的认知而提出来的，换句话说，我们是按照我国图情界的传统认识提出来的，即认为俄罗斯存在情报学，因为从"информатика"术语本意来看，更准确所指应是"信息科学""信息学"，甚至是"计算机科学"。尽管"информатика"在俄罗斯有多种学科解释，但由于其研究内容与我国情报学曾经和现在研究的内容相同或相近，因此，我们认为"информатика"就是俄罗斯情报学。

俄罗斯情报学作为一门科学学科产生于 20 世纪 60 年代，其发展阶段和研究内容的不同源于对"информатика"术语的不同理解。最初，捷姆尼科夫提出的情报学是关于信息的科学，可以说是关于信息过程、信息系统和信息要素的科学，侧重于对控制系统领域的信息认识；米哈伊洛夫提出的情报学是指科学信息理论，是源于对文献中信息的获取、分析、使用等科学信息工作，侧重于科技文献信息服务领域；叶尔绍夫提出的情报学是利用计算机对信息进行自动化处理，侧重于利用编程实现信息过程；科林认为情报学是指综合的、基础的科学，侧重于在不同信息环境空间对不同信息活动的认知。总而言之，俄罗斯情报学的发展、研究内容、学科体系构成等，与对"информатика"术语的使用密切相关，不同学者在不同时期对"информатика"术语有不同的理解与使用，提出了不同的观点，并且都应用于社会、技术发展实践中，这些观点中有的大相径庭，但它们都有一个共同点，即都是围绕"信息"展开的，只是侧重点不同。

5.2 俄罗斯情报学理论研究及代表人物

俄罗斯科学院社会科学信息研究所副所长、哲学副博士 Ю.Ю.Чёрный 按时间顺序梳理苏联/俄罗斯情报学术语的演变历程，认为俄罗斯情报学作为科学学科形成于 1966 年前，在 20 世纪 70 年代中期和 20 世纪 90 年代初期，其学科内涵被重新进行了两次界定，据此，他指出俄罗斯存在"三个情报学"，并将其分别称为 Информатика-1（即米哈伊洛夫的科学情报理论)、Информатика-2（即叶尔绍夫的计算机及其应用科学）、Информатика-3（即科林的自然界、社会和技术系统中信息过程的基础学科）。每个情报学都有各自杰出的代表人物，我们按代表人物，将米哈伊洛夫、叶尔绍夫、科林提出的情报学分别称为米氏情报学、叶氏情报学、科氏情报学。不同学者基于各自不同的研究领域，对情报学研究主题内容的认识存在着明显差异，并形成了各自较为成型的思想和理论体系，笔者认为他们可以各自成为一个学派或流派。按研究内容，将它们分别称为"科学情报学派"（我国学者称之为情报学的科学交流学派）、"计算机情报学派"（即叶氏情报学派）、"综合基础科学情报学派"（即科氏情报学派）。俄罗斯学者对情报学的理论研究主要集中于两大方面：一是情报学术语概念的内涵及情报学研究的主题内容；二是情报学的学科属性和结构问题。不同学者对不同时期的情报学学科属性的认识截然不同，因此，从学科属性角度，我们又可以将俄罗斯情报学分为人文科学学派（将情报学视为人文科学，这是米哈伊洛夫的观点）、技术科学学派（将情报学视为技术科学，由叶尔绍夫提出）、自然科学/基础科学学派（认为情报学属于自然科学、基础科学，由科林提出）。鉴于捷姆尼科夫最早在学术期刊上提出和使用"информатика"术语，虽然在当时没有受到关注，没有产生社会和学术影响，但其构建的情报学学科体系内容较为全面，不仅在当时具有一定的先进性，而且现在仍具有现实意义，近些年在俄罗斯学界多次被提及，并开始受到重视，重新加以研究，笔者认为，捷姆尼科夫的情报学可自成一个体系学派，鉴于其提出时间最早，不妨将其称为Информатика-0。表5-1从不同角度展现了俄罗斯情报学的不同理论学派。

Информатика-1的研究内容是社会中信息的收集、加工、存储、传播、搜索和使用；Информатика-2研究计算机构造、设计和编程并使用它们处理信息，主题是计算机处理信息和计算机本身，二者对应英文学术文献中的information science和computer science；Информатика-3有点复杂，其对象是信息的属性，研究自然界和人类社会信息转化和分布的规律和方法，以有效促进信息化发展。但更重要的是，Информатика-3的结构包括理论信息学、社会信息学、技术信息学，甚至生物信息学和物理信息学。技术信息学很早就属于Информатика-2，社会信息学研究社会的信息问题，与Информатика-1一致。俄罗斯学者认为对国内情报学历史研究的划分是合理的[①]。

---

① В.П.Седякин.О третьей проблеме Лучано Флориди и классификации информатик［EB/OL］. ［2017-09-12］.http：//www.intelros.ru/ pdf/metafizika/2013_4/10.pdf.

第 5 章
俄罗斯情报学与情报工作

表 5-1　俄罗斯情报学理论学派一览表

		Информатика-0（信息通信控制理论）	Информатика-1（科学信息情报学、科学情报理论）	Информатика-2（计算机及其应用科学）	Информатика-3（自然界、人类社会和技术系统中信息过程的基础学科）
代表人物		捷姆尼科夫（Ф.Е.Темников）	米哈伊洛夫（А.И.Мхайтов）	叶尔绍夫（А.п.Ершов）	科林（К.К.Колин）
形成年代		20世纪60年代初	20世纪60年代中后期	20世纪70年代中期	20世纪90年代初期
学派	按代表人物分类	捷氏情报学派	米氏情报学派	叶氏情报学派	科氏情报学派
	按研究领域分类	信息通信控制学情报学派	科学信息情报学派	计算机情报学派	综合基础科学情报学派
	按学科属性分类	情报学技术学派	情报学人文科学学派	情报学技术科学学派	情报自然基础科学学派
研究内容		—	从科学情报工作理论到语义信息科学	利用计算机对数据进行逻辑处理的科学	关于信息过程（处理）的基础科学

此外，有俄罗斯其他学者采用不同标准对情报学进行了学派划分，如А.С.Бондаревский 提出了地域性的莫斯科情报学学派、西伯利亚情报学学派[①]，前者指位于莫斯科的莫斯科国立罗蒙诺索夫大学（МГУ）、俄罗斯科学院（РАН）、ВИНИТИ等机构的研究者形成研究学派，代表人物主要是 Р.С.Гиляревский（米氏情报学派的成员之一），其情报学观点在专著《情报学基础》中有体现，他认为情报学是研究语义信息的结构、一般性质及在社会中运行过程规律的一门科学学科，即情报学是关于语义信息及其在社会中运行过程的科学。西伯利亚情报学学派指西伯利亚国立大学、俄罗斯科学院西伯利亚分院计算技术研究所研究团队的情报学学派[②]，其情报学观点主要是情报学研究计算机应用于对信息的自动化处理。А.С.Бондаревский 指出，米哈伊洛夫将

---

① А.С.Бондаревский Информатика как наука об автоматизации нформационных операций［EB/OL］.［2018-01-15］. https://applied-research.ru/pdf/2011/11/2011_11_99.pdf.
② Новосибирский государственный университет；РАН, Сибирское отделение, Институт вычислительных техноло-гий. История и методология информатики［EB/OL］.［2018-01-15］. http://www.sbras.ru/NSKseminar/upload/200704091527140.hystory.pdf.

информатика 术语进行更为窄化、专门化的使用，即将 информатика 理解为关于文献信息处理的科学，认为 информатика 就是信息检索过程及其物理执行的科学，也就是检索图书馆保存的图书、论文、缩微胶片、手稿、磁带中存储的信息单元，因此，他把米氏情报学派称为情报学检索系统派。

5.2.1 捷姆尼科夫情报学派的信息通信控制理论

捷姆尼科夫（Ф.Е.Темников）(1906—1993) 教授是技术学博士、知名学者，俄罗斯学校情报学奠基人之一[①]，1930 年毕业于国立高尔基大学，常年工作在莫斯科动力工程学院自动化和遥控技术教研室，长期跟踪世界信息技术发展前沿，与相关领域许多学者保持密切联系，是高水平的博学者，研究领域包括系统工程、遥控力学、情报学、控制工程等。作为最早使用"информатика"术语的苏联学者，捷姆尼科夫对情报学的界定深受申农（K. Shannon）信息理论的影响，申农的《信息统计理论》问世后，国际上通信、计算机技术、模式识别、管理、遗传学等科学技术领域出现了很多针对申农思想的应用研究等，出现了语义信息理论、目标信息、信息定性理论、耗散理论。捷姆尼科夫意识到这些方面研究的迫切性，组织教研室的学者开设信息理论和编码、信息建设和自动控制、信息处理与显示、信息传递等方面的课程。他认为信息不仅可产生于人或其他可感知主体，而且可以独立存在于可观察的对象中，即一般而言的非生物界中。他关注对已知知识的分类、综合概括和术语界定，预测控制和管理系统集中化的趋势后，引入"分级控制技术"一词，认为信息收集、传输和处理的过程特别重要，提出了使用"информатика"一词表示这些方面内容，并要求教研室的教学和科研活动以自动化和информатика 两大重要支柱为基础[②]。1963 年 6 月，他参加列宁格勒工业大学举办的第三届"测量设备改进的控制途径"科技会议，在《信息理论若干问题》发言中指出，信息理论应拓展和深入，建立一门称为 информатика 或 инфология 的新学科，其体系内容及应用领域如图 5-2 所示。

---

① В.Н.Волкова.Федор Евгеньевич Темников: информатика, систематика, интеллектика [J]. К 100-летию со дня рождения. Прикладная информатика, 2007(1): 98-107.
② В.А.Афонин, Л.И. Абросимов, В.Н. Волкова.Научная школа профессора Ф.Е. Темникова [EB/OL]. [2017-12-23]. http://network-journal.mpei.ac.ru/cgi-bin/main.pl？ar=1&l=ru&n=23&pa=14.

第 5 章
俄罗斯情报学与情报工作

информатика或 инфология	信息系统理论：结构理论+信息系统经济性、可靠性和有效性理论、信息流组织理论（特别是排队论）、合成理论	应用领域：测量理论与实践、自动控制、遥控技术、自动控制和调节、模拟和数字计算机、数据传输、大型复杂信息交换系统、信息大容量存储和显示、人机信息交互
	信息过程理论：信息感知理论+信息生成理论+信息传递理论+信息处理理论+信息存储理论+信息显示理论+信息影响理论	
	信息评价理论：经典信息理论+信号理论+调制理论+编码和解码理论+信息要素和整体结构分析	

信息理论（通信的数学理论）1948年申农及苏联国内学者等的研究成果	应用领域：无线电定位和无线电通信

图 5-2 捷姆尼科夫提出的情报学的形成与结构理论

捷姆尼科夫的最初想法是，情报学应成为提高解决各种实际问题能力基础的一般技术理论，但之后他拓宽了思路和视野，使情报学超越了这个框架，成为为技术领域、生物领域和社会领域智力活动中信息过程和信息建模提供原理理论的学科。他从不认为情报学是狭义的"计算机科学"，而认为它是认识信息过程的基础，这些信息过程包括在模拟和数字计算机内部发生的信息过程、人机交互过程等。1963 年捷姆尼科夫在《高校公报·机电学》上发表仅有一页的短文《Информатика》，指出长期以来感觉到需要有一门能将信息的收集、传递、流通、加工、处理、使用等一系列问题系统化、整体化整合在一起的科学学科，将其命名为 информатика，并构建出这门学科的内容框架（图 5-3）。

捷姆尼科夫使用"информатика"术语是独立于法国学者的，没有受到法国学者的影响，也没有按法国学者使用这个术语的含义去使用这个术语，而是赋予这个术语更宽泛的含义[①]。捷姆尼科夫提出的情报学与德国、法国和美国学者对 информатика 是信息自动化的理解不同，他认为情报学是关于信息的科学，是由信息要素、信息过程和信息系统三部分组成的综合科学学科，是数据收集、传递、保存和加工系统，信息理论（通信数学理论）是它的基础。1967 年捷姆尼科夫对情报学进一步规范设计，用"信息范畴"

---

① В.Н.Волкова.Федор Евгеньевич Темников：информатика, систематика, интеллектика [J].К 100-летию со дня рождения.Прикладная информатика, 2007（1）：98-107.

取代"信息要素",提出了一些结构化方法①,还提出了"情报学—系统科学—人工智能"三位一体理论,为专门解决复杂决策程序或处理决策信息提供新方法。基于信息在决策方案中的作用,他认为情报学在其中的职能是提供范畴种类、规则、语言、信息形式与测量程序级,设计了对现代系统理论有用的决策模型及其图形解释。

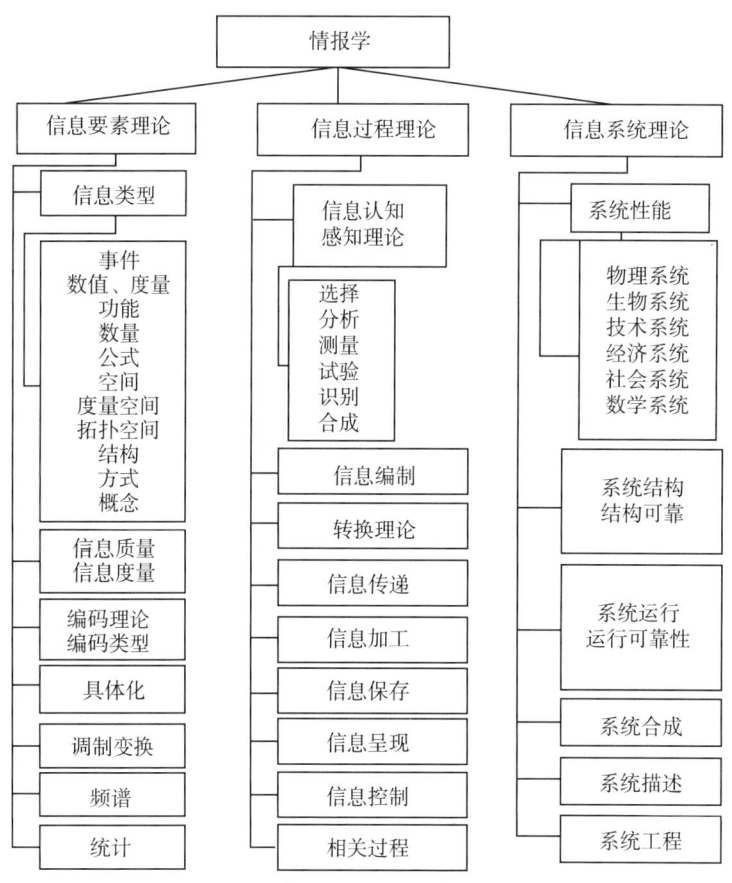

图 5-3 捷姆尼科夫的情报学框架

捷姆尼科夫的情报学观"在很长一段时间只是个历史事实,没有得到应有评价",当时未能传播和被认可的原因,一是他的短文《Информатика》发表在过于专业的期刊上,受众面窄;二是之后"информатика"术语被米哈伊洛夫长期使用在当时快速发展的科技情报领域,一度被理解为科技情报理论。

---

① В.Н.Волкова, Ю.Ю.Чёрный.К 50-летию появления термина «Информатика» в отечественной научной литературе [J].Прикладная информатика, 2013(4):129-133.

虽然捷姆尼科夫的情报学观在当时未产生学术影响，但后人对其有较高评价，尤其是在 21 世纪捷姆尼科夫情报学思想开始受到俄罗斯学者的重视，许多论著和互联网上的文章都认为捷姆尼科夫情报学思想具有重要的现实意义和发展前景，应恢复捷姆尼科夫对情报学的定义，将其作为关于"信息科学"的一般性定义①。基于当前情报学研究的多样性问题，Р. М.Юсупов、Б.В.Соколов 等认为应恢复和采用捷姆尼科夫对情报学是关于信息要素、信息过程和信息系统的定义②，这对培养应用信息学和商业信息学领域人才十分重要。《Эволюция》杂志副主编 С.В.Викторович 指出，捷姆尼科夫将情报学多样性的研究对象分解为要素、过程和系统的基本观点非常合理，将情报学对象分为信息本身和信息处理方法是合理的。莫斯科国立测量测绘大学应用信息学教研室教授、技术学副博士 С.В.Павлович 高度评价捷姆尼科夫："在没有明确方法论基础、术语和分类情况下，提出情报学课程完备的内容框架，令人赞叹。这个框架在当时没有产生重要的方法论影响，未被注意到，也没有人理解，但 50 多年过去了，现在该框架大纲作为首次认真尝试对情报学和信息技术分类的意义才变得明确。半个世纪后，捷姆尼科夫的个人价值作用及他的科学洞察力在俄罗斯科学和教育领域获得应有地位。"Р. М.Юсупов、Б.В.Соколов 在《20 世纪和 21 世纪科学知识系统中的情报学》（2006）一文中，针对现代情报学问题的广泛性现实，指出捷姆尼科夫对情报学的定义即关于信息、信息要素、信息过程和信息系统的科学具有概括性，应当恢复和采用这个情报学定义。这种观点得到很多学者的认同，这表明捷姆尼科夫的情报学定义对当代俄罗斯情报学的研究与发展具有普适性。

作为捷姆尼科夫的学生，国立圣彼得堡工业大学教授、经济学博士 В.Н.Волкова 在一定程度上继承并发扬了捷姆尼科夫情报学，成为新时代捷氏情报学派的代表人物。2003 年、2016 年 В.Н.Волкова 撰文分析捷姆尼科夫对情报学发展的贡献，2006 年和 2016 年，В.Н.Волкова 撰文纪念捷姆尼科夫诞辰 100 周年、110 周年，评述捷姆尼科夫的情报学思想观点及其影响，2013 年 В.Н.Волкова 撰文纪念俄罗斯使用 информатика 术语，亦即捷姆尼科夫提出 информатика 术语 50 周年，回顾捷姆尼科夫情报学思想的形成与内涵。2013 年 11 月，ИПИ РАН 和 ИНИОН РАН 联合举办第十四次"信息科学方

---

① В.Н.Волкова, Ю.Ю.Черный..К 50-летию появления термина «Информатика» в отечественной научной литературе［J］.Прикладнаяинформатика，2013（4）：129-133.
② В.Н.Волкова, В.Н.Юрьев.История и перспективы развития информатики и направления подготовки «Прикладная информатика»［J］.Прикладная информатика，2012（5）：41.

法论问题"研讨会,《纪念捷姆尼科夫》一文发表,В.Н.Волкова 在会上做了《情报学:教授的七个观点》报告,阐释了捷姆尼科夫对情报学的 7 种想法,引发与会人员对捷氏情报学思想的广泛讨论和评价。2016 年 В.Н.Волкова 在《捷姆尼科夫对情报学发展的贡献》中详细分析了捷氏情报学对信息伦理的贡献[①],指出捷氏情报学是对信息理论的拓展,是对 1948 年以来申农及 В.А.Котельников、А.Н.Колмогоров、А.Я.Хинчин、А.А.Харкевич、Р.Л.Добрушин、Н.Винер、С.Райс、С.Голдман、А.Файнстейн、Л.Бриллюэн、Д.Миддлтон 等学者研究的通信数学理论的发展,他三次丰富扩展了经典的信息理论:第一次是增添信号理论、调制理论、编码和解码理论,以及信息要素及总体结构分析,形成了信息评价理论;第二次是在信息评价理论基础上,建立了信息过程理论(包括信息的感知、准备、传输、处理、存储、呈现和影响);第三次是在信息过程理论的基础上,形成了信息系统理论,包括结构理论、经济理论、可靠性和有效性信息系统、信息流组织理论(特别是排队理论)及综合理论等。

В.Н.Волкова 详尽梳理分析了过往各个时期不同领域学者的情报学观点,结合当前情报学发展的现实,改进和发展了捷姆尼科夫情报学。她发现在许多教科书和教辅书中,情报学被解释为使用数学和技术手段获取、测量、积累、存储、处理和传输信息规律和方法的科学,有的会使用 K. Steinbuch 和 F.Dreyfus 的原始定义,即情报学是信息+自动化,В.Н.Волкова 认为这种定义窄化了对现代情报学的认识。显然,情报学的重要功能是研究使用计算机转换信息的方法和手段及其在信息转换技术过程组织管理中的应用,但同时,作为一门应用科学,情报学应当承担更加广泛的任务——研究技术系统和社会经济系统中的信息过程,技术方法的研发和革新,在信息过程研究成果基础上研发信息转换的新技术,解决在人类活动各个领域中计算机设备和技术生产研发、实施和确保有效使用的科学和工程问题。基于此,在这种情况下,情报学应当研究不同方面的问题:①在技术层面,研究信息有效收集、保存、传递、加工和发送的方法和手段;②在语法层面,解决包括自动标引、自动文摘、机器翻译等一些科学信息工作的规范化、自动化问题;③在语义层面,研究信息含义描述方法、信息描述语言;④在应用方面,研究解决具体问题、完成具体任务的信息分析和转换方法。

综合现有情报学界定,В.Н.Волкова 将情报学概括为它是研究信息的结构、一般属性,以及从专家直接口头交流和书面交流到通过各种信息载体的正式交流中获取信息交

---

① В.Н.Волкова, Ю.Ю.Черный.Вклад Ф.Е.Темникова в развитие информатики[J].Прикладная информатика, 2016, 11(5): 122-143.

流过程规律的科学学科，并且认为，科学信息的收集、加工、保存、搜索和传播负面科学信息工作是情报学的重要领域。В.Н.Волкова 认为当代情报学系统性和综合性的特点愈加突出，因此，基于捷姆尼科夫的情报学定义，结合各方情报学思想，对捷姆尼科夫情报学进行了发展，引入了其他学派的情报学观点。她认为，情报学在利用信息技术的基础上为科学、技术、制造和其他类型的人类活动服务，情报学的科学方法和实际应用范围的扩大，导致需要对情报学研究结构进行构建。针对情报学结构不同的观点，她利用捷姆尼科夫情报学构成框架对情报学结构进行架构分析。В.Н.Волкова 从情报学是关于信息要素的科学、是关于信息过程的科学、是关于信息系统的科学三个维度分析了情报学研究内容在当代实践中的作用与应用，使捷姆尼科夫情报学思想发挥了现实的普适意义与价值。

5.2.2 米哈伊洛夫情报学派的科学情报信息理论

米哈伊洛夫（А.И.Михайлов）（1905—1988），教授、技术科学博士，苏联飞机发动机、科技信息情报学、软件工程等领域的科学家，1931 年莫斯科化学技术大学机械制造专业毕业，1942—1946 年在莫斯科航空学院担任主任，1946—1955 年任苏联航空工业部副部长、苏联科学院副总学术秘书长，20 世纪 50 年代初开始参与创建苏联科学院全苏科技信息研究所（Всесоюзный институт научной и технической информации，ВИНИТИ），是苏联国家科技情报系统（Государственная система научно-технической информации，ГСНТИ）建设组织工作的发起人，苏联第一个情报学教研室——莫斯科国立大学情报学教研室的倡建者，1956—1986 年担任 ВИНИТИ 所长，在他的领导下，ГСНТИ 卓有成效，ВИНИТИ 具有了较高的国际知名度。1960—1980 年他积极参与国际文献联合会（FID）（情报学领域信息中心和图书馆的国际联合组织）工作，1975—1988 年他担任 ВИНИТИ 期刊《国际情报论坛》主编，协调 FID 研究委员会与 ВИНИТИ 开展情报理论基础研究。他为苏联和东欧国家情报学发展做出了重大贡献。他与基利亚列夫斯基（Р.С.Гиляревский）、切尔内（А.И.Черный）等从工作出发，对情报、科学情报、情报学等进行深入、系统的研究，提出了苏联早期的情报学理论思想，推动了苏联科学在信息领域的发展。米哈伊洛夫是最早使用情报技术开展数据库建设和使用的学者之一，他为情报学作为科学学科在苏联的发展做出了巨大贡献，是苏联情报学事业的先驱之一。

(1) ВИНИТИ 的"科学情报工作"

米哈伊洛夫情报学形成是有时代背景的，与国家需求密切相关。20世纪40年代末，"科学情报"（научная информация）成为国际常用词，20世纪50年代初，科学情报工作兴起。1952年苏联科学院成立了科学信息研究所（Институт научной информации，ИНИ），认为"苏联情报学有了组织形式"[①]。苏联科学院第458号决议指出，成立ИНИ是为工业企业、科研机构和高校的科研工作者和工程技术人员全面、系统地提供国内外科学技术领域最新研究成果的情报（информация）。这决定了ИНИ的两项基本职能：一是编制出版国内外自然科学和精密科学（如数学、物理学、化学等）文献的文摘杂志；二是开展科学情报领域的科学研究工作。1955年ИНИ更名为全苏科技情报研究所（ВИНИТИ）。作为ИНИ创建的倡议者，时任苏联科学院院长А.Н.Несмеянов把ВИНИТИ比喻成从事生产技术文献文摘工作的庞大而丰富的工厂，他在后来总结自己工作时，将ИНИ的成立视为自己一生最重要的两件大事之一，另一件是建莫斯科国立罗蒙诺索夫大学新楼。1956年，米哈伊洛夫开始担任ВИНИТИ所长，领导ВИНИТИ的科学情报工作30年，为苏联情报学研究和情报工作的形成与发展做出了奠基性贡献。

20世纪60年代初之前，ВИНИТИ面对国外形势开始将科学情报领域的科研工作作为主要工作，研究信息过程，特别是科学传播领域的信息过程，研究科学情报的收集、分析—合成处理、存储、搜索、传播和使用的科学基础，以提高这种工作环节的效率和自动化程度，研究信息流程机械化和自动化新技术和手段，作为提高其效率的主要途径，研究地方性、国家性和国际性大型科术信息系统建设的科学基础原理。随着科学情报理论在苏联形成和快速发展，1959年ВИНИТИ开设培养科技情报领域高素质人才的研究生课程。实践方面，ВИНИТИ在对世界科学期刊筛选的基础上出版文摘型杂志（含原文），以年刊形式将科学领域的最新情报消息集中浓缩，并以《科学成果》及手册、指南等形式出版发行。这项对文献中的科学情报进行收集、分析综合、加工、保存、检索并提供给学者使用的实践工作被称为"科学情报工作"。为"科学情报工作"这门产生于传统图书馆工作框架内的新科学学科命名比较复杂，在国外，比利时学者、社会活动家 П.Отле（Paul Marie Ghislain Otle）和 А. Лафонтен 将这门科学学科称为"文献学"，对应俄语为"документация"或"документалистика"。但是在苏联，以米哈伊洛夫为首的ВИНИТИ学者们并没有使用这两个词中的任何一个，而是选择构造了一个新词——

---

① История развития информатики в России［EB/OL］.［2017-10-23］.https://studwood.ru/2295194/informatika/istoriya_razvitiya_informatiki_rossii.

информатика，作为科学情报工作理论化的学科术语。

20 世纪 60 年代，苏联工业和经济建设由分散化、地方化转向集中化，为适应国民经济发展与管理的需要，苏联政府开始着手在全国建设国家科技情报系统（ГСНТИ），1961 年 12 月，全苏科学情报工作组织问题会议召开，1962 年 5 月，苏联部长委员会通过《关于改善全国科技情报组织工作》的决议，表明国家开始重视科技情报工作。按照国家建立 ГСНТИ 的一系列决议，ВИНИТИ 担负起 ГСНТИ 建设的主要组织工作。1963 年 1 月，ВИНИТИ 着手为科技信息机构的管理人员、工程技术人员、工作人员开设进修班，设置科技情报、信息处理机械化和自动化、咨询信息资源三个专业。ГСНТИ 得到迅猛发展并很快成为规模庞大的国民经济部门，"情报""科技情报""情报活动""情报工作者""情报机构"等术语成为俄语常用词汇。ВИНИТИ 意识到必须对全国范围内的科学情报工作人员按照统一方法进行集中培训，这促进了对科学情报工作理论的进一步研究。ВИНИТИ 的学者开始集中力量论证关于"情报"的科学学科建设及界定"科学情报"概念的合理性等问题。为了使苏联科学情报工作成功开展，米哈伊洛夫认为，需要有一个最初称为"科学情报"的科学学科，为了使这门新科学学科规范化，需要有一部有分量的书，系统阐述"科学情报"学科的研究内容，因此，他决定写一部专著，并为此找到同在 ВИНИТИ 的切尔内和基利亚列夫斯基，开始着手研究写作。1958 年米哈伊洛夫与切尔内一同参加在华盛顿举行的国际科学情报会议，1962 年以 UNESCO 见习员身份去美国、英国、法国和瑞士访问半年时间，亲自拜访情报学领域专家，研究和学习他们的研究成果，这些见识与收获为日后专著的撰写奠定了基础。

（2）情报学——科学情报理论

鉴于"科学情报"在国内外的广泛使用，米哈伊洛夫与 ВИНИТИ 的学者建议将研究科学情报工作的这门新学科称为"科学情报理论"。为此，1962 年 ВИНИТИ 组织了"科学情报（苏联科学问题）"问题讨论，讨论被称为"科学情报理论"的新兴学科的主要理论、方法和实践等问题，并将讨论的问题内容寄给苏联科学院的主要学者，一方面使 ВИНИТИ 的学者深入了解科学情报问题；另一方面希望学者提出对"科学情报理论"的反馈意见和解决问题的办法。1963 年米哈伊洛夫与巴路士金合作撰文《科学情报理论》，1965 年米哈伊洛夫、切尔内、基利亚列夫斯基合作编著《科学情报基础》一书，在总结国外经验的基础上提出了科学情报工作理论与实践的原理、原则、方法等。该书在波兰、罗马尼亚、美国、日本等国翻译出版。米哈伊洛夫提出的"科学情报理论"术语，引来一些学者的质疑和批评，主要集中在新学科术语名称使用上，他们认为作为新科学学科名称的"科学情报理论"一词与"文献学"(документация)术语具有同样的缺陷——多义,"科学情报"一词也是多义,认为学科名称不应与研究对象即科学情报同名,如苏联科学院通讯院士、放射物理学专家 В.И.Сифоров 和物理学家 Я.Г.Дорфман 建议新学科名称使用由 информация 和 автоматика 合成的新术语"информатика"。针对对有关专著的评论中"科学信息理论"一词使用多次被批评为不太成功的情况,米哈伊洛夫想起了苏联科学院情报传递问题研究所所长、通讯院士 А.А.Харкевич 在 1962 年给自己的建议信:"不怀疑在科学领域开展情报工作是重要而迫切的问题,毫无疑问,这一问题的有效和彻底解决只能在科学的方法和思想基础上,而这些方法和思想大部分需要重新创建……显然,为新学科命名是刻不容缓的问题,'科学情报'是科学研究对象的名称,但本身并不是学科,我不赞成使用这个新术语,你在宣传和传播术语方面要比任何人都更容易,例如,可以使用 информология 或 информатика 等。"在这种情况下,1966 年米哈伊洛夫、切尔内、基利亚列夫斯基首次使用"информатика"术语发表文章《情报学——科学交流理论新名称》,用"информатика"替代"科学情报理论"。该文章被英国、日本、德国等国学术刊物翻译转载。米哈伊洛夫在该文中指出:"一个可以命名为'文献学''文献管理学''科学情报''科学情报理论''信息科学'(information science)等的新科学学科已出现,这是当今社会公认的事实,没有任何研究者对此有争议。"米哈伊洛夫对苏联国内外有关这样一门学科的各种命名进行了研究,最终没有使用一般认为最恰当的"文献学"(документация),而是认为应构造一个新合成词,最终决定从"文献"(документ)和"信息"(информация)两个词中选择 информация 作为词根,从 -ия、-логия、-ведение、-знание、-ика 中选出"-ика"作为后缀结尾,构造新词"информатика"。这种为新科学学科命名的想法和做法在当时的苏联是通行且最有效的,当时产生的一些新科学学科,如控制论、仿生学、符号学、航天学都是这样构词命名的。米哈伊洛夫在文中也提到了 1962 年提出建议使用"информатика"术语的法国计算机技术和程序设计领域学者 Ф.Дрейфус,认为其使用该术语的含义与计算机有关。Черный 认为,米哈伊洛夫构造的"информатика"术语概念,是将后缀"-ик"接上拉丁词根,而不是像 Ф.Дрейфус 那样将"信息"与"自动化"结合而成,即 Informatique = INFORmation + autoMATIQUE,由此 Черный 认为叶尔绍夫所说的米哈伊洛夫"拦截"使用了"информатика"术语未必正确,在 Черный 看来,恰巧 1966 年"информатика"一词在苏联还不"忙碌",因此,米哈伊洛夫使用"информатика"术语表示科技情报理论的行为是合理的。

第 5 章
俄罗斯情报学与情报工作

1968 年米哈伊洛夫、切尔内、基利亚列夫斯基在对《科学情报基础》(1965) 修订补充的基础上合著出版了《情报学基础》一书，用"информатика"术语表示"科学情报理论"这个"研究科学情报结构（不包含具体内容）、性质，以及科学情报工作规律及其理论、历史、方法和组织管理的科学学科"，从这个含义上，"информатика"术语开始广为人知，长时间在俄罗斯学术文献中被使用，米哈伊洛夫把"情报学是研究人类活动各领域科学情报的结构、基本特性及其生产、转换、传播、利用规律的学科"的定义写入了 1972 年出版的《苏联大百科全书》（第三版），这个定义揭示出情报学与图书馆学、目录学及从众多文献中搜索信息的方法相关。《情报学基础》一书在民主德国、联邦德国、意大利、古巴等多国翻译出版，引发国外学术期刊对使用"информатика"术语表示研究科学情报及其收集、分析、综合、处理、存储、搜索和传播这样一门科学学科的合理性与成功与否进行广泛讨论，最终讨论一致认为这个术语的使用是充分、恰当的，它的使用是及时和有益的，因为"информатика"（informatics）一词毋庸置疑的优点是简短而明确的，清晰表达了这门科学学科的核心主题——信息。1969—1972 年，国际上出现了名字中包含"документация"一词的专业期刊重新命名之风，如 1950 年创刊的 *American Documentation* 于 1970 年改名为 *Journal of the American Society for Information Science*、1969 年德国（ГДР）的 ZIID 更名为《Informatik》、捷克斯洛伐克的《Metodika a technika informací》更名为《eskoslovenska informatika》，南斯拉夫、匈牙利、巴西等国出现了使用与"информатика"（informatics）术语相对应各自国家语言的新期刊。这些期刊一定程度上都是直接、间接受到米哈伊洛夫使用"информатика"作为情报学学科名称思想的影响。

1976 年米哈伊洛夫、切尔内、基利亚列夫斯基合著了《科学交流与情报学》，这在某种程度上是前两部专著的延续，该书在德国（1980）、中国（1980）、美国（1983）等国全文翻译出版。切尔内分析指出，国内尤其是国外对《情报学基础》(1968) 和《科学交流与情报学》(1976) 有较强烈需求的原因，一是当时世界上没有一部能将科学情报工作理论和实践的所有主要方面都概括的专著，科学情报工作研究与实践对这样的专著很急需且需求量非常大；二是专著由 ВИНИТИ 主任米哈伊洛夫与其两名同事撰写，当时发达国家的科学家和政治家本就对 ВИНИТИ 的成立和工作有高度兴趣，因此，希望通过这两部专著对 ВИНИТИ 有深入了解。

米哈伊洛夫、切尔内、基利亚列夫斯基的三部专著——《科学情报基础》（《Основы научной информации》）、《情报学基础》（《Основы информатики》）、《科学交流与情报学》

(《Научные коммуникации и информатика》)全面展现了米哈伊洛夫的情报学思想与基本理论内容,是米哈伊洛夫情报学形成的标志。他们的论著和成就可以作为情报学发展的里程碑。米哈伊洛夫情报学对苏联国家科技信息系统(ГСНТИ)的建设与发展产生了重要影响,促进了对科学情报收集、处理、存储、搜索、发布和传播理论基础的科学研究与实践,对提高从事这方面科学研究和实践的学者和技术人员技能来说是重要的参考资料。

20世纪70年代初之前,苏联对情报学(информатика)的理解就是科学情报工作理论,于是也就有了我国之后所认为和认定的所谓苏联情报学的发端。米哈伊洛夫的情报学研究思想与成果对我国情报学研究、情报学教育和情报工作都产生了深远影响[①]。

(3)米氏科学情报理论的发展

1968—1976年,ВИНИТИ培养出情报学、科学信息活动及相邻的图书馆学与图书馆事业方面的153位副博士和4位博士。以米哈伊洛夫为最初带头人,ВИНИТИ的其他学者作为后续研究力量形成了研究内容不断丰富、完善的米氏情报学派,其所开展的情报学研究与实践工作,不仅使人们了解和掌握更多科学信息与交流、信息处理和信息系统方面的知识,而且对国家科技情报系统的建设与发展有重要作用,体现了用米哈伊洛夫情报学思想和方法研究系统构建的基本原理,改进了科学信息处理技术,实践中培训计算机的使用,为科技信息机构工作培养专业人才,提高他们的技能,消除研究人员、工程师和管理人员中的信息文盲。

70年代中期,米哈伊洛夫、切尔内、基利亚列夫斯基带有科学学态度的情报学观点形成,他们认为,情报学作为一门科学学科,在界定时应该强调以下几点:①情报学——目前还仅是科学学科,而不是独立的科学领域;②情报学研究科学情报的结构和基本特性,而不是任何信息,也不是语义信息;③情报学研究正式渠道(即通过科学文献)和非正式渠道(专家学者之间的个人交流、书信、预印本交换等)的科学交流全过程;④情报学属于社会科学,因为它研究的仅是人类社会所特有的现象与规律。

米哈伊洛夫、切尔内、基利亚列夫斯基形成的情报学学派得到国内外认可,研究理论与实践领域的重要问题,包括:科学情报的结构和性质;科学交流系统规律、科学情报源分类、文献分析综合加工的方法、科学文献和事实的信息检索;设计开发用于实现对科学文本的自动翻译、编制索引和文摘信息逻辑系统;建设自动化科技信息系统和网

---

① В.Н.Волкова и Ю. Ю. Чёрный.Научно-информационная работа и ее осмысление:главное дело жизни[J].Прикладная информатика,2014(1):125-138.

络，包括智能信息系统。这些研究内容体现在《科学情报基础》(1965)、《情报学基础》(1968)、《科学交流与情报学》(1976)等几部论著，以及1996年切尔内、基利亚列夫斯基与他人合作的《信息圈：科学和社会中信息的结构、系统和过程》中。

经过几十年的发展和 ВИНИТИ 几代研究者的努力，ВИНИТИ 情报学派的情报学研究方向与研究内容越来越丰富，包括以下几项。①科学信息（Научная информация）：基本属性和规律，数据、信息、知识，文献信息和事实信息。②科学交流（Научная коммуникация）：科学信息的正式和非正式传播和获取渠道。③科技文献（Научно-техническая литература）作为科学存在的一种形式：科技文献的类型、特点，科学文献流及其主题分布与老化，电子出版物。④学者和工程师的信息需求：满意信息需求的方式和形式。⑤科学信息工作及其类型、形式和特点，历史、管理、经济。⑥科学信息流程和系统：将文本（文献）从一种语言翻译成另一种语言，编辑、索引（分类）和引用，撰写评论，信息检索，科学信息处理自动化，智能信息系统。⑦信息流程与信息系统实现的技术方法。

米哈伊洛夫认为情报学是研究科学情报的结构、特性及科学情报工作规律、理论、历史、方法论和组织的科学，科学情报理论是米哈伊洛夫情报学的核心内容，科学情报理论是对科学情报工作的理论总结与升华，科学情报工作产生于传统图书馆工作和文献管理框架内，从这个角度说，米哈伊洛夫情报学源于图书馆学、文献学，即图书馆学、文献学是它的前身。莫斯科国立大学基础科学系副教授、化学副博士 А.А.Волков 考证指出，最初作为术语广泛传播的"科学情报"源于术语"文献学"（документация、документалистика）[①]，也说明了这一点。这是米哈伊洛夫情报学不同于俄罗斯其他情报学学派最为重要的一点，其他学派大多认为情报学起源于控制论。

鉴于米哈伊洛夫情报学的核心研究内容是科学情报和科学交流，圣彼得堡国立文化与艺术大学图书馆信息系情报学教研室教授、教育学博士 А.В.Соколов 将其称为"科学情报学"（научная информатика）[②]，В.Н.Волкова 和 Ю.Ю.Чёрный 从"科学情报理论是米哈伊洛夫情报学的最初基础，科学情报信息是其研究的基本信息类型"的角度将米

---

① А.А.Волков.Многозначность понятия информатики в информационно-аксиологическом подходе［EB/OL］.［2017-12-23］. http: //slovo.mosmetod.ru/2015/04/07/volkov-a-a-mnogoznachnost-ponjatija-inf/.

② А.В.Соколов.Феномен информатики и псевдофеномен информации[J]. Вестник ВОИВТ，1990（3）：45-51.

哈伊洛夫情报学称为"科学信息"情报学（научно-информационная информатика）[①]，以区别之前和之后其他学者使用"информатика"所表示和提出的不同情报学思想学派。米哈伊洛夫情报学是米哈伊洛夫本人与其在ВИНИТИ的同事共同研究的结果，尤其是米哈伊洛夫在三部专著出版之后，就很少在情报学方面有过论著，也很少谈及情报学发展等话题，ВИНИТИ的学者在继承他的情报学思想基础上，对情报学研究内容进一步丰富和发展，最终形成现在的情报学思想和研究内容，因此，米哈伊洛夫情报学也被称为ВИНИТИ情报学。米哈伊洛夫情报学在我国被称为"情报学的科学交流学派"[②]。虽然米哈伊洛夫情报学之后的研究内容有所拓展，但研究都是以"科学信息"为基础点扩展的，注重信息内容是米哈伊洛夫情报学与其他情报学派的不同之处。

如今科学信息情报学的研究对象范围大大扩宽了，被确定为不仅是关于科学信息的科学，而且是语义信息学理论，适用于所有类型社会交流过程。这源于80年代之后基利亚列夫斯基对米哈伊洛夫情报学的发展。1996年基利亚列夫斯基在《信息圈：科学和社会中信息的结构、系统和过程》一书中指出，情报学作为科学学科，其研究对象是语义信息及其收集、系统化、存储、搜索、传播（传递）和使用特点和规律，并详细分析情报学为什么从信息情报学转向语义信息学[③]。基利亚列夫斯基提出语义信息学概念，并将其作为米哈伊洛夫情报学的方向。2006年基利亚列夫斯基在《情报学作为关于信息的科学：信息、文献、技术、经济、社会和管理组织视角》一书中从信息、文献、技术、经济、社会和管理组织等视角研究关于信息的科学情报学，提出情报学新定义："关于信息结构、一般属性以及信息表示、传输和接收规律的一门科学学科，信息被理解为观念存在实体（本体、物质），是包含在有形数据中的信息、消息的含义和解释。"А.В.Соколов特别看重这个定义："基利亚列夫斯基等编写的关于信息的情报学专著，可以被认为是跨科学理论的语义信息学发展的最初里程碑，它整合了从语言学、心理学、诠释学到教育学、通信学、人工智能等许多以某种方式研究语义问题的科学学科的成就。"А.В.Соколов认为，这表明"科学情报学"发展成了"语义信息学"，其研究对象不仅是科学交流，而且是各种语义的社会交流，研究主题不仅是科学信息和科学信息活

[①] В.Н.Волкова и Ю. Ю. Чёрный.Научно-информационная работа и ее осмысление： главное дело жизни［J］.Прикладная информатика，2014（1）：125-138.

[②] 胡明.情报学的科学交流学派理论对我国情报学研究的影响［J］.贵州大学学报（社会科学版），1994（1）：86-90.

[③] Ю.Ю.Черный.На пути к философии информации［EB/OL］.［2017-11-20］.http：//inion.ru/site/assets/files/1475/chernyy_ yu_yu_na_puti_k_filosofii_informacii.pdf.

动，而且包括所有语义信息的结构和性质，以及语义信息在社会时空和社会成员认识中产生、活动的规律。在后人来看，米哈伊洛夫情报学属于语义信息科学范畴。

由于一系列客观因素，1966年米哈伊洛夫等提出的情报学是关于科学情报的科学这个概念，在大学教学过程中实际上没有使用，因此，有学者认为，米哈伊洛夫的情报学观点当今已失效，现代学者都不使用了[①]。这主要是基于其他学者的情报学思想影响而言。2005年切尔内在纪念ВИНИТИ服务科学事业50周年的文章中指出[②]，今天可以说，20世纪60—70年代是情报学发展的"黄金时代"，其成就被广泛应用于现代信息系统和网络技术中，当前使用的所有互联网搜索引擎都是建立在这十几年开发和测试研究的原理之上的。这是对米哈伊洛夫情报学的现实作用与意义的肯定。

5.2.3 叶尔绍夫情报学派的计算机及其应用理论

"информатика"一词，可翻译为情报学或信息学，但叶尔绍夫最初使用该词表示计算机科学、编程、程序设计等含义，因此其前期研究的информатика实际上是计算机科学，后来叶尔绍夫对该词含义的理解发生变化，总体上与我国传统上对情报学的界定与认识具有一致性。因此，为了便于论述，本部分统一使用"情报学"一词表述叶尔绍夫对информатика的研究，也就是说，称其在информатика方面的研究为叶尔绍夫情报学研究，并称其为叶尔绍夫情报学派。

叶尔绍夫（А.П.Ершов）（1931—1988），苏联杰出的程序设计专家和数学家，苏联理论和系统编程创始人之一，西伯利亚情报学学校创建者，1954年莫斯科国立大学力学数学系毕业，1970年起为苏联科学院通讯院士，1984年起为苏联科学院院士。他对情报学作为一门新科学领域和社会生活新现象的产生做出重大贡献，在国内外得到广泛认可[③]。叶尔绍夫对情报学的认识经历了三个主要的演进阶段[④]：① 1971—1976年，在苏联科学院西伯利亚分院计算中心（ВЦ СО АН СССР）工作期间，对情报学进行研究机构设置和领导管理；② 1976—1983年，与持"信息"观点的情报学者进行辩论，论证

---

① Н. Л. Караваев. Информатика как наука：попытка осмысления понятия［J］.Концепт，2015（9）：126-130.
② А. И. Черный.Всероссийский институт научной и технической информации：50 лет служения науке［EB/OL］.［2017-10-22］. http://www.viniti.ru/docs/about/VINITI.50. Year. 2005. pdf.
③ Академик А.П.Ершов［EB/OL］.［2017-12-23］. http：//ershov.iis.nsk.su/ru/ershov/index.
④ Ю.Ю.Черный.Как понимал информатику академик Андрей Петрович Ершов［EB/OL］.［2017-12-23］. http：//www.computer-museum.ru/articles/ sorucom_2011/123/.

情报学是关于计算机及其在苏联应用的科学的新内涵，研究学校情报学教育；③ 1983—1988 年，提出综合情报学的观点，认为情报学是研究信息处理过程的基础自然科学，进一步实施学校情报学计划。当然，这种阶段划分是相对"程式化"的，如第三阶段的想法、观点，实际上在先前时期就有所显露。

在叶尔绍夫的院士档案中，有标注日期为 1980 年和 1981 年的两份手稿，即《苏联科学院西伯利亚分院计算中心情报学 25 周年》和《苏联科学院西伯利亚分院历史资料（情报学）》，第一份手稿中提到情报学是苏联科学院西伯利亚分院最早的科学方向之一[①]。1957 年还是莫斯科国立大学研究生的叶尔绍夫按照 С.Л.Соболев 院士的建议，着手组建数学研究所与计算机中心程序员团队，开始计算机程序开发设计研究，1971 年 ВЦ СО АН СССР 成立情报学部之前（отделение информатики），"информатика" 一词没有出现在叶尔绍夫的任何一部论著中，1966—1970 年他的论著中常使用"计算机工作""编程"和"编程理论"等术语。1971 年 ВЦ СО АН СССР 机构改组，下属的程序设计部改组为情报学部，中心下设大气与海洋物理部、地球物理与地质数学问题部、介质力学部、情报学部，情报学部为该中心 4 个部门之一，叶尔绍夫任负责人，该部由 5 个实验室和 1 个小组组成：理论编程实验室、编程系统实验室、自动化算法构建实验室、实验数据优化开发实验室、经济信息系统实验室、自动装置结构理论小组。俄罗斯学者没能在文件中找到叶尔绍夫使用"информатика"术语作为新部门名称的原因，而在接下来的叶尔绍夫的研究成果中也没有发现"информатика"一词，依旧常用"程序设计（编程）"（программировании）、"计算机系统"等词。

1976 年叶尔绍夫提议翻译的德国慕尼黑技术大学 Ф.Л.Бауэр 和 Г.Гооз 教授的《Informatik：导论》一书的俄译本由莫斯科世界出版社出版。译者为 ВЦ СО АН СССР 情报学部的 В.К.Сабельфельд，叶尔绍夫任该书编审。叶尔绍夫首次在书译序中表达了自己的情报学观点。他坚持使用"информатика"作为该书俄译本书名。由于叶尔绍夫使用"информатика"术语表达的含义与先前捷姆尼科夫和米哈伊洛夫所提出的截然不同，因此，叶尔绍夫在译者言中对使用"информатика"术语进行说明："从该书内容看，可肯定地说是一本有关借助于计算语言，利用计算机进行信息处理的程序设计的教科书，因此将该书翻译成俄语'编程导论'似乎更自然，但这种过于实用化的译名，忽视了作者希望读者更多了解 informatik 术语广泛含义（即融编程与计算机使用各方面内容为一体）的意愿。"因此，叶尔绍夫认为应遵循科学术语翻译传统，原汁原味地使

---

① Архив академика А.П.Ершова［EB/OL］.［2017-12-23］. http：//ershov.iis.nsk.su/archive.

用与德文 Informatik 对应的俄语单词 информатика，而不使用从主题内容上看应当使用的 компьютерная наука（computer science）一词作为俄译本书名。在叶尔绍夫看来，информатика 构词方式与 informatik 一样，因此含义也应相同，即研究计算机自动化处理信息的科学。他认为 1968 年米哈伊洛夫将 информатика 作为科学情报理论含义使用，是对这个术语的"拦截"，描述的是计算机在一个窄的领域应用方法，而且尽管米哈伊洛夫使该术语及其含义得到了相当广泛的传播，但其接下来的研究工作很少使用该词，因此可以使用这个术语作为译书书名。他还指出情报学作为科学，其最重要的任务之一是研究信息技术。按原作者 Ф.Л.Бауэр 和 Г.Гооз 在书序言中所言，"informatik"概念的内涵是对他们从事工作的命名，在德语中的含义为 computer science，该书主题就是计算机科学、编程设计。后人评价叶尔绍夫，认为俄罗斯编程语言中的基本术语，如 информатика、软件、编程技术等都是他提出来的，不仅如此，他还提出了术语背后的方法论工作，可以说他在俄罗斯"информатика"术语历史上首创使用"информатика"术语，给出了该术语比法德学者使用该术语表示借助于电子计算机对信息进行自动化处理加工的含义更加广义的界定。可以说，叶尔绍夫赋予了"информатика"术语以不同于捷姆尼科夫和米哈伊洛夫的新的含义解释，即"computer science"，这与此前德国、法国及同时代的美国、英国使用的"computer science"一词等同，而该词在俄语中称为"компьютерная наука"，即计算机科学。因此，叶尔绍夫的情报学称为"计算机"情报学。据此，有俄罗斯学者认为在捷姆尼科夫和米哈伊洛夫之后，"информатика"术语在俄罗斯以更为狭义的方式使用，仅指在计算机上进行数据存储和处理的硬件和软件技术。从这个意义上讲，这个情报学属于与计算机和网络信息处理相关的学科，如算法分析、编程语言。

叶尔绍夫的情报学观点，使俄罗斯情报学有了"信息"情报学（指米哈伊洛夫学派情报学）和"计算机"情报学之分。叶尔绍夫对"информатика"的认识在苏联国内文献中得到广泛传播与认同，也得到官方认可，在当时的苏联和如今的俄罗斯，对人们理解和界定"информатика"有重要影响。从某种角度上说，叶尔绍夫使术语"информатика"回归到其作为合成词构词的字面含义上，与法国、德国学者观点有相近之处，但需指出的是，此后多年时间里，叶尔绍夫对"информатика"的理解又发生了几次较大变化。

1977 年，叶尔绍夫参加"情报学的数学基础国际会议"（MFCS 77），在"计算科学中的多样性"分组讨论中再次提及"информатика"术语。他肯定了"информатика"术语广义上与 computer science 一致的事实，指出情报学是关于信息及其在计算机上进行处理的方法的科学，信息和信息过程是情报学核心概念，信息与物质、能量一样都是一般科学的、哲学的范畴，并在近十几年成为哲学科学研究的"增长点"之一："信息被认为是物质最重要的属性之一，反映了物质的结构，在确定物质和能源的统一性之后理解信息的统一性是朝着实现世界物质统一迈出的重要一步，我们在情报学定义中包括信息传递和信息处理，是为了将信息来源和接受者之间关系的研究纳入情报学研究内容。"同时，他从相当广泛的角度分析情报学的多样性问题，认为这种多样性对情报学发展有好处，能吸引更多人关注情报学，使情报学成为无所不在的科学，但不能因此认为情报学就是一个完全的综合学科或元科学，情报学学科距离成熟还很远，为此必须克服情报学中"讨厌"的多样性，改进研究的风格，如他认为所有情报学者都将自己研究的模型、术语和问题放到期刊上进行讨论就是一个有效方法。他还指出情报学家面临的一项重要任务是要具备良好的数学方法，需要对数学基础进行明确而系统的研究，情报学学科领域要比大多数数学学科的领域复杂得多。他认为信息过程的基本规律是存在的，它将成为情报学发展的客观基础，使情报学成为一个更加严谨的科学，并预言情报学将成为关于信息过程的综合科学。从这个角度来看，叶尔绍夫对情报学未来的研究内容与发展方向具有一定的预见性，也表明叶尔绍夫对情报学的认识开始发生变化。1979—1981年，叶尔绍夫专门针对学校情报学编写《学校情报学：概念、现在和前景》《情报学学生教育工作：苏联科学院西伯利亚分院的经验》。在《学校情报学：概念、现在和前景》一书中，他首次将"информатика"翻译成"informatics"，而不是"computer science"，他认为情报学是"研究信息结构和计算机处理信息方法的科学"，学校情报学是情报学的一个分支，研究计算机在学校教学应用的软硬件研发设计，以及教学方法和组织保障等问题。

1983年，苏联科学院大会决定在应用数学研究所、计算中心、信息传输问题研究所和列宁格勒情报学与自动化研究所基础上组建新部门——情报学、自动化和计算技术部（Отделение информатики, автоматизации и вычислительной техники，ОИВТА），作为ОИВТА筹备委员会成员，叶尔绍夫认识到创建ОИВТА，需要对情报学的主题有更清晰的界定，为此发表了《对象与概念》《关于情报学研究对象》《情报学：对象与概念》等文章，提出了情报学是整合信息过程的基础自然科学。在苏联科学院全体大会讨论新部门名称时，第二、第三个词即автоматизация（自动化）和вычислительная техника（计算技术）没有引起异议，因为在俄语中含义是公认的，只有第一个词"информатика"的含义及在这种情况下使用它的有效性引起了几位在会发言院士的质疑。例如，

Л.С.Понтрягин 院士认为 "информатика" 术语存在，但对于是否可以称它为科学存疑，他认为部门称 "计算机技术部" 最好；支持使用该术语的院士 А.Н.Тихонов、П.Н.Федосеев 和、А.А.Дородницын 等则不认为情报学是基础科学。对此，叶尔绍夫发言做详细解释："информатика" 术语应成为另外两个词之间的连接环节，也就是说 "информатика" 是 "为我们提供自动化发展所需求的计算机技术知识" 的科学学科的名称。叶尔绍夫进一步对 "информатика" 术语在俄语中使用的历史进行介绍，以期与会专家了解情报学：该术语被两次引入俄语，第一次是作为根据拉丁构词法则建立的新词，表示一个首先与科技信息有关的学科，是通过科技信息与从文献印刷物中收集积累的信息而形成的其他信息系统有关科学学科；第二次是作为法国 informatique 的仿造词，用于表示计算机科学及其应用，很快就成为英语 computer science 的代名词。这两种认识基本上同时出现（在20世纪60年代中期），且彼此独立存在和使用。10年间这两种认识似乎彼此 "视而不见"，直到1976年翻译 Ф.Л.Бауэр 和 Г.Гооз 的《情报学导论》时，对这个词给予新解释，后来大家认为新部门名称应加入这个词。叶尔绍夫表示，存在用 "信息技术" 取代 "情报学" 来重新命名部门的可能，但反对将情报学术语解释为信息技术，因为这意味着将情报学概念局限于计算机技术应用和自动化问题，需要认识到 "информатика" 术语背后更广泛的内容，在确定新部门任务时，不能限于对 "информатика" 术语第一、第二种认识的扩展解释，或者将二者机械地组合在一起理解，因为实际上这是 "информатика" 术语以一种新的、更广泛的含义被第三次引入俄语——作为对研究信息传递和信息过程的基础自然科学的命名，这种解释使情报学与哲学和一般科学范畴更直接相关，其在 "传统" 科学体系中的地位得以确立。叶尔绍夫认为情报学属于基础科学，是因为它反映了 "信息及其处理过程含义的一般科学性"，Ю.Ю.Черный 对此认为 "将各种反应和认知过程解释为信息过程（即用信息的方法和视角认知现实），结果非常有成效。在物理学、化学和力学中，长期以来一直使用信息模型来描述物质的结构、物理量等。用信息解释生物过程也变得越来越普遍"[1]。至于为什么重点强调情报学与哲学范畴的关系，А.Я.Фридланд 等认为当时在苏联马克思列宁主义哲学被认为是基础科学[2]。叶尔绍夫对情报学属于自然科学的解释是 "意识到科学分为自然科学和社会科学的某些相对性，我

---

① Ю.Ю.Черный.Как понимал информатику академик Андрей Петрович Ершов [EB/OL]. [2017-12-23]. http://www.computer-museum.ru/articles/sorucom_2011/123/.
② А.Я.Фридланд，Е.Б. Карпов И.А.Фридланд.Информатика，информационные технологии и образование [EB/OL]. [2017-12-23]. http://www.ict.edu.ru/vconf/files/11691.pdf.

们按照意识及其属性第二性的原则以及人工系统、生物系统和社会系统中信息过程规律的同一性思想，将情报学归入自然科学学科"，可以看出，叶尔绍夫只考虑两类科学，利用物质第一性原则和信息过程规律的同一性来说明情报学属于自然科学。

随着时间推移，情报学作为新科学学科，其研究与发展累积了更多特有的专业认识，叶尔绍夫对"情报学"做出比传统的 computer science 更广泛的解释，1984 年在《苏联科学通讯》上刊文《情报学研究对象》，概述新科学的轮廓、意义和研究主题，认为情报学是一门研究利用计算机进行信息积累、传输和处理的规律和方法的科学。1987 年叶尔绍夫发文表示赞同将"информатика"引入俄语中表示计算机程序设计的含义，同时给出了该术语更为广义的定义，即情报学作为科学，其客体对象是研究主要利用计算机积累、传递和加工信息的规律、方法和手段，他还把社会系统中交流过程和信息传播的研究作为对象。1988 年，叶尔绍夫在负责编辑的《学校情报学词典》中，将情报学定义为处于发展中的科学，研究借助于计算机进行信息存储、传递和加工处理的规律和方法的科学，在《数学百科全书词典》中认为情报学是科学、行业和人类活动领域，是研究利用计算机存储、传播和处理信息规律和方法的发展中科学，是涵盖人类使用计算机开展的所有类型活动的通用概念。只是过了 5 年时间，叶尔绍夫对情报学的认识完全发生变化的原因是什么？由于叶尔绍夫过早辞世，无法解释，人们只能猜测[①]。

叶尔绍夫对情报学的认识随时间而改变，1983 年他将情报学定义为驱动计算机的知识学科；1984 年他认为情报学是一门基础自然科学，研究信息传递和处理的过程；1985 年他进一步提出情报学是一门"获得的知识的存储、转移和处理的规律和方法的科学"；1987 年他指出"情报学作为一门主要是借助于电子计算机研究积累、传输和处理信息的规律、方法和手段的科学，信息反映物质结构的一般科学含义在情报学中是以数据和知识具体表现的，特别是以模型、算法和程序的形式"。

俄罗斯学者评价叶尔绍夫是为"情报学奋斗四分之一世纪"的人，他有生之年的一半时间用在情报学的研究、实践和教学教育事业中。1988 年以叶尔绍夫命名的慈善基金会成立，1995 年俄罗斯科学院西伯利亚分院信息学系研究所以叶尔绍夫命名，主要目标是促进情报学研究与发展，使情报学对科学、教育发展发挥作用。叶尔绍夫的情报学思想，无论是早期偏计算机技术的情报学思想，还是晚期侧重自然科学信息过程规律的情报学思想，在苏联/俄罗斯都得到学术界广泛认同和国家层面的高度认可。

---

① А.Я.Фридланд, Е.Б.Карпов, И.А.Фридланд.Информатика, информационные технологии и образование［EB/OL］.［2017-12-23］.http：//www.ict.edu.ru/vconf/files/11691.pdf.

叶尔绍夫的情报学思想产生于新西伯利亚信息学院，但影响了不属于这所学校的科学家。首先就是科林（К.К.Колин），受叶尔绍夫的影响（1984 年他们二人在莫斯科第二次也是最后一次见面），他将工作由苏联军工综合体研究所调至苏联科学院情报学问题研究所，开始了情报学研究生涯，1990 年提出了情报学是综合科学问题的观点，晚些时候进一步提出情报学是基础科学和综合跨学科研究内容的思想。科林按照叶尔绍夫情报学观，将俄罗斯情报学划分为作为技术科学的发展阶段（1978—1985 年）和作为自然科学的发展阶段（1986—1989 年），并在此基础上提出了情报学作为基础科学发展的第三个阶段。他在 1990 年基于叶尔绍夫、Б.Н.Наумов、Ю.И.Шемакин 提出的情报学定义，提出了情报学是一门"关于自然界和社会包括在技术系统中信息形成、转换和传播特点、规律、方法和手段的科学"的观点，成为当今俄罗斯情报学界的主流思想，这种思想得益于其对叶尔绍夫情报学思想的研究。1991 年，苏联科学院情报学问题研究所的学者 И.А.Мизин、И.Н.Синицын、Б.Г.Доступов、В.Н.Захаров、А.Н.Красавин 联合编写《情报学定义的发展和信息技术》，认为"情报学"术语是在 80 年代初在苏联国内科技文献开始使用并广泛普及的，其中对情报学的研究论述偏重技术问题，实质上就是叶尔绍夫情报学思想的追随。

发展学校情报学教育是叶尔绍夫在情报学领域的又一重要贡献。1983—1988 年，叶尔绍夫在生命的最后阶段，仍与同事积极推进学校情报学教育工作，这 5 年时间里，他们于 1979 年倡导实施的 ВЦ СО АН СССР 学校情报学小组工作咨询计划开始在全国范围内实施，最突出的效果是，苏共中央政治局通过决议在苏联高中高年级开设《情报学和计算机基础》课程。叶尔绍夫参与编制情报学教科书和教辅资料，如《情报学和计算机技术基础研究：方法（中学教师教参书）》《情报学与计算机基础（中学实验教参书）》《9—11 年级的情报学：教学方法资料》等，使学校情报学的科学和方法论研究得到发展和深化。学校情报学教育极大促进了苏联学校教育的计算机化，对培养了年轻人的计算机知识与技能做出了重要贡献。

5.2.4 科林情报学派的综合科学基础信息理论

科林（К.К.Колин）（1935—），技术学博士、教授，1959 年毕业于列宁格勒空军学院无线电工程系，曾任俄罗斯自然科学院基础与应用信息学研究所所长、俄罗斯科学院情报学问题研究所（Институт проблем информатики РАН）第一副所长、国际信息研究协会主席，2006 年被总统授予俄罗斯"功勋科学家"称号。

科林在俄罗斯军工综合体研究所从事自动化防御控制系统建设研究30多年，之后在俄罗斯科学院情报学问题研究所工作20多年，研究领域广泛，涉及科学和教育哲学、全球化和信息化、现代社会的文化与道德、基础信息和社会信息学、信息安全、图书馆学等[1]，编制大学教科书，如2003年的《社会信息学》。

科林基本上是从20世纪90年代开始关注情报学问题的。他的情报学观是建立在控制论及对俄罗斯前期情报学研究成果认识基础上的。他认为情报学是只有30多年历史的年轻学科，起源于关于管理的科学——控制论，因此情报学保留着与控制论的一些共同点，这种共性体现在术语使用、研究方法及使用工具（数学模型、计算机和通信、电子通信系统）等方面，但同时，情报学与任何基础科学一样，有着自己不同于控制论的研究对象，即信息和信息过程，也有自己独特的方法，其中之一就是用信息的观点研究自然和社会现象。他是情报学是研究自然界、社会和技术系统中信息过程的基础科学观点的杰出代表人物之一，他认为情报学是研究自然界、社会、技术系统中信息形成、转化、传播的特点及规律、方法和手段的科学[2]。

在基础情报学领域，科林提出了情报学是研究自然界和社会信息过程，具有重要跨学科科学方法论和世界观意义的基础学科的新思想，他认为情报学是世界科学最有发展前景的增长点之一，围绕着情报学能形成一系列有关信息的科学学科。他认为，现代情报学的研究对象是自然界和人类社会的信息过程及其在技术系统、社会系统、生物系统、物理系统中实现的方法与手段、工具，研究内容是自然界和人类社会中信息过程的基本特点与规律，以及不同信息环境空间（如技术环境、物理环境、生物环境和社会环境）中信息处理的特性、方法、方式及信息过程实现的手段、工具，以及这些手段、工具、方法在不同社会实践领域的应用。任何其他科学学科都不专门从事上述方面的研究，而且情报学作为一门科学经历了演进发展的多个阶段，到如今，它不仅研究技术系统中的信息过程和信息技术方法，而且研究自然界和人类社会中信息过程的基本规律与方法，因此，现代情报学应能成为像数学、物理、化学、生物学等基础科学一样完全独立的科学领域。

科林认为，情报学问题具有综合性的特点，无论是科学院系统还是教育界都应综合

---

[1] Т. Ф. Берестова，А.Б.Кузнецов.Колин Константин Константинович ученый и просветитель，информатик и философ：к 75-летию［J］．Вестник Челябинской государственной академии культуры и искусств，2010（2）：113-114．

[2] К. К.Колин.Философские проблемы информатики［M］．M.：Бином．Лаборатория знаний，2010．

性全面研究情报学问题，情报学作为跨学科的科学研究领域，其发展的新时期已来临。情报学有自己独特的科学研究方法，其中最常用的是信息建模方法和信息处理方法，这些方法不仅情报学本身使用，而且广泛应用于其他许多科学领域，也就是说这些方法具有跨学科性。实践证明，情报学研究方法不仅能够获得有关自然界、人和社会的全新基础知识，而且有助于人和社会新的世界观、新的信息素养文化的形成，从这个角度来说，情报学兼具自然科学与人文科学两个方面的作用，也就是说情报学将对自然科学和人文科学等其他科学的研究内容具有整合功能，情报学的思想和方法渗透到这些学科是基础科学发展的必然要求，也是解决重要现实问题所需要的，这种渗透不仅将为情报学与其他学科的交叉研究提供新动力，而且会为情报学自身发展提供新思想。这种趋势在俄罗斯近些年也表现得特别突出，一系列学术论著表明作为基础科学的情报学思想、观点和方法越来越广泛应用于系统理论、协同学、普通物理、量子力学、理论生物学、生理学、遗传学、社会学和其他科学学科。

科林认为，情报学的跨学科性质对所有自然科学，以及人文科学和社会科学的进一步发展至关重要。他赞同20世纪80年代中期俄罗斯学者对情报学发展的预言，即情报学作为正在形成的新的基础科学不仅将对所有自然科学，而且将对人文科学的发展具有重要意义。

科林认为，情报学是综合的科学学科，对社会发展具有十分重要的现实意义，尤其是在人类社会向建立在知识基础上的全球信息社会转变的阶段，因此，社会信息学成为他重点关注研究的领域，研究情报学与信息社会建设与发展的关系。他用信息的视角研究社会经济发展，指出信息和科学知识作为社会经济发展的战略资源，具有基础性作用，提出了社会知识安全（Intellectual Security）的概念，分析揭示了语言因素在社会智力（Social Intelligence）保护和发展中的作用，他较为系统地研究信息不平等这一21世纪新的全球性问题，关注社会虚拟化问题，阐释其与国家信息安全和国际信息安全的关系问题。他的研究成果不仅在俄罗斯国内，在国外也有一定知名度，如《情报学的基础理论：社会信息学》一书被译成中文[1]。

一些学者对其观点给予肯定，认为情报学作为科学，对其研究对象与研究内容理解和界定的多样性是合理的，这很大程度上是由于"信息"一词含义的多样性。信息作

---

① Т. Ф. Берестова，А.Б.Кузнецов.Колин Константин Константинович ученый и просветитель，информатик и философ：к 75-летию [J]．Вестник Челябинской государственной академии культуры и искусств，2010（2）：113-114.

为当今科学中的基本性概念，至今没有一个共识的定义，原因在于，信息这种现象在不同的信息环境中表现的形式各不相同，也就是说，在有信息过程的具体条件情况下，这些信息过程的规律实现的方法，是情报学作为基础科学要研究的。因此，情报学有不同的发展方向（如技术、生物、社会、物理等）。信息含义的广泛性及信息过程在生物界和非生物界发展中发挥的重要作用是使情报学上升成为与一般系统理论、协同学、控制论、物理学、化学、生物学等科学一样的基础科学的根本原因。

科林提出了对情报学哲学基础问题的探讨研究有价值的理论，2009年出版的专著《情报学的现实哲学问题》被认为是其在情报学领域研究的重要阶段成果，该书不仅面向研究者，而且面对大学师生，引发了学者的浓厚兴趣。科林在前言中说，本书是国内首批系统化研究情报学作为基础科学在其形成和发展过程中有关现实哲学和科学方法论问题的成果之一。

科林总结并分析认为，情报学在三个研究领域取得了进展：理论信息学——研究信息理论、信息模型方法、信息系统理论、计算机语言学、人工智能系统；技术信息学——研究利用计算技术和通信设备进行信息搜集、保存、处理加工和传递的技术系统建设与使用的理论与方法；应用信息学——研究社会实践各个领域中信息技术、系统开发与应用的理论与方法。但他认为这些研究主要关注的只是自然界和社会中信息和信息过程这一十分广泛和综合问题的一个方面，即工具与技术方面，显然是对情报学研究内容的"技术定位"，即以技术为导向，具有局限性。因此，他在继承已有研究成果的基础上，结合21世纪科学与教育发展的现代趋势、问题和未来前景，着手探究情报学新的研究领域构成，1995年他在《情报学的基础问题》一文中首次提出情报学作为基础科学，其研究领域包括5个方面，即理论信息学、技术信息学、社会信息学、生物信息学、物理信息学。这个领域划分涵盖生物界和非生物界所有类型的信息环境空间，在非生物界存在着两个"圈"，即物理圈（客观的自然环境）和技术圈（人工的人造环境）；在生物界也存在两个"圈"，即生物圈（有机物和植物存在的自然环境）和社会圈（人类社会）。这4个环境空间都对应着不同的信息环境空间，都存在着具有各自特点的信息活动过程，不同的信息环境对信息活动过程共性信息规律（理论信息学研究）在这个环境中表现出的特点产生实质影响。因此，按照不同信息环境空间，情报学提出了现代情报学的学科研究内容构成。按照信息空间环境的类型，将情报学研究领域结构分为4个部分：技术信息学、社会信息学、生物信息学、物理信息学。2013年，经过多年研究，他认为，这个结构可以添加一个与复杂学习相关的第5个部分，即人脑中的信息过程,并将这方面的研究称为心理信息学,以区别于主要研究人类生物属性信息问题的"生物信息学",提出了未来的情报学研究领域构成(图5-4)①。

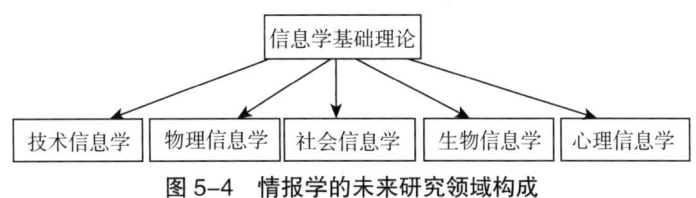

图 5-4 情报学的未来研究领域构成

2003年科林提出面向科学研究和教育的情报学研究内容体系构成,是包含16个结构元素的情报学学科领域结构矩阵(表5-2)。每个结构元素的第一个数字对应情报学问题研究层次,第二个数字代表情报学的4个研究领域。情报学基础理论为情报学的理论基础,包括情报学的哲学基础,这些也是生物信息学和物理信息学等情报学研究经常涉及的。他认为还包括一般信息理论。也就是说,情报学中的技术信息学、社会信息学、生物信息学、物理信息学都要开展不同层面的研究,包括情报学基础理论、信息系统、信息过程与技术、基本信息要素。他认为这种结构对科学和教育的发展非常有建设性。

表 5-2 情报学学科领域构成与研究内容矩阵

情报学研究的基本方面	情报学研究的主要领域			
	技术信息学	社会信息学	生物信息学	物理信息学
情报学基础理论	1.1	1.2	1.3	1.4
信息系统	2.1	2.2	2.3	2.4
信息过程与技术	3.1	3.2	3.3	3.4
基本信息要素	4.1	4.2	4.3	4.4

科林对俄罗斯情报学发展的历史与学科属性探讨进行分析梳理,认为近几十年来情报学的发展已显现出"论题—反题—合成(综合结合统一)"的态势:情报学是人文科学(科学信息情报学)→情报学是技术科学("计算情报学",叶尔绍夫早期观点)→

---

① К.К.Колин.Философия информации:структура реальности и феномен информации[EB/OL]. [2017-10-08].http://www.intelros.ru/pdf/metafizika/2013_4/5.pdf.

情报学是自然科学（叶尔绍夫后期观点）。在此基础上，结合国外研究，他提出自己的观点。他在2009年的专著《情报学的理论问题：第一卷 情报学的现实哲学问题》中描述了情报学研究的主题和领域的三个主要观点，即情报学是综合技术学科、情报学是基础自然科学和综合的实践领域、情报学是对所有自然科学和人文科学具有重要意义的新基础学科，并表示自己是最后观点的积极支持者。

Ю.Ю.Черный认为科林一方面将情报学作为一门基础科学，另一方面将情报学作为一个复杂的跨学科科学方向，这很公平、正确。他的情报学观是建立在信息含义广泛性、信息存在普遍性基础上的，从将信息作为物质基本属性的角度来构建情报学理论体系。

为促进俄罗斯информатика的协调与发展，俄罗斯科学院社会科学信息研究所（ИНИОН РАН）做了两项重要工作，为持不同情报学观点的流派搭建交流共事平台，促进与信息相关不同学科领域的专家学者进行交流。

一是举办"信息科学研究方法问题"研讨会①。2010年11月，ИНИОН РАН组织俄罗斯代表团参加第四届"信息科学基础理论"国际会议（2010年8月，于北京）讨论总结会。各路专家悉数到场，有技术学博士科林、ИЛИ РАН的С.Н.Гринченко、《开放教育》杂志社的В.З.Журавлев、俄罗斯国立图书馆的教育学副博士Э.Р.Сукиасян、ИНИОН РАН的哲学副博士Ю.Ю.Чёрный等，会议决定由ИНИОН РАН和俄罗斯科学院信息学研究所（ИПИ РАН）联合举办"信息科学研究方法问题"研讨会，在ИЛИ РАН所长И.А.Соколов院士和ИНИОН РАН所长Ю.С.Пивоваров院士的支持下，这个想法成为现实。2011年2月—2012年3月，ИНИОН РАН与ИЛИ РАН联合举办8次"信息科学研究方法问题"研讨会②，2016年又举办了5次。会议的口号是"信息问题研究者联合起来"，目的是将以信息为直接研究对象和主题内容的各学科人士召集在一起，开展对话，将研究与信息有关科学学科领域的专家学者的力量联合起来，讨论与信息相关学科的最常见问题，研究制定有助于这些学科科学发展的共识方案。其任务包括：熟悉国内外信息问题研究的观点，以及将信息方法应用于现实认知的实践；就信息科学热点问题交换意见、交流经验，促进将信息作为独立的一般科学和哲学现象

---

① Семинар «Методологические проблемы наук об информации»［EB/OL］.［2017-12-23］. http://inion.ru/science/seminary/seminar-metodologicheskie-problemy-nauk-ob-informatsii/.
② Р.Сукиасян，Ю.Ю.Чёрный.Единая среда как фактор развития науки［J］.Научные и технические библиотеки，2013（4）：21-28.

进行研究，克服阻碍专门（具体）信息科学领域科学交流的体制及其他障碍，实现信息科学领域术语清晰性，克服现有使用情报学（информатика）概念的多义性；在统一的信息计算机科学范式下研究 информатика 的概念基础，作为信息通信技术（ICT）研发和现代社会系统发展的理论基础。会议由 ИПИ РАН 的科林和 ИНИОН РАН 副所长 Ю.Ю.Чёрный 任负责人。研讨会话题广泛，如卢西亚诺·弗洛里迪（Luciano Floridi）提出的信息哲学、信息科学及其分类、情报学教育、信息—计算机科学术语系统的建立等内容。

ИНИОН РАН 网站提供会议资料、文本、演示文稿、报告、图片、参会者清单、幻灯片和音视频等，ИНИОН РАН 出版《社会科学信息理论与实践》文集。研讨会的一个主要特点是没有"正确"和"错误"的观点，因此没有将参会者分为"朋友"和"其他人"。所有与信息问题相关的观点在这里都是受欢迎的和有需求的，当然要有一定水平的论证。从本质上讲，研讨会成为我们需要的及我们自己构思的所有与信息有关的学科进行跨学科对话的典范。散会后参会者仍坚持自己的想法，但是也会在思想碰撞中产生火花，澄清各自立场，消除误解，相互倾听，有对话就有机会一起研究解决复杂问题。研讨会对参与者进行调查，以收集和评估情报学的不同观点。

参会学者来自俄罗斯科学院所属的研究所（如 ИНИОН РАН、ВИНИТИ РАН、中央经济与数学研究所 ЦЭМИ РАН 等）、科研机构和大学（如俄罗斯工业大学 МИРЭА、俄罗斯新大学 РОСНОУ、莫斯科国立测绘大学等）、大型图书馆（如俄罗斯国立图书馆、俄罗斯科学院自然科学图书馆等）、俄罗斯教育科学院教学内容与方法研究所情报学教学实验室、虚拟计算机博物馆、期刊编辑部［如《演进》（《Эволюция》）、《开放教育》（《Открытое образование》）］等组织机构。从参会人员可以看出情报学研究队伍整合的广泛性。研讨会主要针对的是情报学的计算机派（компьютерной информатик）和语义派（семантической информатики）之间的异同，希望两派学者能在一个研讨会框架内联合讨论、定期沟通交流，因此更多邀请的是这两个方面的专家学者。

二是实施《情报学访谈》研究计划[①]。由 Ю. Ю. Чёрный 采访俄罗斯科学院西伯利亚分院叶尔绍夫情报学系统研究所、俄罗斯科学院西伯利亚分院科技公共图书馆、俄罗斯科学院西伯利亚分院计算机技术研究所、国立新西伯利亚大学高级信息学学院等机构的专家学者。2011 年 2—3 月，做了 7 期访谈，旨在搜集发现不同情报学思想者之间相

---

① Беседы об информатике［EB/OL］.［2017-12-25］. http：//inion.ru/science/seminary/seminar-metodologicheskie-problemy-nauk-ob-i nformatsii/besedy-ob-informatike.

互关系的交叉点（共同点），实现不同观点者之间的对话。在对话过程中发现情报学研究存在问题的"症结"（болевые точки）所在，揭示一些研究立场（态度）的独特性和一些重要但鲜为人知的历史事实。对话的结果是为达成共识和为接下来建立统一的情报学系统提供基础。

虽然有时间顺序，但各学派观点并不是完全替代的关系，各学派观点的形成有一定的时间先后的次序性，但观点内容不具有相互替代性，各学派观点在各自框架内自我完善和发展，如基利亚列夫斯基早年与米哈伊洛夫一道建立了科学情报工作理论，属于"科学情报学派"，但后来他开始关注语义信息科学，2004年出版专著《情报学基础》；再如叶尔绍夫晚年对情报学的认识有了不断的变化。各流派之间基本上是相容共存的，没有激烈的争论，基本上是各说各话，彼此之间没有产生明显的、针锋相对的冲突，只是个别学派的发文对其他学派观点提出质疑和不同声音，但基本上没有相互间的辩论，感觉相处融洽。正因如此，他们共同编织了一个庞大的俄罗斯情报学理论体系。

5.3 俄罗斯情报工作发展

俄罗斯科技和社会科学领域的情报工作基本上是由俄罗斯科学院下设的研究所负责开展的，不同研究所从事的情报学研究和情报工作存在明显不同，这与前面所提到的不同情报学理论流派是基本一致的。国家安全和军事领域的情报工作则是由具体国家权力机构负责的。

5.3.1 科技和社会科学情报组织机构及业务范畴

俄罗斯科技和社会科学领域的情报工作基本上是从20世纪50年代之后开始的，主要是由于第二次世界大战后，世界各国开始重视科技和经济发展与社会建设，当时的苏联政府开始重视科技发展的情报信息保障工作及社会信息化建设，建立了各种类型的情报机构，不仅开展相关的研究工作，而且进行复杂生产，提供丰富的情报信息资源。

（1）俄罗斯科学院全俄科技信息研究所及其情报服务工作

俄罗斯科学院全俄科技信息研究所（Всероссийский институт научной и техническойинформации Российской академии наук，ВИНИТИ РАН，简称ВИНИТИ）前身是苏联科学院全俄科技信息研究所，成立于1952年，它的成立是苏联科学界的一件大事。1952年苏联科学院主席团在院长А.Н.Несмеянов的倡议和积极参与下，决定在科学院建立一个科学信息研究所,其主要任务是为大科学提供信息服务,ВИНИТИ 应运而生。

1)情报信息资源建设与服务工作

当年苏联发射地球上第一颗人造卫星,西方世界为此感到震惊,欧美专家对于苏联科学家对世界科学现状的认识感到惊讶。世界科学界认为 ВИНИТИ 的建立和快速发展是苏联的一项伟大成就,ВИНИТИ 的成立为苏联科学家了解国际科学发展、掌握国外科学技术提供了重要的文献信息支持,20 世纪 50—60 年代苏联科学技术取得巨大成与 ВИНИТИ 的信息工作有直接关系。西方媒体对 ВИНИТИ 的评价是"创建一个强大的信息中心的重要性甚至超过了第一次载人飞往太空的飞船"。2002 年,ВИНИТИ 成立 50 周年之际,来自俄罗斯和外国的许多著名科学家表示祝贺,俄罗斯总统普京签发命令,感谢 ВИНИТИ 对俄罗斯基础科学研究、应用科学研究及现代信息技术发展做出的巨大贡献。如今,ВИНИТИ 已发展成为世界上最大的信息中心之一,这里集中了俄罗斯国家科技信息资源的核心内容。

ВИНИТИ 在精密科学、自然科学、技术科学、经济学、医学、环保科学等领域形成了独特的文献信息资源收藏,并在此资源基础上,向专家学者提供各种现代信息产品和服务,包括印刷型和电子型摘要期刊、信息通报、文集等类型的信息出版物。

ВИНИТИ 的信息产品和服务为俄罗斯各种科研活动、教育活动和创新活动提供信息支撑。目前,ВИНИТИ 不仅是俄罗斯国家科学的信息保障基地,而且在独联体国家信息资源保障方面发挥协调作用。根据独联体政府首脑理事会的决定,ВИНИТИ 被赋予独联体国家科技信息跨国交流基础组织的地位。

编制出版文摘期刊是 ВИНИТИ 最初和最基本的情报工作,也是其服务苏联/俄罗斯科学的重要资源基础。时代在发展,人类进入互联网时代,在拥有大量数据库、网络信息资源的情况下,在人们认为"互联网拥有一切"的时代,许多科学家认为文摘期刊出现在 18 世纪,在 20 世纪初发展到目前的形式,已经过时,而 ВИНИТИ 认为这并没有削弱文摘期刊的价值,仍坚持认为文摘期刊具有其他形式都无法替代的地位与作用,并坚持继续编制,他们依据布拉德福定律,认为编制印刷型和电子型文摘出版物能将分散在大量期刊上的某主题论文标题进行集中揭示,满足特定用户的需求。2007 年 ВИНИТИ 出版的文摘期刊有 240 多期,包含 70 多个国家 40 多种语言的 5300 多万篇论文,还建设文摘期刊数据库。ВИНИТИ 使用现代 Web、Grid、GIS 技术研发了一些技术方法、软件程序,以方便俄罗斯科学院及其他科学团体使用该所科技信息资源。

ВИНИТИ用户几乎遍布俄罗斯所有地区的主要科研机构、图书馆、政府机构和企业，以及10个独联体国家、外国大学和世界主要图书馆。除了在俄罗斯、独联体国家和国外编制出版传统的摘要类和分析评论类出版物、科学期刊和数据库外，ВИНИТИ还与保加利亚、英国、德国、美国等国的信息机构、大学签订合同，开展资源提供服务。

ВИНИТИ在俄罗斯科学主席团"俄罗斯工业化潜力预测"项目框架下，利用馆藏电子资源和互联网上国外电子期刊着手编写相关行业领域的科学技术发展述评。对国际信息资源做导航也是ВИНИТИ РАН的重要工作内容之一，追根溯源，这是当年创立苏联情报学的米哈伊洛夫时代留下的服务工作内容。在即将迎来成立70周年之际，ВИНИТИ认为自己在俄罗斯社会信息化中扮演重要作用，具体体现在：拓宽了俄罗斯专家学者对世界科技文献的获取渠道；完善了国内科学发展的信息保障；为信息社会建设提供信息基础设施；为俄罗斯与其他独联体国家共同信息空间建设提出组织管理、方法和规则等方面的支持；在积累大量信息和智能系统搜索和加工的基础上，协助编制俄罗斯科技发展分析与预测报告。

2）情报信息研究工作

ВИНИТИ隶属俄罗斯联邦科学与高等教育部，按照2018年新的ВИНИТИ章程，ВИНИТИ主要开展信息科学和信息技术领域的基础性、探索性和应用性研究与实验开发，包括：情报学和信息系统的科学基础研究；开发建设自然科学和技术科学领域具有监测和导航性能的综合信息系统；开发信息系统软件，研究设计信息安全问题解决方案；人工智能研究和知识信息系统创建；科技信息加工方法改进；世界科学技术文献结构和性质研究，制定ВИНИТИ信息产品选择标准和方法；开发用于处理、存储、搜索和传输信息的自动化技术；创建导航系统，提供科学信息资源保障；制定科技信息分类体系和标准；分析和改进研究所现有的、创建新的信息产品和服务。ВИНИТИ在跟踪调研国际自然科学和技术科学领域已发表科技文献并对其进行分析处理的基础上，建设ВИНИТИ多主题自然科学文献数据库，作为国家信息资源的组成部分，并组织国内和国外用户访问它；出版和传播文摘期刊、数据库和其他印刷型和电子型信息产品。

为更好地服务于国家科技发展，近些年ВИНИТИ都进行年度科学研究立项活动，以2018年为例，其立项研究项目包括"研究全球科技文献，建设为俄罗斯创新发展和技术现代化提供信息和分析支持的文摘数据库""信息产品生产的科学方法和软件技术支持，UDC、SRSTI、VINITI Rubricator分类系统的开发和改进""世界科学：科学方向和关键技术的比较分析、科学合作模式""科技信息国际交流规则制定""国家科学计量系统原理设计""预测分析型信息产品生产的理论和技术基础""俄罗斯科技及关键技术优先发展领域的科技信息系统研究和分析"等，由此可以窥见 ВИНИТИ 在情报学领域的研究与工作。

ВИНИТИ 还招收全日制和非全日制的"情报学与计算技术"专业研究生，包括两个方向，即情报学理论基础和信息系统与信息过程，培养情报学、计算机科学、信息科学方面的高层次人才。

（2）俄罗斯科学院情报学问题研究所

俄罗斯科学院情报学问题研究所（Институт проблем информатики Российской академии наук，ИПИ РАН，简称 ИПИ）前身是成立于1983年的苏联科学院情报学问题研究所。1983年年中，苏联领导层通过决议，决定加强苏联科学院（АН СССР）在情报学和计算技术领域的研究工作。为执行这一决定，时任苏联科学院院长 А.П.Александров 与副院长 Е.П.Велихов 倡议成立一个新的分支机构——情报学、计算科学和自动化分部，不仅将当时已有的苏联科学院应用数学研究所、苏联科学院计算中心、苏联科学院信息传递研究所等纳入其中，而且新建一些研究所，其中就包括情报学问题研究所（ИПИ АН）。情报学、计算科学和自动化分部的组建是为了消除当时信息化问题研究工作的部门分割问题给国家信息化发展带来的阻碍。1983年7月29日，苏共中央委员会和苏联部长委员会通过组建情报学问题研究所（ИПИ АН）的决议，1983年8月2日，苏联科学院主席团发布命令，ИПИ АН 正式成立。1992年起，ИПИ АН 改称俄罗斯科学院情报学问题研究所（ИПИ РАН）。

1）情报信息服务工作

ИПИ АН 的主要任务是开展大型计算设备和系统软、硬件方面的基础研究和应用研究。ИПИ 主要从事计算机科学、软硬件及系统开发基础研究工作，И.А.Соколов 院士任所长。

ИПИ 下设两个部门。①信息管理通信系统与信息安全·数字经济中的信息技术部。下设部门：信息、控制与通信系统室；新计算系统的架构和电路室；信息、控制和通信系统信息安全室；信息管理系统知识呈现、机器人控制室。②数据密集型系统建模与构建的随机与智能技术方法部。下设部门：信息学随机问题室；信息技术管理和信息系统建模室；数据存储与处理方法和软件室（下设两个小组，即信息系统构建综合技术方法组、计算机语言学与文本认知处理技术组）；信息技术工作方法室。

2000年以来，ИПИ 一直在积极开展现代信息通信技术公共服务系统和网络相关的工作方向，模拟当前和未来的 ITS 及其节点。研究所从成立之初就开始关注信息科学教育工作，积极参与信息科学软、硬件系统及应用程序开发，在为教育机构选择和供应首批教学用计算设备及编制学校计算机科学教育实验课本过程中发挥重要作用，研究所开发了用于计算机打字、计算机科学和计算技术基础等实践教学的应用程序软件。它与 UNESCO 密切合作，开展的远程教育主要成果已在一些国际项目中得到实践检验。

2011 年 ИПИ 与 Microsoft 公司签订协议，在 ИПИ 成立软件技术和方法能力中心，中心旨在为俄罗斯科学院开发人员提供有关产品的相关信息，提高俄罗斯科学院微软平台上信息系统开发流程的质量。中心举办技术培训、研讨会、在线直播等，各种主题由俄罗斯科学院学者提出。ИПИ 的研究人员经常获得俄罗斯总统、俄罗斯政府、俄罗斯科学院的各种荣誉和奖励[①]，如俄罗斯杰出科学家奖，这是对该所工作贡献的肯定与鼓励。

2）信息产品研发与情报服务研究工作

2015 年 ИПИ 改组并入俄罗斯科学院"情报学与管理"联邦科学研究中心（Федеральный исследовательский центр "Информатика и управление" Российской академии наук，ФИЦ ИУ РАН），ФИЦ ИУ РАН 现隶属俄罗斯联邦科学与高等教育部，是从事计算和应用数学、系统分析和管理、理论信息学和信息技术、信息和通信基础设施建设及社会信息化等方面基础性、探索性和应用性科学研究与开发的科学组织，具体包括 5 个机构：ИПИ、俄罗斯科学院计算中心、俄罗斯科学院系统分析研究所、教育信息学研究所、医学现代信息技术研究所。从该中心的英文译名"Federal Research Centre 'Computer Science and Control' of the Russian Academy of Sciences"可以看出 Информатика 被译为 Computer Science，由此可以判定，如果 ИПИ РАН 从事的是情报学研究与实践，那么其属于计算机科学学派。

最初几年 ИПИ 主要从事三个领域的研究——计算机结构设计与技术、计算机软件开发、计算机系统应用研发。20 世纪 80 年代，ИПИ 开展分布式计算机计算信息系统设计方案与程序控制方法方面的研究，设计生产了苏联当时最大型主机之一——EC-1130 型电子计算机，开发设计了一系列体系结构为通用 32 位的计算机，其设计生产的产品被授予苏联国家奖。它在 20 世纪 80—90 年代初，开展 CAD 工程和微电子学研究；在 1999—2005 年，开展基于高性能信息和计算系统的非传统架构和系统软件研究，开发了

---

① Награды и почетные звания［EB/OL］.［2018-02-11］.http：//www.ipiran.ru/awards/.

新架构的软件模型，设计实现了"硬件"要素。ИПИ多年来一直致力于地理信息技术领域的研究，开发了用于收集、构建、语义建模和编码、存储、分析、搜索、处理、显示和传输各种形式地球多维空间信息的系统，研发了以电子地图和文本信息为形式的空间数据输入、处理、发布技术，以及电子地图数据库的形成和维护。ИПИ积极参与研究制定国际上第一个"地理信息测绘：空间地形模型.基本要求"（ГОСТ Р 52055-2003）国家标准，以及"地理信息制图：电子地图.电子地形图.基本要求"国家标准（ГОСТ Р 52293-2004），研究开发了用于构建面向对象的地理信息系统建设方法、基于文本的数据库信息存储和搜索方法，该数据库是 Objectland GIS 软件包的基础，该软件被用于俄罗斯国土自动化测量工作，在俄罗斯许多地区使用[①]。

1985年ИПИ成立了答辩委员会，有权进行4个专业的博士和副博士学位答辩：计算机、计算机网络设备的数学软件（05.13.11）；通信系统和计算机网络（05.13.13）；计算机、系统和计算机网络（05.13.15）；情报学理论基础（05.13.17）。

ИПИ如今从事的主要研究方向包括：信息通信系统与网络、社会信息化；情报学和信息技术理论基础（包括数学模型和方法、随机技术和系统）；信息积累、存储、检索、处理、转换、显示、保护和传输技术及认知技术；新一代计算机系统架构、系统解决方案、网络软件开发。目前，ИПИ在奥廖尔和加里宁格勒建有分所，ИПИ РАН成为公认的将基础科学研究与重要超大型信息通信系统建设相结合的信息科学研发中心，在高速信息通信系统建设领域的工作卓越。

ИПИ出版三种专业期刊：1989年开始出版《情报学的系统和方法》，刊载信息技术领域的理论性、评述性和讨论性文章，包括信息通信系统及其建设方法、计算机设备与网络的构造设计及软件开发、信息保护技术与方法等主题；2007年开始出版《情报学及其应用》，刊载情报学及其应用领域研究与开发的理论性、综述性和讨论性文章，主题包括情报学的理论基础、研究复杂系统和过程的数学方法、信息系统和网络、信息技术、计算机设备和网络的架构及软件等；第三种期刊为《高可用性系统》。

(3) 俄罗斯科学院社会科学信息研究所

俄罗斯科学院社会科学信息研究所（Институт научной информации по общественным наукам Российской академии наук，ИНИОН РАН，简称ИНИОН）是俄罗斯最大的人文

---

① И.А. Соколов，В.Н. Захаров.К 25-Летию Института Проблем Информатики РАН［EB/OL］.［2018-03-10］. http://www.computer-museum.ru/histussr/ipi_ran_25.htm.

社会科学信息中心,也是世界上最大的人文社会科学信息中心之一[1][2]。ИНИОН 成立于 1969 年,前身是在苏联科学院社会科学基础图书馆基础上成立的苏联科学院社会科学信息研究所,其历史可追溯至 1918 年全俄中央执行委员会下令成立的共产主义学院图书馆,1936 年该图书馆改组成为苏联科学院社会科学基础图书馆。20 世纪 60 年代起,苏联为了与其他国家建立国际关系,需要有对世界经济和政治,特别是在西方发达国家深入了解的专家,因此,苏联开始重视社会科学的发展,在苏联科学院建立了一些研究所,1969 年苏联科学院社会科学基础图书馆被改建为苏联科学院社会科学信息研究所。1997 年俄罗斯政府颁布命令,将 ИНИОН 确定为国家科技信息系统(ГСНТИ)社会科学联邦中心。

1)情报信息资源建设与服务工作

ИНИОН 现为俄罗斯联邦科学与高等教育部所属机构,2018 年俄罗斯联邦科学与高等教育部批准了新的 ИНИОН РАН 章程,明确了 ИНИОН 属于从事人文社会科学领域信息资源建设、服务与研究的联邦财政预算科学机构,从事开展人文社会科学领域的科学信息收集分析、科学研究、书目编制、图书馆信息服务等方面工作。ИНИОН 因编制出版书目类、文摘类、分析类科学信息出版物,以及拥有联邦级的基础图书馆、建有自动化社会科学信息系统(АИСОН)和在人文社会科学领域的科学研究活动而在业界拥有很高的知名度。

2008 年俄罗斯科学院主席团通过决议,明确了 ИНИОН 主要从事三方面科学活动:为人文社会科学基础研究提供科学信息保障、建设人文社会科学信息系统、开展图书馆学和目录学研究。由此,ИНИОН 担负三方面工作职能,形成了具有特色的工作运行机制。①图书馆的职能:为用户提供人文社会科学领域的图书馆文献信息资源与咨询服务。ИНИОН 开展图书馆信息业务流程自动化,开发建设数据库,从 20 世纪 80 年代开始建设人文社会科学文献书目数据库。截至 2019 年 1 月,总量达到 380 多万条数据,年增 10 万条,其产品和服务的主要用户包括科学院学者、高校师生、国家机构工作人员、社会组织人士、国外学者等。②科学信息中心的职能:ИНИОН 一方面跟踪最新科学研究成果,搜集国际科学文献中的人文社会科学信息资源,综合分析科学文献,挖掘

---

[1] Презентация отчёта о деятельности ИНИОН РАН в 2008–2012 гг [EB/OL]. [2019-03-05]. http://inion.ru/site/assets/files/1067/otchet_inion_ran_2008-12_120313.ppt.
[2] Буклет ИНИОН РАН [EB/OL]. [2019-03-05]. http://inion.ru/site/assets/files/1067/inion_brochure_rus.pdf.

和生产新知识,加工成信息产品,揭示世界科学研究热点,传递新知识;另一方面出版人文社会科学方面的期刊、文摘、分析评论及各种形式的信息速递,编辑、出版分析性、摘要性、书目性和参考性的学术研究出版物,如社会科学和人文科学新文献书目、国内外社会科学与人文科学文献文摘期刊、俄罗斯和穆斯林世界科学通讯(CD版文摘期刊),还有出版列入俄罗斯联邦高等教育和科学部最高学位认证委员会(BAK)审查认证出版物清单的期刊,如《俄罗斯和现代世界》《欧洲现实问题》《政治学》等。③研究机构的职能:ИНИОН的工作人员既是从事研究的学者也是科学信息工作的组织者,他们开展人文社会科学、情报学、图书馆学和目录学领域的基础性、探索性和应用性研究。目前ИНИОН有5个科学研究委员会,作为ИНИОН学术委员会的分会,包括社会科学信息研究中心委员会、人文科学信息研究中心委员会、全球和区域问题科学信息研究中心委员会、科学教育与技术科学信息研究中心委员会、基础图书馆与信息化中心联合委员会。

2) 情报信息部门及业务工作

ИНИОН下设11个中心、2个部和1个基础图书馆,其中各类中心是ИНИОН的主要分支机构。情报学问题研究中心于2013年成立,目的是开展有关信息的科学方法与技术等方面的科学研究与科学信息工作。利用人文社会科学研究方法与成果进行学科性和跨学科性研究的中心开展如下方面的科学研究与科学信息工作:全面研究国内情报学发展情况,通过为信息和情报学专家学者创建统一交流空间的方式,促进情报学一体化共识的形成,传播有关情报学的相关科学和分析信息,协调统一研究中心和个别研究人员力量,研发使用信息科学领域先进研究方法,协调情报学研究与教学活动。社会科学信息研究中心开展经济学、法学、政治学、社会学、社会心理学、历史学等领域的信息分析和研究工作,主要任务是分析现代社会科学前沿问题,研究领域包括国外经济和政治发展,国外经济、社会和政治改革经验,国家和法律的理论与历史,俄罗斯法律和司法改革及国际法律秩序,联邦制、地方自治制度理论与实践,俄罗斯历史上的改革与革命,政治文化等。该中心出版文摘期刊《社会科学与人文科学·国内外文献》,包括"国家与法律""经济""社会学""历史"4个专辑系列,编辑出版《政治学》《俄罗斯经济与社会问题》等期刊及信息分析文集与评论。中心包括经济、法学、政治学、社会学、社会心理学、历史等下属部门。其他的主要中心包括人文科学信息研究中心,科学、教育与技术科学信息研究中心,全球和区域问题科学信息研究中心等。各中心只是从事的具体领域不同,其工作性质、方式基本一致,在此以社会科学信息研究中心为例,故不赘述。

ИНИОН 有研究生部，从事研究生培养工作，专业以经济、文化等人文社会科学学科为主，还包括图书馆学、目录学和图书学，信息系统与信息过程等。2015年1月30日，ИНИОН 图书馆发生火灾，大量珍贵文献被毁，ИНИОН 进入紧急状态，停止了研究生招生[①]。

5.3.2 军事和警察情报管理体制基本框架

俄罗斯联邦情报体系作为俄罗斯强力部门的组成部分，受到俄罗斯联邦国家战略领导与协调体系的领导。作为俄罗斯联邦军事力量一部分的军事情报机关另外还要接受军事领导体系的领导。

（1）俄罗斯军事和警察情报管理机构

1）俄罗斯军事和警察情报体系的最高领导——总统

《俄罗斯联邦宪法》《俄罗斯联邦安全法》及其他情报立法相应地确立了俄罗斯联邦总统在情报体制中至高无上的领导地位，并赋予了其广泛的权力。俄罗斯最重要的三个情报机构中的两个——联邦安全局和对外情报局都由总统直接领导。俄罗斯联邦总统主要通过五种方式行使其对情报系统的领导权。

第一，确定情报工作领域基本战略方针。俄罗斯联邦总统通过确定俄罗斯联邦国家安全政策，以情报体系的任务作为牵引，确定情报工作领域的基本战略方针。

第二，对情报体系和情报机构的结构和功能进行直接管理。俄罗斯联邦任何国家情报组织的设立、取消和改组都要经过总统的批准才合法。俄罗斯联邦总统时常通过情报体系和情报机构的改革，来改变情报体系结构与职能，从而改变情报体系的力量结构及各个情报机构在情报体系中的地位，以从组织角度实现对情报体系的直接领导。

第三，任命情报机构领导人。俄罗斯联邦情报机构领导人的任命权都由总统亲自掌管。总统拥有这样的权力，就可以通过任命与免除情报机构领导人的方式，来调整情报机构的发展方向。

第四，评价情报机构的工作绩效。俄罗斯联邦总统除在自己的职权范围内直接给所属各个情报机构下达情报保障任务外，常常还以评价各个情报机构情报工作业绩的方式，间接提出对情报机构完成情报任务的要求。

第五，批准各个情报机构的国际合作事项。总统作为俄罗斯联邦各个情报机构的终

---

① Правила приема［EB/OL］.［2019-09-24］.http://legacy.inion.ru/index.php？page_id=505.

极用户和最高领导,是各个情报机构情报产品的最终归属。俄罗斯各个情报业务机构国际合作事项必须由总统批准方能付诸实施。

2) 俄罗斯军事和警察情报体制中的决策协调机构——安全会议

俄罗斯联邦安全会议是由俄罗斯联邦总统亲自掌管的辅助总统进行安全决策的机构。其工作范围相当宽泛,安全会议由总统担任主席,设有一位专职秘书。安全会议的常委和委员由总统任命,成员不固定。安全会议对情报体系具有领导和协调的双重作用,主要体现在以下几点。

第一,俄罗斯联邦安全会议通过其业务活动实现对情报体系的领导。《俄罗斯联邦安全会议条例》规定联邦安全会议机构的第一项任务就是"为联邦总统和安全会议就当前安全问题评估面临的内外安全威胁、阐明威胁来源,提供情报与分析保障,准备分析材料和对影响安全形势的内外条件变化进行预测"。安全会议由此成为一个中间环节,作为决策层的第一个环节,它是最重要的情报用户;作为决策层最终的情报分析保障单位,它又是最后的情报分析部门。

第二,俄罗斯联邦安全会议是俄罗斯情报体系各个组成部门的协调机构。俄罗斯情报传统中的一个重要方面就是各个情报机构之间平行运行,彼此保持相互竞争关系,所要完成的任务虽时有交叉,但是执行任务的过程绝对不会交叉。俄罗斯联邦安全会议的一项重要职能就是在战略层次上为俄罗斯最重要情报机构的首长进行交流提供一个平台,同时也就承担起了协调各个情报机构立场的作用,从而引领情报工作向前发展。

3) 俄罗斯军事和警察情报体制中的执行协调机构——联邦政府

俄罗斯联邦情报机构领导权直属总统,联邦政府只有依据总统命令和批示进行协调的权力。所以,联邦政府是俄罗斯情报体制中的执行协调机构。俄罗斯联邦政府对情报部门的协调工作通常由两种方式进行。

第一,提出有关情报机构的政府预算。政府拥有制定并向国家杜马提出年度联邦预算的权力,预算的多少直接决定了机构的生存与发展状态,决定机构履行使命任务的能力。所以,制定预算的权力是俄罗斯联邦政府对情报部门产生影响的一个重要杠杆。

第二,向总统提交联邦执行权力机构组成的建议。俄罗斯联邦政府总理在"有关建立、改组或撤销执行权力机构问题"方面拥有一定的发言权。考虑到政府总理是联邦安全会议的常任委员,他也可以通过这样的方式实现对情报机构的影响。

4) 俄罗斯军事和警察情报体制中的立法与监督机构——联邦会议

作为俄罗斯联邦三权分立中的立法权力机构,联邦会议由联邦委员会和国家杜马两院组成，拥有立法权和议会监督权。虽然在俄罗斯联邦"超级总统制"的政治体制下，其发挥的作用有限，但对情报体系仍然发挥着立法和监督职能，主要体现在以下几点。

第一，情报安全立法权。目前，俄罗斯联邦已经建立起相对完整的情报法律法规体系：既有宪法这样的根本法，也有国家安全层面的总体性法律，各个主要情报机构也都拥有了相应的部门法。俄罗斯联邦会议通过这些法律法规，不仅赋予了各个情报机构存在的合法性，还通过这些法律法规规范了各个情报机构的使命任务、工作范围和工作方向等，更规范了情报机构的活动方式等。

第二，情报机构监督权。联邦会议监督情报机构的主要途径有以下两条。一是财政监督。联邦会议下院杜马在审议联邦预算时，是否批准情报部门的经费开支对情报体系的运行形成影响。二是议会调查。2005年9月26日俄罗斯联邦会议通过《国会调查法》，对严重危害宪法所保障的各项权利等事件，除总统及司法案件之外，都可进行调查。所以，原则上，如情报机构有此类活动，国会也有调查的权力。

第三，议会质询权。按照《俄罗斯联邦会议联邦委员会成员和国家杜马代表地位法》的规定，联邦会议两院代表有权在联邦委员会或国家杜马会议上，以书面形式向俄罗斯联邦政府、各个联邦执行权力机构领导人提出质询。国家杜马代表还有权在本院会议上，向俄罗斯联邦政府的任何成员提出问题。被质询的国家公务人员应按照相应规定，以口头或书面形式给予答复。俄罗斯联邦各情报机构作为联邦执行权力机构，具有接受议会质询的义务。

5）俄罗斯军事情报体制的最高军事领导机构——国防部

俄罗斯联邦军事情报机构作为俄罗斯联邦执行权力机构国防部的职能部门，在军队内部要接受国防部和总参谋部的领导与指挥。俄罗斯联邦国防部作为俄罗斯联邦军事情报体制的最高军事领导机构，可以"组织有利于国防利益的情报活动"。这意味着国防部不仅可以统一领导俄军一切情报力量，还有权组织其他非国防部系统的情报力量从事"有利于国防利益的情报活动"。

国防部对军事情报体制的领导可以有多种方式。例如，国防部长可直接向总统及安全会议汇报有关军事情报工作的问题，提出各种与军事情报体制建设有关的建议，有权将有关军事情报机构的设立、改组及撤销的建议提交总统批准，有权提出包括军事情报机构在内的武装力量编制员额的建议等。

6）俄罗斯军事情报体制的直接管理机构——总参谋部

俄罗斯联邦武装力量总参谋部是俄罗斯联邦武装力量的"中央军事指挥机构"和

"基本作战指挥机构"。2004年《俄罗斯联邦国防法》修正案,对总参谋部和国防部的机构进行重组,这使得总参谋部在法律地位与实际任务履行上成为国防部的下属部门。改组后的总参谋部只剩下作战总局、组织动员总局、情报总局及其他一些部门。"组织以国防和安全为目的的情报活动"作为总参谋部的主要职能之一,使其地位得到进一步凸显。这也成为总参谋部情报总局等军事情报部门直接隶属总参谋部的法律依据[①]。

(2) 俄罗斯军事和警察情报管理体制的主要特点

俄罗斯联邦情报管理体制最突出的特点就是军政分立、垂直领导。总统通过安全会议统一组织协调军地两方面的情报资源,以联邦安全总局、对外情报总局和总参谋部情报总局为主要职能部门,归口管理各个情报机构,合理配置、区域协同,确保国家情报管理体制的运作高效、畅通。

1) 高度集中,垂直领导

苏联时期,俄罗斯实行的是"高度集中,垂直领导"的情报管理模式,党的总书记处于情报管理体制的顶端,拥有对整个国家情报体制的最高领导权,其通过国家安全委员会(克格勃)和国防部对情报体制进行总体领导。克格勃作为党情报安全的主要机构,负责管理国家庞大的情报资源,并监督军事情报机构的活动。国防部是军事情报机构的最高领导机构,直接向中央政治局负责,领导全军的军事情报工作并向总书记进行汇报。总参谋部隶属国防部,对军事情报总局进行直接领导。总参谋部情报总局领导各个军种、军区的情报工作。这种高度集权的领导模式有效地整合了国家情报资源,能够避免分权带来的种种弊端,最大限度地发挥情报的效益。普京上任后,通过两次对联邦安全总局大规模的调整和扩权,一定程度上回归了苏联时期克格勃的管理模式。但是也应该看到这种垂直领导模式也存在机构庞大、领导环节过多、决策程序过长的缺陷,从而影响到国家情报管理的效能。

2) 军政分立,各司其职

苏联时期,俄罗斯实行的是政府、军队二元并立的情报管理体制,二者相互竞争、相互监督,又在一定程度上相互协调,共同服务于国家安全的总体利益。俄罗斯联邦成立后,总参谋部情报总局与克格勃的继承者对外情报总局和联邦安全总局继续保持着相互协同的关系。它们在情报工作领域各有侧重,又相互交叉。其中,总参谋部情报总局与对外情报总局的协同关系就更为重要。总参谋部情报总局除负责搜集军事情报外,还收集与一个国家进行战争的意向、能力和意图有关的任何情报,对外情报总局除负责对

[①] 王亮. 俄罗斯联邦情报管理体制分析[J]. 情报杂志, 2015, 34(9): 17-20, 60.

外情报侦察外,还兼有部分军事情报的职能。长期以来,它们在各自的情报活动中保持着密切的合作,"从职权上看,实力雄厚、经验丰富的格鲁乌与对外情报总局是黄金搭档,长期分工合作使两个部门形成了有效的行动模式,即格鲁乌锁定目标,对外情报总局实施准确行动。

3)权责明晰,依法管理

俄罗斯已经把国家情报立法作为情报系统改革、生存与发展的基石,颁布了多部有关法律,并根据情报变化不断对其进行修订和补充,形成了一个有关安全保障方面相对齐备的法律体系。其中,《俄罗斯联邦宪法》是国家安全法律保障机制的核心,它对维护俄罗斯联邦国家安全的根本原则和有关国家安全机构的活动进行了规范,从而构成了俄罗斯"国家安全保障体系的核心法律基础"。

一系列有关国家安全问题的俄罗斯联邦法律构成了国家安全法律保障机制的最重要内容,此类联邦法律包括《俄罗斯联邦安全法》《俄罗斯联邦对外情报法》《俄罗斯联邦侦查活动法》《俄罗斯联邦安全局机关法》及有关国家安全机关的组织条例,如《俄罗斯联邦安全局条例》《俄罗斯联邦对外情报局条例》等。同时,俄罗斯联邦每一次对情报安全机构的改组和调整,都一定伴随着一部相关法律的出台,来规定国家情报机构的任务、职能、建制和领导关系等,以使情报机构在法律规定的范围内行事。最近几年,俄罗斯的情报机构立法向更专业、更明确、更清晰的方向发展[①]。

(3)俄罗斯军事和警察情报的发展因素

俄罗斯军事和警察情报体系发展的影响因素众多,这些因素既包括俄罗斯所面临的国际环境和形势,也包括国内固有的情报文化及社会氛围。这些因素或一以贯之地以动力形态出现,或者一以贯之地以阻力形态出现,或者在一定条件下成为动力,在另外条件下转化为阻力。正是在诸多动力与阻力的共同作用下,俄罗斯军事和警察情报体系形成了独特的发展轨迹。

1)国家安全需求是情报力量发展的根本动力

俄罗斯军事和警察情报体制中机构的根本任务就是维护国家安全,正是在履行这一使命任务中,情报力量才得以找到自身存在的合法性,以及为不断应对新的挑战而持续发展。

首先,战争是情报分析力量发展的最大驱动力。战争催生了独立情报分析力量,开启了情报分析力量的发展。因为随着人类社会的发展,战争这个本充满不确定性的事

---

① 王亮. 俄罗斯联邦情报管理体制分析[J]. 情报杂志,2015,34(9):17-20,60.

物，规模日益扩大，所运用的力量越来越趋于综合，成为一个巨大而复杂的系统，而其产生的后果则越来越令人难以承受。所以为应对战争挑战，必须依靠强大的情报分析力量，获取各类信息，判断与评估敌情，最大限度地拨开迷雾。正是在应对战争的过程中，俄罗斯情报分析力量获得了创立与发展契机。

其次，和平时期俄罗斯国家安全不断面临的新挑战是情报分析力量发展的重要推动力量。这些安全挑战虽然没有战争那么直接、巨大的暴力性，但如果不积极应对，也可能导致国家安全的不稳定。相比于工业社会，伴随信息社会产生的信息文明给国家安全带来重大挑战。大量信息不再垄断，而成为一种大众资源。在这种情况下，国家情报机构的使命从"为决策提供情报保障"转变为"为决策提供情报分析保障"。

最后，以恐怖主义威胁为代表的非传统安全威胁，也推动了俄罗斯情报分析力量的发展。

2）重侦察轻分析的传统情报文化是军事情报发展的阻力

俄罗斯情报界在实践中沉淀出"重侦察轻分析"的情报文化，这种文化对情报界产生着无所不在的影响。因为情报文化作为一种文化，为每一个与情报活动相关的人提供了"理解情报世界所依据的范式"。在这种情报文化的影响下，直接从对手保险箱中获取的文件成为做好情报工作的最有效方式。所以，要重点发展情报侦察手段，以创造条件获取这样的情报。因此，在整个情报工作中，偏重情报侦察成为主导风气。这种风气从根本上反映了俄罗斯传统情报文化对情报分析价值的认识不足、定位不高等问题，从而几乎是在一种"自然而然""天经地义"的状态下形成了对情报分析力量发展的阻碍。而在当代，这种传统情报文化依然保持着巨大的惯性作用，因为新文化认同的形成需要一个漫长的过程。幸而俄罗斯情报工作已经提出了"分析与侦察并重"的思想，并在总统等领导人的支持与大力推动下，启动了俄罗斯情报文化面向情报分析的转向。虽然这种转向才刚刚起步，但已经开始减弱传统情报文化对情报分析力量发展所形成的阻力，甚至扮演起情报分析力量发展的动力角色。

3）国家最高领导人是情报力量发展的决定性动力

俄罗斯国家最高领导人作为情报的最终用户和情报工作的最高领导者，对于情报分析力量重要性认知的时间，大大晚于情报分析力量顺应国家安全需求主动谋求发展的时间。所以，在俄罗斯情报分析力量发展的大部分历史中，国家最高领导人是以阻力的形态出现的。但是，俄罗斯国家最高领导人在政治体系中的地位决定了，一旦认识到发展情报分析力量的重要性，其就会成为推动情报分析力量发展最显性的外驱动力。这一点在普京担任俄罗斯联邦最高领导人时得到充分展现。出身于谍报人员的普京对情报分析力量的重要性有正确认识，并拥有情报分析力量发展的战略领导能力，对情报分析力量发展问题有全面、透彻、极富前瞻性的认识，对其发展提出明确、具体、紧握时代发展趋势的要求。可以说普京是一个可以摸到问题本质的内行。在普京本人强有力的推动下，这些要求也得以落实，使得俄罗斯情报力量在短时间内取得迅速发展。可以说，俄罗斯国家最高领导人作为情报分析力量发展外驱动力的效能非常显著。

4）情报机构领导人是情报发展的直接动力

情报机构领导人主导情报工作，他们对情报分析力量的支持是最直接的。在情报分析力量独立初期，一些领导人给予保护，促进了情报分析力量的发展。在情报分析力量内在能力的提升方面，一些领导人更是起到了关键作用。典型代表就是安德罗波夫和普里马科夫。前者开启了俄罗斯对外情报分析力量的专业化进程，后者则顺应时代发展趋势，成为俄罗斯当代情报文化转向的首倡者。这二者都是在自己的权力范围内通过制度和观念的转变，改善情报分析力量在情报机构内部的处境，赋予其权力使其进行发展。

5）社会各界的智力支持是情报发展的间接动力

在当代俄罗斯社会，情报分析工作事实上已经不再是国家安全机构垄断的职业。随着全球化和信息化的发展，俄罗斯社会各个领域都已经意识到情报分析（信息分析）的重要性，积极开始建设这方面的力量，情报分析力量呈现出大众化趋势，社会的普遍理解与尊重对于俄罗斯国家安全机构情报分析力量的发展形成了有力的推动。与此同时，当代俄罗斯社会科学的多元化发展，尤其是情报分析理论的多元化发展，也为情报分析力量的发展提供越来越坚实的智力支持[①]。

(4) 反恐情报系统

反恐工作，情报先行。反恐决策、行动和保障系统都需要反恐情报保障系统的有效运转。在俄罗斯反恐体系中，反恐情报工作是连接各个系统的纽带。

1）形成完整的反恐情报组织体系

2007年，俄罗斯联邦安全局开始建设反恐统一数据库，逐渐在俄罗斯形成统一的反恐情报空间。俄罗斯反恐情报系统主要包括联邦安全局、对外情报局、总参谋部情报总局、侦查委员会、内务部、联邦金融监管局、通信与传媒监督局、外交部危机管理中心

---

① 彭亚平.俄罗斯对外情报分析力量发展研究［M］.北京：军事科学出版社，2014：83-115.

第5章
俄罗斯情报学与情报工作

和联邦警卫局等单位。

a）联邦安全局

2006年后，联邦安全局成为俄罗斯反恐主导机构。其主要职责是：揭露恐怖组织和恐怖分子，预防其活动；侦查和阻止非法武装组织头目的活动，逮捕非法武装成员，消除非法武装组织，阻止其活动；侦查和捣毁非法武装组织基地及保障其活动的地下企业。联邦安全局机构设有反国际恐怖主义司等9个业务局。反国际恐怖主义司负责与外国同行交换反恐情报，其余各局也承担有反恐情报任务。国家反恐委员会机构设于联邦安全局内，凸显了情报单位在反恐中的核心位置。继承苏联克格勃衣钵的联邦安全局拥有反恐的最高权限，使反恐情报的搜集、整合与分析能力迅速加强，以最雄厚的情报分析力量为反恐决策提供支持，为遏制恐怖活动于酝酿阶段提供了保障。

b）对外情报局

俄罗斯的恐怖组织与国际恐怖组织有密切联系，需要全面的境外反恐情报支持，对外情报局在这方面发挥着巨大作用。该局直接对总统负责，按规定程序向总统、议会、政府，以及由总统指定的国家单位与企业、组织提供情报。其主要职责包括：保护境外重要人员的安全，与其他对外侦查机构共同保障俄罗斯驻外机构、工作人员及其家人安全；搜集国际恐怖组织活动的情报，获取俄罗斯恐怖分子情报。

c）总参谋部情报局

隶属俄罗斯国防部总参谋部的军事情报局（简称格鲁乌）是俄罗斯对外情报侦察，特别是军事情报侦察的重要力量。它是俄罗斯唯一没有经过苏联末期与俄罗斯联邦初期动荡变革的情报机构，情报能力没有受到大的损伤，一度是俄罗斯最大的对外情报侦察机构，拥有数倍于对外情报局的对外情报侦察力量。该局局长由总统直接任免，只接受总统领导，总统外的政治家不能与它直接接触，以保护其情报来源从而顺利开展情报工作。该局拥有强大的技侦、人力情报能力，在反恐情报保障方面做出过重要贡献。目前，该局核心机构依然发挥着重要情报作用，其反恐和反极端主义情报活动的比重日益增大。

d）侦查委员会

侦查委员会于2010年12月28日根据《俄罗斯联邦侦查委员会法》从最高检察院独立出来，它是进行诉讼前侦查的独立全权机关，对恐怖主义犯罪展开侦查，并随后对罪行提起诉讼，其任务不仅是侦查已发生的罪行，而且包括及时发现酝酿中的恐怖活动。2011年1月14日，第38号总统令《俄罗斯联邦侦查委员会的工作问题》明确了侦查委员会的领导与编制组成。侦查委员会主席的任命与解职都由总统来直接决定，不需立法机构同意，侦查委员会每年向总统提交工作报告。侦查委员会不属于任何一个国家权力机构或行政单位。事实上，它是总统权力的延伸，可以看作是对其他权力机构的一种制衡力量。近年来，侦查委员会侦破的案件在恐怖主义倾向犯罪案件中所占比重越来越大。

e）内务部

俄罗斯内务部警察分为公安警察和刑事警察。其中，刑事警察负责预警、终止和侦破犯罪案件，以及对犯罪嫌疑人实施侦查。公安警察负责预防和终止犯罪、行政违法行为，以及侦破案件等。内务部下设侦查委员会，承担分析、综合犯罪情报与侦查结果，以及安排侦查工作等职责。内务部侦搜局及其下属单位是内务部搜集反恐情报的主要部门。该机构极为保密，机构人员使用伪装身份，享有车辆、人员的免检特权。其工作内容包括：监视刑事案件嫌疑人；获取公民私人信息；协助其他情报单位的工作。内务部技术侦察局负责电话监听、安放窃听器、协助开展内务部系统内的反恐技术情报侦查。内务部内卫队情报局也开展反恐情报工作。

2）拓展情报渠道

俄罗斯通过加强对金融机构的管理与监测、强化反情报措施、开展信息监控、在多个专业领域采用专门的情报手段等措施，拓展了反恐情报来源，从源头上控制与监测恐怖分子的行动。

a）联邦金融监管局监测恐怖分子的资金流向，发现恐怖组织

通过对涉恐资金流动的监测，可以发现恐怖活动的迹象，发现恐怖组织与恐怖分子踪迹。2004年3月，第314号《关于联邦行政机关体系与机构》总统令将财政部金融监察委员会改组为直属总统的联邦金融监管局，并与当时的联邦反恐委员会合作成立专门的反恐怖主义融资程序。2012年6月13日，第808号总统令《关于金融监管局的问题》，详细规定了金融监管局的职权、组织形式。金融监管局还通过参加反洗钱金融行动特别工作组和欧亚反洗钱与反恐融资工作小组等组织开展国际合作，获取恐怖组织国际融资情报。2012年6月，金融监管局成立国家安全威胁评估中心，其主要职责是搜集、分析包括恐怖组织洗钱在内的情报，拟定应对措施，整合反恐怖主义融资信息，在本领域开展预测性情报分析工作，向国家反恐委员会提供本领域恐怖活动动向。该中心的建立与完善，也使俄罗斯在国内、国际开展金融反恐有了有效的平台。

b）加强反情报措施，强化联邦警卫局的反恐责任

联邦警卫局负责总统等国家领导人的安全，负有在权限范围内与恐怖主义做斗争的责任。2014年8月7日《关于俄罗斯联邦警卫局》命令，机要通信局并入联邦警卫局。该局主要任务有：进行国家层级的机要通信；在国家安全保卫部门的领导下开展工作；保障通信安全；无论战时或平时，无论用户处于何地，保障良好的、机动的通信效能；进行反技术侦察、反窃听、防止泄密等反情报工作。通信具有战略意义，如果没有准确、有效、充足、可靠的通信，就不可能有效率地指挥国家安全工作。俄罗斯恐怖组织把国家重要领导人视为袭击的重要目标，加强该领域的情报与反情报工作至关重要。

c）改组通信与传媒监督局，强化对通信、传媒工具的监控

通信、传媒工具是恐怖分子联络、发布信息、宣传恐怖主义思想的载体，载有大量恐怖活动的信息，加强对其监控可以获取大量反恐情报。2008年12月3日，政府对通信与传媒部下属通信与传媒监督局进行改组，设定其功能包括：监控大众媒体，包括对电子、传媒和通信技术进行监控；监督个人发布信息的合法性；监管无线电业务；配合安全部门获取传媒领域的反恐情报。2009年7月，通信与传媒部宣布，允许护法机关检查公民信件、包裹、印刷品和其他邮件的法令开始生效。2014年2月1日，俄罗斯对《信息、信息技术、信息防护法》进行修订，规定封锁那些散布挑起骚乱信息、进行极端主义活动、鼓励进行极端主义活动的互联网站，要求在通信与传媒监督局公开网站上发布监察结果，为网络信息监管提供依据。

d）设立外交部危机管理中心，获取国际反恐情报，提高危机处理能力

外交部是俄罗斯反恐情报系统中国际反恐情报的重要来源，其重点是加强国际反恐合作及保障俄罗斯海外人员的安全。由于俄罗斯在国外的公民、机构和设施的恐怖事件不断增多，2007年7月俄罗斯决定在外交部成立危机管理中心，在俄罗斯驻外使馆成立大使全权领导的危机安全中心。危机管理中心的首要任务是搜集必要的情报，进行分析并拿出解决方案。此外，该中心还负责协调俄罗斯驻外机构危机指挥部的行动，预防和处置针对俄罗斯驻外公民和驻外机构的恐怖行动。该中心将与各部委合作解决危机，各部的快速反应部队也与中心保持经常性联系。一旦出现各种涉外恐怖危机，危机管理中心负责外交部的协调工作，包括应对恐怖威胁、配合军事行动、疏散紧急情况地区的俄罗斯公民等。外交部危机管理中心是俄罗斯反恐的重要部门，是外交部国际反恐情报工作的主要单位，在反恐行动中承担了多种责任[1]。

---

① 戴艳梅.俄罗斯反恐体系研究［M］.北京：时事出版社，2015：97-105.

5.4 俄罗斯情报学教育

在俄罗斯情报学历史上形成了不同的情报学理论学派，不同学派的研究内容有所不同甚至迥异，一些学派的研究者本身从事教育工作，这使得俄罗斯情报学教育的具体内容也有很大的不同，如果以大情报学观认识，可以说俄罗斯情报学教育是丰富多样的。

俄罗斯的一些文化艺术大学开设情报学方面的课程，使用的教材有 P. C. Гиляревский 编著的《情报学基础》等，让学生了解作为科学学科和信息技术理论基础的现代情报科学，向学生介绍信息交流、信息活动的基本概念和规律，教授信息检索方法。讲授的内容丰富，具体教学内容包括信息—知识—科学（信息与数据、信息特性与构成、科学技术信息、科学的社会现象、科学的未来发展）、信息交流（科学交流系统、图书馆信息活动、信息服务、信息需求）、交流过程中的人（信息用户、信息服务平等性、信息需求的发展）、文献—信息源（文献增长与老化规律、文献分布规律）、信息出版物和服务（文摘与书目、ВИНИТИ 文摘期刊、国外文摘期刊、电子信息和数据库、数据传输网与存储、加工方法、信息服务、信息结构和基础设施）、信息检索、信息系统、信息技术、信息交流的计算机设备、计算机文本处理、电子图书、互联网知识等。

按照俄罗斯教育与科学部 2014 年批准的"情报学与信息技术"专业研究生教学计划大纲，该专业研究方向包括：系统分析、管理和信息处理；计算机技术和控制系统的元件和设备；软件编程、计算机、系统和计算机网络；自动化系统设计；信息科学理论基础；信息系统与过程；数学建模、数值方法和程序开发；等等。俄罗斯的理工类院校还有一些研究机构开设信息科学类课程，如俄罗斯科学院西伯利亚分院信息学系研究所培养情报学与信息技术专业研究生，ВИНИТИ 招收、培养情报学与信息技术专业、情报学理论基础、信息系统与过程等专业研究生。

由于俄罗斯情报学理论具有多样性，因此，综合、多样性也是俄罗斯情报学教育的特点和发展趋势，情报学对一些专业是专业课程，对一些专业来说是公共性课程，属于计算机知识和软件编程类课程。

5.5 俄罗斯情报学与情报工作的发展特点与影响

5.5.1 主要特点

第一,起步早,发展较快。俄罗斯情报学与情报工作是在继承了苏联情报学与情报工作的基础上发展起来的,苏联情报学与情报工作在世界范围内来看,产生的时间基本上与西方国家一致,而且苏联政府在当时国内外环境下,极为重视情报学与情报工作,加大对情报学与情报工作的投入,为之后俄罗斯情报学与情报工作的发展奠定了基础。

第二,情报学理论思想丰富,形成了大的情报学和情报工作体系。不同领域学者的参与,尤其是他们从各自专业视角和工作角度对情报学术语认识与使用的不同,使俄罗斯产生了不同的情报学派,形成了似乎截然不同的情报学理论思想,但经过仔细分析不难发现,这些内容实际上都是围绕信息从不同方面和角度展开的,这些理论思想和研究内容综合构成了大的情报学,指导并形成了丰富的情报工作体系。尤其是各种情报学理论思想之间相容性较强,彼此之间有过交流,但基本上不存在激烈的矛盾,它们都坚持和发扬自己的情报学理论思想,从而促进了俄罗斯情报学内容的不断扩展与发展。

5.5.2 社会影响

在俄罗斯情报学理论思想中,米哈伊洛夫的科学交流学说在世界范围内的影响是最大的,其理论思想指导下的情报工作,不仅对俄罗斯科技、经济的发展提供了重要的信息保障作用,而且对世界上多个国家情报学学科的确立及情报工作的开展产生了重要且积极的影响。俄罗斯军事情报工作中最为著名的学者是克格勃,具有全球影响力。

5.6 本章小结

俄罗斯情报学与情报工作产生于苏联时期,在继承苏联情报学与情报工作传统的基础上,根据时代的发展、国内外环境的变化,不断地充实完善与演进发展。从国内学者对情报认识的角度来看,如今俄罗斯情报学和情报工作大体可以分为两大类:一类是科技和社会领域的情报学与情报工作;另一类是军事国防情报学与情报工作。本章着重介绍了科技和社会领域情报学的形成与发展、理论思想和军事国防情报工作机制。

俄罗斯情报学经过几十年的发展,目前形成了不同的学术流派,每个学派有自己的研究领域,彼此之间研究内容相互独立但又有关联,这个关联点就是信息,进一步讲就是信息过程和信息处理，从文本或技术，从哲学、社会科学或自然科学等不同角度进行情报学研究，从而形成了俄罗斯大的情报学观，相对应的是，情报工作也存在一定程度的不同。当然值得一提的是，俄罗斯情报学的一些研究内容及对应的情报工作，有些实际上属于计算机科学、信息科学范畴。

第 6 章
韩国情报学与情报工作

各国对"情报"的界定各不相同,韩国情报学主要包含信息和知识的含义,但更偏向于信息概念,信息中含有军事情报含义。梳理韩国情报学与情报工作的产生与发展、概念、主要领域,有助于更好地认识韩国情报领域的发展脉络、特点和未来的发展趋势。

6.1 韩国情报学的起源与发展

6.1.1 情报学的起源

韩国"情报"概念最早起源于军事用语,主要指基于有用的原始信息或"谍报"进一步加工与处理以获得有价值信息的过程。韩国最初建立的国家情报系统是国家军事情报系统。1945 年韩国独立后,在美国的协助下建立了军事力量,并在军队总部建立了军事情报中心,其功能是搜集、分析军事情报和国家安全相关信息。1961 年,韩国中央情报局(KCIA)的建立,是韩国国家情报系统史上另一个具有里程碑意义的事件,这一机构的建立具有重要影响,它是韩国最早设立的国家级情报中心。通过中央情报局,韩国开始系统地搜集国外情报。1980 年和 1997 年韩国分别设立了国家安全战略机构与国家情报服务机构,其使命包括:搜集、分析、发布国外和国内安全情报;维护涉及国家机密的文件、材料和设备的安全;调查影响国家安全的犯罪行为。除了上述军队和国家情报部门外,韩国还在包括南北统一部、法院、政府行政机构和内政部门、外交通商部等在内的其他政府部门设立了国家情报和安全部门。在这些组织里,外交通商部下属的韩国贸易投资促进会(Korea Trade-Investment Promotion Agency,KOTRA)在国家情报领域是一个知名机构,以系统地搜集和分析关于国外贸易和投资方面的环境要素信息而著称。除了国家层面上的情报机构以外,韩国竞争情报的基础设施还有 CI 咨询顾问、

CI团体、CI教育和研究机构、CI出版刊物、CI方面的领军人物等。特别是韩国的一些家族企业集团都建立了强大的竞争情报部门，与政府机构密切配合，保证了韩国企业的竞争优势[①]。

6.1.2 主要发展阶段

据韩国对"情报"的理解，韩国情报工作的范畴主要包括：基于文献的情报工作，如在大图书馆学领域内的工作；基于军事含义的情报工作，偏向于谍报或更具军事目标的情报工作；基于知识的情报工作，如产业情报、智库研究等。

（1）文献情报学

文献情报学的发展，同韩国图书馆发展密切相关，在名称上仍采用文献情报学或图书馆情报学。韩国并未分别设置文献学、情报学、图书馆学与情报学，而是统一为文献情报学或图书馆情报学。文献情报学是图书馆与科学技术带来的情报学相结合的学科；文献情报学是一门融合多个学科内容的综合性学科。因此，梳理此脉络中的情报学发展要从图书馆学发展开始。

1901年，朝鲜在釜山设立了"读书俱乐部"并进行对外开放，是韩国第一所对外服务的国立图书馆。1910年由于日本的侵略，朝鲜的图书馆发展停滞，图书馆随即沦为日本进行殖民教育的工具。1923年朝鲜收回了由日本设立的朝鲜总督府图书馆，并更名为国立图书馆，是国立中央图书馆的前身。1946年国立图书馆开设了一年制图书馆学校，至此韩国开启了文献情报学教育。1950年朝鲜战争爆发，图书馆学校停办，战争期间图书馆资源与人才流失严重。在朝鲜战争停止后，美国开始对韩国进行科技、文化、建设等各个领域的援助，图书馆学也在此列。此外，留美学习图书馆学并学成归来的学者大大推动了韩国图书馆学的发展。1955年，韩国梨花女子大学开设了图书馆学双学位课程[②]，1957年在延世大学设立了图书馆学科，开启了四年制图书馆学教育，同时设立了图书馆学堂。在满足一定的图书馆学人才需求后于1971年取消了图书馆学堂，而设立了图书馆学硕士[③]。1970年成立了韩国图书馆协会，1972年又成立了韩国图书情报书志学会，情报学开始出现在图书馆学领域。20世纪70年代起韩国开始了图书情报学的

---

① 孙华玮，耿庆军.美日韩国家竞争情报建设对比分析研究及对我国的启示［J］.科技情报开发与经济，2010，20（10）：96-99.

② 2006 Seoul World Library and Information Congress National Organising Committee.Libraries in Korea past，present and future［M］.Seoul：WLIC 2006 Seoul National Organising Committee，2006.

③ 李炳穆.韩国文献情报学研究生教育概况［J］.图书情报工作，2006，50（9）：26-30.

硕士、博士教育，大大推动了图书情报这一学科的发展，由此该学科进入了高速发展时期。随着图书馆学与图书馆事业的发展，以及信息在图书馆中的地位越来越高，进入20世纪80年代后首先由韩国高校对图书馆学进行改革，将图书馆学系更名为文献情报学系或图书情报学系，如1985年全南大学图书馆学系的更名。韩国图书馆学会也在1992年更名为韩国图书情报学会。2006年韩国举办了第72届国际图联大会，从一方面说明韩国图书情报学的发展达到了一定的水平。但从整体上看，韩国图书情报学的发展同发达国家相比，无论是在开设学校、教师数量、研究方向、博硕士攻读数量方面，还是在就业方向、学界影响力等方面都仍有差距[①]。

韩国的文献情报学教育反映了过去50多年时代或环境不断发生变化。首先，从时代的变化来看，以1996年为起点，引入了以大学教育学部制为起点的全面教课改编。以2011年11月为基准，全国34所大学的文献情报学科中，有29所大学转换为学制。据预测，这种"学科制回归现象"将成为韩国文献情报学课程的新变化和飞跃的机会。此前，由于学部制的实施，韩国专业进修分数减少，核心科目的概念被弱化。但是，从美国和澳大利亚等国的学制融合教学课程的运营或向情报学全面改变、iSchool的扩大等创新教学课程的改编等因素来看，如果只在文献情报学领域试图改变，反而会对变化的环境带来逆行的结果[②]。由于文献情报学的技术和环境的变化，韩国大学的课程名称从"图书馆学"改为"文献情报学"，因此开设了很多新的课程。在韩国，大部分学科名称从"图书馆"改为"文献情报学"，但在美国，大多不再使用"图书馆"，而是改称"情报管理情报研究"或"情报学"。澳大利亚的情况也是如此，大部分大学已经不再使用"library"，而是被"information""technology"等概念所代替。在对这些学科名称进行更名的同时，努力扩展学科领域并进行改革，iSchool运动也成了改革的范例。从iSchool的创新性教育改革事例中可以看出，文献情报学教育正在通过融合和统一体发展成学制性学问。但是，学科名称改变并通过学制整合的教育方向发生变化的情况下，文献情报学的"图书馆"这个根源和哲学仍然很重要地存在于教学课程内容和教授研究领域。韩国认为为了文献情报学教育的持续发展，有必要在与包括情报学在内的多个学科的融合发展中以图书馆的哲学和本质为中心进行改编。随着知识信息社会的到来，情报技术适用于各个学科领域，文献情报学界将学科名称从"图书馆学"改为"文献情报学"，并

---

① 吴汉华，王琛. 韩国图书情报学教育简史[J]. 图书情报工作，2017，61（10）：22-29.
② YUNKEUM C. Comparative study of the changes in LIS education in Korea, U.S.A. and Australia [J]. Journal of the Korean biblia society for library and information science, 2011, 22 (4): 317-340.

大量开设情报学科目，为确立尖端学科的地位，做出了不懈的努力。另外，为了设计符合时代要求的教学课程，研究人员对现有的教学课程进行分析，并提议开发新的教学课程模型。文献情报学界为了加强史书的专业性，对学部制下教学课程的设计、学校图书馆史书教师的培养及专题史书、技术史书、医学史书等进行了个别的先行研究。进而，培养人才制度上的各项研究也大多得到推行。但是有人指出，在数字情报服务比重逐渐增加的时代，作为情报收集和生产及服务专家，应该提高现场实务适应能力，并加强文献情报学专业科目的整顿和教材内容的改革[①]。

  韩国图书馆协会对图书馆员的职称和学科名称进行了全国性的调查。调查结果显示，在1083名被调查者中，72%的人认为"应该维持现状"，8%选择"文献情报师"，7%选择"知识管理师"，5%选择"图书馆情报师"。在对学科名的调查中，"保持现状"的意见占57%，支持"图书馆情报系"变更的占26%，选择"图书馆学科"的占7%（74名）、选择"情报系"的占7%（72名）。受访者的职业分别为图书馆员79%，学生7%，教授5%，其他占9%，从结果上看，图书馆员的名称相当保守，在学科名称方面，大多数人认为有必要改变。1/4的被调查者认为将这门学科的名字改为"图书馆情报系"的想法似乎与大学的教育及就业有着密切的关系[②]。2000年以后人工智能、模式识别、信息技术、网络技术、计算技术等新兴技术逐步融入文献情报学的学科领域。韩国文献情报学领域中同情报学相关的课程主要包括情报学基础理论、文献计量学、数据库、信息技术、人工智能、信息安全等。文献情报学的教育机构纷纷进行了改革与相应调整。梨花女子大学是在韩国首先开展图书馆学教育的机构之一，其对文献情报学的教育目标是以知识和信息为核心，在21世纪知识信息化社会学习知识信息的生产、流通和利用的各种理论研究和最新的知识信息管理技巧，培养各个领域知识信息化的优秀信息专家；通过培训信息组织理论和实践，培养学生掌握知识信息组织的概念和知识，从而保证知识管理系统的正常运行；探索信息学理论及数字信息处理基础技术的概念和知识，培养数字信息时代必需的信息有效利用能力；为提高信息服务效率，培训信息服务理论与实务；为有效管理及经营知识信息中心及图书馆，对图书馆经营方法、图书馆及知识信息中心的组织和管理进行培训；通过对国家知识信息管理多门相关课程的培训，培养学生知识

---

① 노영희. 문헌정보학 전공과목의 교과내용 표준모형 개발연구［EB/OL］.［2019-09-24］. https://www.nl.go.kr/upload/nl/commu/2017/3/14909446722980.pdf.
② 곽철완. 대학의 문헌정보학 교육과 학문의 명칭［EB/OL］.［2019-09-24］.https://www.nl.go.kr/upload/nl/publish/201311/book-data/13.pdf.

信息管理的各种素质。

韩国文献情报学专业人员可在国立公立图书馆、公共机构和国际机构、中小学图书馆、大学图书馆、企业知识信息中心、研究机构、医疗机构、媒体、广播、出版、广告相关机构或企业、国家与各级档案馆等就业，也可做教师或研究人员。

韩国目前有关情报学教育的研究与讨论较多[1]，但没有单独设立情报学这一专业，都是同图书馆学、文献学一同设立。纵观韩国文献情报学的发展，从美国援助建设开始到目前，文献情报学的发展被限定在图书馆框架内，更注重事务教育与技能培训。

（2）国家情报

国家情报是基于军事含义的情报工作，除了军事含义外，国家情报同时具有国家安全、国家发展等含义。在分析军事含义的情报工作中将介绍国家情报内容。

国家情报（National Intelligence）是指国家情报机构收集、分析、生产、传播的战略情报（Strategic Intelligence）。在制定对外政策过程中，国家是否掌握具有时效性和准确性的情报是重要影响因素。情报在国家政策制定过程中的重要意义体现在，如果说外交政策是国家的盾牌，情报则是帮助盾牌使用在正确位置的主要力量。政策制定过程中情报的主要作用如图 6-1 所示。

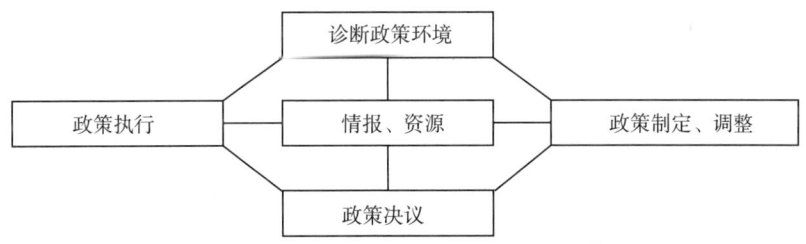

图 6-1 政策制定过程中情报的作用[2]

韩国在 1961 年参考美国中央情报局设立了韩国中央情报部。20 世纪 60 年代，中央情报部支撑了韩国向越南派兵政策的制定；70 年代支撑了"南北共同声明"等对朝政策；80 年代根据政治体系的变化将中央情报部更名为国家安全企划部，深度介入韩国国内政

---

[1] DURK-HYUN J. iSchool movement: a critical discourse analysis [J]. Journal of Korean library and information science society，2015，46（1）：135-154.
[2] 송민철. 국가정보 기능의 변화와 정보기관의 발전 방향 [EB/OL]. [2019-09-24]. http://www.riss.kr/search/detail/DetailView.do? p_mat_type=be54d9b8bc7cdb09&control_no=865ad5488bc1b58effe0bdc3ef48d419.

治；90年代韩国国家情报机构经历了频繁的动荡改革，国民对韩国情报机构的认识也存在一定的偏见，该阶段国家情报机构最重要的成果是支撑了南北首脑会谈；进入21世纪，国家情报机构尝试去政治化和去权力化，希望国家情报机构能够成为脱离政治支持国家政策与提供国民所需情报信息的建议者。

未来韩国国家情报机构的发展方向主要有以下几个。一是应对传统安保威胁。二是支撑国家利益创造。在目前的国际形势下世界各国在科学技术领域进行竞争。随着信息化的发展，国家间的信息流通速度显著提升，有关国际经济活动、世界各国经济状况和经济政策、国外技术开发动向与主要企业的新产品销售情况、国外经济合作等信息的快速收集尤为必要。三是政府政策制定的建议者。为国家政策制定提供有效、准确的情报信息及提供满足情报使用者需求的情报是政策建议者的重要作用。四是综合运营面向网络威胁的相关组织。黑客、网络攻击等成了影响国家安全的新型隐患，国家情报机构需要面向这些网络威胁进行部署，同时在网络收集相关情报信息进行分析、组织和整理。五是确定情报伦理。对于情报机构、情报工作者的职业道德及情报伦理的相关研究也是未来韩国国家情报机构发展方向之一。对于信息收集的行为准则、涉及人员的信息安全及情报使用者的相关信息等方方面面的伦理相关内容都需要进行研究与规定。

（3）基于知识的情报工作

基于知识的情报是将信息作为知识单元或新知识的基础，通过对知识情报的收集、处理、解析、推理形成新的知识。目前基于知识的情报主要有X-信息学和竞争情报学等类型。X-信息学中的信息学具有情报学含义，竞争情报主要是指企业竞争情报。

1）X-信息学

韩国X-信息学主要有医学信息学、生物信息学、言论情报学、经营信息学等。

①医学信息学

"医学信息学"（Medical Informatics）是指从疾病的书志学数据开始到医务记录、影像医学资料、处方及治疗、保险信息等医学和医院研究的广泛领域。医学信息学研究DNA、RNA碱基等级信息、蛋白质、酶、荷尔蒙等广泛微观领域中生成的所有数据，通过计算机基础信息系统获得数据调试、概率、统计等多种信息。临床医学信息学包括医用数据库、电子医务记录、医院信息系统、医疗信息经营（管理）系统、医疗活动的监测和程度管理、社区保健医疗信息网、医学多媒体（图像和信号处理）、医学信息等。另外，从储存、分析、解释数量上急剧增加的生物医学数据（Biomedical Data）及遗传数据（Genomic Data）开始，可以将这些信息直接用于临床领域。转化生物信息学

(Translational Bioinformatics)将生命信息和临床信息紧密结合,实行新技术开发,是解释生命信息的临床信息学研究,是分子生物信息学、生物统计学、统计遗传学、临床信息学融合的新领域。

②生物信息学

生物信息学对应英语中的"bioinformatics""computational biology""computational molecular biology"等术语,在韩国广为流传。生物信息学是涵盖很多领域的广泛学科,很难用一段话表达出所有的内容。如果非要总结则可以为,"生命现象研究需要的多样的计算机学/统计学/数学"。另外,生物信息学正在经历急剧变化,最近出现的领域从规模和重要性来看,很容易超过现有的领域。

③言论情报学

言论情报学又称媒体信息学,是研究全面融通人类生活传播(Communication)的学问领域。关于传播的学问古希腊的修辞学(Rhetoric)是其始祖,此后随着新闻和广播这一媒介的出现,以新闻学、公告学等作为分科学。1924年金东成编写了韩国最早的媒体学教材《新闻学》。1928年,金贤俊在德国莱比锡大学成为首位获得媒体学博士学位的韩国人。1947年郭福山在首尔成立了朝鲜新闻学院,开始了近代媒体学教育。韩国的媒体信息学受美国传播学和德国传播学的影响,成为社会科学的一个领域。现今,媒体信息学作为涵盖这一切沟通现象的意义及技术、理论的综合学科,把个人及社会沟通、新闻、广播、电影、广告、网络等方面出现的沟通形式作为研究的对象。与过去新闻学、新闻广播学、媒体学等名称的使用不同,媒体信息学的研究范围不限于特定媒体。近年来,信息通信技术的急剧变化给媒体环境和交流方式带来了很大变化,因此,媒体信息学的研究范围也在不断扩大。

④经营信息学

经营信息学(Business Administration and Information)是研究如何有效地利用和使用计算机及计算机的通信技术来促进企业经营的领域。随着计算机的发展,经营信息学已发展成为以此为基础的信息系统。在组织机构中生产、提供产品,服务成为管理组织不可或缺的重要组成部分。此外,信息技术、信息系统战略是本组织战略中的一个重要部分,信息系统对于本组织需要拥有的能力而言,对问题的把握、分析和决策都是必不可少的。学术领域的经营信息学,源于美国。20世纪60年代,随着各个组织将信息技术运用到运营过程、决策、确保竞争力的战略中,经营信息学也在其范围和深度上得到了增强。经营信息学主要包括以下两个领域:一是在信息系统功能方面涉及信息技术资源和服务的获取、部署和管理的部门；二是在系统开发方面，涉及在组织进程中使用的下层结构及系统的开发和运作的部门。由于经营信息学的脉络基于经营学，在工作执行的领域需要解决的问题类型、设计和管理的系统类型及使用技术的方法等方面与计算机的信息有着相当大的差距。也就是说，经营信息学侧重于应用信息技术来实现组织的使命和目标。经营信息学和计算机科学是两个不同的领域，但两个领域共享部分技术知识[①]。

2）竞争情报学

韩国在恢复经济建设以来短短的几十年内，一大批具有世界竞争力的企业迅速崛起。通过分析韩国企业的成功，发现企业竞争情报发挥了重要作用。竞争情报学同经营信息学存在差异，也有部分重叠。首先，二者主要都是服务于企业，都是基于信息的收集、分析和解析。其次，经营信息学主要服务于企业经营，竞争情报学主要服务于企业技术发展与国际技术信息监测等。

1990年韩国成立了竞争情报专业协会[②]，基于技术和市场进行国际竞争情报监测与研究。韩国三星集团最初委托韩国科技情报研究院进行竞争情报跟踪服务[③]，除了委托外部机构外，随着技术竞争越来越激烈，企业也在内部设立了竞争情报相关岗位。例如，韩国三星集团在韩国科技情报研究院的帮助下，开展全面、系统的情报跟踪研究[④]。

目前韩国许多企业，尤其是大型企业与创新型企业普遍进行竞争情报工作，将竞争技术情报（CTI）与企业的技术创新战略和知识产权保护等工作有机地结合起来，纷纷设立首席技术官（CTO）、首席信息管理师（CIO）和知识资本运营师（CKO）等与以CTI为核心的竞争情报活动有密切关系的管理职位。例如，韩国三星集团就设有信息技术总监和知识产权经理等高级管理职位，专门负责企业以CTI活动为主要内容的竞争情报研究活动的协调、管理等工作，并直接参与企业发展的重大决策和策划[⑤]。

---

① 경영대학［EB/OL］.［2019-09-24］. https://www.dongguk.edu/mbs/kr/subview.jsp?id=kr_030106030000.
② 张雯. 韩国创新型中小企业竞争情报服务体系研究［J］. 现代情报，2014，34（7）：141-145.
③ 彭靖里，KWANGSOO K，YANG J. 论后发国家的企业技术竞争情报：战略与特征 以韩国三星电子的技术竞争情报发展模式为例［J］. 情报理论与实践，2011，34（3）：10-14.
④ 王克平，张雯，胡艳苹. 韩国创新型中小企业竞争情报服务体系研究［J］. 现代情报，2014（7）：141-145.
⑤ 彭靖里，KWANGSOO K，李建平，等. 论韩国技术竞争情报的发展及其在企业中的应用［J］. 现代情报，2008（7）：188-192.

6.2 韩国情报学理论

"情报"对应的韩语为"정보",对应的英文则是"information"和"intelligence"。"information"比"intelligence"的概念更为广泛,包括尚无明确意义的资料(data)及未得到验证的信息,以及通过分析、评价后得到验证的知识(knowledge)等。"intelligence"则是指经过加工的知识,通过分析、评价过程而得到验证的知识。韩国对相关概念的理解如图 6-2 所示。

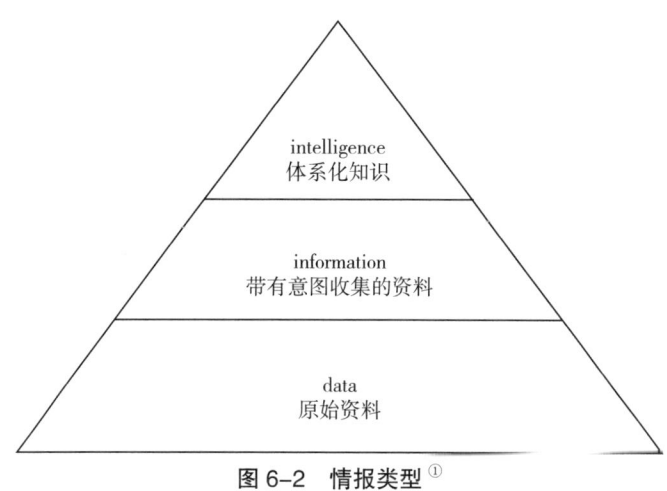

图 6-2 情报类型[①]

韩国"情报"概念在 20 世纪初的含义是"对在战争活动中所需要的谍报进行收集、解析、评价和分析等而获得的敌人相关的状况和情况的报告"。此后"情报"随着社会实践和信息本身内涵的变化产生了更为丰富多样的形式和内涵[②]。

发展至今,韩国"情报"具有基于文献含义的情报、基于军事含义的情报及基于知识含义的情报三种形式,其具体指向需要结合具体语境进行解析。基于文献含义的情报是指可用于解决实际问题的通过观察、测量、收集、整理等手段获取的知识或含有知识合集的资料文献。基于军事含义的情报偏向于"谍报"概念,指通过追踪、监听、截获等隐蔽手段获取的军事相关信息,可单独作为重要情报信息或情报基础信息上报至军事信息相关部门,以监测关注对象的最新动向或支撑军事决策。基于知识含义的情报强调

---

① 문정인. 국가정보론[M]. 서울: 박영사, 2002: 83.
② 조찬식. 정보화사회의문제점: 개념과측정을중심으로[C]. 서울: 한국정보관리학회, 1995: 167-170.

的是信息作为可理解、可解析、可推理、可计算的知识单元,是指通过特定文献、材料或消息获得的知识或知识形态的信息。随着社会的发展,除了军事领域外其他各个领域对于信息情报的需求日益增长,最初主要用于军事的情报概念也扩展至整个社会,军事情报中的机密性、隐秘性特征有所弱化,而其作为知识基础信息的特性被强调[1]。

韩国在情报学领域更多的是实践探索,对理论研究有所欠缺,主要针对国际形势,以及面向经济建设、产业发展与企业成长的情报实践与理论探索等。

6.3 韩国情报工作发展

6.3.1 情报服务业

韩国情报服务根据其工作性质不同分为国家安全情报服务(谍报、军事情报、国家安全情报、国际政治情报等都包含在该领域)、智库情报服务(国际关系、国家战略、国家治理、产业发展、科技布局与评价等都包含在该领域)、竞争情报服务(主要指企业竞争情报)等几种类型。

国家安全情报服务的需求方主要为国家相关机构,依据该类型服务的特点,一般都由本国设立的专门机构来承担,主要是以国家财政拨款支持该类型机构的运营,机构则承担国家安全、恐怖袭击、国际犯罪、谍报、军事及对朝鲜相关情报服务。

智库情报服务的需求方主要有国家相关机构、学协会、企业相关部门等,既包括国家相关机构的情报服务,也包括面向学协会和企业的情报服务。面向国家相关机构的情报服务同国家安全情报服务一样大多采用国家拨款方式完成智库情报工作,如国际关系、国家战略选择、科技情报服务等,具体有韩国对美国、对朝鲜、对日本、对中国、对俄罗斯的战略;制定国家基本计划,如第四次科学技术基本计划(2017年)、进行技术预测与技术评价、国家研发计划的组织管理;承担来自学协会有关本领域的世界进展、本国情况、未来选择、组织等方面的具体课题;来自企业的情报服务需求。该类型同竞争情报有重叠部分,既有国立智库情报机构以合作研究或外部委托项目形式完成任务,也有专门的企业智库情报机构承担来自企业的需求。

竞争情报服务主要指企业竞争情报服务,韩国大型企业和知识密集型企业大多在本机构设立有从事竞争情报的专业部门,未设立相关部门的企业则主要以委托形式来完成

---

[1] 정보 [EB/OL]. [2019-09-24]. https://ko.dict.naver.com/#/search?query=%EC%A0%95%EB%B3%B4&range=all.

竞争情报的收集、分析和解决方案的制订。如前所示，竞争情报服务中同智库情报服务有重叠部分，主要在面向企业的服务方面。

6.3.2 组织机构与业务范畴

韩国情报机构的含义是"intelligence"。随着全球化、信息化、多样化的发展，对于情报的理解也发生了变化。情报不再局限于军事领域，在经济、环境、社会、防恐、科技等领域也越发重要。

韩国情报机构可分为国家情报机构、国家智库情报机构、企业情报部门、情报教育机构等类型。本部分将在每一个类型中选择具有代表性的机构进行介绍，其中韩国情报学教育部分将在下一节单独介绍。

国家情报机构属于独立机构，在调控部分情报相关部门的同时，收集关于国家安保的战略情报。国家情报（战略情报）即管理及运营国家情报资产的总称，其目标与范围非常广，主要网罗与国家安保相关的主要国家的政治、经济、社会、科学技术、军事等信息，按过去、现在、未来三个方向进行分析或预测。韩国设有情报警察，即主要从事打击网络犯罪等与安全相关的工作。在军事领域有国防情报部，是韩国国防部下属部门，主要负责国防情报政策制定、军事情报的处理及驻外使馆武官派遣等[1]。

国家智库情报机构主要支撑国家科技战略的制定、科技发展路线图的编制、国际合作政策的制定等方面。情报教育机构主要以设有文献情报学的大学为主。

（1）国家安全机构——韩国国家情报院[2]

韩国国家情报院（National Intelligence Service，NIS），前身为韩国中央情报部（KCIA），是韩国的情报及国家安全机关。韩国NIS现设三个处，分别是国际情报处、朝鲜情报处、国内事务处，在海外设立了39个情报站，工作人员超过6万人，每年的开支约7000亿～8000亿韩元。韩国NIS主要负责搜集国内外的战略情报，保护、管理对国家安危有重大影响的主要资料，协同国家安全和海外反间谍行动。

根据《国家情报院法》《保安业务规定》《情报及保安业务企划调整规定》和《情报通信基础保护法》《电子政府法》等相关法规，NIS对国家公共机关进行情报安全业务企划调整及制定并施行保安政策等情报安全业务。特别是根据《国家网络安全管理规定》，

---

[1] 曹庭，靳诗君. 韩军情报侦察能力评介［J］. 国防科技，2017（5）：60-64.
[2] 국가정보원［EB/OL］.［2019-09-24］.https://www.nis.go.kr：4016/main.do.

对于网络安全政策及管理，NIS院长与有关中央行政机关的负责人进行协商，并对此进行统筹和调整，是负责国家网络安全管理工作的专门机构。NIS从1998年开始以国家和公共机关为对象支持情报通信保安对策的制定，对黑客、电脑病毒传播等网络攻击进行预防并对其进行复原，对国家保安目标设施进行安全检测，负责国家安保相关情报通信基础设施的保护业务及国家/公共机关用密码设备等保安系统的开发、普及与保护系统的认证业务等。NIS下设国家网络安全中心，制定网络安全政策，负责国家网络安全战略会议的运营及国家情报通信网及系统的安全性确认工作。NIS所属的国家网络安全中心（National Cyber Security Centre，NCSC）是国家层面为系统性地应对网络攻击而设立的机构，是收集、分析网络威胁情报和电波的国家综合状况室。此外，针对国家、公共机关等公共领域，针对不同等级的各种网络攻击，通过24小时的网络安保管制收集、分析网络威胁情报，并传播到各级机关。对发生侵害事故时的紧急应对和调查及重建给予支援，强化与国防部、法务部、行政安全部、知识经济部、广播通信委员会、警察厅等海外相关机关的情报合作。另外，韩国政府还在运营由相关机构派遣的公务员组成的"合作室"，以协助共享网络威胁情报、审议不同水平的警报等业务。同时，它还负责国家网络安全手册的编制和发布，以及网络攻击引起的事故调查及修复援助等工作。

(2) 国家智库机构

1) 韩国科学技术政策研究院[①]

韩国科学技术政策研究院（Science and Technology Policy Institute，STPI），研究和分析有关科技活动和经济社会的各项问题，是为国家科技政策的建立和科学技术发展做出贡献的政府出资研究机构。由企划调整室、行政室和技术战略研究部、研究开发政策研究部、产业革新研究部、对外政策研究部组成。

以下为其创立过程。1987年1月创建韩国科学技术院（KAIST）附设的科学技术政策研究和评价中心，1993年5月改编为韩国科学技术研究院（KIST）附设科学技术政策管理研究所（STEPI）。1999年2月，国家将研究开发事业的规划、评价、管理职能移交韩国科学技术评价院（KISTEP），5月根据政府出资研究机构的设立、运营及培育相关法律，整合科学技术政策管理研究所和产业技术政策研究所（ITEP）的政策研究职能，改称经济社会研究会所属科学技术政策研究院。

其主要功能是：①向负责科学技术政策的政府部门及有关机构提出解决问题的政策方案；②为发展产业技术及提高企业技术开发能力提供战略；③将科学技术政策动向、

---

① 과학기술정책연구원 [EB/OL]. [2019-09-24]. http://www.stepi.re.kr/.

科学技术指标等相关信息资料提供给有关机构及一般需求者；④发挥科学技术政策相关政策研究的国内据点作用等。

其主要工作有：①科学技术研究开发活动及技术创新的调查、分析、研究；②科技政策替代方案及建立技术经营战略的研究和咨询；③科学技术与经济社会相互作用的研究；④科学技术的国际合作与科学技术政策世界动向的调查研究等；⑤接受来自政府、国内外有关机构共同的研究，以及国内外公共机构和民间团体的公益性研究；⑥研究成果的普及、宣传、教育培训等方面的工作；⑦为完成上述工作附带项目、达到其他研究员的目的而需要开展的工作。

其目标为：成为具有技术创新研究中枢作用的专业研究机构，成为积极适应各部门有关科学技术政策需求的实用研究机构，成为国际上地位平等、交流与合作活跃的世界性研究机构，成为引领21世纪知识强国的科学技术政策研究机构。

2）韩国科学技术情报研究院[①]

韩国科学技术情报研究院（Korea Institute of Science and Technology Information，KISTI）是科学技术信息通信部下属国家科学技术研究会下设的研究机构，旨在通过建立科学技术研发基础设施确保国家竞争力。作为国家科学技术情报领域的专门研究机构，它通过综合收集、分析、管理科学、技术及相关产业信息，对与管理信息及流通相关的技术、政策、标准化等进行系统性研究。

其主要功能是：①对科学、技术及与此相关的工业信息的综合收集、分析和管理；②对信息的管理与流通方面的技术、政策、标准化等的专门调查、研究；③科学和产业技术研究开发基础设施的系统性构建、运营。

3）韩国信息通信政策研究院[②]

韩国信息通信政策研究院是为收集、调查、研究国内外在信息化及信息通信、广播领域的政策、制度、产业等各种信息而设立的，旨在普及、活用这些信息，以体现知识、信息社会的特点，制定国家信息通信政策。韩国信息通信政策研究院属于行业产业情报机构。

其主要功能是：①发展知识、信息社会的信息化政策研究；②研究促进信息通信相关产业发展的政策；③通信、广播和传播相关政策研究；④信息通信市场公平竞争和规章制度的研究；⑤信息化和信息通信国际合作方面的研究；⑥信息化和信息通信相关事

---

① 한국과학기술정보연구원［EB/OL］.［2019-09-24］. https://www.kisti.re.kr/.
② 정보통신정책연구원［EB/OL］.［2019-09-24］. http://www.kisdi.re.kr/kisdi/jsp/fp/kr/main.jsp.

业经营合理化的研究和咨询；⑦邮政事业经营效率化的研究；⑧为体现知识、信息社会的宣传；⑨接受来自政府、国内外公共机构和民间团体的研究委托。

其愿景是引领第四次产业革命时代的 ICT 政策研究机构。其目标是：①适应 ICT 融合需求的国家政策倡导研究；②加强政策合作网络、推广知识成果；③建立可持续经营体系和具有活力的组织文化。

（3）企业情报部门

三星集团、现代汽车集团、浦项制铁集团等支撑韩国经济发展的大型企业都设有相关的竞争情报岗位与部门，从事跟踪技术进展、产业发展、竞争对手情况、市场态势及未来发展趋势研究、技术路径选择、支撑决策等工作。

韩国三星集团在电器、手机、半导体、柔性印刷等领域，都设立了相关岗位分析国内外技术动向、产权布局情况、韩国及国际政治形势、技术发展现状与未来发展情况等。尤其是半导体存储 DRAM 领域，在受到其他国家的挤压后，从模仿道路走向了自主创新道路，得到了快速发展，利用短短几十年的时间在 DRAM 领域达到了世界领先水平，其中情报发挥了至关重要的作用。

6.3.3 情报运行管理机制

（1）完善的法律保障

韩国 1963 年颁布了第一部《图书馆法》，1965 年又颁布了《图书馆法实施令》和《图书馆法实施规则》，对图书馆从业资格等进行了规定。随着社会的发展，对图书馆需求发生了变化，同时图书馆经过几十年的发展也需要进行改革，1991 年韩国颁布了《图书馆振兴法》代替原有的《图书馆法》，又在 1994 年推出《图书馆与阅读振兴法》替代《图书馆振兴法》。《图书馆振兴法》的特点是将公共图书馆的行政工作由文教部移交文化部（文化体育部的前身），并在文化部设立图书馆政策科，强化图书馆的社会性、文化性作用，强化图书情报系统的功能，完善国立中央图书馆的经营体制等[①]。1991 年，韩国教育部制定了《建立学术情报服务体系计划》，目标是 1998 年实现图书馆业务计算机化和自动化，使科研人员能够及时掌握国内外学术情报。

1）《图书馆法》[②]

韩国于 1994 年颁布了《图书馆与阅读振兴法》，于 2007 年推出新的《图书馆法》

---

① 李炳穆. 韩国图书馆学情报学教育的现状 [J]. 图书情报工作，1997（3）：4-11.
② 도서관법 [EB/OL].[2019-09-24].http://www.law.go.kr/%EB%B2%95%EB%A0%B9/%EB%8F%84%EC%84%9C%EA%B4%80%EB%B2%95.

替代《图书馆与阅读振兴法》，此后新的《图书馆法》沿用至今。该法规定了保障国民信息接近权和知情权的图书馆的社会责任和履行其职责所必需的事项，通过图书馆的服务，有效地提供关于整个社会的资料，并使之流通，消除与信息接触和利用的差距。该法还适用于信息馆、信息中心、资料室、资料中心、文化中心及具有类似名称和功能的设施。为了制定、审议、调整图书馆政策相关主要事项，总统下设图书馆信息政策委员会。委员会主席应每5年制定一次图书馆发展综合计划（简称"综合计划"），以促进图书馆的发展。综合计划应包括下列各项：关于图书馆政策基本方向的事项；与图书馆政策的促进目标和方法有关的事项；关于重点推进课题及有关部门配合的事项。

2）《国家情报院法》

《国家情报院法》旨在规定为有效履行国家情报院的职务和国家安全保障业务而必需的事项。国家情报院（简称"国情院"）接受总统的指示和监督。

《国家情报院法》中规定了国家情报院禁止政治干预。院长、次长和其他工作人员不得从事加入政党或政治团体，或者参与政治活动的行为。该法第1款所称"干预政治活动的行为"，是指属于下列各款中的任何一种行为：支持或阻碍政党或政治团体成立或加入的行为；利用其职位向特定政党或特定政治人物散布支持或反对意见，或者以制造这种舆论为目的，对特定政党或特定政客进行赞扬或诽谤或实施传播的行为；为特定政党或特定政客资助或妨碍募集捐款的行为，或者根据国家、地方政府的规定和《关于公共机构运作的法律》实施利用公共机构资金的行为；参与特定政党或特定人士的选举运动或参与选举相关对策会议的行为[①]。

(2) 政、军、民、教四位一体交叉融合的情报组织体系

韩国是非常重视情报实践的一个国家，在情报运行与管理中各个情报主体内部，政府与军队情报系统，政府和军队情报系统同民间情报系统，教育系统与政、军、民的情报系统都具有良好的沟通与协同机制。政府在跟踪国内外政治、经济动向过程中有专门的智库部门进行研究，同时政府帮助企业建立情报系统。军队相关情报部门主要从事与军事相关的情报监测与分析工作，韩国军事情报领域同美国保持有良好的合作关系。同时，军队与政府部门的情报系统建立有较为通畅的沟通机制。民间情报组织体系主要以学协会和企业情报系统为主体，紧跟市场与政策、技术信息，以期掌握产业发展最新动态，对企业经营与战略选择进行支撑。教育为上述三种主体培养和输送人才。

---

① 국가정보원법［EB/OL］.［2019-09-24］. http://www.law.go.kr/LSW/lsInfoP.do?lsiSeq=166251#0000.

(3) 通畅的情报沟通机制

韩国情报系统形成了较为完善和通畅的情报沟通机制，政、军、民、教系统间及系统内部对监测和分析的情报能够快速进行传递与沟通分析，这种快速响应模式对韩国在短短几十年间步入发达国家行列具有重要作用。在协同分析国内外最新情况的前提下，选择适合韩国发展的道路，缩短了赶超竞争国家的时间、创造了"汉江奇迹"。韩国民间情报体系发达，在国外以各种名目设立有起到情报监测作用的部门，企业能够将重要信息，以通畅的渠道送至政府决策者手中，以支撑韩国进行战略选择与政策制定。

(4) 全方位的对外情报合作模式与高效的情报保障机制

韩国在情报收集与分析方面，同美国进行了广泛合作，同美国共享收集到的情报，特别是朝鲜半岛局势相关情报。除了情报信息的共享外，韩国在情报技术与情报产品的共享方面也是同美国建立了良好的合作关系。在情报人员培训与培养方面，韩国除了充分利用机会派遣留学人员赴美进行情报学习和研究外，还通过与美进行军事演习来提升韩国情报人员的情报保障能力，可以说双方从信息到技术、产品乃至人才全方面进行了合作。在资金保障方面，韩国对政府、军方及民间都给予了充分的款项，使其从事相关工作。

6.3.4 情报工作流程

同完善的美国情报工作流程不同，韩国的情报工作流程主要包括情报收集、情报分析和情报使用。

(1) 情报收集

韩国建立了情报收集与侦察网络，如企业驻外相关部门、咨询公司、研究机构等。收集的信息类型多样，如收集国际动向信息（主要指国际证据的稳定性及变化，通商贸易方面的最新进展和结构变动，贸易对象国的经济增长、收入分配、消费偏好、市场前景、金融汇率走势、关税及贸易体制变更等情报[①]）、国民动向情报、产业动向情报、竞争情报。它们可分析和研究公开资料信息，也可分析通过侦察网络收集的半公开或非公开信息。

(2) 情报分析

情报分析包括情报处理与加工、具体情报分析等过程。首先对收集到的情报进行过

---

① 梁淘. 日本情报组织揭秘［M］. 北京：时事出版社，2012：260-270.

滤与筛选，并将收集到的信息纳入情报数据池，同以往情报进行结合或建立新的类别进行分析。在对信息进行处理与加工过程中需要利用情报模型、情报技术等工具。随着大数据、人工智能、信息处理技术、文本挖掘技术等的发展，情报分析的速度、效率、准确性都大幅提升。韩国科学技术信息研究院等政府机构、三星集团等大型企业等都在为韩国情报基础设施的建设助力，不断完善韩国情报基础设施网络。

(3) 情报使用

经过处理与分析的情报信息，通过各种途径分发到相关人员的手中以供决策使用。决策者根据情报所揭示的信息进行政策制定、战略调整、技术路线选择、海外拓展策略确定、竞争对手分析、国际形势评估、未来预测等工作。例如，韩国在制定科学技术基本计划前会进行科技预测工作，科技预测分析国内外技术最新进展、进行国内外预测报告解读、结合韩国现状分析各个领域技术发展路径与发展阶段和技术特点等。科学技术基本计划将在科技预测报告的基础上进行领域布局、优先发展方向选择等工作。由于科技预测工作是连续性工作，因此，在若干年后会对前面的科技预测结果进行评估。

6.4 韩国情报学教育

6.4.1 情报学教育的地位与目标

韩国情报学服务业包含多种类型，各个类型情报服务所需的人才也各式各样，单从情报学教育的角度来看其主要包括文献情报学/图书馆情报学、经营信息学、军事信息情报学等类型。

随着信息技术的发展，传统韩国文献情报学/图书馆情报学近年来发生很大变化，韩国开展文献情报学/图书馆情报学的传统学校也纷纷转向 iSchool 方向。其主要目标是培养具有文献与信息相关理论与知识、技术与技能并掌握计算机技术、大数据技术等的人才以促进文献情报学/图书馆情报学教育的发展。

经营信息学在全球信息化驱使下，把教育目标放在了解信息技术收集、存储管理过程和分析企业经营管理信息，为经营决策提供重要支持，可认为它是经营学和信息技术相结合的交叉学科。该方向重点培养面向未来社会发展的复合型人才。随着企业需求的变化，对经营信息学人才的需求不断扩大，高校纷纷开始设立该学科[1]。

军事信息情报学主要在特定军事院校进行，是韩国军队重要的信息情报学人才培养

---

[1] 경영정보학과［EB/OL］.［2018-07-25］. https://www.hycu.ac.kr/lesinfo/? dept=30018.

基地，其目标是为军事情报培养和输送专业人才。

6.4.2 情报学课程体系

为研究韩国情报学教育课程体系设计，选取了侧重点不同的三所情报学教育机构进行了剖析，分别为延世大学、忠北大学、陆军情报学校。

（1）延世大学

延世大学是韩国文献情报教学的开端之一，延世大学文献情报系对包括计算机和通信技术及新媒体在内的信息技术的发展高度重视，关注信息的收集、组织、积累、搜索、利用、传输等相关知识的交流现象，并以此为基础主导着能够有效应对人类信息要求的各种科学方法的研究。延世大学文献情报系目前有全职教授5名、授课教师5名。延世大学文献情报系主要历史事件如表6-1所示。

表6-1 延世大学文献情报系主要历史事件[①]

年份	事件
1957	在美国的帮助下韩国设立了第一个图书馆系
1962	学科内教授团全部由韩国人组成
1963	使用"纪录片"这个名称首次开设情报/信息学课程
1972	以"文献情报学"为名在本科开设情报/信息学课程
1980	开始培养博士
1990	将学科名称由"图书馆学"更名为"文献情报学"
2007	延世大学文献情报系成立50周年
2009	与Simmons College和University of Wisconsin-Milwaukee签订海外双学位制协议

韩国延世大学文献情报系的细分领域主要有信息组织、信息学、情报调查与提供、图书馆与信息中心管理、记录管理等方向[②]。

信息组织作为整理信息所含资料的工作，它是指文献检索工具目录中涉及的技术工作、分类工作的一系列过程。信息组织学是对各种形式的第一手信息来源（文献、计算机文件、在线数据库、视听资料等）的主题和内容进行分析，以及为此进行分类

---

① 학과연혁[EB/OL].[2021-09-20].https://lis.yonsei.ac.kr/lis/학과연혁.htm.
② 연세대학교.문헌정보학과[EB/OL].[2019-09-24].http://lis.yonsei.ac.kr/lis/????.htm.

和索引理论的应用（分类和索引代码、主题词表）。最近，针对网络元数据的研究非常活跃。

信息学主要涉及信息检索理论及检索技巧，信息检索系统的设计及评估等信息的生产、收集和检索分发领域，另外，还涉及通过多种计算机应用程序（操作系统、文字程序、程序设计语言、数据库理论及设计、计算机通信等）与信息数字化的网页制作和企划（学术信息网站设计）。

情报调查与提供及记录管理方向的研究大领域同信息组织基本相同，图书馆与信息中心管理则同信息学方向的大领域基本相同，在大领域针对不同方向进行更细致的研究。

此外，延世大学还开展图书馆基础理论、档案管理、信息技术、信息伦理、情报理论、自动化系统、计算机编程等方面的课程。

（2）忠北大学

忠北大学经营信息学设立于 1987 年，忠北大学是韩国国立大学中最先设立经营信息学本科课程的学校，1999 年 11 月开设了硕士和博士研究生课程。忠北大学经营信息学本科拥有国内经营学专业中最高水平的教育及研究预算，获得过教育科学技术部给单一学科的最大规模预算支持。另外，忠北大学还在韩国经营教育认证院中首次获得了经营教育认证。该专业已发展成为国内一流学科，忠北大学正在集中力量培养在世界各地担任商业领袖的新一代人才[①]。

其开设的课程内容主要有经营学方向、信息学方向、信息系统与技术方向等。

经营学方向的课程有经营学、知识产权管理、软件项目管理、知识经营论、数字经济与 E-Business、信息通信经营、技术经营、管理论、企业创新、专利战略、创新思维、技术创新与经营战略等。信息学方向的课程有知识管理、信息伦理、数据挖掘、数据分析、信息通信政策、数据处理、图像识别与处理、大数据信息管理、数据可视化、文本挖掘、大数据预测方法、大数据政策、统计学、数字人文、信息安全、信息安全等。信息系统与技术方向的课程有管理信息系统、信息技术、生产物流信息系统、数据库系统、商务程序设计、信息系统与信息伦理、机器学习、高级计算机编程、程序设计、系统模拟、高级 ERP 战略与实践等。

（3）陆军情报学校

陆军情报学校创立任务及目的是"以向韩国陆军提供训练有素的情报人员为任务，

---

① 충북대학교. 경영정보학과 [EB/OL]. [2019-09-24]. http://mis.chungbuk.ac.kr/.

实施军事情报的学术及技术教育，进行军事情报所必需的学术及技术的调查研究"。陆军情报学校是 1949 年 5 月 20 日根据国防部"普通命令第 15 号"创建的，首任校长是历任陆军本部情报局长的白善烨大校，同年 6 月 29 日搬迁至当时首尔特别市南山洞，7 月 10 日根据陆军本部"普通命令第 25 号"，更名为陆军南山学校。1950 年 6 月 25 日朝鲜战争爆发，首尔沦陷，陆军南山学校无法正常运营，7 月 8 日临时解散。随着陆军南山学校解体，剩下的兵力和装备被分配到了韩国陆军第三军团。由于战况有利，陆军总部再次为培养情报人员于 1950 年 12 月 24 日在大邱重新开设了陆军情报学校。当时，陆军情报学校隶属美国第八军的情报联络军官团，1951 年 1 月 27 日再次变更为陆军本部情报局所属，学校名称改为第七训练所。1952 年 3 月 6 日，根据国防部"第 13 号一般命令（六）"，将学校名称还原为陆军情报学校。朝鲜战争时期，设一般情报军官班、情报参谋助理班、照片解析班、一般情报下士官班、俘房审问班、汉语翻译军官候补班、俄语翻译军官候补班。1954 年 10 月 23 日其再次变更为陆军本部直属单位，1958 年 10 月 10 日搬迁至庆尚北道永川。虽然曾一度关闭，但 1983 年 7 月 1 日随着情报兵科的创建，陆军情报学校在京畿道利川市长湖院邑重新建立并一直延续至今。陆军情报学校是为军队培养情报人才，承担部队干部培训等工作。

有关陆军情报学校开设的课程未公开，但从可获取的资料显示，教育课程体系主要有军事教育、安全教育、信息技术、信息收集、信息分析、信息挖掘、各国语言学习等内容。

6.4.3　情报学教育改革趋势

总结上述内容可知，韩国情报学课程体系可分为传统文献情报学、面向信息技术与大数据的情报学、面向企业经营的情报学、面向军事领域的情报学等方向。韩国情报学课程体系的设立与社会需求密切相关，根据其学生的未来就业方向、用户需求，在考虑适应社会发展和未来方向的基础上进行了调整。

韩国情报学教育改革主要趋势有在保留原有文献情报学传统优势学科的基础上重视信息技术带来的影响，设立相关研究方向，以及同产业密切结合。首先，从设立文献情报学/图书馆情报学学校的研究方向与课程设置来看，传统文献情报学与图书馆管理方向仍作为重要领域得以保留。其次，各所学校纷纷意识到在信息技术与大数据时代及第四次产业革命变革时期，传统情报学必须进行相应调整，因此，信息技术、信息分析、信息挖掘、大数据、机器学习、系统设计等也作为新的方向进行了设置，学生可结合自身特点与兴趣进行选择。最后，韩国情报学教育非常重视同产业端相结合，积极为企业输送具备企业经营与信息情报能力的未来复合型人才，开设的课程不仅强调企业经营的重要性，而且对信息情报领域的知识与技能要求非常高。未来韩国情报学教育应在保留原有优势的基础上，积极探索新的方向与领域。

6.5 韩国情报学与情报工作的发展特点与影响

6.5.1 主要特点

第一，韩国情报学发展缓慢，同图书馆学发展密切相连，仍未独立。同其他国家情报学如火如荼发展的趋势相比，韩国情报学的发展较为缓慢。基于文献情报学的角度，韩国文献情报学的发展同图书馆的发展密切相连。目前大多数国家的情报学独立成为一个专业学科，同图书馆学、档案学等分离作为一门独立学科进行实践探索与理论研究。但目前韩国情报学的教育仍以文献情报学、文献信息学、图书馆情报学等形式存在。有关 iSchool 的研究也在进行，但仍处于对国内外 iSchool 进行调研与分析阶段，只有少量内容被纳入目前文献情报学教育体系。

第二，韩国情报学更注重实践，但正从实践逐步转向理论体系研究。纵观韩国情报学的发展，韩国情报研究更注重实践内容，以图书馆、信息中心、情报机构具体事务为核心开展情报学教育与情报工作探索。其军事情报、竞争情报、决策支撑情报服务等实践都走在世界前列，但对于实践经验的总结与理论的探索不够，在世界情报领域的声音较弱。同时，在情报教育机构中，从事情报学研究的教师数量仍处于较低水平，情报学学生的数量相较于其他学科也较少。虽然有越来越多的学生选择韩国情报学，但同其他发达国家相比仍相当少。目前，上述情况正得以改善，韩国开始重视理论研究与理论体系的建立。

第三，韩国企业竞争情报走在前列。韩国能够涌现一大批具有世界影响力与创新能力的大型、中小型企业同其卓越的竞争情报能力密切相关。韩国的竞争情报体系可分为国家层面、行业层面、企业层面等不同类型。各个情报机构通过各种手段获取公开和非公开竞争情报，对获取的信息进行解析、计算、推理等操作，得出观点，为企业与决策者提供有用信息。韩国在世界各国都设有情报收集站，它们第一时间获取一线资源。韩国企业竞争情报通过分析国内外最新科技进展、产品信息、市场动态、经济走向、政策动向等内容，为韩国技术研发、技术布局、市场开拓、国际合作等服务。

6.5.2 社会影响

第一,情报工作受到技术的强烈影响。随着大数据、人工智能、数据科学、开放科学的发展,情报工作无论是在需要收集的信息源数量、情报信息的数量、信息的类型方面,还是在处理信息的技术、手段、方式等方面,都产生了巨大变化。特别是网络信息和开放获取信息的收集和分析将是未来情报的主要内容之一,面对多源、异构、开放的信息世界,技术应该发挥重要作用。同时,情报工作从以人为中心进行情报分析逐步转向以机器为主的情报分析模式。

第二,情报在决策领域将继续发挥重要作用。韩国在第四次产业革命时期,面临如何进行政策选择与下一步发展的问题。经过几十年的高速发展,韩国已经取得了一定的成效,同时也遇到了发展瓶颈,未来应选择何种发展道路,需要情报工作的支撑。在军事领域,对世界格局,特别是朝鲜半岛领域的情报监测工作仍是重点。企业方面,以大企业的主导的发展模式已呈现了弊端,如何在保证大企业稳定发展的同时,发挥中小企业的创新能力都需要情报学的支撑。

第三,重视情报学人才的培养,积极构建具有韩国特色的情报学理论体系。韩国非常重视情报学人才的培养,但在教育领域仍有较大进步空间。除了积极派遣人员到先进国家学习以外,还重视国内情报学教育与人才的培养,积极探索具有韩国特色的情报学理论体系,争取能够培养出具有世界影响力的情报学人才,最可能产生突破的是竞争情报学研究领域。

6.6 本章小结

韩国情报学与情报工作的发展最初是在美国的支持下建立起来的,起步较晚,但随着其发展走出了具有韩国特色的情报学与情报工作体系。从最初的文献情报学/图书馆情报学逐步发展到文献情报学/图书馆情报学、X-信息学、竞争情报学、军事情报学等。情报工作也呈现了多类型的特点,有国家安全情报、智库情报、竞争情况等各种类型。随着韩国企业在世界上崭露头角,韩国竞争情报工作得到了良好的实践与发展,是韩国从20世纪60年代的最贫穷国家之一发展到世界经济大国不可或缺的重要因素。

韩国情报学与情报工作从图书馆运营、司书教育、信息管理方向到媒体、信息分析、经营管理、保险、金融、投资、咨询,再到政府决策支持、科技情报服务、项目管理与绩效评估、战略选择及国家安全与军事等各个方面都发挥作用,可以说韩国情报学与情报工作无处不在。

韩国情报学与情报工作是一门实践性较强的学科，其在发展过程中同实践、产业、用户密切结合。它同其他国家一样受到技术的冲击较大，在正视技术与社会发展的基础上，韩国情报学与情报工作应力图在稳定发展基础上积极探索新道路。

第 7 章
以色列情报学与情报工作

以色列国土面积狭小，周围均是阿拉伯国家，是中东地区唯一的自由民主制国家与非伊斯兰国家，在宗教、文化、多数居民使用的语言及政治体制方面与周边国家差异极大，同时经济体制、对外开放度、与世界经济的交融度等也与周边国家都有极大不同。此外，以色列地缘环境特殊，抵御突袭的战略纵深不足，所有因素的叠加使得以色列面临严峻的战争威胁和沉重的国内安全稳定压力。基于以上背景，以色列情报工作对国家安全的重要性极高，情报部门在国家安全体系中具有重要地位。

7.1 以色列情报学的起源与发展

7.1.1 情报学的起源

以色列因民族、地缘、历史等各方面因素，成为世界上极为重视情报工作的国家，犹太人一直将国家的安全与情报工作紧密联系，力图使情报工作充分发挥作用，为国家利益服务的精神贯穿情报工作始终。

以色列人对情报的重视有着悠久历史。古代以色列人（希伯来人），原是闪族的一支，在从亚伯拉罕起到流散时止（约公元前 2000 年—公元 500 年左右）的圣经时代，逐步走向独立，基本形成犹太人的宗教、经典与民族文化，这一时期犹太人与其他民族始终进行着融合，进行着充分的信息交流。在摩西《新约》中就记载了摩西派出 12 名密探到迦南搜集情报的事例[1]。此外，《圣经》中"约书亚记""撒母耳记"等记述都有早期的情报思想与活动的雏形[2]。

---

[1] 刘肖岩. 以色列情报文化及其影响因素探析[J]. 前沿, 2012 (13): 28-30.
[2] 高庆德. 以色列情报组织揭秘[M]. 北京: 时事出版社, 2016: 5.

7.1.2 主要发展阶段

从历史的角度看,以色列情报组织发展阶段可以以色列国的建立为节点进行区分。

(1) 以色列国建立前的情报活动

以色列国建立前,犹太人长期处于不安定的生活状态中,保证自身安全是基本要求。特别是在早期文明时期,各个部落之间相对封闭,犹太人往往受到当地土著居民的敌视,小规模战争时常发生。犹太部落因十分弱小,难以公开反抗压迫者,因而情报活动成为犹太人争取生存地位的重要方式。19世纪末现代反犹浪潮高涨,激起犹太人强烈的复国愿望。这使得秘密情报活动变得至关重要,以色列情报机构如"尼里""沙伊""阿里亚-B"等都担负诸多职责,负责搜集阿拉伯人的情报,建立秘密移民通道,帮助犹太人实现移民,打击阿拉伯人并为哈加纳秘密购买武器,宣传犹太复国主义等,同时与英国等情报机构合作,为建立独立的犹太国家提供政治和军事情报奠定了重要基础。

(2) 以色列国建立后的情报活动

以色列情报机构通过各种方式获取的情报,在帮助以色列国成功建立,以及之后的中东战争中获得胜利起着重要作用,同时情报为以色列政治家与英、美大国的交涉提供了有效参考[1],为以色列争取更多政治利益、在国际舞台上获得更多支持奠定了基础。

1948年5月14日,以色列国成立。1948年5月15日爆发第一次中东战争,到1974年,以色列与阿拉伯国家之间共爆发了4次中东战争和1次消耗战。以色列赢得中东战争与其军事实力和军事战略密切相关,正确的情报为以色列的胜利提供双重保障,并加快了以色列胜利的进程,减少了以色列的人员伤亡和经济损失。

以色列国成立第二天,埃及、外约旦、叙利亚、伊拉克、黎巴嫩五国派兵进入巴勒斯坦,战争爆发。这场战争对以色列来说是独立战争,对阿拉伯国家来说则是以消灭以色列国家为目的的战争。战争前及战争中,以色列情报机构通过"纳赫姆行动"等活动,以及取得阿拉伯联盟议而未决的联合作战计划——"马斯塔计划"等军事计划,为战争做了充分准备,为新生的以色列的胜利奠定了基础。1956年苏伊士运河战争时期,以色列情报机构策划了"迷雾计划",目的就是迷惑相关国家,发动出其不意的战争,帮助以色列取得了战争胜利。"六五战争"期间,以色列情报机构出动大量特工,收集了翔实的情报,并做出正确的分析,为赢得战争的胜利扫清了障碍并奠定了基础。"六五战

---

[1] 王晶. 以色列情报活动研究(1917—1973)[D]. 西安:陕西师范大学,2012.

争"的胜利给以色列情报机构带来了极大的声誉,以色列各界一致认为,情报机构不仅保证了战争的胜利,而且保证了战争速战速决,挽救了以色列战士的生命。

(3) 打击与防范恐怖主义

以色列国家安全战略从国家成立时就具有应对传统战争威胁与非传统恐怖主义威胁的任务。在长期阿以冲突与对抗过程中,存在针对以色列平民目标的极端暴力恐怖活动。恐怖活动以自杀袭击为代表的冲突为主,严重威胁以色列平民的生命安全,对以色列经济造成负面影响,使以色列公众对于以巴和平进程的信心大幅下降。

以色列高度重视反恐斗争中的情报环节。以色列没有战略纵深,四面皆敌,在严酷的环境中要避免突然袭击,就必须构建有效的情报预警系统。目前已形成包括摩萨德、辛贝特、阿穆恩等在内的情报系统,这些机构与部门互相配合和补充;此外,以色列是一个极为重视科技的国家,现代高科技为反恐提供了现实基础。以色列情报机构认为技术与人员同样重要,在被占领土、阿拉伯国家及全球发展谍报人员,经过几十年的努力,已拥有非常完备的情报网络,并与各国情报机构保持密切合作。以色列情报机构的努力有力地打击了以色列国内的恐怖主义,同时还多次做出恐怖袭击预警,支持了国际社会的反恐行动[①]。

7.2 以色列情报学理论

以色列情报工作多涉及军事安全情报工作,基础理论研究内容包括情报学的基础概念、知识管理等。

7.2.1 情报学基础理论

以色列情报学界的研究主要涉及情报学的基础,包括对情报、知识、数据等基本概念的界定,对情报学研究模型的探讨,对知识管理的研究等方面。

(1) 对情报学研究对象与基本概念的研究

情报学对研究对象的认识经历了"印本文献→信息→知识"的过程[②],以色列的情报学发展也遵循着这一认识。

---

① 潘光,王震.以色列反恐战略研究[J].现代国际关系,2007(8):32-36.
② 马费成,宋恩梅.情报学的历史沿革与研究进展[M]//查先进.情报学研究进展.武汉:武汉大学出版社,2007:1-34.

第 7 章
以色列情报学与情报工作

以色列情报学家在情报学的基本概念方面进行了很多探讨，Wellisch 在 1972 年即对情报学的术语进行研究[①]，学者 Hoffmann 等从定量与定性的角度研究情报的定义[②③]。诸多研究中以查姆·金斯（Chaim Zins）为代表的学者进行的研究最为突出，研究内容包括"定义数据、情报和知识的概念方法"[④]，记录了由 45 位学者制定的数据、情报和知识的 130 种定义，并说明了定义这三个关键概念的主要方法；"情报学的概念"[⑤]，研究记录了 50 个情报学的定义，说明了与概念制定相关的主要理论问题，总结出 6 个不同的模型，即高科技模型、技术模型、文化模型、人类世界模型、现实世界模型和物理世界模型，其中的文化模型是主流模型（表 7-1）。

表 7-1　情报学概念

范围		分类	数据（D）	情报（I）	知识（K）	信息（M）
特点	中介	（1）高科技模型	关注 D-I-K-M 的中介方面，在计算机技术领域实施			
		（2）技术模型	关注 D-I-K-M 的中介方面，在技术的所有类型中实施			
		（3）文化模型	关注 D-I-K-M 的中介方面，在人类社会中实施			
	方面	（4）人类世界模型	关注 D-I-K-M 的所有方面，在人类领域实施			
		（5）现实世界模型	关注 D-I-K-M 的所有方面，在现实世界中实施			
		（6）现实和物理世界模型	关注 D-I-K-M 的所有方面，在生物有机体、人类、非人类及所有类型的物理对象中实施			

金斯提出，情报学的学科特性是研究从数据到知识的信息链间的各个中介环节，而不是信息或知识现象本身。其研究的重要性，就在于提出了将信息与知识等概念抽象

---

① WELLISCH H. From information science to informatics-terminological investigation［J］.Journal of librarianship，1972，4（3）：157-187.
② HOFFMANN E. Defining information：an analysis of the information-content of documents［J］. Information processing and management，1980，16（6）：291-304.
③ HOFFMANN E. Defining information 2. A quantitative-evaluation of the information-content of documents［J］. Information processing and management，1982，18（3）：133-139.
④ ZINS C. Conceptual approaches for defining data，information，and knowledge［J］. Journal of the American society for information science and technology，2007，58（4）：479-493.
⑤ ZINS C. Conceptions of information science［J］. Journal of the American society for information science and technology，2007，58（3）：335-350.

化，将知识、信息等之间的关系作为研究的核心，表现出一种动态的过程观。

（2）情报哲学

以色列学者对图书馆与情报学的跨学科性质进行分析[①]，指出图书馆和情报学本质上是高度跨学科的，并受到技术不断发展的影响。情报学家对情报学的探索对象进行了比较深刻的反思，认为对情报学理论核心的认识不应当只局限于对知识及知识活动的静态描述上，更应表现为以知识、人及二者之间相互作用为核心的一种动态过程性命题[②]。以色列情报学家重新定义情报学，认为情报学已发展到"知识科学"[③]，研究探索了情报学的概念，阐释了"数据""情报"和"知识"的基本定义，提出知识科学同认识论、科学哲学、知识社会学共同建立起人类知识的元知识基础。

（3）情报学的学科性质

赛德曼（Seidman）从理论、应用与教育方面探讨情报学范畴[④]。以色列情报学家认为情报学的研究领域随着时间不断变化，因此，情报学家需要不断进行反思，并在必要时重新定义情报学领域的基本构建模块。2003—2005年，金斯组织情报学家进行了一项关键的德尔菲研究，研究人员由16个国家的57位学者组成，几乎代表了情报学领域的所有主要子领域和重要方面的学者，他们致力于探索情报学的基础，完成了"情报学知识地图"[⑤]。

情报学家所制定的"情报学分类方案"，绘制出情报学领域的地图，采用28种分类方案描绘和记录了21世纪初情报学的概况。该地图有10个基本类别：基础、信息源、情报从业者、内容、应用、操作与流程、技术、环境、组织、用户。模型为确定情报学理论、开发和评估情报学学术课程和书目资源奠定了基础。

---

① PREBOR G. Analysis of the interdisciplinary nature of library and information science [J]. Journal of librarianship and information science，2010，42（4）：256-267.

② 王琳．情报学基础理论研究30年（1987—2017）的回顾与思考［J］．情报学报，2018，37（5）：543-560.

③ ZINS C. Redefining information science：from "information science" to "knowledge science" [J]. Journal of documentation，2006，62（4）：447-461.

④ SEIDMAN A. Information-science - theory，application，and education [J]. Nachrichten fur dokumentation，1981，32（2）：63-68.

⑤ ZINS C. Classification schemes of information science：twenty-eight scholars map the field [J]. Journal of the American society for information science and technology，2007，58（5）：645-672.

（4）知识管理与知识共享

以色列情报学家指出"知识管理是制定和实施组织战略的重要因素"[1]，研究基于对全球知识管理专家进行的200多次访谈，探讨知识管理、组织战略与组织成功的关系，指出组织在其战略中整合知识管理的方式方法与目标，有助于提高成功的可能性。

知识共享有助于提升以客户为导向的服务[2]，研究旨在说明，共享隐性知识对增强员工的顾客导向意识、增加显性知识的共享具有积极作用，同时也加强了与组织中客户的沟通。因此，企业应该鼓励隐性知识共享，通过技术将隐性知识转化为显性知识，以增强员工的顾客导向意识。对知识共享的意图和行为进行研究[3]，研究提出分析量表，阐明分享显性和隐性知识的意图、对实际知识共享行为的影响方式。结果显示，共享显性知识的意图直接或间接地共同影响显性知识共享行为。相比之下，隐性知识共享行为在很大程度上受到共享隐性知识意图的直接影响，而较少地受到隐性知识共享的间接影响。研究提供了一种潜在的工具，可以使用该工具来测量显性和隐性知识共享的意图和行为。目前尽管就共享知识的需求和利益已达成共识，但还没有工具可以衡量行为共享的原因，而研究中的量表可以显示出分享的潜在意图，可对其进行度量并评估由此产生的行为。

（5）情报实际工作的研究

以色列的情报学家针对情报机构进行了相关研究。有研究探讨在国家安全需求与民主价值可能发生冲突时，情报机构应做出怎样的举措与应对[4]；有探讨以色列军事情报局阿穆恩的研究，指出与全世界其他民主国家的情报部门相反，阿穆恩活动不仅是围绕军事情报问题的收集和研究，而是涵盖了大多数情报活动领域，包括有关国家相关问题的情报，并事实上成为国家情报评估者。这就产生了阿穆恩在以色列政治和公众争议中

---

[1] DAYAN R, HEISIG P, MATOS F. Knowledge management as a factor for the formulation and implementation of organization strategy [J]. Journal of knowledge management, 2017, 21（2）: 308-329.

[2] REYCHAV I, WEISBERG J. Going beyond technology: knowledge sharing as a tool for enhancing customer-oriented attitudes [J]. International journal of information management, 2009, 29（5）: 353-361.

[3] REYCHAV I, WEISBERG J. Bridging intention and behavior of knowledge sharing [J]. Journal of knowledge management, 2010, 14（2）: 285-300.

[4] PASCOVICH E. Not above the law: Shin Bet's (Israel Security Agency) democratization and legalization process [J]. Journal of intelligence history, 2015, 14（1）: 54-69.

的敏感问题[1]。

7.2.2 主要情报学理论

以色列情报学理论更为关注知识管理、知识创新，探讨提升组织的竞争力。

(1) 信息处理

以色列学者对信息系统的分类进行了分析与解释[2]，根据属性和功能对信息系统进行了标识和定义，对信息系统类型的发展历史进行定量分析。Keshet 和 Yael 基于知识社会学的分类体系[3]，提出分类是理解世界的重要过程，研究旨在根据理论社会学和人类学方法，比较研究分众分类法与传统分类法。有论文研究网络资源分类模型[4]，论文对主要门户网站和 Web 分类目录中使用的分类方案进行了批判性分析，为互联网用户提供了 8 种可用资源的分类模型，可以按主题、对象、应用、用户、位置、来源、媒介和语言对网络资源进行分类。前 5 个模型与内容相关，即表征资源的内容；另外 3 个模型与格式相关，即表征资源的格式或其技术基础设施。该研究确定并制定了 8 个分类模型，分析了它们的基本原理，并讨论了将其组合在一个分面综合分类方案中的方法。有学者研究三个主要图书馆分类体系[5]，即美国国会图书馆分类、杜威十进制分类和通用十进制分类，探讨分类体系如何涵盖人类知识。

有学者利用通用多维本体改进谚语搜索和检索[6]，研究的目标是开发适用于谚语的通用本体论模型，统一潜在的分类标准和谚语的各种特征，以实现有效的检索和大规模分析。因为谚语可以通过多种特征和标准来描述和设置索引，论文构建了适用于谚语分类的多维本体。研究工作的实际贡献是构建了基于网络的自动化谚语搜索和检索系统，系统结合了所提出的本体论方案和基于本体的有注释谚语的初始语料库。

---

[1] PASCOVICH E. Military intelligence and controversial political issues: the unique case of the Israeli military intelligence [J]. Intelligence and national security, 2013, 29 (2), 227–261.
[2] EIN-DOR P, SEGEV E. A classification of information systems: analysis and interpretation [J]. Information systems research, 1993, 4 (2): 166-204.
[3] KESHET Y. Classification systems in the light of sociology of knowledge [J]. Journal of documentation, 2011, 67 (1): 144-158.
[4] ZINS C. Models for classifying Internet resources [J]. Knowledge organization, 2002, 29 (1): 20-28.
[5] ZINS C, PLACIDA L V A C. Mapping the knowledge covered by library classification systems [J]. Journal of the American society for information science and technology, 2011, 62 (5): 877-901.
[6] ZHITOMIRSKY-GEFFET M, PREBOR G, BLOCH O. Improving proverb search and retrieval with a generic multidimensional ontology [J]. Journal of the association for information science and technology, 2017, 68 (1): 141-153.

（2）信息过滤

学者使用人工神经网络所识别的最佳术语集来过滤搜索结果[1]，研究所描述的术语选择技术，包括基于修正的人工神经网络模型进行分析的降维机制，可以识别最佳术语集，对术语集进行正确分类，使之与用户需求直接相关。有学者研究超文本浏览，提出这是基于用户配置文件和数据聚类的信息过滤模型[2]，论文提出的算法，利用用户配置文件和数据聚类技术为用户计算最相关的超文本节点集，从而针对每个用户的需求配置最佳相关数据。

有学者提出结合信息过滤的决策理论方法[3]，学者基于信息结构模型的扩展框架，提出并比较了三种不同的过滤系统组合方法，以改进过滤结果，最大化用户的预期收益。有学者研究组合信息过滤器的决策理论方法[4]，提出将若干信息过滤系统的结果组合，可改善过滤性能。学者探索了基于信息结构模型的框架，模型经常用于信息经济学，可根据用户的偏好组合多个信息过滤系统的结果，旨在实现用户的预期收益最大化。

（3）信息分析

以色列学者针对概念模型进行分类和本体分析[5]，指出概念模型旨在理解和表达信息系统的要求，但是不同人对于同一问题构建的模型不同，不同的模型反映了在将现实映射到建模结构中有着模糊性。探索模型变体本身，可以促进研究建模结构的语义。研究对由经验获得的模型变异进行了定性分析，并将其归为变异类型。根据已确定的变异类型，分析了两个基于本体的建模框架，以评估对减少变化的潜在贡献。

有学者探讨将基于本体的规则应用于概念建模，从而对建模决策进行了反思[6]，在将现实映射到建模结构时，因为决策不同而构建出不同的模型，学者进行了实证研究，

---

[1] KUFLIK T, BOGER Z, SHOVAL P. Filtering search results using an optimal set of terms identified by an artificial neural network [J]. Information processing and management, 2006, 42（2）: 469-483.

[2] SHAPIRA B, SHOVAL P, RAVEH A, et al. Hypertext browsing: a new model for information filtering based on user profiles and data clustering [J]. Online and cdrom review, 1996, 20（1）: 3-10.

[3] BINUN A, SHAPIRA B, ELOVICI Y. A decision theoretic approach to combining information filtering [J]. Online information review, 2009, 33（5）: 920-942.

[4] ELOVICI Y, SHAPIRA B. A decision theoretic approach to combining information filters: an analytical and empirical evaluation [J]. Journal of the American society for information science and technology, 2006, 57（3）: 306-320.

[5] HADAR I, SOFFER P. Variations in conceptual modeling: classification and ontological analysis [J]. Journal of the association for information systems, 2006, 7（8）: 568-592.

[6] SOFFER P, HADAR I. Applying ontology-based rules to conceptual modeling: a reflection on modeling decision making [J]. European journal of information systems, 2007, 16（5）: 599-611.

检验将基于本体的建模规则应用于建模决策的效果，研究提供了对不同结果的见解，以及基于本体的建模规则的应用。也有学者基于本体进行组织记忆评估[1]，基于组织记忆领域的本体论，提出名为"知识生态"的评估组织记忆的方法，进行案例研究，证明了方法的可行性与实用性。有学者建立协作多视角本体获取的通用框架[2]，试图将协作社交标记与本体方案相结合。

（4）信息检索

通过对以色列犹太研究学者进行的案例研究，来探讨成本效益和最小努力理论在人文学者信息寻求行为研究中的应用[3]，探讨犹太研究学者不同研究阶段的信息搜寻行为的研究[4]，以及人格特质对用户信息搜寻行为的影响[5]。在信息需求、信息行为及搜索和撰写课程作业时面临的困难等方面，对以色列学生的信息需求进行分析[6]，指出以色列学生的多元文化环境，对信息行为有一定影响，在使用搜索引擎、使用图书馆服务及进行学术任务的模式方面，母语群体之间存在显著差异。

（5）信息计量学

学者通过参考文献来研究文献计量学[7]，也有学者对altmetrics进行研究[8]，使用信息计量学的方法探讨互联网的发展[9]，应用文献计量方法对希伯来文印本书目进行研

---

[1] WEINBERGER H, TE'ENI D, FRANK A J. Ontology-based evaluation of organizational memory [J]. Journal of the American society for information science and technology, 2008, 59（9）: 1454-1468.

[2] ZHITOMIRSKY-GEFFET M, BAR-ILAN J, MILLER Y, et al. A generic framework for collaborative multi-perspective ontology acquisition [J]. Online information review, 2010, 34（1）: 145-159.

[3] BRONSTEIN J, BARUCHSON-ARBIB S. The application of cost-benefit and least effort theories in studies of information seeking behavior of humanities scholars: the case of Jewish studies scholars in Israel [J]. Journal of information science, 2008, 34（2）: 131-144.

[4] BRONSTEIN J. The role of the research phase in information seeking behaviour of Jewish studies scholars: a modification of Ellis's behavioural characteristics [J]. Information research-an international electronic journal, 2007, 12（3）: 318.

[5] AL-SAMARRAIE H, ELDENFRIA A, DAWOUD H. The impact of personality traits on users' information-seeking behavior [J]. Information processing and management, 2017, 53（1）: 237-247.

[6] GREENBERG R, BAR-ILAN J. Information needs of students in Israel: a case study of a multicultural society [J]. Journal of academic librarianship, 2014, 40（2）: 185-191.

[7] PERITZ B C, BAR-ILAN J. The sources used by bibliometrics-scientometrics as reflected in references [J]. Scientometrics, 2002, 54（2）: 269-284.

[8] HAUSTEIN S, PETERS I, BAR-ILAN J, et al. Coverage and adoption of altmetrics sources in the bibliometric community [J]. Scientometrics, 2014, 101（2）: 1145-1163.

[9] BAR-ILAN J, PERITZ B C. Informetric theories and methods for exploring the Internet: an analytical survey of recent research literature [J]. Library trends, 2002, 50（3）: 371-392.

究①。有学者基于信息计量的目的，对网络上的数据收集方法进行审查和分析②。以定量分析"信息计量学"为例，探讨特定主题在网络上的生命周期③及网络上某个特定主题文档的演变、持续性与消亡。在信息计量学的纵向研究④方面等，研究分析了1998年6月至2003年6月5年内与"信息计量"相关的一组网页所发生的变化，试图说明，在研究网络上相关主题的发展时，要重视其变化情况，包括修正、消失和重新定义等。

学者研究紧跟时代，如在博客等出现后，研究博客的引用与论文未来引用的数量是否相关。有文献研究博客作为替代计量指标的潜在可能性⑤，论文指出为衡量学术论文的在线学术影响力，建议使用博客引文作为补充的计量指标。

(6) 信息素养教育

信息素养教育是现代教育的重要组成部分，信息素养已经成为学术工作中至关重要的能力，探讨其概念、实现方法等是情报学研究的重要组成部分。有学者研究学术图书馆员对信息素养的看法⑥，旨在探讨以色列图书馆员对信息素养主要组成部分的认识、图书馆员对重新定义信息素养概念的认同度、信息素养教育如何实施、Web 2.0平台和社交网络对信息素养的影响等方面。有学者从图书馆员、教师及学生的视角探讨信息素养⑦，表明需要加强教师、图书馆员和学生之间的协作和沟通，以提高学生的信息素养技能。该研究还提供了LIS领域针对学生的"理想"信息素养培训的概览。

---

① LAPON-KANDELSHEIN E，PREBOR G. Bibliographical research in the study of Hebrew printing：a bibliometric analysis［J］. Scientometrics，2011，88（3）：899-913.

② BAR-ILAN J. Data collection methods on the Web for informetric purposes：a review and analysis［J］. Scientometrics，2001，50（1）：7-32.

③ BAR-ILAN J，PERITZ B C. The life span of a specific topic on the Web-the case of "informetrics"：a quantitative analysis［J］. Scientometrics，1999，46（3）：371-382.

④ BAR-ILAN J，PERITZ B C. Evolution，continuity，and disappearance of documents on a specific topic on the Web：a longitudinal study of "informetrics"［J］. Journal of the American society for information science and technology，2004，55（11）：980-990.

⑤ SHEMA H，BAR-ILAN J，THELWALL M，et al. Do blog citations correlate with a higher number of future citations？Research blogs as a potential source for alternative metrics［J］. Journal of the association for information science and technology，2014，65（5）：1018-1027.

⑥ AHARONY N，BRONSTEIN J. Academic librarians' perceptions on information literacy：the Isralei perspective［J］. Portal-libraries and the academy，2014，14（1）：103-119.

⑦ YEVELSON-SHORSHER A，BRONSTEIN J. Three perspectives on information literacy in academia：talking to librarians，faculty，and students［J］. College and research libraries，2018，79（4）：535-553.

学者通过分析影响学生信息素养的因素[①]，来帮助图书馆员在培养学生信息素养技能时选择最合适的方式。分析个性、感知、认知和技术变量与学生信息素养水平之间的关系[②]，探讨在计算机使用中经验、好奇心、学习策略、技术技能和自信心等与本科生的信息素养水平的相关度。在对信息素养进行分析后，指出信息素养不仅是图书馆员或教育者的问题，而是一个多方合作、共同推动的过程[③]。

7.3 以色列情报工作机制

以色列情报工作越来越突显军事安全与反恐等方面的内容，同时以色列现代智库的发展与影响力也越来越大。

7.3.1 情报服务业

以色列最早的智库成立于1959年，20世纪60年代到80年代智库数量逐年增加，质量不断提升，已成为中东、北非地区最先进的发展智库的国家之一，目前发展程度与人均拥有量已稳居世界前列。

（1）基本情况

据2018年全球智库报告[④]，以色列拥有智库67家，列全球第19位，在中东、北非列第一位。其中，国家安全研究所（第109位）入选全球智库150强（含美国）。智库在安全与情报等领域发挥着越来越重要的作用，以色列军事情报部门也越来越重视本国智库发表的各种研究成果。基本情况如表7-2所示。

[①] AHARONY N, GAZIT T. Factors affecting students' information literacy self-efficacy [J]. Library Hi Tech, 2019, 37（2）: 183-196.

[②] AHARONY N, GUR H. The relationships between personality, perceptual, cognitive and technological variables and students' level of information literacy [J]. Journal of librarianship and information science, 2019, 51（2）: 527-544.

[③] AHARONY N. Information literacy in the professional literature: an exploratory analysis [J]. Aslib proceedings, 2010, 62（3）: 261-282.

[④] 2018 global go to think tank index report [EB/OL]. [2019-03-11]. https://repository.upenn.edu/cgi/viewcontent.cgi?Article=1017&context=think_tanks.

表 7-2 以色列智库基本情况

类别	智库名称	排名
综合排名		
全球智库（不含美国）排行	国家安全研究所	50
	贝京－萨达特战略研究中心	141
全球智库（含美国）排行	国家安全研究所	109
中东、北非地区智库	国家安全研究所	2
	以色列民主研究所	10
	贝京－萨达特战略研究中心	14
	哈里·杜鲁门促进和平研究所	19
	摩西·达扬中东和非洲研究中心	24
	卢特研究所	27
	以色列区域外交政策研究所	38
	国际反恐怖主义研究所	43
	以色列社会和经济发展中心	46
分类排名		
全球国家安全防卫智库	国家安全研究所	14
	贝京－萨达特战略研究中心	78
全球环境政策智库	阿拉瓦环境研究所	55
	赫舍尔环境学习与领导中心	58
最高外交政策和国际事务智库	国家安全研究所	79
全球国际经济智库	以色列社会和经济发展中心	50
全球科学技术智库	塞缪尔·尼曼科学技术高级研究所	8
全球社会政策智库	以色列社会和经济发展中心	19
全球最佳宣传活动智库	以色列社会和经济发展中心	81

续表

类别	智库名称	排名
全球最佳机构合作智库	贝京-萨达特战略研究中心	43
全球最佳管理智库	以色列社会和经济发展中心	27
全球最佳跨学科研究智库	以色列陶布社会政策研究中心	59
全球最佳使用社交媒体和网络智库	以色列社会和经济发展中心	50
2019年值得关注智库	以色列民主研究所	23
	以色列社会和经济发展中心	37
全球最佳利用互联网智库	以色列陶布社会政策研究中心	50
全球最佳使用媒体（印刷或电子）智库	贝京-萨达特战略研究中心	44
全球杰出政策导向研究计划智库	以色列陶布社会政策研究中心	59
全球最具创新性政策理念与建议智库	以色列区域外交政策研究所	21
全球最佳独立智库	以色列社会和经济发展中心	42
全球最佳质量保证与诚信政策智库	以色列社会和经济发展中心	40
全球最佳区域研究中心（独立）智库	以色列区域外交政策研究所	25

以色列的智库中最突出的是位于特拉维夫的国家安全研究所（Institute for National Security Studies，INSS）。国家安全研究所"发起并参与创新及相关的高质量的研究，引导公众对以色列国家安全议程问题的讨论，并为以色列国内外的决策者、公共领袖和战略界提供政策分析和建议"[1]。国家安全研究所研究人员以专业精神、相关性、智力独立性和团队精神4个核心价值观为指导，坚持最高标准的研究和分析，致力于探索以色列国家安全最紧迫的问题，并通过创新和创新思维为国家安全政策制定做出贡献。国家安全研究所工作人员主要来自以色列安全部门的前高级官员，特别是以色列国防军，其中许多研究人员具有军方和政府背景。贝京-萨达特战略研究中心（Begin-Sadat Center for Strategic Studies，BESA），位于巴伊兰大学，关注"中东和全球战略事务的政策，

---

① Institute for national security studies［EB/OL］.［2019-09-06］. https：//www.inss.org.il/mission/.

特别是国家安全和以色列的外交政策和地区和平与稳定"①相关的各方面内容。国际反恐怖主义研究所（International Institute for Counter-Terrorism，ICT），成立于1996年，是世界上反恐主要的学术机构之一，致力于促进全球反恐斗争中的国际合作，主要研究内容涉及恐怖主义、反恐怖主义、国土安全、风险评估、智能分析、国家安全和国防政策等领域②。海法大学国家安全研究中心（National Security Studies Center，NSSC）成立于2000年，"旨在促进关于以色列国家安全的研究和公共讨论"③。罗伊特研究所（Reut Institute）专注于社会经济发展和国家安全与全球事务④。耶路撒冷公共事务中心（Jerusalem Center for Public Affairs），专门研究以色列国家安全、区域外交和国际法⑤。除了这些专注于国家安全方面的机构外，还有机构对中东问题进行研究。其中最突出的是位于特拉维夫大学的摩西·达扬中东和非洲研究中心（Moshe Dayan Center，MDC）⑥。

除了上述学术研究机构之外，以色列还有官方机构从事情报工作方面的学术研究，如以色列情报遗产和纪念中心（Israel Intelligence Heritage and Commemoration Center，IICC）⑦。该研究所的研究人员能够获得以色列情报界的内部资料，特别是军事情报部门阿穆恩的资料。情报遗产和纪念中心包括两个研究所。一个是情报和恐怖主义信息中心（Intelligence and Terrorism Information Center）⑧，该中心发表有关巴勒斯坦、黎巴嫩全球恐怖主义和全球反犹太主义等主题的论文。该中心事实上是一个未公开发布的平台，在此平台上阿穆恩能够传播自己的信息。情报遗产和纪念中心第二个研究所是情报和政策研究所，迄今为止已出版了几本关于以色列情报与历史及情报方法的书籍。情报遗产和纪念中心还运营着一个情报图书馆，这是以色列唯一致力于情报问题的图书馆。中心同时为以色列情报界的高级退伍军人提供聚会、知识分享和回忆的场所，并开展各

---

① Begin-Sadat Center for Strategic Studies. Mission［EB/OL］.［2019-09-06］. https：//besacenter.org/about/mission/#.XXNCS395uUl.
② International Institute for Counter-Terrorism［EB/OL］.［2019-09-06］.http：//www.ict.org.il/.
③ National Security Studies Center［EB/OL］.［2019-09-06］. http：//nssc.haifa.ac.il/index.php/en/.
④ Reut Institute［EB/OL］.［2019-09-06］. http：//www.reut-institute.org/en/Default.aspx.
⑤ Jerusalem Center for Public Affairs［EB/OL］.［2019-09-06］. http：//jcpa.org/.
⑥ Moshe Dayan Center［EB/OL］.［2019-09-06］. http：//dayan.org/.
⑦ Israel Intelligence Heritage and Commemoration Center［EB/OL］.［2019-09-06］. http：//www.iicc.org.il.
⑧ Intelligence and Terrorism Information Center［EB/OL］.［2019-09-06］. http：//www.terrorism-info.org.il/.

种旨在保护社区记忆和遗产的活动。此外，中心出版非学术性的季刊 *Mabat Malam*[①]，其中包括以色列情报界退伍军人撰写的文章。

以色列情报部门也有自己的学术研究部门，其中内部安全机构辛贝特和外交情报机构摩萨德在这方面比较突出，不过这些部门的产出仅限于内部使用。

（2）基本特征

以色列智库的主要成果包括出版著作或研究报告、发行期刊、召开各类会议、开展对外交流与合作等。

以色列各个智库针对有关重大国际问题积极表达观点，出版研究著作与研究报告。如以色列国家安全研究所自1983年开始发表《中东军事平衡》年度报告；陶布社会政策研究中心发布《辛格系列：国情报告》，全年持续发表关于社科政策研究关键领域的研究论文等。以色列各大智库以定期出版物的方式，发表最新研究成果，或者邀请外部专家就相关问题发表观点与建议，从而影响官方政策。贝京－萨达特战略研究中心发行许多期刊，如《观点文件》《政策备忘录》等；国家安全研究所发行的期刊包括《中东军事平衡》《以色列战略调查》等，2017年1月创刊的《网络、情报与安全》深度探讨网络与情报议题，为以色列国家网络安全建设建言献策[②]。以色列智库经常举办各类论坛、研讨会、座谈会等活动，对以色列面临的热点问题、国家所面临的挑战等进行充分讨论和辩论。受邀人员大都是来自以色列政界、学术界和商界的精英人士。通过这种交流方式，智库可以及时了解到政府的政策走向，而政府官员也可从智库的研究成果中汲取养分、拓展思路。同时，基于各国智库通常所具有非官方特性，在对外交流时常常可以起到政府机构不能达到的效果，如与华盛顿近东研究所的合作等[③]。

7.3.2　组织机构与业务范畴

因历史与民族的原因，犹太人将国家民族的安全与情报紧密关联，从国家建立开始，就将情报工作放在国家工作的首位。1948年国家建立初，第一任总理本·古里安指出，"我们需要出色的情报工作来帮助我们求得生存。我们的国家是地球上最小的国家

---

① Mabat Malam［EB/OL］.［2019-09-06］. http：// www.intelligence.org.il/MabatMalam.aspx，inHebrewonly.
② 桂畅旎.以色列智库网络安全研究的一项新成果：国家安全研究所创办《网络、情报与安全》杂志［J］.中国信息安全，2017（3）：84-86.
③ 陈广猛.以色列智库对外交政策的影响［J］.西亚非洲，2016（4）：146-160.

之一，但是我们必须建立全世界最优秀的情报工作"[1]。在这个战略思想的指导下，以色列国家领导者一直致力于情报工作，积极组建现代情报机关，从而为国家利益和安全服务。

犹太民族历来重视情报工作，情报组织在以色列国建立过程中发挥了重要作用。国家建立后，情报机构逐步完善，主要包括中央情报与特殊使命局（摩萨德）、军事情报局（阿穆恩）、国家安全局（辛贝特）、B类移民局（阿里亚-B）、外交部调研司、科学事务联络局（拉卡姆）等。系统内各个机构各司其职，分工协作，维护以色列的生存与发展。

（1）中央情报与特殊使命局——摩萨德

它在1951年成立，事实上承担着以色列中央情报机构的职责。其组织严密，下设8个主要部门，即行政处、训练处、行动计划与协调处、技术处、技术行动处、情报搜集处、政治行动与联络处、研究处。目前其主要职能是在全世界范围内开展特别行动，包括消灭对以色列和西方国家构成威胁的恐怖组织和个人，抓捕恐怖分子头目，摧毁其拥有的大规模杀伤性武器等[2]。

其具体任务是搜集阿拉伯国家的军事情报，为以色列国家的利益而搜集盟国的情报，搜集发达国家的科技情报，关注世界反犹太复国主义的活动，搜集其他有关以色列利益地区的情报，执行反恐怖主义活动。其主要目标是中东和非洲地区。

（2）军事情报局——阿穆恩

其前身为1935年成立的"沙伊"，1948年建立"阿穆恩"，是以色列最大规模的情报机构，下设6个部门，即情报分析局、情报搜集局、对外联络局、战场安全与军事监控局、海军情报部、空军情报部。

军事情报局在20世纪50年代的主要任务是为军事行动提供情报支持，包括为军事报复行动提供可行性评估，以及为任何阿拉伯邻国可能发动的对以战争提供战略预警。21世纪以来，其主要行动是为以色列总理和内阁进行全面的国家情报评估。

（3）国家安全局——辛贝特

其于1948年成立，包括行动部与保障部，行动部下设安全处、阿拉伯处、非阿拉伯处；保障部下设5个处，即行动保障处、技术发展处、调查和法律事务处、合作和计划处、行政处。

其主要负责以色列国内颠覆组织的活动、重大政治活动、外国情报组织的行动，

---

[1] 高庆德.以色列情报组织揭秘[M].北京：时事出版社，2016：4.
[2] 刘强.情报工作与国家生存发展：基于西方主要国家的历史考察与思考[M].北京：时事出版社，2014.

以及恐怖分子活动等情况的搜集，并进行观察和侦破，确保以色列外派官员与设施的安全；此外，还负责观察被占领地区、训练反间谍人员和保卫国内的设施等。

（4）外交部情报机构——研究与政治计划中心

其于1948年成立，负责以色列的海外谍报力量，对有关政治情报和国际情势进行评估和判断，为外交政策和战略决策提供情报参考，向以色列驻外机构提供相关国家的情报汇报。

（5）科学事务联络局——拉卡姆

由以色列军事情报部门所设立的科技情报机关负责通过公开或隐蔽的途径搜集科技情报，同时控制以色列驻外使领馆科技专员的任命。科学事务联络局的科技情报活动，特别是军事科技情报的获取，对以色列的发展有重要的作用。

7.3.3 情报运行管理机制

以色列国自建立以来，由于特殊的历史背景及地缘政治环境，始终将安全置于国家政治生活前沿，对国家安全决策机制不断进行调整、完善，而情报机构对国家安全起着重要的支撑作用，因此，以色列重视情报机构建设，设置了多个情报部门，如摩萨德、辛贝特、阿穆恩等，此外，警察署、公安部、国防部、军队等部门中也都设立有专门的情报机构。专业情报机构的设置，使以色列能更及时、准确地搜集、分析情报信息，为国家各项事务服务。

以色列国建立初期，国家安全决策权由开国总理本·古里安一人掌控，后果达尔·梅厄夫人组建"厨房内阁"进行决策，20世纪90年代末又被"安全内阁"所代替。第一次中东战争期间，本·古里安对犹太地下情报安全组织进行改造，将其整合为军事情报局（阿穆恩）、外交部政治司、国家安全局（辛贝特）和阿里亚-B（B类移民局）等四大情报安全机构。第二次中东战争期间，本·古里安领导成立了直属总理办公室领导的最高情报机构"摩萨德"，对总理本人负责，后为加强各个情报机构之间协调配合，又成立了情报与安全委员会，即情报安全部门首长联席会议瓦拉希。至此，摩萨德、阿穆恩、辛贝特、外交部政治司和B类移民局等五大情报安全部门，与瓦拉希一起正式构成以色列国家情报安全系统。2001年，以色列《政府法》规定设立部长委员会，该委员会由总理及部分内阁成员组成，即以色列国家安全最高决策机构，凡是关于国家重大安全问题的决定必经其审议和批准。法律授予该委员会的权力包括：收取年度国家情报评估并监督该领域的活动；接收关于外交、军事及安全行动的情报①。

7.3.4 情报工作流程

以色列非常重视情报交流，主要有两个原因。一是犹太人的散居特征。犹太人对民族的高度认同，使全世界各地的犹太人都有意愿为国家服务。二是以色列与各国安全情报部门有交流与合作，特别是与美国中央情报局有协作。以色列情报部门通过各种正式与非正式的合作方式与他国进行情报交流。

以色列组建了庞大、高效的情报体系。众多机构构成国家情报网络，有力地保障了工作的实施。以色列情报工作在多年实践与磨合中，逐渐形成以情报与安全委员会为核心，多个情报部门各有所专、互相配合的情报工作机制。在这种工作机制下，以色列情报搜集和协助工作的开展得到了加强，既保障了不同情报部门进行分类搜集的专业性，扩大了情报信息的来源，又减少了不同情报部门的壁垒和阻碍，形成了情报的共享和协作机制。

7.4 以色列情报界代表人物

以色列情报界的代表人物主要包括学界与实践界的人物。学界人物主要关注情报基础理论，实践界代表人物主要是军事安全方面的领导人，为以色列的安全情报提供方向指引。

7.4.1 情报学界代表人物

以色列的情报学成果众多，从基础理论到研究模型，从概念定义到知识创新，产生了很多重要成果，开拓了情报学研究领域。

大多数专门研究以色列情报的学者都在以色列的一些大学工作，主要是隶属政治科学系。以色列对公布与安全有关的情报非常严格，其学者的研究方法主要基于历史进行研究，研究成果主要是试图破译以色列情报史。该领域研究的先驱者之一是约夫·盖尔伯（Yoav Gelber），著有以色列早期情报的七卷著作②。

以色列情报学者主要关注的是情报失察，从而吸取经验教训，其中1973年赎罪日战争之前的情报失察受到了学者的特别关注。有关赎罪日战争方面最著名的学者是海法

---

① 孙梦雅. 以色列国家安全决策机制演进［J］. 法制与社会，2017（12）：143，152.
② PASCOVICH E. Security and intelligence studies in Israel［J］. The international journal of intelligence, security, and public affairs, 2017, 19（2）：134-148.

大学的乌里·巴尔·约瑟夫（Uri Bar-Joseph）。还有学者进行了以色列和外国情报界之间的比较，可能侧重于情报的国际和方法论方面的研究[①]。以色列学者还研究以色列安全部门与法治之间复杂的关系，并提出了与以色列情报界最佳组织结构有关的问题[②]。

（1）查姆·金斯（Chaim Zins）

2004年金斯从认识论视角探讨了知识组织[③]。该研究界定了"知识"的概念，将知识分为主观知识与客观知识，确立了知识组织在知识建构中的必要性及其在知识创造、学习和传播中的关键作用，指出知识组织对分类方案和知识地图的发展产生重要影响。这一研究评价很高，"知识组织研究将专注于探讨知识组织的认识论基础，建立起科学的方法论，以此为指导设计出科学的知识地图，并将知识组织的应用范围扩展到人类活动的其他领域，如教育、医学、社会政策，而不再局限于目前狭窄的应用领域——信息系统和参考资源的开发"[④]。

金斯认为信息科学领域随着时间不断变化，因此，信息科学家需要不断进行反思，并在必要时重新定义信息科学领域的基本构建模块。2003—2005年金斯组织情报学家进行了一项关键德尔菲研究，研究成果"信息科学知识地图"旨在探索信息科学的基础，其成果主要表现为：①"定义数据、情报和知识的概念方法"[⑤]；②"情报学的概念"[⑥]；③"情报学分类方案"[⑦]；④"情报学知识地图"[⑧]，研究以小组讨论为基础，提供了信息科学领域系统和全面的知识地图。该模型为制定情报学理论、开发与评估信息科学学术课程和书目资源奠定了基础。基本情况如表7–3所示（根据金斯论文整理）。

---

① PASCOVICH E. Intelligence assessment regarding social developments: the Israeli experience [J]. International journal of intelligence and counter intelligence, 2013, 26 (1): 84–114.

② PASCOVICH E. Not above the law: Shin Bet's (Israel Security Agency) democratization and legalization process [J]. Journal of intelligence history, 2014, 14 (1): 54–69.

③ ZINS C. Knowledge organization: an epistemological perspective [J]. Knowledge organization, 2004, 31 (1): 49-54.

④ 武夷山. 以色列情报学家 Chaim Zins 对知识组织的看法 [EB/OL]. [2019-08-06]. http://blog.sciencenet.cn/home.php? mod=space&uid=1557&do=blog&id=271831.2019-07-08.

⑤ ZINS C. Conceptual approaches for defining data, information, and knowledge [J]. Journal of the American society for information science and technology, 2007, 58 (4): 479-493.

⑥ ZINS C. Conceptions of information science [J]. Journal of the American society for information science and technology, 2007, 58 (3): 335-350.

⑦ ZINS C. Classification schemes of information science: twenty-eight scholars map the field [J]. Journal of the American society for information science and technology, 2007, 58 (5): 645-672.

⑧ ZINS C. Knowledge map of information science [J]. Journal of the American society for information science and technology, 2007, 58 (4): 526-535.

第7章 以色列情报学与情报工作

表7-3 情报学知识图谱

领域	关注点	主类目（一级类目）	子类目（二级类目）	子类目/示例与释义（三级类目）		示例
元知识	关于情报学本身领域的知识	1.基础	理论	A. 概念 B. 学科 [例如，人类学（如"文化"），艺术（如"设计"），通信（如"通信""媒体""消息"），计算机科学（如"计算机语言"），经济学（如"信息经济学"），教育（如"学习"），工程学（如"信息技术"），历史（如"一次文献""二次文献""三次文献"），法律（如"知识产权""版权"），语言学（如"语言"），哲学（认识论，如"知识"），伦理学（如"信息伦理""职业道德"），政治学（如"民主"），心理学（如"认知"），研究方法论（如"评价""研究""研究方法论"），符号学（如"符号"），社会学（如"社会"）] C. 理论		情报学理论
			研究	A. 理论 B. 实证 　1. 定量 　2. 定性		研究方法论
			教育	学术教育和专业培训：理论知识和实践知识		图书馆学情报学教育
			历史	该领域的历史		情报学史
基于学科的知识	探索现象的知识（知识的中介和条件）	条件	2.信息源	问题	信息源质量	信息质量信息系统
				类型	一次文献，二次文献，三次文献	

续表

领域	关注点	主类目（一级类目）	子类目（二级类目）	子类目/示例与释义（三级类目）		示例
基于学科的知识	探索现象的知识（知识的中介和条件）	中介	情报从业者	3.情报从业者	问题	A.个性特点 B.理论知识 C.应用知识和实践	信息伦理图书馆学情报学教育
					类型	专业工作者的分类[例如，专业领域（医学情报学），组织部门（如图书馆员、档案管理员）]	
			事项	4.内容	问题	与内容相关的问题（如主题是什么）	
					类型	结构化的分类法（如知识地图、主题分类法、叙词表），分类系统（如LCC、DDC、UDC、CC、BC），主题（如考古学、生物学、计算机科学）等	
			动机	5.应用	问题	与面向应用相关的问题	
					类型	应用的分类[如（信息）搜索、购物、社交等]	
			方法	6.操作与流程	问题	与人类知识交流有关的各种操作和过程相关的问题	
					类型	情报交流过程的分类：文献、表达、组织、处理、传播、发布、存储、操作、评估、测量、搜索和检索知识等	
			方式	7.技术	问题	技术相关问题（如用户界面设计）	
					类型	知识技术与新媒体技术的分类（如计算机的信息系统、互联网），基于纸张和基于印刷的技术（如书籍），基于通信的技术和媒体（如移动电话、MP3）	

续表

领域	关注点	主类目（一级类目）	子类目（二级类目）	子类目/示例与释义（三级类目）		示例
基于学科的知识	探索现象的知识（知识的中介和条件）	中介	背景	8. 环境	问题	社会问题（如情报政策、信息可访问性），包括种族和文化问题、与环境有关的专业问题，以及法律问题（如知识产权、隐私）和道德问题（如隐私与公共利益）等	信息伦理社会信息学
					类型	A. 种族和文化环境 B. 其他（如教育、健康）	
				9. 组织	问题	与组织设置相关的问题（如商业组织中的管理知识）	
					类型	A. 组织类型 1. 政府部门；2. 公共部门； 3. 私营部门； B. 功能类型 1. 记忆组织；2. 信息服务	
				10. 用户	问题	用户相关问题（如用户信息需求、用户行为、用户搜索策略）	用户研究信息行为
					类型	A. 个人 B. 团体和社区 1. 基于性别；2. 以年龄为基础；3. 以文化和种族为基础；4. 需要和兴趣（如专业划分）	

(2) 艾亚尔·贝斯科夫什（Eyal Beskovsh）

艾亚尔·贝斯科夫什博士，毕业于海法大学，获得特拉维夫大学的硕士学位，获得巴伊兰大学博士学位，2004—2006 年任职于以色列国家安全委员会反恐局，2006—2008 年为以色列总理办公室的顾问人员，自 2008 年任职于以色列海法大学和以色列特拉维夫大学政治系，曾担任以色列国防军军事情报部门的分析师。

因其独特的任职经历，贝斯科夫什的研究工作主要是基于以色列的实际情报工作，为以色列的政策决策部门提供相关意见与建议。贝斯科夫什就以色列的发展经验，研究社会发展的情报评估[1]。因为以色列的历史环境和独特的地缘战略形势，以色列情报界的结构与其他西方国家不同，以色列的军事情报局阿穆恩不仅涉及有关军事情报的收集和研究，而是涉及大多数情报研究领域，包括政治情报等。在这种框架下，阿穆恩的任务之一是跟踪阿拉伯和穆斯林世界的经济和社会发展。相关研究都属于阿穆恩的年度情报评估，此外，以色列的外国情报机构摩萨德也有关于政治、经济甚至社会问题的情报研究。2014 年，贝斯科夫什以以色列军事情报的独特案例，探讨了军事情报与有争议的政治问题[2]，因为阿穆恩涵盖了大多数情报活动领域，这使得阿穆恩的主要成员及研究部门，被迫处理以色列政治和公众争议中所包含的敏感问题。学者建议，基于民主社会中适当的军事政治分离的原则，逐步终止阿穆恩关于国家相关问题的情报活动。辛贝特是以色列的内部安全机构，学者描述了辛贝特自成立以来所经历的民主化和合法化过程，旨在确保辛贝特的活动依法执行并符合以色列民主价值观的现有监管机制，以期在国家安全需求与民主价值之间取得更好的平衡[3]。

2015 年贝斯科夫什介绍了由阿莫斯·吉尔伯（Amos Gilboa）与以法莲·拉皮德（Ephraim Lapid）编辑的书籍——《沉默的捍卫者：深入了解以色列六十年的情报工作》[4]；2017 年就以色列国家安全和情报领域的学术研究进行了探讨，并分析了以色列学术界与国家安全和情报界之间合作的可能性[5]。世界各地的许多情报机构都建立了风险评估机制，旨在最大限度地降低错误情报的影响。贝斯科夫什描述评估机制在情报中的重要性和作用，以色列的经验也证实了这种评估机制在识别现行情报评估中的错误方面可能做出的贡献，如以色列 2000 年从黎巴嫩撤军就是一个明显的例子，研究试图寻

---

[1] PASCOVICH E. Intelligence assessment regarding social developments: the Israeli experience [J]. International journal of intelligence and counter intelligence, 2013, 26 (1): 84-114.

[2] PASCOVICH E. Military intelligence and controversial political issues: the unique case of the Israeli military intelligence [J]. Intelligence and national security, 2014, 29 (2): 227-261.

[3] PASCOVICH E. Not above the law: Shin Bet's (Israel Security Agency) democratization and legalization process [J]. Journal of intelligence history, 2015, 14 (1): 54-69.

[4] PASCOVICH E. Silent defender: an inside look at sixty years of Israeli intelligence, edited by Amos Gilboa and Ephraim Lapid, translated from Hebrew by Elizabeth Yuval [J]. Journal of intelligence history, 2015, 15 (1): 63–65.

[5] PASCOVICH E. Security and intelligence studies in Israel [J]. The international journal of intelligence, security, and public affairs, 2017, 19 (2): 134-148.

求运用评估机制降低情报风险的理想运作形式①。

(3) 诺亚·阿哈罗尼 (Noah Aharony)

诺亚·阿哈罗尼是巴伊兰大学学者，偏好于使用调查研究的方法进行学术研究，如问卷调查法、德尔菲调查法等，与学者珍妮·布朗斯坦 (Jenny Bronstein) 进行多次合作。其研究成果有影响 LIS 以色列学生手机使用的因素②、使用社交网站的因素研究③等。

其中 2011 年进行有关"图书馆员对知识管理的态度"④的研究，目的是了解支持或限制个人在组织中分享知识的因素。目前的研究旨在探讨个性（自我效能和自尊）和情境（认知评估：威胁与挑战）特征是否会影响参与者在组织中的知识共享行为。研究包括两个主要的以色列图书馆员群体：学术图书馆员和公共图书馆员。结果表明，人格和情境特征影响了参与者在组织中的知识共享。

Facebook 使用量不断增长，引发对相关问题的思考，如哪些因素可能会影响个人使用网站时进行的自我信息披露⑤。依恋理论、社会资本范式、个性特征、人格特质和年龄细节等因素如何说明用户在 Facebook 上的信息披露。2016 年诺亚扩展了对 Facebook 信息披露的研究，并证实上述理论与因素可以显著预测 Facebook 的自我披露。同时指出，在个人社交平台上披露信息面临风险。

2014 年诺亚·阿哈罗尼进行了"以色列电子学习未来趋势的调查"⑥，使用德尔菲方法调查专家对电子学习领域未来趋势的看法和意见。调查结果表明，参与者认为使用新技术将改变当前的教育理论和方法，并将对教师技能、努力、反馈和互动及学习评估过程产生影响。关于电子学习的未来，专家指出未来有提供完整在线学位的趋势，但电子学习环境不会完全取代正面教育环境。专家认为社交网站和移动技术可促进学生在电

---

① PASCOVICH E. The devil's advocate in intelligence: the Israeli experience [J]. Intelligence and national security, 2018, 33 (6): 854-865.
② AHARONY N. Factors affecting LIS Israeli students' mobile phone use: an exploratory study [J]. Electronic library, 2017, 35 (6): 1098-1121.
③ BRONSTEIN J, AHARONY N. Personal and political elements of the use of social networking sites [J]. Information research-an international electronic journal, 2015, 20 (1): 23.
④ AHARONY N. Librarians' attitudes toward knowledge management [J]. College and research libraries, 2011, 72 (2): 111-126.
⑤ AHARONY N. Relationships among attachment theory, social capital perspective, personality characteristics, and Facebook self-disclosure [J]. Aslib journal of information management, 2016, 68 (3): 362-386.
⑥ AHARONY N, BRONSTEIN J. A Delphi investigation into future trends in e-learning in Israel [J]. Interactive learning environments, 2014, 22 (6): 789-803.

子学习环境中转移和共享信息。

7.4.2 情报实践界代表人物

以色列情报实践界的代表人物，引领着以色列实际的情报工作，不仅其个人在情报工作方面成果显著，更重要的是对以色列情报机构的设置、人员的培养、制度的建立等各方面做出重要贡献。

（1）伊塞·哈雷尔

1942年，伊塞·哈雷尔加入情报组织"沙伊"，负责获得阿拉伯和英国的情报，因其在情报分析方面的非凡才能，后负责以色列国内安全方面的工作。

伊塞·哈雷尔摸索出分级单线联系方式，成为适用于各种秘密行动的原则，成功避免了英国托管当局1946年6月对哈加纳领导人的搜捕。1948年5月，在以色列建国前夕，哈雷尔凭借对形势的准确判断，证实了约旦参战及阿拉伯军团发动进攻的重要情报，帮助以色列利用准确的情报为战争做准备，为第一次中东战争的胜利打下基础。1952年9月，伊塞·哈雷尔成为摩萨德第二任局长，确定了以色列情报系统的性质与特色。

哈雷尔在领导摩萨德时期，确立特工必备的第一素质，就是为国家献身，同时爱护部下。哈雷尔既是行动的决策者也是行动的执行者，多次与部下共同执行任务。哈雷尔重视情报的搜集工作，充分认识到情报的重要性，但不赞成对摩萨德的神化。"……我们只是比其他情报组织工作得更艰苦，所以搜集的情报更多。世界上没有哪个国家像我们一样，亟须一个具有极高效率的情报组织，因为以色列处于敌人的包围中，面临敌对国间谍的恐怖活动。摩萨德存在与否，实际上是关系到我国生死存亡的大问题。"①

哈雷尔任摩萨德局长时间最长，因其对摩萨德及以色列情报界的杰出贡献，被称为"以色列情报之父"。

（2）梅厄·阿米特

1962年，梅厄·阿米特成为以色列军事情报局局长，后任摩萨德第三任局长。

阿米特在任期间，试图缓解军情局与摩萨德之间的争斗，提出"在保卫犹太人的工作中，各情报组织不应该互相敌视，而应密切合作"，并做出切实行动进行改变。阿米特重视情报分析，引进计算机技术及美国大型企业的管理方法，完成了从人工情报向现代化情报工作的转变②。同时强调人的因素的重要性，提出谍报工作是"人与机器的组

---

① 高庆德. 以色列情报组织揭秘 [M]. 北京：时事出版社，2016：91.
② 刘肖岩. 以色列情报文化及其影响因素探析 [J]. 前沿，2012（13）：28-30.

合体，在这种组合体中，人是决定的因素，情报界更是如此"。

在任期间，阿米特将摩萨德的海外任务扩大到更大领域，针对国际恐怖主义活动，制定了切实可行的行动方针。阿米特退休后，西方情报机构认为阿米特的工作成功遏制了国际恐怖主义的活动，成为有效防范恐怖主义的典范。

（3）罗文·希洛

希洛把情报工作称为一种"极为重要的政治工具"，阐明以色列情报工作应坚持的原则与工作方向，犹太人的头号敌人是阿拉伯人，所以必须派出职业间谍打入阿拉伯社会；以色列情报界不应该仅仅考虑巴勒斯坦地区，而应该成为全世界犹太人的"犹太复国主义"保护者；情报工作应该建立在现代技术的基础上，通过保持与欧洲和美国情报机构的联系，与最新谍报技术相适应。

7.5 以色列情报学教育

以色列在阿拉伯国家的包围之中生存、发展，并跻身发达国家行列，成为"世界上最小的超级大国"，教育，特别是高等教育，成为以色列关键的生存和发展的手段之一。以色列的军费开支所占 GDP 的比例一直位居世界前列，但同时该国的教育经费与军费一样位居世界前列[①]。以色列的情报学教育针对不同人群，分为不同层次，具有极强的实用性。

7.5.1 情报学教育的地位与目标

以色列的安全和情报部门非常重视其官员的学术培训，目前以色列有几所大学开设了针对安全和情报官员的封闭课程，对其进行相关的情报学教育。其培养目标包括：接受培训的人员具有处理复杂国家安全议题中大量信息及线索的技巧与能力；培养学生从有关国家安全领域的各种学术角度分析问题，具有处理现代国家安全事务中的问题、困境、挑战及棘手状况的能力；培养学生能够从以色列的经验或错误、教训与成就中，学习用批判性思维解决问题的能力。

针对普通学生的传统情报学教育的目标主要是促进人类对于信息的认识，包括信息的组织、传播、利用、识别等各方面内容，使学生有能力通过获取大量信息，运用各种方法分析、处理信息，产生新的跨领域成果，促进学科领域的研究和发展；成为不同组

---

① 宋陶立. 以色列高等教育研究［D］. 开封：河南大学，2011.

织的信息和知识管理者等。

以色列学术界与安全和情报机构之间有着一定的学术合作,这种合作有可能扩大到更多的研究和活动领域,以扩大从业者和学者的共同利益。当然这种合作需要双方的共同努力。国家安全和情报各个领域的学者应该寻求参与应用研究,这些研究可以转化为明确的结论和实际建议。同时,安全机构的官员也应了解学界问题,充分合作,推动以色列的学术界在国家安全和情报问题上的进展。

7.5.2 情报学课程体系

以色列的情报学有面向普通学生的传统情报学教育,也有专门针对情报安全部队人员的专门课程,这类课程不向一般学生开放。例如,巴伊兰大学为以色列国防军和辛贝特官员提供多学科研究学士学位,海法大学也提供了多个相关的研究课程。

(1) 传统模式

以色列有多所大学设立有情报学教育课程,其中比较突出的是巴伊兰大学与海法大学。课程基本分为三个层次,即本科教育、硕士教育与博士教育等。巴伊兰大学与海法大学情报学教育体系如表7-4所示。

巴伊兰大学成立于1955年,是以色列最早建立的综合性研究型大学之一。大学有犹太研究、医学、工程、法律、精密科学、生命科学、社会科学和人文科学等8个学院。情报学系属于人文学院,培养目标是使学生成为信息专业人员、知识管理者,从而在图书馆、信息中心、高科技公司、公共机构和信息产业等领域成为引领者。情报学系致力于推动信息科学所有领域的研究,包括信息检索、数据库应用、信息组织、知识管理、虚拟环境、互联网研究、社会信息、信息伦理和信息行为等[1]。海法大学的图书馆学与情报学研究[2],包括对信息的组织、传播、利用、识别等各方面的研究。信息的范围非常广泛,包括印刷本与非资料,如数据库、计算机及多种多媒体资源等。图书馆学与情报学的本科教育目标是培养图书馆员和信息人员,他们可任职于学术图书馆、研究图书馆、专业图书馆、信息中心、公共图书馆和学校图书馆等。图书馆馆员要成为能够运用各种搜索方法浏览信息来源的专业人员。

---

[1] MA international program in counter-terrorism and homeland security. Bar-Ilan University. Department of information science .About us [EB/OL]. [2019-03-11]. http://is.biu.ac.il/en/node/2203.

[2] B.A. Studies - general information [EB/OL]. [2019-03-11]. http://lib-stu.haifa.ac.il/index.php/en/progs-of-study/ba-studies.

表 7-4 巴伊兰大学与海法大学情报学教育体系

大学	层次	类别	目标	内容
巴伊兰大学	本科教育	互联网技术	全面了解与互联网相关的信息技术	课程侧重于信息技术方面,包括编程介绍、数字内容管理、信息检索、网络挖掘、数据库、计算机通信和信息安全等。同时学生还需了解情报学基础知识,包括信息组织、数据检索,以及信息产业的动态、营销、电子商务和互联网研究趋势等
		情报学	培养信息专业人员,毕业生可就职于商业和工业公司、各类型图书馆等	专业课程包括情报学基础、信息源和技能介绍、分类学、计算机基本技能、数据管理介绍、在线信息搜索、社会科学数据库、信息中心管理和图书馆管理,以及数字图书馆管理等
	硕士教育	数字人文	通过使用数字方法和工具来扩展人文学科的传统研究	研究方向重点是运用计算机技术研究各类文化、精神和社会成果。研究计划包括以下课程:数字人文学概论、文本和非文本文献的数字化方法、文本的演变(从手写稿到数字文档)、统计学、Python编程、数据库简介、大数据、机器学习、语义网、地理信息系统、数据分析和可视化等
		数据科学与互联网技术	学习利用计算机技术,进行信息系统的管理	学习在互联网上发布和组织信息、虚拟论坛管理、处理非文本数据(图形、音频和视频等)、设置网络服务及提供从动态数据库中检索和获得信息的标准和工具
		组织与社会中的知识和信息管理	使学生成为不同组织的信息和知识管理者	研究重点包括数据库和网络的信息检索、知识产权的定义与传播、信息中心的管理、信息服务的设计和维护等。研究与信息的创建、传播、组织、存储、检索、解释和使用相关的信息特征、信息行为、信息流和信息处理等内容
	博士教育	情报学	进行理论或实验的原创性研究。毕业生作为独立的研究人员,要有能力推动特定领域的研究	申请方式为院系导师面试,提交硕士学位论文(最低成绩为85分),提交推荐信。学习期间根据导师建议,修习6~16学分的课程;第一学年结束时提交研究提案;4年内提交学位论文;参加博士论坛会议;参加院系学术讨论会等

续表

大学	层次	类别	目标	内容
海法大学	本科教育	图书馆学与情报学研究	培养图书馆员和信息人员，可任职于学术图书馆、研究图书馆、专业图书馆、信息中心、公共图书馆和学校图书馆等	包括对信息的组织、传播、利用、识别等各方面，信息的范围非常广泛，包括印刷本与非资料，如数据库、计算机及多种多媒体资源等
	硕士教育	研究型硕士（学术硕士）	要求学生深入了解特定知识领域的专业知识，掌握与信息和知识管理相关主题范围的知识，具有运用科学研究方法解决问题的能力	学术硕士必须完成信息管理学院的通用核心课程，达到32学分的要求；学术硕士学习的课程内容中还包括完成至少两篇"研讨会"论文（达到院系标准）。其中要求学生撰写研讨会论文的课程，在申请学位的最终"GPA"中有不同的权重（这些专业课程由院系硕士学位委员会决定，每年更新）；根据学院要求及程序撰写学位论文。要获得硕士学位，学生必须达到76分或更高的平均成绩（GPA）。GPA计算方式为：40%为课程成绩；20%为提交"研讨会"论文的课程成绩；40%为学位论文成绩
		应用型硕士（专业硕士）	适用于希望在学院和专业人员的指导和支持下，应用在实践中学到的工具进行研究的学生	获得学位要求，完成院系核心课程的学习，达到40学分的要求；学习的课程内容中包括完成至少三篇"研讨会"论文（达到院系标准）。要求学生撰写研讨会论文的课程，在学生申请学位的最终"GPA"中有不同的权重（这些专业课程由院系硕士学位委员会决定，每年更新）；根据学院要求及程序完成实习项目与论文写作。要获得硕士学位，学生必须达到76分或更高的平均成绩（GPA）。GPA计算方式为：60%为课程成绩；20%为提交"研讨会"论文的课程成绩；20%为实习结课论文成绩
	博士教育		培养研究人员	进一步促进信息研究的学术发展，可在学术、公共和私人机构担任研究和教学职位

一直以来，在以色列不属于情报安全服务体系的"普通"学生在国家安全领域的学习机会非常有限。目前，特拉维夫大学开设了相关课程，特拉维夫大学政治科学系的安全研究计划于1991年成立，是一个跨学科的硕士学位[①]。另一个以色列在安全研究领域

---

① Tel Aviv University（TAU）[EB/OL].[2019-09-06]. https：//english.tau.ac.il/about_tau.

的本科课程,由赫兹利亚跨学科研究中心(IDC)管理,专攻国土安全和反恐①。2015年底巴伊兰大学开设了一个特定的情报研究硕士课程,开放这一课程时,巴伊兰大学指出,"不断扩大的信息革命、战争性质的持续变化及当前中东的动荡要求我们重新审视进行研究、理解和处理与国家安全、军事和情报相关的方式"②。

(2) 合作模式

以色列的数所大学提供国家安全学术研究课程,主要是在硕士教育级别,其中包括关于情报方面的课程。不过,多年来,大多数这种类型的情报课程专门针对安全部队人员,不向一般学生开放。

1) 国家安全研究硕士课程

海法大学的国家安全研究硕士课程,由海法大学与以色列国家安全学院(Israel National Defense College,INDC)共同规划。课程包括国家全面性的议题,如社会、政治、种族、外交、经济、军事等。课程旨在培养学生处理重大问题并做出关键决定的能力。以色列国家安全学院是以色列国防军培训部门,用于培训高级军官及其他安全和政府机构的高级官员。这个为期一年的密集课程,对以色列国防军负责,结合了军事内容与大学的学术课程。

以色列国家安全学院1962年成立,目标是"巩固全面的国防理论,在为国家安全负有责任的人员中,建立关于国家安全的共同认知"。以色列国家安全学院与海法大学合作开展的学习计划,始于20世纪80年代中期,多年来,从以色列国家安全学院毕业,专攻国家安全研究,获得海法大学政治学硕士学位,事实上已成为在以色列国防军晋升的条件之一③。

以色列情报界对其官员的学术培训高度重视,每年都有来自以色列国防军、警察部门、摩萨德、辛贝特及其他安全和情报部门的大约200名官员,进行国家安全研究硕士课程的学习。在学习期间,鼓励军官们开拓思维,广泛接触国家安全的学术、理论和历史观点。课程包括恐怖主义和犯罪、以色列-巴勒斯坦冲突、以色列国家安全政策和以色列外交政策等课程,以及至少一门有关以色列国家情报理论和以色列情报界的情报课程。正如海法大学国家安全研究主任加布里埃尔·本多(Gabriel Ben-Dor)所阐述的,

---

① Interdisciplinary Center Herzliya [EB/OL]. [2019-09-06]. http://www.idc.ac.il/he/schools/government/undergraduate/Pages/counterterror.aspx.
② Department of political studies [EB/OL]. [2019-09-06]. http://politics.biu.ac.il/node/869.
③ PESSO R. IDF security studies expand horizons to US, UK, India [EB/OL]. [2019-09-06]. http://www.idf.il/1283-18419-en/Dover.aspx.

该计划的毕业生无疑将成为更成熟的从事情报服务的人员。海法大学国家安全研究硕士课程如表 7-5 所示。

表 7-5 海法大学国家安全研究硕士课程[①]

类别		内容
课程目标		使学生拥有处理复杂国家安全议题中大量信息及线索的技巧与能力，并且能够在每个个案中定义核心议题； 教授学生有关国家安全领域的各种学术角度，并提升学生处理现代国家安全事务中的问题、困境、挑战及棘手状况的能力； 使学生认识以色列在中东的独特角色； 鼓励学生从彼此不同的文化背景中学习
课程大纲	课程	政治科学、中东与以色列介绍 国家安全各种层面的课程：伦理议题、沟通、经济学
	实习	为了让学生接触国家安全议题的相关组织，学生均需参与短期教学实习，如在教学实习中表现优异，学业完成后可能继续在研究中心进行研究
	学术研习营	学生有机会参观特定的国家安全区域，并且与在任或卸任的政治、军事、情报高阶官员会面

课程包括大约 10 门核心课，需提交正式研究报告或完成期末考试[②]。例如，以色列国家安全课程主要介绍以色列国家安全的历史、沿革与现今思维，以色列在不同时期所面临的威胁与寻求应变之道的困难，也探讨国家、区域与国际环境的因素及带来的限制。情报及国家安全课程主要讲解情报与国家安全的重要概念、系统及基础。情报单位在国家安全决议、危机警告及其他国家安全议题中扮演关键角色。课程也会探讨情报、领导与公众的关系，以及以色列的外交政策、以色列的社会及安全等。

2）百合花（Havatzalot）课程

这是海法大学教育课程。Havatzalot 的希伯来语意为百合花，是阿穆恩象征的一部分。这是一项为期三年的学位课程，旨在培养阿穆恩的下一代情报人员。该计划的学术培训中一半是关于中东研究、国际关系和社会学的内容。与其他安全服务研究项目不同，该

---

① 海法大学［EB/OL］.［2019-08-11］. https：//embassies.gov.il/taipei/%E4%BB%A5%E8%89%B2%E5%88%97%E6%B1%82%E5%AD%B8/Pages/%E6%B5%B7%E6%B3%95%E5%A4%A7%E5%AD%B8.aspx.

② National security studies program. Ma in political science，specialization in national security studies［EB/OL］.［2019-03-11］. http：//securitystudies.haifa.ac.il.

项目的学生有机会选择另一半的课程，即可在经济学、计算机科学、数学和哲学之间进行选择。因此，学生可以根据学术兴趣选择课程，并与混合班的"普通"学生交流[1]。

应当指出的是，以色列学术界对这种与安全机构的合作提出了一些批评。一些批评者关注大学和安全机构之间合作的不道德行为，而其他人提出，因为安全机构的特殊性，可能导致大学丧失学术自由。这些顾虑导致耶路撒冷希伯来大学反对开设安全机构的特殊学习计划[2]。对这些研究项目的另一个潜在批评是，由于考虑到大学的便利性和其他行政限制，以及安全机构本身的偏好，课程仅对特定人员开放。然而，在没有"常规"学生参与的情况下，在封闭班级学习可能会导致思维固定，并使学生无法进行多元化学术讨论。此外，相同的行政限制（需要每周一天集中课程）可能会导致课程固定，导致选修课程的选择很少。这种形式可能与研究计划的原始目标有冲突。

7.5.3 情报学教育改革趋势

以色列自成立以来所面临的独特地缘现实和重大安全挑战，是以色列学术界与情报军界、政界等对情报工作高度关注的重要原因。

以色列学术界与情报界认为，二者之间应当密切合作，合作不应局限于学术培训。学者有充分的时间与良好的知识可能就某一专题进行深入研究，因此有可能对情报界产生更加实际的影响。目前的合作主要局限于个人，如曾进入学术界的前高级官员，而不是安全和情报部门实施的制度化做法。产生这种问题的原因是双向的，一方面，安全机构的一些人员认为，情报安全方面的实际参与人员更有发言权；另一方面，一些学者也表现出留在象牙塔中的倾向，没有试图将理论和实践联系起来。

以色列大学目前开设的针对安全和情报官员的封闭课程，说明以色列的安全和情报部门非常重视其官员的学术培训。尽管以色列的安全和情报研究有所增加，但该领域研究和教学的许多方面仍需要改进。首先，应鼓励退休的安保人员和政府人员加入学术界，与理论家分享实践经验。与此同时，研究机构不能只依赖这些前任官员，而应成为从业者和学者之间进行头脑风暴和知识交流的中心。其次，以色列国家安全与情报领域的教学课程，目前主要针对特定人员开设，如能向普通学生开放，有可能促进富有成效

---

[1] LAPPIN Y. Elite military intelligence cadets complete training. Jerusalem Post [EB/OL]. [2019-09-06]. http：//www.jpost.com/Defense/Elite-Military-Intelligence-cadets-complete-training-331197.

[2] TRAUBMANN T, HEBREW U. Rector denies reports of Shin Bet fast track. Haaretz [EB/OL]. [2019-09-06]. http：//www.haaretz.com/hebrew-u-rector-denies-reports-of-shin-bet-fast-track-1.185850.

的课堂讨论，并鼓励安全人员拓宽思路。无论是在历史角度还是在地理维度上，以色列学生参与国际学习课程也非常重要，能帮助学生扩大学术范围，扩展眼界，在更广泛的层面上关注以色列目前的国家安全挑战。

7.6 以色列情报学与情报工作的发展特点与影响

以色列的情报学与情报工作与其自身的历史、环境、宗教、文化等各种因素密切相关。

7.6.1 主要特点

1947 年根据联合国关于巴勒斯坦分治决议的规定，以色列国成立，但自成立起以色列就一直面临内忧外患的严峻国家安全形势，包括阿以战争及从未间断的恐怖主义挑战。从以色列国家发展历史进程来看，国家安全是重中之重，因此，情报机构与情报工作成为维护以色列生存与国家利益的重要武器。

首先，为实现为国家安全服务的目的，以色列情报工作各个机构与部门密切合作，虽然也有各自的利益纷争，但总体来说，都服务于国家安全。其次，技术情报与人力情报协调发展。以色列技术情报发展迅速，预警机、无人机、高空侦察卫星等技术为情报获取奠定坚实基础，情报人员在技术情报基础上，进行分析并及时做出准确判断，二者相辅相成。以色列的情报机构将高技术的侦察手段与人力情报结合，增强对情报人员的培训，使技术与人力融合协调。最后，重视国际情报合作。以色列国内有完善的情报网络，同时对国际情报合作也极为重视，与多国情报机构有着合作，为以色列得到国际上的支持提供情报服务。

7.6.2 社会影响

情报是制定国家政策的重要参考，对维护国家安全和外交、构建和谐的国际关系具有重要作用。成功的情报机构在帮助国家在复杂的国际政治中更好地处理国际关系从而占据主动地位及制定正确、合理的策略以维护国家利益方面具有重要作用。

纵观 20 世纪末以后的犹太历史，犹太复国主义运动和以色列国家安全都离不开情报工作，情报是犹太人的重要依靠。尽管以色列情报机构的历史很短暂，但是犹太情报传统非常悠久。以色列情报机构，尤其是以色列情报与特殊使命局摩萨德，仅用数十年就成为世界四大情报机构之一。美国中央情报局的研究报告指出:"以色列情报和安全机构属于全世界最佳之列,优秀的人才和先进的技术使它们具备了很强的战斗力;它们显示了非凡的综合、甄别和评估由其遍布全球的谍报人员、犹太团体等搜集的情报的能力。"[1]

以色列因其地理位置、民族、历史等各方面的因素,上到国家层面,下至普通的人民,都认同情报工作关系到国家的安全与发展,从技术到人员各个角度全力支持情报工作的发展,情报工作的发展也为维护以色列的国家利益做出重要贡献。

7.7 本章小结

因民族、地缘、历史等各方面因素,以色列是世界上极为重视情报工作的国家,犹太人始终将国家的安全与情报工作紧密联系,力图使情报工作充分发挥作用。

以色列情报学与情报工作源远流长,在摩西《新约》全书中,就记载了摩西派出12名密探到迦南搜集情报的事例。以色列建国前,犹太人长期处于不安定的生活状态中,通过各种情报手段争取生存地位,如搜集阿拉伯人的情报、建立秘密移民通道、帮助犹太人实现移民、购买武器等。1948年建国后,以色列处于阿拉伯国家包围中,在应对阿以战争时,情报工作所提供的政治和军事情报为战争的胜利奠定了重要基础。与此同时,以色列面临恐怖主义的威胁,因此高度重视反恐斗争中的情报环节。以色列目前已形成包括摩萨德、辛贝特、阿穆恩等在内的情报系统,这些机构与部门互相配合和补充,服务于以色列的安全与反恐工作。以色列注重技术情报与人力情报协调发展,将高技术的侦察手段与人力情报充分结合;重视国际情报合作,以得到更多的国际支持。

以色列的情报学学术活动与专业教育方面的发展也很突出,有查姆·金斯与艾亚尔·贝斯科夫什为代表的情报学家,也有"以色列情报之父"伊塞·哈雷尔、梅厄·阿米特等实际引导情报工作的代表人物。在情报学教育方面,以色列既有面向普通学生的情报学教育,也有针对特定人员开展的国家安全研究课程等。以色列的情报界与学术界合作,共同推动着情报工作的开展。

---

[1] 丹·拉维夫,约希·梅尔曼.每个间谍都是王子:以色列情报全史[M].北京:中国社会科学出版社,1992:3.

第8章 印度情报学与情报工作

印度作为东方大国和曾经英国的殖民地，既有英语语言上的优势和与英美发达国家的文化传承，又有自己独立的思想与学术研究传统。印度在情报学与情报工作方面，同样具有这样一种特点，在受西方情报学影响的同时，也产生了自己的情报学理论与研究成果。印度的情报学与情报工作已经形成了自己一定的特色与一定的学术影响力。

8.1 印度情报学的起源与发展

8.1.1 情报学的起源

印度是世界上拥有发达高等教育机构的文明古国之一。在古代，图书馆是印度王室的部分房屋和修道院，后来这些建筑成为印度的公共资源并作为高等教育系统的一部分一直存在着。印度图书情报学的发展始于19世纪后期，真正意义上的近代印度图书情报学是从被誉为"印度公共图书馆之父"的美国人威廉·阿兰森·博登（William Alanson Borden）在20世纪初期带来公共图书馆自由和开放的理念后开始的，他也开创了巴罗达分类法（Baroda Classification）。受他的影响和启发，后被誉为"印度图书馆学之父"的阮冈纳赞，完成其前三个定律的构想。印度图书情报学在阮冈纳赞等人的推动下经历了100余年的发展，当今印度图书情报学研究领域已经拓展到了信息行为研究、信息服务研究、图书馆员研究、技术处理工具研究、电子资源研究、图书馆事业管理、信息系统、知识管理、图书情报学教育等多个领域。印度图书情报学的专业期刊近200种，其中最早的期刊是由博登于1912年在印度的巴罗达市（Baroda）创办的《图书馆札记》（*Library Miscellany*）。印度图书情报学教育早在中世纪后期就已经在印度的伊斯兰学校中展开，而近代的印度图书情报学教育也同样是由博登在20世纪初期推动的。

从 20 世纪初至今，印度图书情报学的发展经历了 4 个时期，其基础理论的发展主要分为 3 个时期。如果说博登拉开了近代印度图书情报学发展的帷幕，那么阮冈纳赞则是印度图书情报学界乃至世界图书情报学界的核心人物。他不仅确立了学科的基础理论和思想，还在一些领域引领了学科的研究和发展方向。他离世之后，学科发展开始分化，形成了"百家争鸣"的发展高潮，由于缺乏像阮冈纳赞那样的核心人物，随之而来的是此后学科发展的松散化。

印度的情报工作在 1947 年印度独立之后进入了蓬勃发展的阶段，并且情报工作已经渗透到了印度的教育、经济、国防、科技、政策、生活等各个社会发展领域。在发展中国家中，印度的情报系统和情报工作也处于领先的地位，拥有着诸如印度国家科学文献中心（Indian National Scientific Documentation Centre，INSDOC）、国防科学信息和文献中心（Defence Scientific Information and Documentation Centre，DESIDOC）、国家情报中心（National Informatics Centre，NIC）、国家社会科学文献中心（National Social Science Documentation Centre，NASSDOC）、国家科技情报系统（National Information System for Science and Technology，NISSAT）、科学与工业研究理事会（Council of Scientific and Industrial Research，CSIR）下属的国家科学通信与信息资源协会（National Institute of Science Communication and Information Resources，NISCAIR）等一系列的情报中心和系统，它们的使命就是为印度的各项社会生活发展提供信息资源保障。

本章主要关注印度非军事领域情报工作的应用、发展历程及现状。

8.1.2 主要发展阶段

（1）印度情报学发展的 4 个时期

作为世界文明古国之一的印度，图书馆出现的历史较早，最早的图书馆与寺庙和学堂相结合，主要收藏的是用白桦树皮和棕榈叶抄写的佛经手稿。中世纪时，皇家和私人图书馆得以发展，而图书馆作为一个独立部分存在则始于 16 世纪。后随着西方向亚洲的远洋航行及殖民，印度图书馆事业的发展开始受西方思想及模式的影响，近代图书馆开始出现。

20 世纪初至今的发展以研究内容、研究方向及发文量多少为标准进行划分，印度图书情报学的发展大致经历了 4 个时期，即 20 世纪初期至 20 世纪 30 年代末的形成及初步探索时期、20 世纪 40 年代至 70 年代的变革时期、20 世纪 80 年代至 21 世纪初的再探索时期、21 世纪初至今的复苏与发展时期。

前两个时期有阮冈纳赞的直接参与，分别迎来了印度图书情报学发展的两次高潮，阮冈纳赞是20世纪30年代印度图书情报学发展第一次高潮的核心人物和50—60年代第二次高潮的领袖人物。

20世纪初期至20世纪30年代末是印度图书情报学形成及初步探索时期。这一时期随着西方思想的引入，印度近代图书馆学出现，确定了图书情报学在印度发展的基调。阮冈纳赞对印度图书情报学的形成、发展做出了重要的贡献。从英国返回印度的阮冈纳赞在继续担任马德拉斯大学图书馆馆长期间，在对该校图书馆进行改组的同时，进行了大量的理论研究并出版了《图书馆学五定律》《冒号分类法》等对后世影响深远的著作。

20世纪40年代至70年代是印度图书情报学的变革时期。随着1947年印度的独立，印度成立了几个国家级的图书情报组织，如1952年建立的"印度国家科学文献中心"、1955年建立的"印度专门图书馆和情报中心协会"、1958年建立的"国防科学信息和文献中心"、1969年设立的"印度图书情报学教师协会"等，此后，成立的这些图书情报组织与印度图书馆协会相互配合，共同推动了印度图书情报事业的进一步发展，在第二次高潮中起了重要作用。在教育方面，图书馆学教育在本科教育的基础上还发展了硕士和博士教育，课程还增设了文献和情报学的内容。

20世纪80年代至21世纪初是印度图书情报学的再探索时期。这一时期虽没有阮冈纳赞的直接参与，但其后继者们深受其思想的影响，任何新的发展都可以看作是阮冈纳赞图书情报学思想的合理延续。这时的印度虽不再受英国的殖民，但与西方的交流并未减少，与国际，特别是与美国图书情报学的交往与沟通有所增加，吸收了他国的一些先进思想。同时，受学术活跃风气的影响，有着鲜明时代特征论述主题的图书情报学相关论著相继出现，呈现出多元化的发展趋势，出现了多种图书馆学流派，如知识组织学派、信息技术学派、管理学派及本土研究学派等[①]。

21世纪初至今是印度图书情报学的复苏与发展时期。该时期受社会进步、技术革新、国际交流加强等因素的影响，印度图书情报学者在进行研究时角度更加多样、内容更加丰富，阮冈纳赞的影响略有弱化，有关技术方面的理论及应用研究有所增加，文献计量类研究所占比重有所增大，学术成果方面发文量明显提高。

（2）印度情报学基础理论研究的3个时期

基础理论研究的发展进程受学科发展状况的影响，印度图书情报基础理论的发展时期与印度图书情报学的发展分期存在着一定程度的相似性，如图书情报学科发展迎来

---

① 刘红泉.中印两国近代图书馆学发展之比较初探［J］.图书馆工作与研究，2007（6）：8-9.

高潮，理论研究也会有所丰富，印度图书情报发展的前两个时期中尤为明显。当然这种相似性也不是绝对的。

21世纪初，印度图书情报学发展迎来又一次小高潮，这一时期印度学者受到实用主义、技术主义思想的影响，理论研究的关注度明显下降，未能形成理论研究的小高潮，也就是说，图书情报学在印度的发展进程并不完全等同于基础理论的发展过程，二者是有区别的。

基于此，依据理论研究的内容、研究方向及发文量多少进行判断，笔者认为印度图书情报学基础理论的发展主要经历了3个时期。

20世纪20年代至30年代是印度图书情报学理论的奠基与确立时期。这一时期的主要代表人物有阮冈纳赞、托马斯、阿沙杜拉等，研究方向涉及一般知识、分类、编目、书籍选择、目录学、参考与组织等方面的内容，主要成果包括《图书馆学五定律》《冒号分类法》《图书分类法导论》等著作，这些成果确立了印度图书情报理论发展的基础，在服务于当时印度图书情报工作的同时，对后世的图书情报学者及世界的图书情报事业发展都产生了重要的影响。

20世纪40年代至70年代是印度图书情报学理论的转折时期。理论研究在继承前期成果的基础上继续发展，重点转向对图书馆规划、图书馆法、文献研究、分类理论等问题的探讨，情报学相关研究也进入了人们的视野，以图书馆战略规划为代表的"本土研究"则成为该时期理论研究的主旋律。阮冈纳赞仍是这一时期的领军人物，在这一时期阮冈纳赞及其图书馆学思想走向了世界，此外，A.K.Das Gupta、D.N.Marshall等人也是该时期的代表人物。

20世纪80年代至今则是印度图书情报学理论的稳步发展时期。这一时期理论研究有所弱化，印度图书情报领域学者进行的基础理论研究多为在前人基础上进行的补充、完善及新探讨，理论研究方面没有出现重大突破，学科发展、方法论、分类理论、编目、知识组织、阮冈纳赞思想的新理解及新应用等均是这一时期理论探索的重要方向。B.K.Sen、K.S.Raghavan是这一时期的代表人物。

8.2　印度情报学理论

8.2.1　情报学基础理论

通过对印度学者所进行的图书情报学研究的内容进行一定的分析、了解，近年来印度图情研究呈现出以下特点：①以文献计量研究、案例研究为主，其中文献计量研究不只局限于图情领域，还涉及心理学、医学、化学、农业等多个领域的科研成果、科研生产率的计量分析；②对期刊发文、科研产出方面的关注度比较高，相关研究已形成了一定规模；③研究内容契合社会进步、技术发展的大方向，注重新环境下问题的解决及新技术的应用等方面的研究；④图书情报领域教育、服务、用户行为、网站建设方面的研究相对较多；⑤阮冈纳赞的影响尤在，很多印度学者都对阮冈纳赞的贡献、影响、科研成果等进行了研究分析及再认识。

在基础理论研究方面，近年来印度学者在这方面的成果相对较少，理论研究有所弱化，而在不多的理论研究中，又以对阮冈纳赞及其五定律、分类法等成果、理念的进一步研究为主。其中，对图书情报事业、学科研究相关问题的探讨，包括新环境及新技术对图书情报事业的影响、图书馆功能、印度图书情报研究及其发展趋势等内容，如 Rekha Mittal 通过对 1990 年 1 月至 2010 年 6 月印度图书情报学学术期刊的发文情况进行分析，探索了印度图书情报学研究的发展趋势，结果显示了一大发展方向便是对图书馆实践、编目、用户服务及用户研究、高校图书馆、公共图书馆、信息检索、图书馆教育、引文分析、文献计量学的重视；另一个趋向便是对版权、图书馆技术、数字图书馆、机构知识库、CD-ROM 数据库和电子期刊探索的加强。研究结果表明，开放存取、Web 2.0、万维网、互联网、信息获取等都是一些 LIS 研究者较为感兴趣的新兴领域[①]。

通过对印度图书情报类期刊文献的收集分析可以发现，印度学者在进行图书情报研究时最常用的方法主要有以下几种：①文献计量法；②案例分析法；③引文分析法；④调查法；⑤比较分析法；⑥其他，包括定量分析、实证研究、观察法等方法。其中尤以文献计量法为最。以期刊 *Annals of Library and Information Studies* 为例，2006—2015 年 10 年间的发文总量为 339 篇，其中以文献计量法为研究方法的图书情报论文就有 58 篇。文献计量学产生于 20 世纪初，1925—1945 年 20 多年间先后出现了洛特卡定律、文献分散定律、词频分布定律、文献老化定律、文献增长定律等 5 个定律，构成了文献计量学的主要理论框架，"文献计量学"这一术语直到 1969 年才被正式提出[②]。文献计量学形成之后，得到了迅速的发展，文献计量法也成为图书情报学领域较为常用的一种研究方法，这一点在印度图书情报领域的研究中体现得尤为明显，但印度学者直接对基础

---

① MITTAL R. Library and information science research trends in India [J]. Annals of library and information studies, 2011, 58 (4): 319-325.
② 吴慰慈. 图书馆学新探 [M]. 北京：北京图书馆出版社，2007.

理论问题进行的文献计量研究较少。在基础理论研究方面，印度的学者多采用定性分析法、文献研究法、观察法、比较分析法等进行研究。

理论研究不同于实证研究，其研究方法多沿用社会科学的文献法、历史法及比较法等。印度近年来图书情报理论方面的研究相对较少，方法运用上也相对单一，除文献法外，还涉及一些比较研究、定性分析等。

8.2.2 主要情报学理论

阮冈纳赞一生著述颇丰，其最主要的成果体现在对图书分类理论及图书馆学基础理论的研究上。阮冈纳赞是印度图书情报理论发展过程中"理念派"的代表人物，他十分注重对图书馆学"理论性"的探索，一直关注着理论体系逻辑上的可推导性，在长期思考与实践的基础上，形成了包括图书馆学五定律、分类理论在内的理论成果，其理论具有很好的可证明性，并带有一些印度文化特有的色彩，其思想影响了一大批图书情报学者并指引了印度图书馆学的发展方向，是印度图书情报学基础理论发展的奠基人[①]。

知识组织学派是在20世纪80年代之后发展起来的，它延续了阮冈纳赞的分面组配思想，并将文献分类推广至知识组织中，是当今印度图书馆学研究中的主流学派[②]。考瓦拉、格斯瓦米和夏尔马（Pandy S. K. Sharma）是该学派的主要代表人物。1996年夏尔马在《图书馆员知识的知识》一书中，将知识组织理论发展成了涵盖图书馆职业的一种哲学思想[③]。印度的图书情报领域一向因阮冈纳赞的分面组配理论而自豪，他们一直集中优势力量对知识组织进行研究，并使之成为印度图书情报学研究发展最主要的特色之一[④]。

本土研究学派以印度本土的图书馆及图书馆学发展为主要研究方向，研究内容包括印度国家与地方图书馆的规划、各类图书馆的发展、印度图书馆与图书馆学史，以及印度图书馆的规划、建设、政策、立法、发展及存在的问题等，其标志为各项研究成果中均带有"印度的"字样。本土研究学派的力量十分强大，以至于在制定印度政府的"五年计划"时，图书馆规划常常被作为国家发展计划中的一部分[⑤]。本土研究学派的研究

---

① 戴维民.20世纪图书馆学情报学［M］.北京：北京图书馆出版社，2002.
② 臧其梅.影响21世纪呈多元化的国外图书馆学流派［J］.四川图书馆学报，2001（2）：15-18.
③ SHARMA P S K. Librarian's knowledge of knowledge［M］. New Delhi：Ess Ess Publications，1996.
④ 霍国庆.阮冈纳赞与印度图书馆学的三次高潮［J］.江苏图书馆学报，1998（5）：3-9.
⑤ MOHAMED T，DONALD G D. Librarianship and library science in India：an outline of historical perspectives［M］. New Delhi：Concept Publishing Co.，1994：75-80，87，95-109.

与印度本国的具体情况相适应，符合图书情报学在印度发展的现实需要，具有很强的现实指导意义。塔赫、沙提库马（C. S. Sathikumar）、马汉瓦尔（K. L. Mahawar）、奈尔（R. Raman Nair）等人是该学派的代表人物。

8.3 印度情报工作机制

8.3.1 情报服务业

近代的印度情报服务开始的标志是 1952 年成立的印度国家科学文献中心，后被并入科学与工业研究理事会。其服务的对象是面向印度全国的科研机构、企业、高校和各类社会团体等。随着 20 世纪 70 年代印度信息产业的起步和发展，印度的情报服务业构建了由点及面的情报服务框架，在具体实施上，印度成立各类的专业协会，其是情报服务的主要提供者；对于某些企业而言，印度在政策上鼓励建设专利服务站，通过国际著名的专利数据库为用户提供定题检索、专利内容分析、技术评价与预测等信息增值服务；专业智库也成为印度情报服务的补充路径，最为著名的便是塔塔咨询服务有限公司，它最关注 IT 服务领域的研究进展和解决方案的制定[①]。

印度情报服务总体上是由政府主导的，在情报业发展的初期，政府就给予了大量的政策支持和较为系统的整体扶持。这也是印度大力发展信息产业所带来的情报服务业发展的契机，印度情报服务业首先是立足本国国情的，并且紧跟政府推动产业发展的步伐，持续解决产业发展制约问题，在服务提供者的维度上是由政府管理、行业协会主导、各个专业智库补充的立体结构来扶持用户发展。在情报服务的过程中，作为服务提供主体的行业协会也不断地进行自我建设，并在行业之间进行协同，在企业之间进行协调，对内提供多渠道的沟通，对外积极争取最大利益；专业智库的补充，使得情报服务更具有针对性和专业性，让用户可以准确、及时、有效、全面地应对复杂竞争环境的变革和挑战。

可见，印度的情报服务从战略和战术上为用户提供了系统的、具体的参考，印度情报服务不仅支撑了其信息技术产业的发展，而且为农业、教育、医疗、国家安全等诸多方面提供了信息和情报保障。

---

① 张毅菁. 技术竞争情报服务在印度软件产业发展中的演变及启示［J］. 情报杂志，2013，32（10）：47-50.

第 8 章 印度情报学与情报工作

8.3.2 组织机构与业务范畴

印度的情报工作可分为军事情报工作和非军事情报工作。在军事情报工作中其架构体系主要是由印度中央领导的研究分析局（Research and Analysis Wing，R&AW 或 RAW）和直属内政部的情报局（Intelligence Bureau，IB）与中央调查局（Central Bureau of Investigation，CBI），还有军队系统的军事情报局（Directorate of Military Intelligence，MI）共同完成的，当然还有许多子情报部门和机构来协同合作，具体部门和机构如表 8-1 所示。

表 8-1 印度其他情报部门和机构

序号	情报部门和机构
1	中央经济情报局（Central Economic Intelligence Bureau）
2	综合服务详细审讯中心（Combined Services Detailed Interrogation Centre）
3	执法局（Directorate of Enforcement）
4	刑事情报部（Department of Criminal Intelligence）
5	空中情报局（Directorate of Air Intelligence）
6	军事情报局（Directorate of Military Intelligence）
7	海军情报局（Directorate of Naval Intelligence）
8	所得税调查总局（Directorate General of Income Tax Investigation）
9	国防情报局（Defence Intelligence Agency）
10	所得税局（情报和刑事调查）（Directorate of Income Tax -Intelligence and Criminal Investigation）
11	收入情报局（Directorate of Revenue Intelligence）
12	经济情报委员会（Economic Intelligence Council）
13	印度政治情报局（Indian Political Intelligence Office）
14	情报局（Intelligence Bureau）
15	中央直接税局调查处（Investigation Division of the Central Board of Direct Taxes）
16	联合密码局（Joint Cipher Bureau）
17	麻醉品管制局（Narcotics Control Bureau）
18	国家调查局（National Investigation Agency）

续表

序号	情报部门和机构
19	国家技术研究组织（National Technical Research Organisation）
20	无线电研究中心（Radio Research Centre）
21	区域经济情报委员会（Regional Economic Intelligence Committee）
22	研究与分析部（Research and Analysis Wing）
23	严重欺诈调查办公室（Serious Fraud Investigation Office）
24	信号情报局（Signals Intelligence Directorate）
25	野生动物犯罪管制局（Wildlife Crime Control Bureau）

在非军事情报工作中，尤其在21世纪之后，印度在其他领域的发展也越来越依靠情报服务来辅助决策和发展运营。这里主要包括两类情报工作体系：一是由印度国家科学技术部所主导的国家科技情报系统和科学与工业研究理事会下属的国家科学通信与信息资源协会；二是由国家图书馆、学术图书馆和公共图书馆构成的图书馆情报工作系统。

（1）国家级情报工作系统

印度国家级的情报工作系统主要由两部分组成，但都是由印度的科学技术部所主导的，具体架构如图8-1所示。一个是以国家科技情报系统为主的综合分布式行业情报中心；另一个是在科学与工业研究理事会指导下的国家科学通信与信息资源协会的各项情报服务。

印度的国家科技情报系统于1977年建立，它的主要目的是在一个宏观的协调机构下协调印度庞杂的情报源、情报中心和情报服务之间的联系与合作，形成有效的情报网络[①]。该系统的建立是以印度的各个行业进行划分的，增强了分中心对所属领域进行情报收集的专业性和有效性，在统筹和协调下辅助国家进行科技决策，从而指导行业发展。它的服务目标是辅助国家信息服务的发展、推广现有的信息系统和服务、介绍现代信息处理工具和技术、促进国家和国际信息合作、发展本土产品和服务、支持信息的教育培训和研发[②]。涉及的学科领域包括皮革技术、食品技术、机床和生产工程、药品、

---

① 彭耀雄，王晋德. 印度的情报系统与情报网络［J］. 情报杂志，1993（2）：68-69.
② NISSAT：objectives and strategies［EB/OL］.［2019-02-26］.https：//www.nodc.noaa.gov/archive/arc0001/9900162/2.2/data/0-data/jgofscd/htdocs/nissat/nissatobj.html.

纺织品及相关主题、化学及相关行业、高级陶瓷、文献计量学、结晶学、光盘、管理科学和海洋科学[①]。

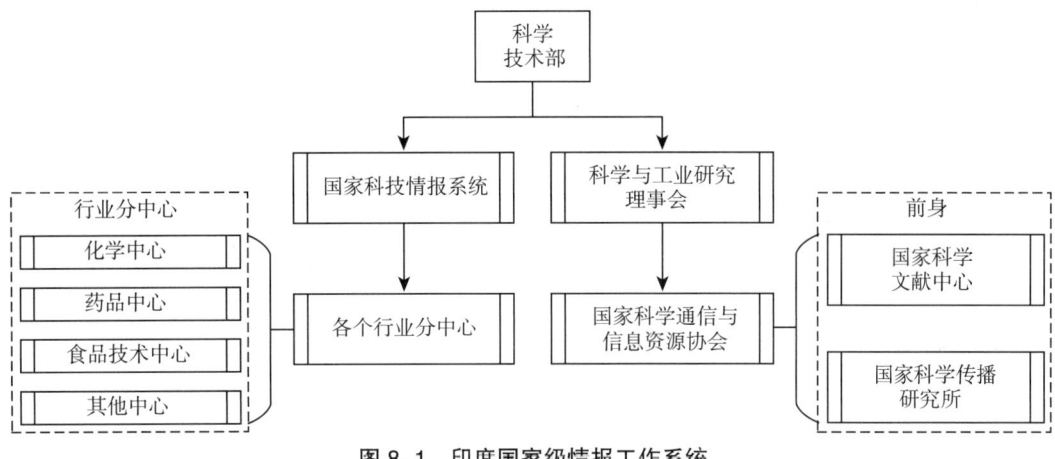

图 8-1 印度国家级情报工作系统

科学与工业研究理事会（CSIR）是印度科技领域的尖端研发知识库，是一个现代化的研发组织。CSIR 拥有泛印度业务，拥有 38 个国家实验室、39 个外展中心、3 个创新综合体和 5 个单元的动态网络。CSIR 拥有丰富的研究团队，目前大约有 4600 名科学家活跃其中，同时还有近 8000 名科技人员提供各种服务保障和支持。

国家科学通信与信息资源协会（NISCAIR）于 2002 年 9 月 30 日成立，是由国家科学传播研究所（National Institute of Science Communication，NISCOM）和印度国家科学文献中心（INSDOC）合并而成。NISCOM 和 INSDOC 是 CSIR 的两个主要机构，致力于传播和记录科技信息。

NISCOM 在过去 60 年中一直通过其研究和科普期刊、百科全书出版物、专著、书籍和信息服务等一系列信息产品向研究人员、学生、企业家、工业家、农业学家、政策规划者和普通人提供多样化的情报工作。

INSDOC 于 1952 年成立，通过摘要、索引、数据库设计和开发、翻译、图书馆自动化等方法提供多种国际信息来源、人力资源开发、咨询服务等情报工作，致力于提供全面的科技信息和文献服务。

随着 NISCAIR 的成立，通过合并的方式让 NISCAIR 成为一个能够以更有效的方式

---

① NISSAT information centers［EB/OL］.［2019-02-26］. https：//www.nodc.noaa.gov/archive/arc0001/9900162/2.2/data/0-data/jgofscd/htdocs/nissat/nissatcent.html.

利用现代 IT 基础设施为社会服务并在科学传播领域开展新事业的机构，不断地传播和科技信息管理系统相关的情报服务。从广义上讲，NISCAIR 的核心活动是通过传统和现代的方式收集、存储、发布和传播科技信息，为印度的各项社会工作提供信息服务。

（2）图书馆情报工作系统

印度图书馆情报工作系统的发展得益于阮冈纳赞引领的印度图书情报学的发展。在他的带领下，基础理论和应用实践得到了空前的统一和发展，这也使得图书馆这一公共机构从业人员的专业性和实践能力得到了充分的发挥。在不断完善的传统图书馆职能过程中，逐渐形成了以文献信息和其他类型信息为基础的情报服务工作。随着印度外包软件服务的兴盛，情报工作愈加得到重视，并且印度作为一个农业大国，其农业情报服务体系也十分成熟。

总的来看，印度的图书馆情报工作有很多都是与印度的各大图书馆相联系的，根据其规模和职能，分为国家图书馆、学术图书馆和公共图书馆三个维度，如图 8-2 所示。

印度的国家图书馆由 4 个图书馆组成，即印度农业研究所图书馆、国家医学图书馆、国家科学图书馆和加尔各答国家图书馆[①]。其中，加尔各答国家图书馆是印度最大的图书馆和公共图书馆，相较于其他 3 个图书馆，它是综合型的图书馆。该图书馆在国家文化部管理下运作，被指定收集、传播和保存在印度生产的所有印刷品，以及所有关于该国的外国出版作品。国家图书馆是由公共图书馆与帝国图书馆几个政府图书馆合并而成的[②]，保存了至少 15 种语言的文献资源，包括 86 000 张地图和 3200 份手稿[③]。其余 3 个国家图书馆均是专注于各自学科和专业知识的图书馆，它们对于各自学科和专业领域的文献和情报服务是最为全面和完善的。所谓"术业有专攻"，如印度的农业情报信息有很大一部分来自成立于 1905 年的印度农业研究所（Indian Agricultural Research Institute，IARI）的图书馆，还有印度农业研究委员会（Indian Council of Agricultural Research，ICAR）下设的农业研究信息中心（Agricultural Research Information Centre，ARIC），ARIC 在性质上也是印度农业研究委员会的文献管理机构，管理与农业相关的各种研究文档。可见，国家级专业图书馆是该专业核心的文献和情报服务机构。

---

① 彭耀雄. 印度图书馆事业发展 [J]. 图书馆理论与实践, 1993（4）: 59-61.
② 栗力. 印度图书馆业的发展 [J]. 南亚研究季刊, 2009（4）: 105-108, 114.
③ National library of India [EB/OL]. [2019-02-26]. https://en.wikipedia.org/wiki/National_Library_of_India.

第8章
印度情报学与情报工作

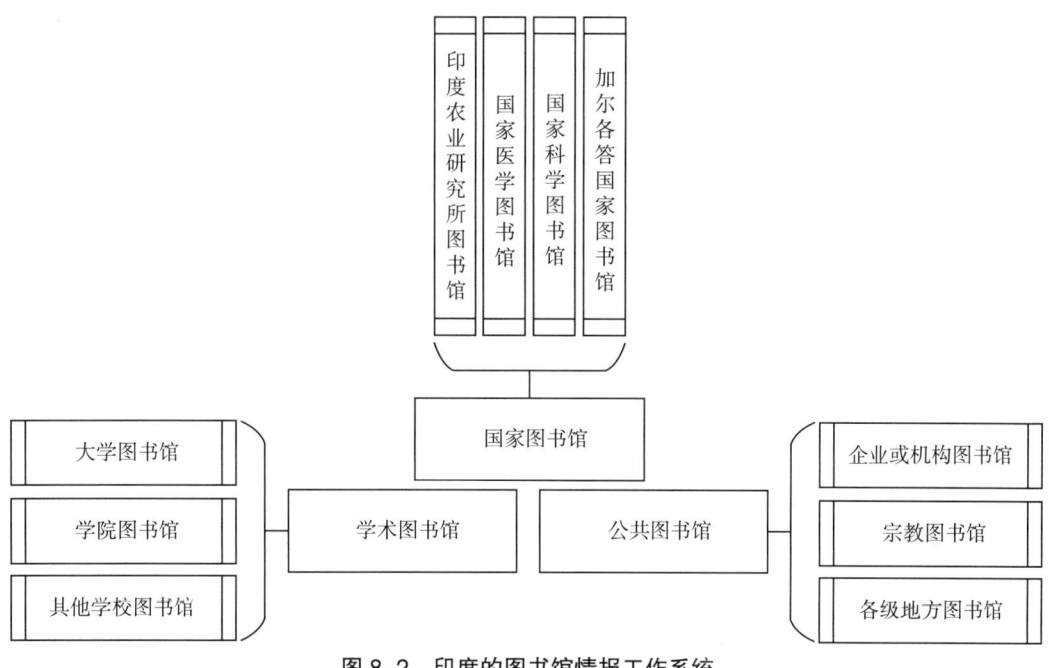

图8-2 印度的图书馆情报工作系统

与国家图书馆类似，学术图书馆和公共图书馆也都根据自身的专业背景、所属机构、所属学科和机构背景，为各种领域的各类信息需求提供专业情报服务。这种高针对性和高专业性的图书馆是阮冈纳赞时代的瑰宝，相比于其他国家的图书馆，它们更能发挥自身资源优势，为印度的各个社会领域所应用。

不管是学术图书馆、公共图书馆还是国家图书馆，都是在充分发挥图书馆原有的丰富资源的基础上进而开展一系列情报服务工作。众所周知，印度的图书馆在20世纪得到了空前的发展，在图书情报学蓬勃发展的年代，对于图书馆员的教育和培训并不只限定于理论知识的学习和应用技能的培训，从20世纪80年代至今，对于图书情报从业者的信息技术培训一直都是印度图书情报教育体系的重要内容，良好的技术知识储备才能使印度的图书馆情报工作开展得如此广泛和精准。

8.3.3 情报运行管理机制

印度的国家情报中心（NIC）成立于1976年，是印度电子政务应用的主要建设者，其建设的范围涉及中央和基层的各级政府，是推动电子政府发展的主要部门。NIC通过其ICT网络NICNET与所有中央政府、部门、36个州政府、联盟地区及约708个印度地方行政部门建立联系，形成了庞大的信息交流网络，为印度情报运行和管理提供了有效的网络基础。

NIC 在中央、州、地区和街区的政府部门中指导电子政务应用的建设，促进政府服务的改善，提高政府工作的透明度，促进中心和区域规划，从而提高印度政府接受人民问责的效率。"信息主导发展"计划由 NIC 率先提出，并且在社会和公共行政中通过实施 ICT 应用来获得竞争优势，服务于国家发展的需要。图书馆和情报中心也可使用该网络在全国范围内传送书目情报。

可以说印度情报的运行和管理都是在该网络的基础上展开的，NICNET 还和印度的多个网络联通，公民通过设立的 GIST 应用系统检索日常情报信息；INDONET 网是一个遍布印度全国的综合情报管理和数据传递体系，它打算通过卫星和无线电通信连接印度的每个城市；INFLIBNET 网是一个受印度教育、科研机构推崇的计划。在这个网络中，所有大学图书馆和主要科研、专业图书馆将由一个计算机网络连接起来，促进全国重要情报中心之间的情报传递，形成一个大的情报共同体。教育和研究网（ERNET）1986 年由电子部建立。它与另一个网络科学和工业研究网（SIRNET）一起投入运行。SIRNET 网连接着印度科学与工业研究理事会下的所有实验室。

与之并行的是国家知识网络（National Knowledge Network，NKN），该项目旨在建立一个强大的印度知识网络，该网络能够提供安全可靠的连接，在全球范围内获得学科前沿研究和创新态势。它连接了印度所有大学、研究机构、图书馆、实验室、医疗保健和农业机构，并且核、宇宙空间和国防研究领域的主要任务导向机构也是 NKN 的一部分。通过促进信息和知识的流动，在解决网络访问的问题后也创建了一种新的协作范式，使得印度研究工作更加丰富。NKN 旨在提供高可用性、高服务质量、高安全性和可靠性的科研交流网络。它也成为印度作为知识社会发展的重要信息基础设施，目前 NKN 已经连接了全国各地约 1605 个不同类别的机构。

在管理方面，虽然两种网络在服务的内容上稍有差异，但最终目标都是推动印度的综合发展。在具体服务分工上 NICNET 是以政府部门为服务主体，而 NKN 是以科研机构为服务主体。这也就使得对于两种网络的管理方式上出现了差异，对于 NICNET 的管理是由印度的电子与信息技术部建立的，并通过"国家—地区—部门"的三级管理架构对其进行管理。而 NKN 是由印度政府首席科学顾问办公室主导，由国家知识委员会主办的，最后由电子与信息技术部实施的一个项目，其最终的管理主体是国家知识委员会，并且它的服务对象包含的范围相较于 NICNET 更加广泛。

8.3.4 情报工作流程

印度的情报工作流程主要分为信息收集和分析两个主要过程。在信息收集环节，印度的情报机构借助于已构建的较为完善的国家情报中心网络和国家知识网络进行前期筛查，该网络可以快速获取国家内部相关领域的政策、科技发展、专利报告等信息，在国外的信息采用方面，对开源网络资料、产品说明及样本、简报、国际专利数据库、企业年报及财报等信息的收集进行完善。在收集过程中，不仅可以从政府方面获得信息，还可以从行业协会获得该行业的前沿信息，再通过专业的智库进行信息补充和进一步细化，从而使获得的信息更为全面、准确。

在信息分析阶段，会依据问题的紧急程度进行不同分析方式的选择，分析较为常用的模式是信息提取情报和假设检验情报。信息提取是指在获得大量信息后进行归纳和总结，根据前期信息收集时确立的问题进行信息汇总归纳来解决问题，这种模式适用于信息量较少情况下的情报分析。假设检验类的情报分析更适用于海量信息的分析，在大数据时代，信息量呈现指数上涨的局面，想要获得全部数据进行分析，难度较大，因此，通过在分析之初进行的假设，可以使得信息收集过程中便开始有选择性地收集，分析过程中便更有针对性地得出假设的验证结论，通过循环此假设检验的过程来获得最有价值的情报。

大数据时代也给了情报工作人员更好的工具和方法来尽可能地获得更多数据，但目前的情报分析更重要的是解决多途径下的信息整合和关联问题，这也是印度情报工作实践中不断推动国家知识网络建设的原因。

8.4 印度情报界代表人物

8.4.1 情报学界代表人物

"印度图书馆学之父"阮冈纳赞（1892年8月9日—1972年9月27日）1909年就读于马德拉斯基督教学院，1913年获文学学士学位，1961年获数学博士学位，1917年开始在马德拉斯邦赛德贝德师范学院、门格洛尔政府学院、哥印拜陀政府学院、马德拉斯英辖区学院教授物理和数学等课程，1924年就读于伦敦大学学院图书馆学校，1925年获该大学学院名誉毕业证书。他著有50多部专著和1000多篇论文，主要有《图书馆学五定律》《冒号分类法》《分类目录代号法》《图书馆管理》，以及《图书分类原理与方法》《分类法与国际文献工作》《标目与规则》等；创办了《印度图书馆协会——年刊、公报和印地语杂志》《图书馆学年刊》《图书馆学文献一览》等刊物和多所图书馆学校;曾在印度 25 个以上的委员会任职,其中主要先后任印度图书馆协会主席、马德拉斯图书馆协会主席和印度标准化协会理事会副主席;广泛参加国际上的各种图书馆事业活动,在制定联合国图书馆政策中起了重要作用;创办国际文献工作联合会(FID)分类法研究委员会,担任 FID 理事会副主席,并当选为 FID 荣誉会员和分类法研究委员会荣誉主席。1965 年,印度政府授予他学术界的最高荣誉——"国家研究教授"头衔。1976 年,FID 为纪念他的功绩设立了"阮冈纳赞奖"①。

阮冈纳赞丰富了印度图书情报学"理论性"探索和实践,也影响了后续知识组织学派、管理学派、信息技术学派和"本土研究学派"等印度图书情报学派的发展。凭借其崇高的名望,印度图书馆学实现了近 100 年的快速发展。但当巨星陨落之后,该领域多元化的局面出现了散漫发展的态势,这也为近现代印度图书情报学的发展带来了隐患。

8.4.2 情报实践界代表人物

"印度情报之父"Rameshwar Nath Kao(1918 年 5 月 10 日—2002 年 1 月 20 日)是一名间谍大师,也是印度外部情报机构研究分析局(R&AW)的首任负责人,R&AW 成立于 1968 年,Kao 作为印度最重要的情报官员之一,帮助建立了 R&AW。印度政府内阁秘书处的秘书(研究)职位,此后均是由 R & AW 局长担任。在他漫长的职业生涯中,他还曾担任尼赫鲁总理的个人安全负责人及拉吉夫·甘地总理的安全顾问。他还成立了航空研究中心(ARC)和联合情报委员会。

Kao 是印度和南亚情报界的传奇人物,因为他从一开始就在短时间内创建了 R&AW。他的部下也很受好评,在他的影响下在此期间他的下属被亲切地称为"Kaoboys"。虽然 R & AW 成立于 1968 年,但在 1971 年的印巴战争中,R&AW 已经成为一支高效而强大的力量,在战争中不断地搜集各类情报,为印度的胜利奠定了基础。他也因此战声名鹊起,但他因工作身份行事极为低调,一直到其去世,他一度被称为"印度最神秘的人"。Kao 退休后很少在公共场合露面,并且在一生中只拍过两次照片。

---

① 程焕文.印度图书馆学之父:阮冈纳赞[J].国家图书馆学刊,1988(1):71-73.

8.5 印度图书情报学教育

8.5.1 图书情报学教育的地位与目标

印度的图书情报学教育始于1911年，由印度政府聘请杜威的学生威廉·阿兰森·博登到巴罗达公共图书馆开展业务培训[1]，成为印度图书情报学专业化教育的开端，这也成为未来印度图书情报学教育的主要教学目标，即为图书馆培养具有一定专业知识基础和技能的业务人才。

印度的图书情报学培养可以分为两个主要时期，分界点便是1947年的印度独立。在印度独立以前，其教育形式为短期培训班教育和图书情报课程教学，实施单位分别是各个图书馆和大学院所，开展的时间为1~3个月不等。就其形式而言，短期培训班教育为应用型教育，主要培养图书馆员实际操作的能力和技术，普及就业能力；而图书情报课程教学则是学位教育的前身，主要是为获得专业学位证书进行的相关知识学习。这一时期的学位教育，为之后的印度图书情报学和图书馆建设培养了诸多人才，为独立后的印度图书情报学发展奠定了人才基础。

1947年印度独立后，印度的图书情报学教育以学历教育为主，并且逐渐体系化、规模化、多样化。从1946年阮冈纳赞在德里大学首先建立图书情报系开始，至今先后有69所大学开设了图书情报系，还有100余所大学开设了图书情报讲座。从20世纪60年代起图书情报教育进入了文献情报工作领域，增设了"情报存贮与检索""文献学""电子计算机在图书馆的应用"等新科目[2]。

印度的图书情报学教育受到了政府、学校及社会各界的关注和支持，其专业理论基础及业务能力的培养，为图书情报学在印度的发展提供了丰厚的人才基础，并且在长期的教学实践中形成了一套完整的教学、业务之间教学相长的教育体系。在这套体系的支撑下，印度的情报工作也如火如荼地开展起来，不论在军事情报领域还是在商业竞争情报领域，印度的图书情报学的辅助、支撑性作用不断拓展着服务的领域，让印度的情报工作和图书情报学教学都获得了国际上的认可，成为业界学习的典范。21世纪初，印度大学拨款委员会提出的一项议案中指出：图书情报学教育是印度克服三元结构、实现跨越式发展、参与全球竞争的基石和手段[3]。

---

[1] 栗力.阮冈纳赞与印度的图书馆学教育[J].四川图书馆学报，2000（2）：22-25.
[2] 李世玲.印度图书情报教育的发展、经验和教训[J].河北科技图苑，1998（2）：9-11，49.
[3] 杨盛春.印度图书情报学教育的发展研究及其启示[J].图书情报工作网刊，2012（4）：7-10.

8.5.2 图书情报学课程体系

印度图书情报学的课程体系在世界上是具有影响力的，且具有层次完善、体系完整、教学与实践相结合的特点。印度的图书情报学课程体系根据其教育对象、教育模式和教育阶段的不同可分为3个层次。

（1）专业技能教育课程

专业技能教育课程是印度开设的最早的图书情报学教学课程，是由杜威的学生威廉·阿兰森·博登率先于1911年在印度巴罗达市中心图书馆开展的图书馆工作应用与图书馆学基本理论，包括图书采购、验收、录入、分类、借阅等诸多现实应用场景的理论和技能培训。随后，杜威的另一个学生狄更生于1915在印度的旁遮普大学开设了世界上第二个图书馆学院和英属帝国第一个大学图书馆课程。1920年，安得拉邦图书馆协会创办了图书馆学校，由于讲授学者专业的不同，其开设的课程也较为繁杂。之后便是1929年在阮冈纳赞倡导下由马德拉斯图书馆协会开设的本科课程，课程内容包括图书馆法、分类、编目、流通方法及图书馆日常事务等课程①。

（2）学历教育课程

印度的学历教育课程可分为本科教育和研究生教育。本科教育同样是在阮冈纳赞的主导下开始的。1931年的马德拉斯大学设立了印度历史上第一个大学图书情报学文凭课程，而后的20年间，印度形成了贯穿本科、硕士和博士的所有教学体系。同时在印度大学拨款委员会（University Grants Commission，UGC）公布的课程计划中包括本科及硕士课程16门。

本科阶段开设的课程包括：图书馆学概论；图书馆经营管理学；资料、图书的选择；文献情报、参考咨询工作；分类学；分类学实习；目录学；目录学实习；图书馆调查、统计法②。后期又增设了信息系统管理、信息技术与信息管理、信息存储与检索等课程。

硕士阶段开设的课程包括：知识概论（知识大全和学术的发展）；高级分类学；高级分类学实习；高级目录学；公共图书馆学；学术图书馆学；专业图书馆学；文献学；课题研究（包括以下主题：①与上述选择科目中的一科有关问题的研究；②制作特定主题的书目）；对于印度学、人文科学、社会科学、自然科学、应用科学、政府出版物、

---

① 李晶，谢阳群. 印度的图书情报学教育研究［J］. 图书馆工作与研究，2009（11）：21-25.
② 李世玲. 印度图书情报教育的发展、经验和教训［J］. 河北科技图苑，1998（2）：9-11，49.

儿童文学等学科的文献研究。后期印度图书情报学的硕士还增设了研究方法课程、图书馆自动化课程、读者研究课程等。

（3）会士资格课程

会士资格教育是社会从业资格的一种认证，需要参加人经过两年制的会士教育才能获得。开始进行会士资格教育的机构是印度的信息研究所或相关培训中心。其中，印度国家科学文献中心开设的课程包括"信息理论""科技写作""信息分析与信息重组""信息资源与媒体""信息组织与信息处理""信息服务机构与信息系统""信息技术（上）：计算机科学与技术""信息技术（下）：通信技术""记录与显现技术""信息技术应用""信息系统管理"等。印度文献研究培训中心开设有"图书馆与信息哲学""文献计量学""研究方法""参考咨询服务""信息组织""读者研究""国际研究""比较研究"等课程。

8.5.3　图书情报学教育改革趋势

从1990年至今，计算机技术和互联网技术的快速发展，使得信息技术逐渐成为社会发展的新动力。数字图书馆也成为图书馆的基本属性，数字图书馆的相关课程也随之出现，该类课程的教学目标首先是对数字资源的管理和应用进行系统教学，接着对资源数字化的各类技术要有所掌握，而后还需要对数字资源的用户信息行为、数字资源的保护和其经济价值进行学习[①]。这些数字图书馆的相关课程也为将现代信息技术引入图书情报学领域奠定了一定的知识基础、创造了先决条件。随着2012年大数据、云计算、人工智能和物联网等高新技术的快速发展，社会各个领域都在寻求运用信息技术来变革现有知识、组织和人员框架，以实现颠覆性发展。在这样的背景下，印度出现了软件外包服务的新兴产业，至今，印度的这一产业仍在不断地为全世界各个国家、机构和公司服务。印度社会各个领域对信息的需求也与日俱增，这些都集中体现在社会对图书情报学专业人员技术技能和管理技能要求的变化上。印度的高等教育机构、专业团体、政府组织及跨政府组织都积极发挥自身优势，通过资源共享和整合为图书情报工作者、教师和教育学者终身学习提供途径。因此，在21世纪初，印度大学拨款委员会提出的一项议案中也指出：图书情报学教育是促进就业、保障人力资源参与全球竞争的重要手段。印度重新制定了图书情报学教育的课程标准，改图书情报硕士学制为两年，加强了通信技术和信息技术的学习，引入了信息分析和加工类的课程，支持各类图书馆建设计算机实验室供学生实践。

---

① 杜伟.印度图书情报学数字图书馆课程设置分析研究［J］.图书馆理论与实践，2011（3）：86-88.

印度图书情报学一直受到政府部门的重视，不仅在制度和资源上给予保障，还通过成立图书情报学课程建设委员会来不断改进其教育研究工作。并且，印度的办学层次多样，各界学者、专家都给予支持，这些都为印度图书情报学的百年发展贡献了力量。在当今时代，印度的图书情报学教育也越来越多地出现定向化教育，依托印度外包软件服务产业的发展，这种定向化的培养模式受众群体也逐渐扩大，定向培养的单位从公司到科研院所再到国家机构，印度的图书情报学教育可以说培养目标非常明确。通过国家和社会的大力支持，还有针对性的技能培训，这些教育模式都提高了印度图书情报学毕业生的信息技术和职业能力，采用理论和实践相结合的人才培养模式，为印度的情报工作提供了良好的教育环境和人才基础。

8.6 印度情报学与情报工作的发展特点与影响

8.6.1 主要特点

（1）情报学基础理论特点

印度图书情报学的基础理论在经历了三个时期的发展之后，已经拥有了成熟的基础理论架构，并且在顺应20世纪时代发展的潮流上均处于较为领先的地位，但随着21世纪信息技术的发展，对于图书情报学基础理论的研究正在弱化，随之而来的是应用型研究的蓬勃发展。

1）阮冈纳赞思想的延续

印度的图书情报学基础理论从20世纪初开始，在以阮冈纳赞为首的诸多学者的带领下，进入了高速发展的阶段。20世纪30年代，阮冈纳赞的经典著作成为印度图书情报基础理论研究的开篇之作，随后在他引领下的近80年间，印度图书情报学界从基础理论到应用实践，迎来"全面发力、多点开花"的发展态势，并且这些研究多是根据阮冈纳赞的思想展开的延续性研究，可见其学术能力的强大和贡献的卓著。在他的号召下，印度图书情报学界的凝聚力也得到了充分的展现，为印度的图书情报发展奠定了深厚的理论基础，也为世界图书馆学的思想库带来了东方的声音。

2）受西方图书情报思想影响深远

印度的图书情报学基础理论深受西方国家思想的影响。在印度独立以前，印度是英国的殖民地，在英国的统治下，印度的社会生活不可避免地会受到西方思想的影响和控制。印度的殖民地属性也造就了印度图书馆的初期建设，尤其是在19世纪后期至20世纪初期，博登对于印度公共图书馆的建设和人员培养，都为后人的继续研究奠定了基础。西方的图书情报理论也是阮冈纳赞研究的潜在思想，阮冈纳赞的经典著作《图书馆学五定律》中的前三个定律都是在博登的启发下形成的。1924年他在英国访学期间，在其导师的指导和鼓励下，开始了对于各大英国图书馆的调查和研究，甚至从事了图书馆员的实际工作。回到印度之后，他一边推动着印度公共图书馆的建设，一边促进着学校图书馆的建设与发展[①]。印度独立之后，他又和印度图书馆学界的同人参与了印度图书馆规划方案和制度的制定，从而直接决定了印度未来几十年图书情报学发展方向。这些成果都是在和西方图书情报学思想进行交融的实践中逐渐形成的，也成了阮冈纳赞图书馆学思想的重要基石，流传至今为后世所用。

3) 20世纪后期基础理论发展松散化

1972年阮冈纳赞去世，对印度图书情报学界冲击巨大。在1990年之前的近20年，印度图书情报学基础理论研究还是以阮冈纳赞思想的延续性研究和补充性研究为主，在基础理论上缺乏重大突破，但也因此促进了图书情报学应用型研究的开展。在1990年信息技术的冲击下，应用型研究得到了快速的发展，不管是从学校图书情报学教育课程的设置上，还是从图书馆员的职业培训上，都开始注重技术的应用。21世纪以来，信息技术可以说是渗透到了世界的各个角落，印度也出现了软件服务外包的产业，该产业的特点就是信息技术的综合运用，并且该产业逐渐成为印度的经济支柱型产业。在该产业的带动下，技术竞争情报服务也如火如荼地发展壮大，更加促进了印度图书情报学应用性研究的深入。虽然基础理论的研究发展出现了松散化，但专业性、目标性、应用型的研究一直在紧跟时代发展的步伐，将理论应用于实践，实践又产生新的理论，这种相互转化的模式是印度在后阮冈纳赞时代寻求图书情报学新突破的主要模式。

(2) 印度情报服务工作发展的特点

印度情报服务工作的开展离不开图书情报学在印度100余年的发展。印度在独立之后，形成了多个层次的国家情报服务工作，自上而下在印度的军事、经济、科学、社会、农业等多个领域发挥着智库的作用，为各项研究、项目、决策、政策的制定和开展提供信息保障。纵观印度情报服务工作的体系和工作内容，可发现如下特点。

1) 多层次情报系统并存且覆盖全面

按照情报服务的内容，印度情报系统可大致分为军事领域和非军事领域；按照社会

---

① 埃里克·德格罗里尔，姜炳炘.图书馆学和情报学展望：阮冈纳赞的思想遗产[J].北京图书馆馆刊，1993（Z1）：80-88.

结构，其可分为国家级情报系统、图书馆情报工作系统；按照专业领域，其又可以分为农业情报系统、社会学情报系统、科学情报系统、医学情报系统等。印度的中小微企业部及其下属办公室和机构是印度政府中负责管理、协调和组织中小企业竞争情报供给的主要部门。中小微企业部有9个下属办公室和机构，其中与提供竞争情报供给服务相关的有发展委员会办公室、全国企业家和中小企业发展研究所及国营中小型企业协会[①]。可见，印度情报服务的覆盖面非常广泛，但同时也为精准化信息服务、多元化信息服务带来了"幸福的烦恼"，即在最终的情报服务产品中可研究的内容、角度十分广泛，不能迅速地抓住情报工作的重点。

2）专业学科界限清晰

印度的情报服务工作大都是依托图书馆或学科管理机构开展的，这也就从数据源上产生了专业学科界限。在20世纪初到20世纪中叶这段时间，独立后的印度在全国范围内开展了大规模的图书馆建设，国家图书馆、机构图书馆、大学图书馆、公共图书馆等各类图书馆都在这个时期得到了快速发展，在以阮冈纳赞为代表的图书情报学者的思想引领下，图书馆从基础理论研究到教育培训再到应用实践，形成了一整套的图书情报专业培养计划。每个图书馆在基本专业技能发展到饱和之后便开始进行下一阶段的分化，分化的方向便是每个图书馆所处的社会环境、资源环境和科研环境。例如，在印度农业研究所下设的图书馆成为农业领域的情报服务核心；在印度社会科学研究理事会（Indian Council of Social Science Research，ICSSR）成立时首先建立的就是社会科学领域的文献情报中心，即国家社会科学文献中心（NASSDOC），目标是建立一个较为完备的社会科学文献和情报检索系统。中心的主要任务是收藏社会科学文献（包括参考资料、未发表的学术论文、研究报告、工作文稿等），提供文献检索服务，开展资料查询和复印服务，以及编制目录和索引[②]。

3）情报服务网络间的关联较弱

虽然印度的情报服务工作开展得十分多样化，但正是在这种多样化的环境里，情报网络之间缺乏关联，无法进行有效的信息交流和组织，导致情报工作开展时难免会出现考虑不全面、角度单一的现象。在当今信息大融合和科研第四范式的时代，对于信息服务的全面性、关联性更为重视，以往用于因果关系解释的框架正在多个领域被相关关系

---

① 郑彦宁，张丽玮，杨阳.印度中小企业竞争情报供给服务研究［J］.图书情报工作，2012，56（14）：23-27.
② 周铭德.印度社会科学文献工作和情报服务［J］.世界经济与政治论坛，1992（6）：36-40.

解释的框架所替代，这也是大数据时代的特点之一。多个情报服务网络共存的印度，虽然能在各种领域的情报服务上给予专业性的指导，但是网络之间的技术和数据壁垒也使得科研创新中学科交融的途径比较狭小，不利于交叉学科的科研创新和颠覆性技术的产生，未来突破情报网络的数据接口障碍，将会从根本上改变印度的情报系统服务科研、决策的效率和质量。

8.6.2 社会影响

印度的图书情报学对于印度社会发展的影响主要体现在以下4个方面。

（1）改变了印度的社会结构

社会结构分化是社会发展的指标之一，社会结构与人的社会实践活动相互影响、相互作用，实际上就是人与特定社会历史之间的相互影响与相互作用[1]。社会科学中认为社会结构分化是社会现代化的外在表现。印度图书情报学的兴起、壮大和稳定发展，使得印度将人类精神文化成果存储和管理的意识贯穿到了社会生活的各个方面，1947年印度独立之后图书馆建设的兴起说明了印度社会对于文献资源的管理意识正在人们心中生根发芽，并影响了未来印度社会发展方向。图书情报学教育从设立专业院系到开展讲座课程，都在为印度的未来建设者灌输着文献资源管理的必要性。这也就不难解释，印度现在的大部分机构、部门、科研院所、学校、各级社区都会有图书馆的身影，它们在丰富人们精神生活的同时，也为印度的决策支持、科学研究、项目计划等方面提供着全面的情报服务。

（2）促进了印度的经济建设

经济基础决定上层建筑，没有足够的经济基础，社会发展只是一席空话。印度的图书情报学对于经济的促进作用正随着信息技术的应用而不断增强。众所周知，现在的印度，是世界软件外包服务产业的主要供应地之一，其产业的发展不仅给印度带来了直接的经济收益，而且吸引了世界各国的高新技术资源向印度聚集。就印度而言，可有效地减轻国内就业压力，促进印度信息技术的发展，也间接地推进信息技术与社会其他资源的融合发展，可谓是一举多得。软件外包服务的情报服务需要印度图书情报的支持，尤其在竞争情报领域，无法在众多的竞争对手中博采众长便不能赢得信息技术产业的关键发展机遇。竞争情报工作的质量取决于良好的图书情报理论基础和应用实践基础，若没有这些基础，那么情报机构所提供的情报信息和服务质量将大打折扣。

---

[1] 方兰欣. 社会结构、社会关系和文化类型的内在逻辑[D]. 北京：中共中央党校，2017.

(3) 改善了印度的人口综合素质

印度是农业大国，在农耕文明的影响下，人们对于自身发展和社会价值的观念并不那么强烈，只要能保障劳有所得即满足了农耕文明下的人们需求。而在信息时代，早期的温饱问题已经不再是人们追求美好生活的唯一需求，如何能高质量地生活是人们的奋斗目标。在追求目标的道路上，需要及时发现和纠正由于信息鸿沟所造成的资源浪费、优势缩小问题。图书情报学中对于如何获取信息、管理信息和应用信息都有很完整的流程和架构，在印度普及图书情报教育的同时也为人们在个人发展的决策上提供了更好的信息支持，这也从根本上改变了人们认知社会、认知自身、认知未来的思维模式，这种改变同样符合人类文明进步的必然要求，从而科学、客观、合理地对待社会和自身发展。

(4) 推动世界图书馆专业化建设

印度图书情报学对于国际图书情报学的影响首先便是在20世纪中期，阮冈纳赞的思想推动了世界图书馆的专业化建设，并从基础理论上用《图书馆学五定律》来解释近代图书馆的性质、图书馆的服务、图书馆的用户、图书馆的职能和未来发展要求，这些经典理论仍然指导了世界图书馆的建设和发展，促进了信息策略概念框架的建设。信息策略是情报学的基础，也是开展情报工作的首要决定因素之一。在公共、学术和国家图书馆方面，明确了图书馆的首要任务就是解决用户的信息需求，这种针对用户信息需求的服务模式，正是现在情报学决策咨询功能的前身。阮冈纳赞进一步明确了图书馆作为国家和社会发展的信息保障机构功能，他认为："民主社会必然导致日益增长的社会福利，其成功之举在很大程度上取决于全体公民文化知识水平的普遍提高和获取信息的渠道畅通无阻。同时，社会经济的发展又取决于科学技术研究工作的进展，而科技的进步无疑又依赖足够数量的专业图书馆和信息服务中心。如不具备这些条件，就会使科研的发展潜力受到严重的阻碍。"[①] 不可否认的是，他用一己之力推动了世界图书情报学的合作交流和国际化发展，为情报学成为一门"全球性"的学科贡献了卓越而又充满东方特色的贡献。

8.7 本章小结

印度作为世界四大文明古国之一，不仅历史悠久，而且在世界上也较早开始了图书

---

① 埃里克·德格罗里尔, 姜炳炘. 图书馆学和情报学展望：阮冈纳赞的思想遗产[J]. 北京图书馆馆刊, 1993 (Z1): 80-88.

情报学的教育和实践。作为人类历史的传承者，图书馆员在人类文明开启之时便开始了收录、保存、传承的历史使命。随着20世纪初以阮冈纳赞为首的几代图书馆人的探索，印度图书情报学的发展在世界上留下了不可磨灭的印记。印度情报学及情报工作的开展离不开印度图书情报学层次完善、体系完整、教学实践相结合的教育教学工作，也离不开诸如阮冈纳赞和Kao这些前辈的奋斗、探索和努力。正是这些探索和实践才使得印度的情报工作可以实现自上而下、由点及面、层次分明的工作体系，并且情报工作的开展能及时与世界先进技术的发展不断融合。随着21世纪信息技术的发展，印度社会各界通过进行情报搜集、专利分析、竞争情报分析等一系列情报工作让印度的软件服务业成为世界新中心，给社会经济的发展带来了又一支柱型产业，使得印度可以重构"农业大国"的经济结构，实现跨越式发展。这些都是印度图书情报学界和情报工作界为印度的发展乃至人类进步所做出的贡献。

当然，发展的过程并不是一帆风顺的。例如，虽然有丰富的办学和教学资源，但人才外流也一直是各个发展阶段所面临的主要问题，由于世界经济的动荡，"毕业即失业"的情况在各国都有显现，在印度也不例外，这就使得把人才留下这项工作成为政策制定、计划实施、就业指导等多项工作的目标，可见人才资源的合理、有效利用是社会经济发展过程中必须面对且必须解决的问题。进入21世纪以来，随着一代领军人物的陨落，印度图书情报学及情报工作的发展也变得"群龙无首"，出现了多元发展的局面，且这种局面愈演愈烈，由于分散严重使得图书情报领域的基础理论研究出现停滞现象，该情况已经引起了印度政府及相关部门的注意，其正在积极寻求新的"领路人"，以带来印度在信息技术革新浪潮中持续性的发展和探索。

总之，印度图书情报学及情报工作的发展历程给予我们的不仅是像阮冈纳赞那样的历史财富，也为后续情报领域的发展及探索提供了新的尝试方式，虽然有失败、痛苦，但仍不断拼搏，因为经历失败方能觉醒，忍受痛苦才能成长，奋力拼搏终能进步。这也许就是印度图书情报学及情报工作发展的真实写照。

第 9 章
澳大利亚情报学与情报工作

由于历史、文化与政治的多方面原因,澳大利亚的情报学与情报工作具有英国、美国情报学与情报工作的显著特点,但也不无澳大利亚本土的印记。本章从澳大利亚情报学的起源与发展、情报学理论、情报工作发展、情报学教育及情报学与情报工作的发展特点与影响等方面进行介绍,以期通过系统总结澳大利亚情报事业发展,管窥澳大利亚情报学与情报工作的发展历史与现实特点。

9.1 澳大利亚情报学的起源与发展

澳大利亚情报学经历了 20 世纪 60 年代起步、70 年代快速发展、80 年代相对稳定、90 年代开始呈现下降趋势的过程。进入 21 世纪,无论是从提供图书情报学教育(Library and Information Science,LIS)的组织机构及课程数量、接受 LIS 教育的学生数量,还是从提供的职位数量来看,澳大利亚的 LIS 学科发展与专业教育都存在一定程度上的萎缩。从情报学学科的产生及发展来看,澳大利亚的情报学学科与图书馆学是融合在一起的,并未进行严格区分,其情报学并不直接称为我国情报学界所通常翻译的"Information Science"。在 20 世纪 60—70 年代,澳大利亚图书情报专业兴起,图书馆学与情报学并未分离,统称为"Library and Information Science""Library and Information Studies"或"Information Studies",但至 90 年代后,随着高等教育改革及信息技术的发展,不少大学的图书情报院系被合并到诸如商学院、计算机、传播之类的院系中,学科、院系及课程名称开始偏向"Information Management""Information Systems""Information Technology""Business Information Systems"等,很少以"Information Science"命名。现在仅查尔斯特大学致力于传统图书情报教育,以"Information Studies"命名。

因此，可以说情报学在澳大利亚一开始即依附图书馆学，并未形成独立的理论基础及流派，而随着传统图书情报学科/院系逐步向信息管理、信息系统、信息技术等方向转变与发展，情报学也未能有所突破，其理论研究与成果仍主要以信息管理、信息系统、信息技术等为方向，鲜有对情报本质和情报业务特殊规律的研究。

9.1.1 情报学的起源

在正式的图书馆学情报学学科形成之前的 20 世纪 40—50 年代，澳大利亚主要沿用英国的职业资格考核制度开展图书情报教育与人才培养。成立于 1937 年的澳大利亚图书馆和情报协会（Australian Library and Information Association，ALIA）对图书情报专业教育起到了推动作用。该组织在 1938 年成立了一个考试认证委员会（Committee on Standards and Training），以促进图书馆员培训和建立考试认证标准[1]。从那时起，要成为协会成员必须通过考试并获得考试认证委员会的证书。1944 年，协会第一次正式建立了全国图书馆员资格考核制度（Qualifying Examination）[2]。

1960 年，新南威尔士大学创立了澳大利亚第一所图书情报学院，这标志着图书馆学情报学学科的诞生。接着在 1961 年，皇家墨尔本理工大学也设立了图书馆学系，开设了图书馆专业的学位课程[3]。同年（即 1961 年），澳大利亚图书馆和情报协会颁布了"专业教育条例"，宣布澳大利亚图书情报专业教育成为高等教育的一部分。

在政府、图书馆和情报协会、各大学的支持下，从 1960 年以后，各州开始在大学设置专门的、正规的图书馆学情报学课程。到 1974 年，澳大利亚的各个州都至少有一个大学设有图书馆学情报学方向的专业（表 9-1）[4]。

---

[1] KEANE M V. Chronology of education for librarianship in Australia, 1896–1976 [J]. The Australian library journal, 1982, 31（3）: 16-24.
[2] HALLAM G, CALVERT P. LIS Education [M] // ABDULLAHI I. Global library and information science: a textbook for students and educators. The Hague: IFLA, 2009: 288-303.
[3] 周旭洲. 澳大利亚图书馆专业教育概况 [J]. 高校图书馆工作, 1983（3）: 65-68.
[4] KENNAN M A, CARROLL M, THOMPSON K M. Letting go, holding on, or re-envisioning? Challenges and opportunities for LIS education in australia [M] // PERCELL J, SARIN L C, JAEGER P T, et al. Re-envisioning the MLS: perspectives on the future of library and information science education（advances in librarianship, volume 44A）. Bingley: Emerald Publishing Limited, 2018: 161-176.

表 9-1 澳大利亚图书情报学院及课程（1971 年 5 月统计）

州名	机构	提供的课程/资格/学位	创建年份
ACT	堪培拉继续教育学院（Canberra CAE）	Diploma in Librarianship	1970
NSW	新南威尔士大学（University of New South Wales）	Diploma in Librarianship	1960
		Master in Librarianship	1964
QLD	悉尼科技学院（Sydney Technical College）	Certificate in Librarianship	1965
SA	南澳大利亚理工学院（South Australia Institute of Technology）	Diploma in Technology in Library Studies	1971
VIC	墨尔本师范学院（Melbourne Teachers College）	Trained Teacher-Librarians Certificate	1955
	中等师范学院（Secondary Teachers College）	Higher Diploma of Teaching（Teacher Librarian Secondary）	1965
	皇家墨尔本理工大学（RMIT University）	Associateship Diploma in Librarianship Course A	1970
		Associateship Diploma in Librarianship Course B	1968
	盒山女子技术学校（Box Hill Girls' Technical School）	Library Technician Certificate	1970
WA	尼德兰兹中等师范学院（Secondary Teachers College，Nedlands）	Teachers Certificate/Diploma in School Librarianship	1968
	西澳大利亚理工学院（Western Australian Institute of Technology）	Associateship in Library Studies	1971

在成立之初，澳大利亚的图书馆学与情报学是融合在一起的，并未严格区分，大多命名为"Librarianship""Library and Information Science""Library and Information Studies""Library Studies"或"Information Studies"等。

9.1.2 主要发展阶段

自 1960 年图书馆学情报学学科产生以来，澳大利亚图书馆学情报学学科的发展主要经历以下阶段。

（1）20 世纪 60—70 年代

20 世纪 60—70 年代是澳大利亚图书情报学院数量增长较快的一个阶段，职业教育在这段时间开始兴起。1965年澳大利亚政府建立继续教育学院（College of Advanced Education，CAE）作为高等教育的一个新领域，实行高等教育双元体制，即大学与继续教育学院同时并举。继续教育学院与大学院校的形式与侧重点不一样，大学主要专注于研究及研究生教育，继续教育学院则主要提供职业教育，但是在地位上等同于大学院校[1]。很多新的继续教育学院开始建立，如1965年成立的堪培拉继续教育学院（Canberra CAE）。图书情报教育也开始在继续教育学院设置，如堪培拉继续教育学院在1970年提供图书情报教育，这在一定程度上推动了图书情报学院数量的增长。截至1978年，澳大利亚有19所图书情报学校，其中2所在大学，17所设立在继续教育学院[2]。

尽管图书情报专业教育成为高等教育的一部分，但这并不意味着澳大利亚图书馆和情报协会退出图书情报教育的历史舞台。澳大利亚图书馆和情报协会在1964年建立了与美国图书馆协会相似的图书馆专业教育认可制度，于1968年正式对LIS课程进行认证（Course Recognition），并发布"图书馆学课程设置认可声明"（Minimum Standards with Statement on Recognition of Course in Librarianship），对图书馆学校课程的类型、性质、内容等做出明确的规定，以保证图书馆学教育的高质量[3]。协会通过认可制度审定所有图书馆学校的课程设置和教育大纲，给符合要求的学校颁发认可证书，以加强图情教育的管理和监督。

（2）20世纪80—90年代

20世纪80年代中期，澳大利亚仅有2所大学提供图书情报专业教育，其余图书馆学校提供继续教育或职业技术教育[4]。20世纪80年代后期，澳大利亚的高等教育经历了一次大的变革与重组，澳大利亚的图书情报专业也相应经历了一次重大变革。1989年澳大利亚联邦教育部部长约翰·道金斯（John Dawkins）对高等教育实施全面改革，废除高等教育双元体制，建立全澳统一的高等教育体系，将所有高等教育统一为大学。Dawkins的改革倡议小机构关闭与合并，目的是缩减大学规模，而LIS学院通常规模较

---

[1] PAWLEY C，WILLARD P，WILSON C S. Trends and transformations：the changing face of library and information studies in Australia [J]. Journal of education for library and information science，2001，42（4）：325-338.
[2] WILSON C S，KENNAN M A，BOELL S K，et al. From practice to academia：50 years of LIS education in Australia [M] // SPINK A，SINGH D. Library and information science trends and research：Asia-Oceania. Bingley：Emerald Group Publishing Limited，2012：15-45.
[3] 曾粤亮. 澳大利亚图书馆与情报学专业课程认证制度 [J]. 图书馆论坛，2016（12）：99-108.
[4] ROCHESTER M，VAKKARI P. International library and information science research：a comparison of national trends [J]. IFLA journal，1998，24（3）：166-175.

小，且大部分是高等职业教育，因此，很多图书情报学院开始面临关闭、合并与重组，数量开始减少[①]。

(3) 2000年至今

从20世纪90年代开始，澳大利亚图书情报学院数量呈现下降趋势，这种趋势一直持续至21世纪的前10年。C. S.Wilson等（2010）[②]对1959—2008年（近50年）澳大利亚LIS教育者的分布、受教育程度、职称、工作经历、工作年限及在各州的分布等方面进行调查，显示澳大利亚在1990年有16所LIS学校提供LIS项目，1995年有14所，2000年有11所，2005年有12所，2008年只有10所（主要统计的是大学提供的LIS项目），图书情报学院数量一直呈现下降趋势。至今，澳大利亚大学中提供澳大利亚图书馆和情报协会认证的LIS课程的学院大致保持在9～10所。这一趋势在澳大利亚图书馆和情报协会从2014年起发布的4份年度《澳大利亚图书馆和情报协会图书情报学教育、技能和就业趋势报告》（*ALIA LIS Education, Skills and Employment Trend Report*）中均有体现。下面根据这4份年度报告总结2009年以来澳大利亚国内图书馆和情报领域的发展及前景。

1）提供LIS教育的组织机构及课程现状

根据ALIA的统计，高等教育机构在图书情报专业教育的过程中起重要作用，其提供的课程数量多于继续教育机构。总体来看，2009年以来，澳大利亚开展图书馆学与情报专业教育教学的机构及课程总数呈现下降的态势（图9–1、图9–2）。2009年，在澳大利亚共有31所机构提供52门ALIA认证课程，其中，10所高等教育机构提供31门ALIA认证课程（包括硕士、学士、毕业文凭），另有21所职业技术继续教育学院（Technical and Further Education，TAFE）和私人培训机构（Registered Training Organizations，RTOs）提供21门ALIA认证课程。而在2017年，只有26所机构提供39门ALIA认证课程，其中，10所高等教育机构提供23门ALIA认证课程，另有16所职业技术继续教育学院和私人培训机构提供16门ALIA认证课程。有的机构不再提供专业教育，如查尔斯·达尔文大学（Charles Darwin University）宣布将不再提供图书馆和情报服务的文凭，并在2016年底前结束此门课程的讲授；此外，堪培拉理工学院（Canberra Institute of Technology）的"图书馆和情报服务文凭"和昆士兰科技大学

---

① WILSON C S, KENNAN M A, WILLARD P, et al. Fifty years of LIS education in Australia: academization of LIS educators in higher education institutions [J]. Library and information science research, 2010, 32 (4): 246–257.

② 同①.

（Queensland University of Technology）的"情报科学专业硕士文凭"在2017年均宣布不再招生。悉尼科技大学对学生的入学情况和就业要求进行了分析，并最终决定取消其"情报与媒体学士学位"招生计划，该学士学位也于2018年完成在读学生的教学工作。

这种下降的趋势在2015年到达谷底，之后开始趋于稳定。提供ALIA认证的LIS课程的高等教育机构大致保持在9～10所，职业教育机构的数量大致在15～16所。

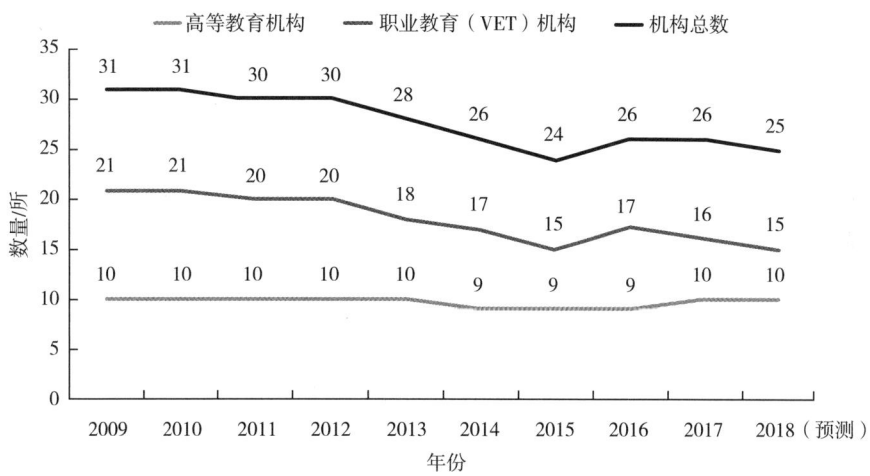

图9-1 近10年澳大利亚图书情报领域提供ALIA认证课程的机构数量（包括高等教育、职业教育机构）

（资料来源：2017年ALIA认证课程记录）

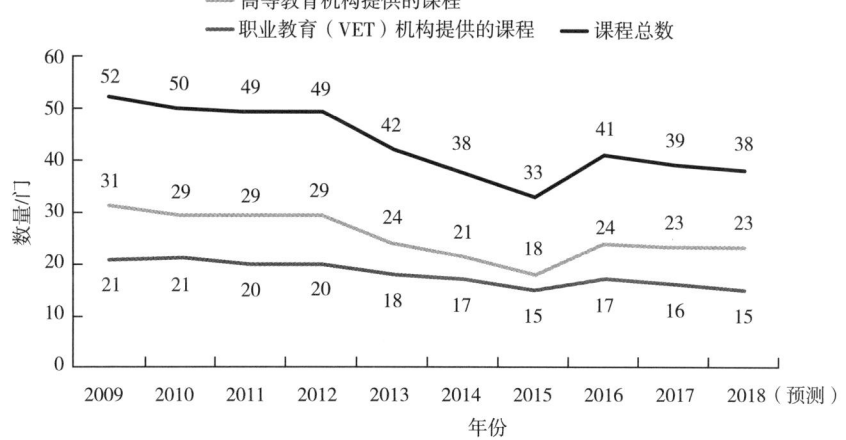

图9-2 近10年澳大利亚图书情报领域提供ALIA认证课程的数量

（资料来源：2017年ALIA认证课程记录）

2)接受 LIS 教育的学生情况

根据高等教育的全日制学习负荷（Equivalent Full Time Student Load，EFTSL）和职业教育与培训的全日制培训当量（Full Year Training Equivalent，FYTE）来进行核算，澳大利亚接受 LIS 教育的学生人数也呈现下降趋势，从 2011 年的 2730 人下降至 2015 年的 2056 人（图 9-3）。不过，自 2011 年以来，澳大利亚接受不同层级 LIS 教育的学生比例一直保持稳定，大约有 45% 的学生参加了高等教育课程，55% 的学生参加了职业教育与培训课程。接受高等教育的学生比例从 2011 年的 44% 变化至 2015 年的 48%，这表明了不考虑接受 LIS 教育学生总人数的变化，接受高等教育且在业余时间进行学习的学生比例仍呈现上升趋势，而接受职业教育与培训的学生数量下降明显。

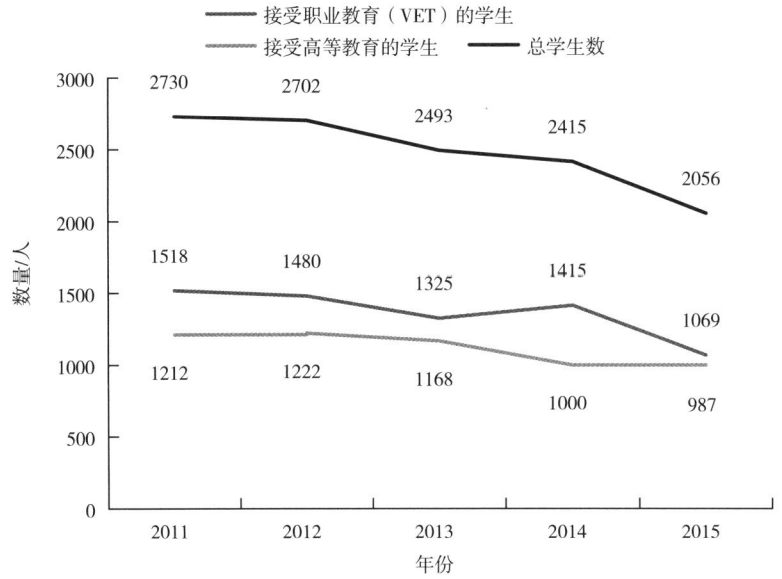

图 9-3 澳大利亚接受 LIS 教育的学生数量（高等教育按照 EFTSL 统计，职业教育按照 FYTE 统计）

（资料来源：Department of Education and Training，National Centre for Vocational Education Research）

3）LIS 就业情况

2017 年澳大利亚就业部门的就业现状报告数据表明，自 2010 年以来，澳大利亚图书馆员的职位数量有所下降（图 9-4）。澳大利亚就业部发布的《澳大利亚就业 2016 年报告》显示，从 2010 年 11 月至 2015 年 11 月的 5 年间，图书馆员职位（Librarian Positions）减少了 43.5%，技术职位（Technician Positions）减少了 16.3%，图书馆助理职位（Assistant Positions）减少了 12.4%。

第 9 章
澳大利亚情报学与情报工作

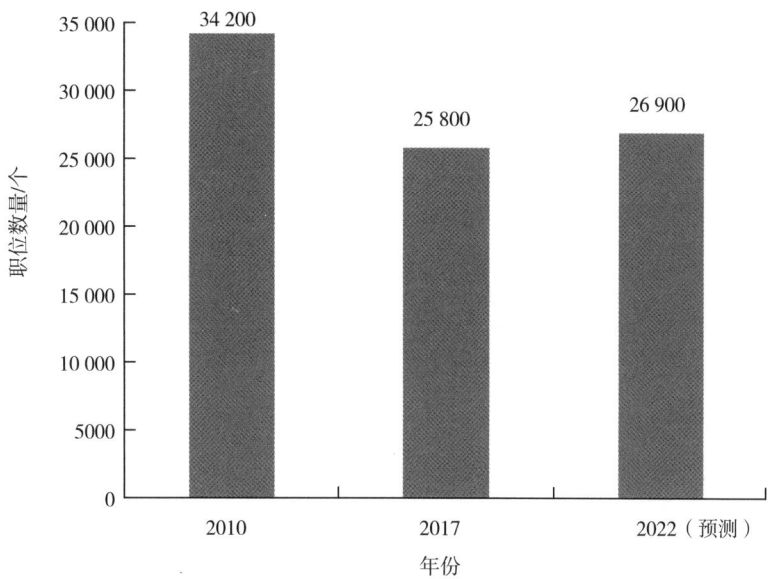

图 9-4　澳大利亚 LIS 的职位数量

9.2　澳大利亚情报学理论

澳大利亚图书情报学科从产生伊始即融合在一起，这使得情报学从一开始即依附图书馆学，未形成独立的理论基础，因此需要从更广泛的 LIS 角度研究澳大利亚情报学的理论范畴。

9.2.1　LIS 理论研究主题的识别

LIS 教育者、学生或实践领域从业者的发文是了解澳大利亚 LIS 理论研究的重要途径。C. S.Wilson（2011）等[①]调查 693 名在 1959—2008 年任职于 LIS 学院的学者于 1967—2008 年在八大数据库[②]中的发文情况。通过分析文章标题中使用的词分析研究主题的变化，显示研究内容从图书馆（Library Science）相关开始走向与信息学或图书情报

[①] WILSON C S, BOELL S K, KENNAN M A, et al. Publications of Australian LIS academics in databases [J]. Australian academic and research libraries, 2011, 42（3）: 211-230.
[②] 这八大数据库为三大专门的 LIS 数据库[即 Library and Information science Abstracts（LISA）、Library Literature and Information Science（LLIS）、Library Information Science and Technology Abstracts（LISTA）]、三个补充数据库（即 SCI、SSCI 及 AHCI）和两个澳大利亚专门的数据库[即 Australian Library and Information Science Abstracts（ALISA）及 Australian Education Index（AEI+）]。

学（Information Science，Library and Information Science）相关。P. Macauley 等（2010）[①]调查了 1948—2006 年来自澳大利亚博士论文数据库（Database of Australian Doctorates，DAD）中 LIS 相关主题的 114 篇博士学位论文。其中 66 篇来自图书情报领域（Library and Information Studies）的文章中，22 篇（19%）是关于"图书馆学"，17 篇（15%）是关于"信息检索与网络搜索"，11 篇（10%）是关于"信息与知识资源组织"，9 篇（8%）是关于"人类信息行为"，4 篇（3.5%）是关于"记录与信息管理"，3 篇（2.6%）是关于"信息学 / 情报学"（Informatics）。M. Rochester（1995）[②] 统计了 1985—1994 年这 10 年发表在 The Australian Library Journal 及 Australian Academic and Research Libraries 两个期刊上的研究型文献和非研究型文献共 516 篇。通过对其中 126 篇研究型文献的研究主题进行分析发现，有 40% 的学者关注"信息服务活动"，然后是"信息搜索"（20%）及"图书馆史"（14.2%）。对"信息服务活动"的关注体现了对应用研究的重视及致力于改善实际工作的努力。

另外，我们还研究了澳大利亚图书馆和情报协会发布的两项关于 LIS 研究的最新调查，以识别目前澳大利亚 LIS 理论研究的主题及方向。澳大利亚图书馆和情报协会研究咨询委员会（Research Advisory Committee，RAC）在 2014 年开展了一项对 LIS 研究的环境扫描[③]。该报告调查了 2005—2013 年澳大利亚 LIS 的研究情况，以环境扫描形式，识别正在研究的主题、研究类型、研究行为与传播、研究资助等。报告调查了为获得高学历而撰写的 115 篇学位论文，发现研究主题主要涉及"信息行为"（28%）、"信息素养"（14%）及"管理"（13%）。报告还调查了 19 种期刊上的 1604 篇文献（包括澳大利亚研究卓越框架所列出的 15 种 LIS 期刊及 4 种不在研究卓越框架列表上但以 LIS 为主要内容的期刊）。调查发现 LIS 学术界的学者主要关注"信息行为"（15%）、"计量学"（12%）及"信息检索"（约 12%）。实践领域的工作者主要关注"管理"（23%）、"角色"（19%）、"信息资源"（14%）及"信息服务"（约 13%）。报告还分析了 2005 年以来国家机构对 LIS

---

① MACAULEY P，EVANS T，PEARSON M. Australian PhDs by LIS educators，researchers and practitioners：depicting diversity and demise［J］. Library and information science research，2010，32（4）：258–264.

② ROCHESTER M. Library and information science research in Australia 1985–1994：a content analysis of research articles in the australian library journal and australian academic and research libraries［J］. Australian academic and research libraries，1995，26（3）：163–170.

③ MIDDLETON M，YATES C. ALIA LIS research environmental scan report［R/OL］.［2018-06-25］. https：//www.alia.org.au/sites/default/files/ALIA-LIS-Research-Environmental-Scan.pdf.

研究的资助情况。所调查的 72 个资助项目的主要研究方向涉及"管理"与"信息素养"。此外，由 ALIA 与查尔斯特大学在 2016 年合作开展的"Relevance 2020：LIS Research in Australia"项目[①]是对 LIS 研究的又一较为全面系统的调查。报告参照 Middleton 和 Yates (2014) 的分类确定了 16 个类下的 96 个重点研究的主题，提供了 Relevance 2020 参与者对每个主题所提及的次数（表 9-2），还显示了每个主题下澳大利亚 LIS 研究文献的数量，并区分了学术界发文（A）与实践从业者发文（P）。学术界人员主要指 ALIS 所认证的 LIS 院校。其中，"角色"与"管理"是澳大利亚学术界关注最多的主题，而"信息服务""宣传""信息资源"等实践从业者最关注的却不是学术界所关注的重点。这个结论与 2014 年的调查基本吻合。

表 9-2 LIS 主要研究主题分类

主题	本国 LIS 学术界作为主要作者的发文数量（A）	本国 LIS 实践从业者作为主要作者的发文数量（P）	Relevance 2020 小组所提及的次数
角色	32	221	16
管理	35	256	15
信息服务	10	156	14
宣传与推广	3	33	10
信息素养	38	74	9
信息行为	29	49	7
培训	2	28	5
教育	37	15	3
历史	12	40	3
信息组织	8	34	3
管护	12	28	2
信息资源	17	162	2
信息理论	11	6	2
法律法规	4	35	2
信息检索	11	16	1

---

① NAUYEN L. Relevance 2020：LIS research in australia [R/OL]. [2018-06-25]. https：//read.alia.org.au/sites/default/files/documents/alia-relevance-2020-lis-research-in-australia-online.pdf.

续表

主题	本国 LIS 学术界作为主要作者的发文数量（A）	本国 LIS 实践从业者作为主要作者的发文数量（P）	Relevance 2020 小组所提及的次数
其他	8	46	2
合计	269	1199	96

9.2.2 主要理论

通过对 LIS 教育者、学生或实践领域从业者的发文及 ALIA 对 LIS 研究的相关报告分析发现，信息素养、信息检索/情报检索、信息行为、信息服务、信息系统等是澳大利亚 LIS 理论研究的主要方向。为此，重点查阅这几个方向的文献，对这些领域的主要代表人物及主要研究成果进行分析。

（1）信息素养

澳大利亚被认为是最重视信息素养教育的国家之一，其在信息素养教育理论、技术平台建设和实践模式等方面积累了丰富的经验。谢萍[①]分析了 1993—2013 年 SCI、SSCI 及 CPCI-S 收录的主题为信息素养的文献，了解到澳大利亚仅次于美国，在信息素养领域发文量排名第二。信息素养在 20 世纪 90 年代以后逐渐成为热点研究主题，澳大利亚也基本在这个阶段开始研究信息素养。在澳大利亚，研究信息素养的权威人物主要是 Christine Bruce 和 Annemaree Lloyd。

Christine Bruce 原来是昆士兰科技大学信息系统学院的教授，后在詹姆斯库克大学工作。她从 1989 年开始涉足信息素养的研究与实践，其著名的理论是"信息素养 7 个面"，并以此为基础在 1997 年出版专著《信息素养 7 个面》(Seven Faces of Information Literacy)[②]。该专著获得 1999 年 ALA CARL 教学出版年度奖。在书中，她利用现象学研究方法来分析信息素养的内涵，指出信息素养像教学这类现象一样，没有自己的生命，而是对学科相关问题进行思考与推理的一种方式，并提出信息素养作为一种现象涵盖 7 个方面：①信息技术；②信息来源；③信息化过程；④信息控制；⑤知识建构；⑥知识扩展；⑦智慧。这 7 个方面的具体解释可参考谢萍的《国外信息素养领域知识图谱分析》，在此不再赘述。这 7 个不同方面对信息素养概念的解

---

① 谢萍. 国外信息素养领域知识图谱分析 [J]. 科技管理研究，2014（15）：244-250.
② BRUCE C. Seven faces of information literacy [M]. Adelaide: Auslib Press, 1997.

析，全面解释了信息素养的本质，将信息素养这一概念上升到了更高、更广的层面，在信息素养发展里程碑上奠定了坚实的理论基础。Christine Bruce 在 2006 年还提出了一个经典的理论模型，即信息素养教育理论与实践之间关系的"六框架模型"，主要包括内容框架、能力框架、学会学习框架、个体相关框架、社会影响框架、关系框架[①]。每个框架对信息、信息素养、课程重点、学习内容及学生评价都有独特视角，为高校开展信息素养教育提供了具体路径。关于该模型的具体解释可参考侯露露等的《国外信息素养教育模型比较》[②]。

Annemaree Lloyd 原来在查尔斯特大学图书情报学院，后在瑞典布洛斯大学图书情报学院。她偏向于研究具体实践领域内的信息素养。基于 Schatzki 的场所本体论（Site Ontology）及实践理论（Practice Theory），她将信息素养作为一种社会文化信息实践，认为信息素养是存在于其他社会实践过程中的一种实践，因而不应孤立地研究信息素养，而应将信息素养放在特定场所或社会文化渊源中去考虑，并提出了信息素养实践的构建框架：Influence Work、Information Work、Information Sharing、Information Coupling。这也体现了构建主义理论思路，描述学习被嵌入到社会活动中及发生在一个学习者与其他人物、物体和事件进行互动的合作环境中。应用于信息素养的教育，即期望在信息素养教学阶段注重合作与协商，注重教学内容的语境化及信息的相互作用。她对工作场景中的信息素养研究颇有建树，从 2004 年起涉足该领域。鉴于目前信息素养的定义中并未体现在工作场所中具备信息素养的行为特征，Annemaree Lloyd 提出了工作场所中信息素养的定义，这个新定义认为具备信息素养的人具备如下特征：对信息环境拥有深度敏锐意识，能够与信息环境关联交互，并在信息环境中沟通流畅，并积极参与由社会、流程及物理信息组成的信息世界，丰富自身，不断成长。信息素养就是一种了解信息世界的方式。这个扩展的信息素养定义认为，信息是了解工作、工作行为及工作文化，并建立专业认同与需求的一种重要资源[③]。Annemaree Lloyd 目前的一个研究项目是探索过渡阶段的工作场所信息素养，主要研究从教育走向工作这个过渡阶段信息素

---

① BRUCE C，EDWARDS S，LUPTON M. Six frames for information literacy education：a conceptual framework for interpreting the relationships between theory and practice［J］. Innovation in teaching and learning in information and computer sciences，2006，5（1）：1-18.

② 侯露露，张帆，杨小敏，等. 国外信息素养教育模型比较［J］. 中华医学图书情报杂志，2012，21（2）：50-54.

③ LLOYD A. Working（in）formation：conceptualising information literacy in the workplace［C］// Proceedings of 3rd international lifelong learning conference. Rockhampton：Queensland University Press，2004：218-224.

养的作用及信息工作的本质。

（2）信息检索／情报检索

澳大利亚研究信息检索的权威当属皇家墨尔本理工大学的"信息存储、分析与检索"（Information Storage，Analysis and Retrieval，ISAR）团队[①]。团队隶属皇家墨尔本理工大学科学学院，根据 Microsoft Academic Search 对论文发表数量、引用次数等指标综合评定，2015 年该团队在澳洲排名第一，在亚太排名第二，在国际上排名第十二。团队长期活跃在信息检索顶级会议 ACM SIGIR、ACM CIKM 及顶级期刊 *ACM Transactions on Information System*（*TOIS*）。团队自 2013 年以来共发表 200 篇文献，研究领域涵盖信息检索模式、信息检索系统的评价、用户分析与查询日志分析、交互式信息检索、信息检索算法（包括搜索算法的有效性和可量测性）、高维度数据的有效索引、图片／视频／音乐检索、机器学习在信息检索中的应用等方面。自 2011 年起，团队聘请信息检索全球领军人物麻省理工学院信息和计算机科学学院的 Bruce Croft 教授为 RMIT 特聘杰出研究员。目前团队以 Mark Sanderson 为领导，另有 8 名成员组成。Sanderson 在信息检索会议 ACM SIGIR 上发表了大量论文。按照 ACM 数字图书馆的统计，Sanderson 位列进入该会议发表论文数量排行榜的前十名。

目前团队在研项目有 13 个，主要涉及如下领域：口语会话研究；工作及人才搜索；交通智能路线规划的数据分析；数据分析；适应性人才搜索；地理相关的多维城市数据可视化分析；社交媒体中轨迹的高效存储、搜索和可视化；不断发展的异构数据的搜索；流社交媒体数据的个性化搜索；搜索系统评估的幅度估计；用户自适应搜索和复杂信息搜寻任务的评估。

（3）信息行为

信息行为是由个体需求和知识差异所引发的与信息资源、信息渠道、信息使用、信息交流等相关的信息行为。信息行为研究是一个非常广泛的跨学科领域，很多对信息行为模型的研究借鉴来自哲学、社会科学、认知科学、传播交流、语言学等方面的理论。在澳大利亚，对信息行为的研究主题主要集中于对特定用户群体或特定领域的信息行为研究，如涉及青少年、老年人、职场人士、日常生活及健康信息等领域，对信息行为理论方面的研究较少，且还未形成显著的核心作者群，研究主题较为分散，难以聚焦研究方向。目前，查尔斯特大学图书情报学院设有"人类信息行为"研究方向，形成了以 Waseem Afzal 为主的六人团队，主要研究信息行为、信息使用、信息搜寻、信息素养、

---

① Information storage，analysis and retrieval group［EB/OL］.［2018-07-18］.http：//www.rmit-ir.org/.

具体领域的信息行为、信息决策、网络使用性等主题[①]。此外，南澳大学信息技术与数学学院也有一个团队关注用户信息行为，主要研究：①网络搜索、交互式信息检索，即从用户角度关注搜索过程中人和人之间的具体交互；②在用户、信息和技术框架之下开展用户信息旅程研究，即研究信息搜寻、接收、判断和分享的整个过程；③研究互联网技术的社会影响，关注网络对弱势群体的影响[②]。

（4）信息服务

信息服务研究也是一个内容覆盖非常广泛的主题。澳大利亚对信息服务的研究主体主要来自实践领域的从业者，除了对传统的采访、编目、参考咨询等服务进行研究外，随着政府及大学对科研及研究数据管理的重视，澳大利亚 LIS 积极拓展信息服务领域，研究支持服务、研究数据管理、计量分析服务等成为关注重点。查尔斯特大学图书情报学院的 Mary Anne Kennan 是研究支持服务与研究数据管理方向的主要研究者。她在 2013 年对澳大利亚、新西兰、英国等国家 140 所大学图书馆科研支持服务现状进行了全面调研[③]，为我们了解澳大利亚高校图书馆开展科研支持服务提供了重要数据。此外，她还研究数据管理行为[④]、数据共享、大数据对文化遗产行业的机遇与挑战[⑤]等。不少实践从业者主要分析所在图书馆的计量分析服务，如 J. Lyons 等[⑥]分析澳大利亚伍伦贡大学图书馆在 2011 年提供的研究影响力分析服务（Research Impact Analysis Service，RIAS），通过提供基于引文分析的详细战略报告帮助研究人员、研究中心及大学提高研究影响力。R. Drummon 等[⑦]介绍澳大利亚新南威尔士大学图书馆开展的科研影响力评估服务。

---

① Charles Sturt University.Research at the school of information studies［EB/OL］.［2018-07-19］.http://arts-ed.csu.edu.au/schools/sis/research.

② 朱庆华，吴丹，杜佳，等.用户信息行为研究的新环境、新方法、新方向：2017 南京大学用户信息行为研究海内外青年学者论坛圆桌会议纪要［J］.图书情报知识，2018（2）：122-129.

③ CORRALL S，KENNAN M A，AFZAL W. Bibliometrics and research data management services：emerging trends in library support for research［J］. Library trends，2013，61（3）：636-674.

④ KENNAN M A，MARKAUSKAITE L. Research data management practices：a snapshot in time［J］. International journal of digital curation，2015，10（2）：69–95.

⑤ PYMM B，CARROLL M，MCCAUSLAND S，et al. Big data：opportunities and barriers across cultural heritage sectors［M］// ARMS J W. Annual review of cultural heritage informatics. Lanham MD：Rowman & Littlefield，2016：119-128.

⑥ LYONS J，PERRIN C. Making an impact：an innovative solution to strengthen strategic publishing decisions［C］// ALIA. ALIA national 2016 conference：engage，create，lead，2016：1-21.

⑦ DRUMMOND R，WARTHO R. The research impact measurement service at the University of New South Wales［J］. Australian academic and research libraries，2009，40（2）：76-87.

(5) 信息系统

信息系统（Information System，IS）是一门与管理学、经济学、计算机科学与技术密切交叉的学科。在澳大利亚，信息系统通常与商业和信息技术交叉，形成商业信息系统（Business Information System）。该专业的目的是培养通晓商科和信息技术的毕业生，使学生有解决高级问题、信息分析和项目管理的能力。由于该专业涉及许多的商科内容，故而有的大学将该专业开设在商学院下面，如新南威尔士大学，而有的大学如莫纳什大学则将该专业归在信息技术学院中。

新南威尔士大学在1974年成立了澳大利亚第一个信息系统学科，至今已有40多年的历史，是澳大利亚留学最受欢迎的一个学科[①]。现在，澳大利亚信息系统学科创建了专门期刊 Australasian Journal of Information Systems（创建于1993年），成立了专门的协会组织，包括澳大利亚信息系统教授和主任理事会（Australian Council of Professors and Heads of Information Systems，ACPHIS）和澳大利亚信息系统协会（Australasian Association for Information Systems，AAIS）。ACPHIS成立于1997年，为澳大利亚大学信息系统学科发展提供交流与讨论平台，促进信息系统部门间的合作[②]。AAIS隶属国际信息系统协会（Association for Information Systems，AIS），主要服务于澳大利亚及新西兰，与ACPHIS性质类似，促进澳大利亚与新西兰信息系统领域从业者的交流。此外，澳大利亚还举办专门的信息系统会议，从1990年开始每年12月初召开信息系统研讨会（Australasian Conference on Information Systems，ACIS）。

对信息系统的理论研究群体主要来自信息系统教育机构，包括昆士兰科技大学、莫纳什大学、新南威尔士大学、墨尔本大学、悉尼大学、悉尼科技大学等。G. Pervan 和 G.Shanks[③] 在2005年代表ACPHIS对澳大利亚信息系统学科的系主任开展了一项了解信息系统学科的人员、学院结构、研究方向、研究方法等的问卷调查。通过24个调查者的反馈了解到，信息系统领域最受关注的研究主题主要集中在IS管理与战略、IS及IT对组织的影响、IS应用与传播、电子商务及知识管理。此外，反馈者最感兴趣的主题包括IS发展与商业模式、移动商务、IS理论构建等。其他技术问题如计算机与网络应用

---

① CLARKE R. Key aspects of the history of the information systems discipline in Australia [J]. Australasian journal of information systems, 2016, 14 (1): 123-140.

② Australian Council of Professors and Heads of Information Systems(ACPHIS)[EB/OL].[2018-07-25]. http://www.acphis.org.au/v2wp/.

③ PERVAN G, SHANKS G. The 2005 survey of information systems research in Australia [J]. Australasian journal of information systems, 2016, 14 (1): 273-279.

等则较少关注。研究人员多从其所在的组织及人展开分析，较少从国家或全球层面开展研究。

为了解2005年之后IS的研究方向与重点，我们以2008—2018年Australasian Conference on Information Systems会议主题为线索探寻信息系统领域关注的主题[①]。2018年会议关注组织柔韧性与可持续性，包括危机评估、降低网络威胁、大数据的角色、灾难管理及环境建模等；2017年会议主题为"数据、知识与决策"，主要讨论大数据分析与决策，探讨数据、知识的性质；2016年会议探讨站在时代转折期的信息系统的发展；2015年会议主题为"大数据时代的信息系统"；2014年会议主题为"信息系统的整合：将信息系统嵌入商业、政府与社会"；2013年会议探讨信息系统的转型发展；2012年会议探讨信息系统学科的定位问题；2011年会议关注信息系统学科的身份；2010年会议探讨信息系统的定义及如何建立高影响力学科；2009年会议关注信息系统学科的边界与拓展、如何定义信息系统学科；2008年会议探讨信息系统理论与实践的结合。从10多年的会议关注主题可看出，学术界前期仍主要关注信息系统学科本身的问题，包括定义、定位及身份等，这也是每个学科发展过程中必须探讨的，之后逐渐开始考虑信息系统学科的转型发展，以及与其他学科的关联。最近几年则主要探讨大数据、社交媒体等对信息系统的影响。

9.3 澳大利亚情报工作发展

澳大利亚开展具体情报工作的机构来自各行各业，各个组织机构关注的情报领域不尽相同，涉及图书情报、科技情报、竞争情报、国家安全及军事情报、战略情报、医学情报等各个方面。目前，各个领域的情报工作仍局限于各自领域，缺乏联系与融合，各个情报领域的相互融合与相互支持有待促进。

9.3.1 组织机构与业务范畴

澳大利亚开展情报工作的组织机构包括图书馆、商业性公司与企业、国家安全情报机构、智库及国家部委、大学、研究机构、政府等，涉及研究数据管理服务、竞争情报、国家安全情报、科技情报、医学情报等领域。其中，图书馆主要关注研究数据管理

---

① Australasian conference on information systems［EB/OL］.［2018-07-26］. http：//www.aaisnet.org/wpv2/index.html%3Fp=50.html.

服务及医学情报，商业性公司与企业主要开展竞争情报工作，由十大安全情报机构组成的情报体系主要负责国家安全及军事情报，智库及国家部委主要承担国家科技、安全政策与战略的咨询与服务。

（1）研究数据管理服务

随着数据密集型研究的发展，研究数据成为情报学关注的重点对象，开展研究数据管理服务自2010年以来成为图书情报领域的关注热点，各国高校图书馆纷纷开展研究数据管理服务。澳大利亚的研究数据管理走在全球前列，很早即颁布政策进行引导和支持。澳大利亚主要的科研资助机构——研究理事会（Australian Research Council，ARC）与国家卫生和医学研究理事会（National Health and Medical Research Council，NHMRC）纷纷通过制定资助协议来推动澳大利亚高校的科研数据管理工作。2007年，ARC、NHMRC及澳大利亚大学联盟三者联合颁布了 *Australian Code for the Responsible Conduct of Research*，其中包括如何管理研究数据和资料、如何发布和传播研究成果等。此外，澳大利亚还构建了国家级的研究数据存储库和研究数据共享平台，如Research Data Australia（RDA）、Australian National Data Service（ANDS）、Research Data Storage Infrastructure（RDSI）等。在政策与基础设施的激励下，澳大利亚开展数据管理服务的机构数不断增长[1]。王婉[2]在2014年通过网络调研澳大利亚42所大学网站，其中34所大学开展科研数据管理服务，并多以"Data Management"命名，50%大学的科研数据管理服务由图书馆负责，开展的服务主要有制定研究数据管理指南、介绍宣传服务、参考咨询服务、教育与培训服务、存储服务、获取与共享服务等。截至2016年4月，这42所大学中，已有超过60%的大学（25所）制定了科研数据管理的上位政策（仅将科研数据管理列为其内容之一，包括科研行为准则和记录管理政策两类），23所大学制定了专门性的科研数据管理政策，对大学科研数据管理的各个环节做出了全面、详细的规定，并明确了科研活动参与主体的权责关系[3]。

除图书馆等实践领域开展数据管理服务外，作为人才培养的图书情报学院也开始开设数据管理相关课程，为实践领域提供数据管理人才，如查尔斯特大学图书情报学院提供数据管理（Data Management）硕士方向，教授数据组织，数据的类型、数据生命周期

---

[1] 完颜邓邓，高峰.澳大利亚高校图书馆研究数据管理服务的调查分析[J].图书与情报，2015（3）：71-75.

[2] 王婉.澳大利亚高校图书馆参与科研数据管理服务研究[J].图书馆论坛，2014（3）：130-136.

[3] 周晓燕，宰冰欣.澳大利亚高校科研数据管理政策制定研究[J].图书馆建设，2017（2）：63-70.

模型，数据库、存储库及构建，数据中的各角色（数据科学家、数据管理者、数据监护者、信息构建师），数据与信息治理，数据标准，法律与法规环境，数据伦理，数据收集、使用、出版、许可及引用，以及数据管理的趋势与实践等知识。

(2) 竞争情报

国际竞争情报兴起于 20 世纪 80 年代冷战结束后，各国将竞争焦点由政治、军事领域转向经济、科技等领域，从而促进了竞争情报的兴起和发展。1986 年，美国竞争情报从业者协会（SCIP）的成立标志着竞争情报研究和实践活动走上了一条有组织的健康发展道路，随后欧洲、亚洲、大洋洲等地区的一些国家也相继成立了类似的组织[①]。澳大利亚的竞争情报事业基本在这之后开始发展起来。Babette Bensoussan、Chris Hall、Vernon prior、Bob Cain 等人从 1991 年开始倡导并最终在 1993 年 2 月成立澳大利亚竞争情报从业者协会（SCIP Australia）。自成立以来，协会加强了澳大利亚竞争情报人员与世界各国竞争情报界的交流与合作，增强了社会各界对竞争情报的认同和理解，同时也为澳洲从事竞争情报研究和实践活动的专业人士提供会议和学术研讨的平台。

到目前为止，澳大利亚开展竞争情报相关咨询的商业性公司不多。MindShifts 是澳大利亚竞争情报与战略情报咨询的专业公司。该公司成立于 1992 年，是澳大利亚成立最早的竞争情报公司[②]。该公司涉及航空航天、建筑、计算机/信息技术、国防、能源、银行、医药、矿业、通信、汽车等领域，为其客户提供以下综合服务：①提供咨询服务以降低决策风险；②开设竞争情报进修班、培训班，提供企业内训服务；③举办各种研讨会；④开展竞争情报专题分析，提供情报报告[③]。经过 20 多年的发展，MindShifts 为 300 多家澳大利亚及世界 500 强企业提供服务。

澳大利亚还积极发展竞争情报教育。一些商业学院开设竞争情报相关课程，如麦考瑞大学（Macquarie University）和悉尼科技大学开设了竞争情报的学位，并将其定位在工商管理学科范畴内，作为培养 MBA 和 CIO 人才的重要内容之一。另外，还有一些大学将竞争情报的内容列入工商管理、信息系统设计与建设等课程中。竞争情报教育已成为培育竞争情报人才、扩大竞争情报影响、推动竞争情报发展的重要手段。

---

① 彭靖里，高俊，魏宁．论澳大利亚的竞争情报发展现状及其政策环境［J］．情报杂志，2005（10）：118-119.
② MindShifts［EB/OL］．［2018-07-23］．https：//mindshifts.com.au/.
③ 戴侣红．澳大利亚竞争情报一瞥［J］．竞争情报，2006（1）：43-45.

澳大利亚竞争情报研究以 Babette Bensoussan 和 Chris Hall 为主要代表。Babette Bensoussan 是澳大利亚竞争情报从业者协会的主要创始人之一，也是 MindShifts 公司的创建者。近20年来，她承担了《财富》500强公司和澳大利亚公司的许多战略经营、市场营销计划、竞争情报及战略分析方面的研究和咨询工作。她曾是 SCIP Australia 的副主席，1996年获得 SCIP 第一届国际成员奖，2006年获得美国竞争情报领域的最高荣誉奖——SCIP 卓越奖，是澳大利亚首个，也是国际上首个获此殊荣的女性。Babette Bensoussan 不仅拥有丰富的企业咨询，而且具有丰富的教学经验，曾在麦考瑞大学管理学研究生院（Macquarie University Graduate School of Management）、西悉尼大学悉尼管理学研究生院（Sydney Graduate School of Management）、邦德大学等教授大学生商业及 MBA 课程，后在悉尼科技大学。其所著的《战略与竞争分析——商业竞争分析的方法与技巧》（中文版）已由清华大学出版社出版。Chris Hall 是麦考瑞大学商学院的教授，是澳大利亚管理学会和竞争情报与知识管理专业团体的主席，长期从事竞争情报研究。

总之，在澳大利亚，竞争情报现已遍布各行各业，包括电信、银行、金融、保险及能源企业。竞争情报通常用于保护企业免受各种市场危机与变革，同时识别企业的战略机遇与发展趋势，进而促进企业利润的增长与可持续发展。

（3）国家安全及军事情报

澳大利亚国家安全最高决策机构是内阁国家安全委员会（National Security Committee of Cabinet，NSC），负责澳大利亚战略发展和国家安全利益相关的长远问题，并监管联邦情报部门和安全部门。它包括与国家安全相关的主要部门，如国防部、本土事务部（Home Affairs Department）、外交与贸易部、司法部、总理内阁部、财政部等。每个部门负责一定范围的国家安全保障事务[①]。

目前，澳大利亚拥有六大情报机构，组成了澳大利亚情报体系（Australian Intelligence Community，AIC）。

1）澳大利亚安全情报组织（Australian Security Intelligence Organisation，ASIO）

它成立于1949年，为澳大利亚国家安全服务组织，负责保护澳大利亚国家安全，防止破坏社会稳定、外来干涉、有政治动机暴力和恐怖主义等行为。澳大利亚安全情报组织与英国安全局（军情五处）和美国联邦调查局相媲美。它拥有逮捕和拘留的权力。其总部位于堪培拉，在各州拥有办事处。

---

① How the Australian intelligence community works [EB/OL]. [2018-07-24]. https://theconversation.com/explainer-how-the-australian-intelligence-community-works-94422.

2）澳大利亚秘密情报局（Australian Secret Intelligence Service，ASIS）

它成立于1952年，隶属澳大利亚外交与贸易部，是澳大利亚政府的人力搜集情报机构，负责搜集国际情报，承担反情报任务，与海外其他情报部门合作。在澳大利亚所有的情报机构中，秘密情报局是保密程度最高的情报机构。该机构主要负责向海外派遣间谍收集"人力情报"。直到1977年，澳大利亚政府才正式对外承认该机构的存在。2001年，秘密情报局取得相应的法律地位。随着形势的发展，秘密情报局又被赋予新的任务，它不仅要收集情报，还要参与反走私及反恐活动。

3）澳大利亚地理空间情报局（Australian Geospatial-Intelligence Organisation，AGO）

它是在合并澳大利亚影像组织（Australian Imagery Organization）、战略军事地理信息理事会（Directorate of Strategic Military Geographic Information）及澳大利亚国防地形局（Defense Topographic Agency）等基础上成立的。

4）澳大利亚信号理事会（Australian Signals Directorate，ASD）

它成立于1947年，前身为澳大利亚防御信号理事会（Defence Signals Directorate），是一家负责信号情报和信息安全的机构，总部位于澳大利亚首都领地堪培拉。它向澳大利亚政府和国防军提供信息安全产品和服务。

5）澳大利亚国防情报组织（Defence Intelligence Organisation，DIO）

它成立于1990年，隶属国防部，是澳大利亚提供国家安全级别的军事情报及情报评估机构，支持国防军队、国防部、澳大利亚政府、国家安全等的决策，辅助澳大利亚国防军队各项行动的规划与执行。

6）澳大利亚国家评估办公室（Office of National Assessments，ONA）

它成立于1977年，作为一个独立机构直接对总理负责，级别相当于美国中央情报局。其提供关于国际政治、战略与经济发展等方面的综合评估，同时也为澳大利亚内阁国家安全委员会的部长及政府部门的高级官员提供咨询与评估。

这六大情报机构的组织体系如图9-5所示。安全情报组织隶属司法部，秘密情报局隶属外交与贸易部，地理空间情报局、信号理事会、国防情报组织隶属国防部，国家评估办公室则为一个独立机构，直接由总理管理。六大情报机构组成澳大利亚的情报体系，相互合作共同促进澳大利亚的情报安全发展。

与这个情报体系相匹配的是，澳大利亚还形成了一个情报管理机制，即情报安全总检察长（Inspector-General of Intelligence and Security，IGIS）作为一个独立的机构，监督与评估六大情报机构的行为。议会情报与安全委员会（Parliamentary Joint Committee on Intelligence and Security，PJCIS）提供一定程度的议会监督，补充 IGIS 的工作。它对参议院、众议院或联邦政府部长提交的事项进行调查。这种职能分工的确定是由 2001 年颁布的情报服务法案（Intelligence Services Act 2001）规定的，法案指出 AIC 成员主要负责执行，而安全总检察长负责监督，此外还专门成立了独立的国家安全立法监督机构（Independent National Security Legislation Monitor，INSLM）。

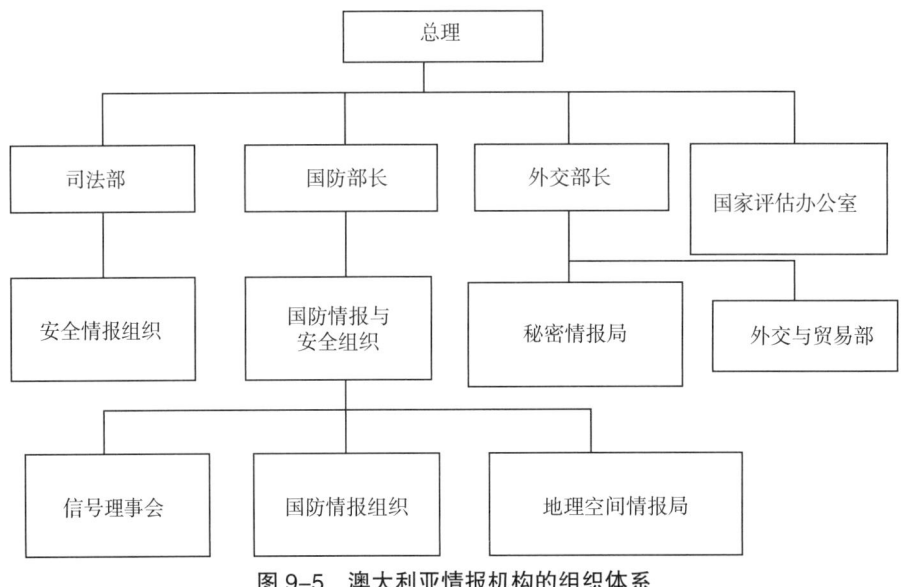

图 9-5 澳大利亚情报机构的组织体系

2017 年澳大利亚的情报体系有了新的变化。在 2017 年的情报评估（2017 Independent Intelligence Review）中，ONA 成为国家情报办公室（Office of National Intelligence，ONI），负责管理扩展的国家情报体系（National Intelligence Community，NIC）。扩展的国家情报体系包括原有的六大情报机构及以下 4 个新增加的机构，另外 ASD 与 ASIO、ASIS 一样作为一个独立法定机构，尽管它仍隶属国防部，但与国防部下属的其他部门相比，ASD 是单独管理。

4 个新增加的机构自 2001 年以来在国家安全角色中扮演越来越重要的角色。

• 澳大利亚联邦警察局（Australian Federal Police，AFP）：负责犯罪情报与反恐怖主义。

• 澳大利亚交易报告与分析中心（Australian Transaction Reports and Analysis Centre，AUSTRAC）：为澳大利亚的专业金融情报部门。

- 澳大利亚犯罪情报委员会（Australian Criminal Intelligence Commission，ACIC）：负责与法律实施部门合作调查与研究，促进情报传递服务。
- 澳大利亚边防部（Australian Border Force，ABF）：负责澳大利亚海关服务。

4个新增机构与已有6个AIC机构及州警察署及安全部门合作，共同促进国家安全。2017年的情报评估还推动了新的本土事务部的成立。这4个新增机构隶属新的本土事务部。INSLM及PJCIS将根据2017年情报评估所确定的职责继续发挥其监督作用，监督从6个情报机构扩展至10个情报机构的情报体系。

除建立本国的情报体系外，澳大利亚还与美国、英国、新西兰、加拿大合作组成"五眼"（Five Eyes）联盟。5个国家根据协定进行情报共享，以及情报收集和分析的合作。

此外，除了注重机密文件和情报收集外，澳大利亚还非常注重开源情报工作，其在西方国家中较早建立了专业性开源情报机构。早在2001年，澳大利亚就建立了国家开源情报中心（National Open Source Intelligence Centre，NOSIC），为联邦政府、各州政府部门及商业机构提供社会安全、跨国犯罪、恐怖主义、激进主义等领域的开源情报监测、研究和分析支持。同时，一些国家安全部门如国家评估办公室（Office of National Assessments，ONA）建立了开源情报中心，主要负责基于公开信息（如报纸、杂志、网络新闻、广播、电视等）的分析，并为澳大利亚和其盟国的相关政府机构提供分析评估报告，辅助政府制定国际政治、国家战略及经济发展等方面的战略决策，确保政府得到国内外威胁的全面预警[①]。

(4) 政策与战略咨询服务

在澳大利亚，对于国家科技、安全政策与战略的咨询与服务主要由国家部委及智库承担，传统图书情报机构涉足政策与战略研究的较少。

澳大利亚开展科技政策决策及其咨询工作的机构主要有1989年5月成立的总理科学与工程理事会、1978年成立的科学技术与工程理事会、总理首席科学技术顾问办公室及全国科学技术协调委员会。澳大利亚的科技政策通常是由总理科学与工程理事会、科学技术与工程理事会和总理首席科学技术顾问办公室联合制定。全国科学技术协调委员会负责协调各部委科技发展战略的拟定与经费安排，以确保科技政策的顺利实施。澳大利亚的产业、技术与商务部，科学、研究与艺术部，基础产业与能源部，以及科学技术研究委员会等部委共同参与科技政策的研究，并且着力推进澳大利亚研究与开发计划的实施。澳大利亚的研究与开发计划执行机构有全国科学技术协调委员会科技组织、国

---

① 丁波涛. 国外开源情报工作的发展与我国的对策研究[J]. 情报资料工作，2011，32（6）：103-105.

防科技组织、核能科技组织、海洋科学研究院及地质调查组等[1]。此外，澳大利亚科学院、研究理事会也承担一定的科技政策咨询工作，如研究理事会主要就国家科学研究优先领域和国家竞争性资助计划的各种运作管理问题向联邦政府提供政策建议[2]。

开展国家安全政策与战略研究主要由智库承担，这些智库可划分为政府型智库、民间（独立）型智库和大学下属智库三大类[3]。

1）政府型智库

这类智库主要有两个：国家评估办公室（Office of National Assessment，ONA）和国防情报组织（Defence Intelligence Organization，DIO）。

国家评估办公室是澳大利亚国家安全和防务方面最重要且对国家安全政策影响最大的智库，直属总理内阁部，级别相当于美国中央情报局。它的分析评估不仅限于国家安全和国防方面，而且包括国家政策制定的多个方面，如经济、政策、战略等。

国防情报组织是隶属国防部的情报分析机构，它的级别低于国家评估办公室。它所研究的主要领域包括"全球安全趋势、大规模杀伤性武器、国外军事能力、国防经济和跨国恐怖主义"。

2）民间（独立）型智库

洛伊国际政策研究所（Lowy Institute for International Policy）由犹太裔澳大利亚商人弗兰克·洛伊（Frank Lowy）于2003年4月建立，是澳大利亚影响较大的民间外交事务和安全政策研究机构。

澳大利亚战略政策研究所（Australian Strategic Policy Institute，ASPI）是于2001年由澳大利亚政府创建的一个号称"独立的、无党派的"战略政策研究机构。相比洛伊国际政策研究所侧重外交政策的研究，澳大利亚战略政策研究所更侧重国家安全、国防军事战略方向的研究，但这家所谓的"智库"具有突出的反华倾向，绝不是客观、中立的组织。

3）大学下属智库

澳大利亚国立大学战略和防务研究中心（Strategic and Defence Studies Centre，SDSC）是澳大利亚国防战略方面最具影响力的研究机构之一。除了教学方面的任务，它还开展独立的战略和国防问题研究，并致力于战略研究在澳大利亚的推广。

---

[1] 澳大利亚技术预见科技决策体系与创新行动计划［EB/OL］.［2018-07-25］.http：//www.stcsm.gov.cn/cxxj/jsyj/gnwxjjyjxgxx/444548.htm.
[2] 汪凌勇.国外科技决策咨询机构现状、特征与变革趋势［J］.科技管理研究，2014（15）：10-12.
[3] 廖凯.澳大利亚安全与防务智库及其影响［EB/OL］.［2018-07-24］.http：//www.globalview.cn/html/global/info_2581.html.

国家安全学院（National Security College）作为一个介于大学和政府之间的智库，它的创建由前总理陆克文在2008年提出，2009年正式成立。它由国家安全委员会和澳大利亚国立大学联合创办，由双方共同管理。它的主要任务是为政府的国家安全方面高级别官员提供短期培训课程，以及为国家培养下一代国家安全和战略分析人才。

以上各种属性的不同智库，通过研究和撰写独立、客观或带有倾向性的公共政策材料，并经过进一步的逻辑分析和论证得出某种结论，进而影响澳大利亚国家安全政策与战略的制定，起到了"耳目、尖兵、参谋"的作用，特别是国家评估办公室和国防情报机构这两个机构，直接影响澳大利亚国家安全和国防政策。我们要甄别其政治倾向性，特别是其是否具有反华性质。

（5）医学情报

图书馆在澳大利亚医学情报服务中发挥重要作用。根据2016年7月发布的一项对澳大利亚健康馆员与健康图书馆的调查了解到[1]，澳大利亚目前约有328个医学图书馆，包括医院、社区健康、政府部门及大学的医学图书馆，这些医学图书馆从业者约有1250名。医学图书馆员是医学信息领域最重要的组成部分，包括医学信息管理者及医学情报学专家。

临床医学依赖健康图书馆员为其提供高质量的信息以提高其临床诊断效果。根据2012年的一项针对图书馆用户的全国性调查报告发现，83%的反馈者表示图书馆的情报服务有助于提高病人的健康水平，76%的反馈者表示图书馆所提供的健康信息帮助其改变了想法并提高了诊断计划的水平。图书馆在澳大利亚医学情报服务中所发挥的作用主要体现在：①提供健康信息相关的图书、期刊及研究数据库等；②帮助临床医学了解临床最新发展、最新研究进展等；③健康馆员不仅自身拥有较高的信息素养及批判性思维，而且帮助用户提高健康信息素养；④提供健康信息相关的咨询[2]。

这些来自医院、大学、研究机构、政府、医药公司等领域的医学图书馆从业者专门组建了一个医学图书馆组织（Health Libraries Australia，HLA），隶属澳大利亚图书馆和情报协会。HLA的历史可追溯至1981年，当年6月，澳大利亚图书馆与信息协会（时

---

[1] Health libraries Australia.The census of Australian health librarians and health librarians working outside the traditional library setting: the final report of the 2012 Anne Harrison Award project conducted between October 2014-February 2015 [EB/OL]. [2018-07-25]. https://www.alia.org.au/sites/default/files/CENSUS%20of%20Aus%20Hlth%20Libs%202012-14_Final%20Report_2016.pdf.

[2] 10 ways that library and information services power the health sector [EB/OL]. [2018-07-25]. https://www.alia.org.au/sites/default/files/10%20Ways_LIS%20Power%20Health_print.pdf.

称 Library Association of Australia，LAA）建立了一个医学图书馆员组（Medical Librarians Section，MLS）。在 MLS 建立之前，澳大利亚还有一个在 20 世纪 70 年代由各州建立的医学馆员组（Medical Librarians Groups，MLG）。1987 年，各州都同意加入 MLS 组织，MLG 解散。1988 年，MLS 更名为"Health Libraries Section"以囊括更加广泛的健康领域。2001 年，澳大利亚图书馆和情报协会变革"Health Libraries Section"的组织结构，正式成立 HLA。HLA 关注健康馆员的职业发展、教育与培训，开展健康信息研究与宣传，推动各种合作，开展出版与交流活动，如出版 *HLA News* 和 *HLA Alerts*。

此外，澳大利亚推动医学情报服务的组织还包括澳大利亚健康情报学协会（Health Informatics Society Australia，HISA）、澳大利亚健康情报学学院（Australasian College of Health Informatics，ACHI）、澳大利亚健康信息管理协会（Health Information Management Association Australia，HIMAA）、澳大利亚健康服务管理学院（Australasian College of Health Service Management，ACHSM）、澳大利亚国家健康与医学研究委员会（National Health and Medical Research Council，NHMRC）、澳大利亚医疗安全与质量委员会（Australian Commission on Safety and Quality in Health Care）等。

9.3.2 情报运行管理机制

在澳大利亚，各个领域的情报工作各自为政，没有一个统一的管理体系。图书情报领域的情报工作、国家安全情报工作、科技情报工作、竞争情报工作、医学情报工作等都分属不同的组织管理，不同情报工作之间缺乏联系与融合，这也是世界各国存在的普遍现象。图书情报领域的情报工作重点仍局限于文献和信息，主要与图书馆密切相关，顶多涉足信息、科技、医学等部分领域。国家安全、战略等方面的情报工作则主要由国家相关部门承担，图书情报领域机构较少参与。

澳大利亚的情报学与图书馆学融合在一起，它没有类似中国科学技术情报学会、中国社会科学情报学会等专业、独立的情报机构及情报学会，而是统一由澳大利亚图书馆和情报协会管理。澳大利亚图书馆和情报协会代表全国图书馆员和情报服务工作者的利益，以促进和发展图书馆情报服务及图书馆情报教学为主要目标。为了确保全国图书馆情报服务朝着合理化、规范化发展，协会先后颁布了一系列政策和原则性的声明，为图书馆情报事业的发展提供了统一的指导方针。这些声明包括关于图书馆情报教育的声明、澳大利亚图书馆和情报协会与澳大利亚学校图书馆协会关于学校图书馆情报服务的联合声明、关于图书馆情报工作者继续教育的声明、关于图书馆和情报中心在图书馆情报学教育中作用的声明。此外，协会还设置了参考和情报服务专业组，建设情报管理和咨询、情报政策和计划等特别兴趣组①。

转型为信息系统、信息技术为方向的图书情报学科主要由澳大利亚信息系统教授和主任理事会（Australian Council of Professors and Heads of Information Systems，ACPHIS）及澳大利亚计算机协会（Australian Computer Society，ACS）负责管理。ACPHIS 成立于 1997 年，为澳大利亚大学信息系统学科发展提供交流与讨论平台，促进信息系统部门间的合作。自成立以来，它每年召开信息系统研讨会，并发布信息系统研究报告②。澳大利亚计算机协会成立于 1966 年，是澳大利亚公认的信息通信技术专业人士的组织，目标是研究和开发信息技术，制定和推广信息通信技术标准等，还负责计算机、信息技术、信息系统等课程的认证③。新南威尔士大学、墨尔本大学等的信息系统课程都是由澳大利亚计算机协会认证。

其他领域的情报则由各自行业管理，如国家安全情报由国家安全部门、公安部门、国防军事等部门管理，科技情报通常由科技部委负责，竞争情报工作一般由企业自己承担。图书情报机构较少参与这些具体领域的情报工作。

9.4 澳大利亚情报学教育

由于澳大利亚情报学与图书馆学融合在一起，其情报学教育也与图书馆学教育密不可分，因此，需要从更广泛的图书情报角度研究澳大利亚情报学教育。

9.4.1 情报学教育的地位与目标

自新南威尔士大学在 1960 年创立澳大利亚第一所图书情报学院，澳大利亚图书情报教育至今已有约 60 年的发展历程。目前，图书情报教育主要由各图书情报学院承担，并由 ALIA 对图书情报课程进行认证，确保图书情报教育的质量。ALIA 认证的 LIS 项目有三种类型：①针对图书馆员及信息专家（Librarian and Information Specialist）；②针对图书馆技术人员（Library Technician）；③针对教师图书馆员（Teacher Librarian）。

---

① 何洋.澳大利亚的图书馆专业组织［J］.江西图书馆学刊，1993（2）：66-71.
② Australian Council of Professors and Heads of Information Systems（ACPHIS）［EB/OL］.［2018-07-25］.http：//www.acphis.org.au/v2wp/.
③ Australian computer society［EB/OL］.［2018-07-25］.https：//www.acs.org.au/.

针对图书馆员及情报专家的 LIS 项目主要由大学等高等教育机构提供，涉及本科及研究生（包括硕士及博士）教育层次（表 9-3，统计时间为 2018 年 6 月 19 日），课程以图书馆学、情报学专业课程为主，本科学制通常为 3～4 年，硕士研究生学制通常为 1～3 年，主要目标是培养图书情报专业馆员及情报专家，提供文凭（Diploma）、学士（Bachelor）及硕士（Masters）等学位。其中，研究生文凭是一种低于硕士学位却高于学士学位的学历，完成研究生文凭课程后，学生可学习硕士学位课程，也可以直接进入硕士学位课程的第二年进行学习。

表 9-3 ALIA 认证的 LIS 项目（Librarian and Information Specialist）

大学名称	学院/系名称	提供的课程/资格/学位	培养对象	上课方式	备注
堪培拉大学	艺术与设计学院（Faculty of Arts and Design）①	Master of Information Studies	Postgraduate	在线学习	从 2018 年 12 月起不再招生
查尔斯特大学	情报研究学院（School of Information Studies）（隶属 Faculty of Arts and Education）②	Bachelor of Information Studies	Undergraduate	在线学习	
		Graduate Diploma of Information Studies	Postgraduate	在线学习	
		Master of Information Studies	Postgraduate	在线学习	
悉尼科技大学	系名为"数字信息管理"（Digital Information Management）③（隶属 Faculty of Arts and Social Sciences 下的 School of Communication）	Graduate Diploma in Digital Information Management	Postgraduate	在校学习	
		Master of Digital Information Management	Postgraduate	在校学习	
		Bachelor of Arts in Communication (Information and Media)	Postgraduate	在校学习	从 2018 年 12 月起不再招生

---

① University of Canberra. Faculty of Arts and Design［EB/OL］.［2018-08-10］.http：//www.canberra.edu.au/about-uc/faculties.
② Charles Sturt University. School of Information Studies［EB/OL］.［2018-08-10］. http：//arts-ed.csu.edu.au/schools/sis.
③ University of Technology Sydney. School of Communication［EB/OL］.［2018-08-10］.https：//www.uts.edu.au/future-students/communication.

第9章 澳大利亚情报学与情报工作

续表

大学名称	学院/系名称	提供的课程/资格/学位	培养对象	上课方式	备注
昆士兰科技大学	信息系统学院（School of Information Systems）①	Master of Information Science（Library and Information Practice）	Postgraduate	在线学习或在校学习	从2017年起不再招生
		Graduate Diploma of Information Science（Library and Information Practice）	Postgraduate	在线学习或在校学习	
南澳大学	信息技术与数学学院（School of Information Technology & Mathematical Sciences）	Graduate Diploma of Information Management	Postgraduate	在线学习或在校学习	
		Master of Information Management	Postgraduate	在线学习或在校学习	
莫纳什大学	信息技术学院（Faculty of Information Technology）	Graduate Diploma of Information and Knowledge Management	Postgraduate	在线学习及在校学习结合	
		Master of Business Information Systems	Postgraduate	在线学习及在校学习结合	
皇家墨尔本理工大学	商务信息技术与物流学院（School of Business IT and Logistics）②	Graduate Diploma of Information Management	Postgraduate	在线学习及在校学习结合	
		Master of Information Management	Postgraduate	在线学习及在校学习结合	
科廷大学	信息系统学院（School of Information Systems）	Bachelor of Arts（Librarianship and Corporate Information Management）	Undergraduate	在线学习及在校学习结合	
科廷大学	信息系统学院（School of Information Systems）	Graduate Diploma in Information and Library Studies	Postgraduate	在线学习及在校学习结合	
		Master of Information Management	Postgraduate	在线学习及在校学习结合	

---

① Queensland University of Technology. School of Information Systems [EB/OL].[2018-05-23]. https://www.qut.edu.au/science-engineering/our-schools/school-of-information-systems/about-the-school.
② RMIT University [EB/OL].[2018-05-23]. https://www.rmit.edu.au/about/our-education/academic-schools/business-it-and-logistics.

续表

大学名称	学院/系名称	提供的课程/资格/学位	培养对象	上课方式	备注
埃迪斯科文大学		Bachelor of Information Technology (Information Services)	Undergraduate	在线学习及在校学习结合	从2018年12月起不再招生
		Master of Information Services	Postgraduate	在校学习	从2018年12月起不再招生
		Graduate Diploma of Science (Information Services)	Postgraduate	在线学习	从2018年12月起不再招生

针对图书馆技术人员的项目主要由澳大利亚各地的职业技术与继续教育学院（Technical and Further Education，TAFE）提供，课程以培训图书馆的实用技能为主，学制一般为1～2年，学员毕业后获得图书情报文凭学位（Diploma of Library and Information Services），该项目主要目标是培养图书馆技术人员或半专业人员。现在澳大利亚6个州的职业技术与继续教育部门都开设了图书馆技术人员培训课程。

针对教师图书馆员的项目是随着信息素养教育的兴起，以教师图书馆员为培养对象的课程。教师图书馆员是美国和澳大利亚等国家的高校图书馆专门设置的一种岗位。教师图书馆员通过宣传图书馆和信息服务，以及开发有助于终身学习者发展的项目来支持和实现学校目标[1]。目前仅查尔斯特大学提供教师图书馆员项目，开设教育学硕士（Master of Education）课程，提供硕士学位。

9.4.2 情报学课程体系

由大学等高等教育机构提供的图书馆员及情报专家的LIS项目以培养图书情报专业馆员为目标，其课程体系具有专业性与代表性，为此本部分仅调查图书馆员及情报专家的LIS项目。通过调查ALIA网站发布的LIS认证课程了解到，澳大利亚图书情报课程已形成两大阵营：一种是以查尔斯特大学为代表的仍专注于图书情报教育的学院；另一种是转型以提供信息系统、信息管理、信息技术相关专业的学院。

课程设置的变化最能体现改革的力度和深度。为进一步对比澳大利亚图书情报课程

---

[1] 曾粤亮. 澳大利亚图书馆与情报学专业课程认证制度[J]. 图书馆论坛, 2016（12）：99-108.

体系的变化，选择以查尔斯特大学为代表的仍专注于图书情报教育的学院和以提供信息系统、信息管理、信息技术相关专业的几所高校，对比分析这两种不同选择方向的课程设置与内容方面的不同之处。

（1）以传统图书情报教育为主的课程体系

查尔斯特大学从1975年开始提供图书情报教育，并于1983年建立学院（School of Information Studies），是现在澳大利亚大学中唯一致力于图书情报教育的学院。2007年，IT项目从学院分出，从而只关注LIS学科，之后学院扩展其课程，包含图书情报领域（Information Studies）的各种新领域。2013年该学院参与国际iSchools组织，2016年，School of Information Studies学院划分至艺术与教育学院（Faculty of Arts and Education）[1]。如今，澳大利亚近一半图书情报领域的学生都毕业自查尔斯特大学图书情报学院。

表9-4整理了其提供的课程[2]。本科阶段提供信息与知识管理、图书馆学、记录与档案管理等3个方向。硕士阶段主要有信息与知识管理（Information and Knowledge Management）、图书馆学（Librarianship）、记录与档案管理（Records and Archives Management）、儿童图书馆学（Children's Librarianship）、社区信息学（Community Informatics）、数据管理（Data Management）、信息构建（Information Architecture）、领导学（Leadership）等8个方向。同时，它还培养研究型博士、提供职业教育。

---

[1] Charles Sturt University. School of Information Studies［EB/OL］.［2018-06-20］.http：//arts-ed.csu.edu.au/schools/sis.

[2] Charles Sturt University. School of Information Studies Courses［EB/OL］.［2018-06-20］. http：//arts-ed.csu.edu.au/schools/sis/courses.

表 9-4 查尔斯特大学图书情报学院培养方向与课程设置

类别	提供的课程/资格/学位	培养对象	学制	上课方式	课程内容
专业教育	Bachelor of Information Studies（with specialisations）	学士	6 年在职	在线学习	需完成 13 门核心课程（96 个学分）及 12 门选修课程（96 个学分），选修课程根据所学的不同方向来确定
	Master of Information Studies（with specialisations）	硕士研究生	3 年在职	在线学习	需完成 9 门核心课程（64 个学分）及 4 门选修课程（32 个学分），选修课程根据所学的不同方向来确定
	Master of Education (Teacher Librarianship)	硕士研究生	2 年在职	在线学习	需完成 6 门核心课程及 2 门选修课程（每门课 8 个学分，共 64 个学分）
高等职业教育	Graduate Certificate in Audiovisual Archiving	职业教育	1 年在职	在线学习	需完成 4 门核心课程（每门课 8 个学分，共 32 个学分）。其中，关键课程是"音视频存档"
	Graduate Certificate in Data Management	职业教育	1 年在职	在线学习	3 门核心课程（必修）：数据管理概论、数据策展、数据工具与分析概论。1 门选修课程：研究数据管理、信息代理的项目管理（选其一）。其中，关键课程是"数据管理概论"
	Master of Education (Knowledge Networks and Digital Innovation)	硕士研究生	2 年在职	在线学习	需完成 2 门核心课程及 6 门选修课程（每门课 8 个学分，共 64 个学分）。其中，关键课程是"数字时代的概念与实践"
	Master of Information Leadership	硕士研究生	2 年在职	在线学习	需完成 7 门课程（共 64 个学分），其中，关键课程是"信息组织：从管理到领导"
基础教育	Graduate Certificate in Information Studies	职业教育	1 年在职	在线学习	完成课程"图情基础"及 3 门选修课程，选修课程根据所学的不同方向来确定

续表

类别	提供的课程/资格/学位	培养对象	学制	上课方式	课程内容
研究型	Doctor of Philosophy	博士	①以研究的方式完成学业 全日制：3～4年；在职：6～8年 ②以出版论文方式完成学业 全日制：半年至1年；在职：1～2年	在线学习及在校学习结合	每年提供为期三天的博士论坛，不强制参加，但参加的在读博士要求做与其研究相关的报告。 课程按照全日制及在职划分为： • Doctoral Research（Information Studies）（在职） • Doctoral Research（Information Studies）（全日制） 毕业需完成毕业论文（192个学分），并通过研究委员会答辩

这些培养方向虽然都要求完成很多课程，但每个培养方向都规定了一个关键课程（包含在需要学习的课程中），通过对关键课程的调查（表9-5），可大致了解每个培养方向的目标与侧重点，进而了解澳大利亚图书情报学科的关注重点与方向。通过对关键课程的梳理，了解到查尔斯特大学图书情报学院仍主要关注信息、元数据、记录与档案等图书情报学科基础对象的管理与研究，这是对图书情报学科核心的传承与坚守，同时根据信息技术的发展，不断融入新的研究方向，如数据管理、数字对象等。

表9-5 查尔斯特大学图书情报学院各个培养方向的关键课程

类别	提供的课程/资格/学位	关键课程	关键课程的课程大纲
专业教育	Bachelor of Information Studies（with specialisations）	信息专业人员概论	• 信息专业概论 • 职业行为与技能 • 图情领域基本概念 • 专业行为的情境 • 网络、IT基础设施与技术环境 • 信息专业人员的工作 • 信息专业人员的社会、技术与法律问题 • 未来的信息专业人员

续表

类别	提供的课程/资格/学位	关键课程	关键课程的课程大纲
专业教育	Bachelor of Information Studies (with specialisations)	资源发现元数据	• 信息资源的属性 • 书目记录的功能需求（FRBR）介绍 • 元数据 • 元数据标准与模型 • 元数据共享与元数据质量 • 词表 • 信息检索的工具与系统
		馆藏	• 馆藏环境 • 馆藏发展政策 • 馆藏资料 • 馆藏管理
	Master of Information Studies (with specialisations)	图情基础	• 查尔斯特大学图情概览 • 信息的概念 • 图情档机构及其他信息中心 • 信息专业人员 • 信息技术基础 • 信息基础设施及信息架构 • 信息学科 • 信息使用与使用者 • 信息研究与学术 • 知识的核心部分 • 信息的未来
		元数据与资源发现	与上面"资源发现元数据"大纲相同
		馆藏	与上面"馆藏"大纲相同
	Master of Education (Teacher Librarianship)	教师图书馆员概论	• 不断发展的信息环境、学校图书馆及教育行动 • 数字环境下的信息流畅及在线数据库 • 教师图书馆员的职业标准 • 信息素养与信息过程模型 • 教师图书馆员作为合作教育伙伴 • 课程中的循证实践 • 教师图书馆员作为反思实践者
高等职业教育	Graduate Certificate in Audiovisual Archiving	音视频存档	• 音视频存档的理论概念、术语、法律与伦理 • 音视频媒体的历史 • 音视频存档及相关媒体机构的发展与模式 • 国际组织在音视频遗产方面的职责

续表

类别	提供的课程/资格/学位	关键课程	关键课程的课程大纲
高等职业教育	Graduate Certificate in Data Management	数据管理概论	• 数据环境1：数据组织 • 数据环境2：数据的类型、数据生命周期模型 • 数据环境3：数据库、存储库及构建 • 数据中的各角色：数据科学家、数据管理者、数据监护者、信息构建师 • 数据与信息治理 • 数据标准 • 法律与法规环境 • 数据伦理 • 数据收集、使用、出版、许可及引用 • 数据管理的趋势与实践
	Master of Education (Knowledge Networks and Digital Innovation)	数字时代的概念与实践	• 信息革命、全球关联及在技术上的趋势 • 信息组织与知识创建的方法与模式 • 关联学习、开放获取及开放社区的原则 • 数字鸿沟、终身学习的全球化 • 创造性文化（包括游戏及创客空间） • 教育信息学 • 重新思考数字时代的教育体验
	Master of Information Leadership	信息组织：从管理到领导	• 管理与领导力概论 • 管理与领导的区别 • 组织及组织机构的类型 • 数字网络 • 信息情境 • 信息组织中管理与领导力的实践
基础教育	Graduate Certificate in Information Studies	图情基础	与 Master of Information Studies（with specialisations）中的相同
研究型	Doctor of Philosophy	• Doctoral Research (Information Studies)（在职） • Doctoral Research (Information Studies)（全日制）	课程以研究主题为主，内容由在读博士与导师共同商议决定

(2)以信息系统、信息管理、信息技术相关专业为主的课程体系

表9-6中是几所提供信息系统、信息管理、信息技术相关专业的高校,这些学校有的在早期是提供传统图书情报课程与知识的,随着信息技术的发展,已开始转型与突破,成为商学院、计算机等学院下的一个学科或一部分。如新南威尔士大学曾是澳大利亚历史上建立第一所图书情报学院的学校,其从2006年起不再提供LIS方面的资格证书与教育[1],转而以信息系统、信息管理、信息技术为方向,成立了"信息系统与技术管理学院"(Information Systems & Technology Management)[2],隶属商学院。此外,墨尔本大学的信息系统专业也是从传统的图书情报学科转型而来的。该校信息系统专业在历史上曾两次是一个独立的系:一次是在1970年,称为"Information Studies";另一次是在1996年,称为"Information System"。其在2012年成为计算机与信息系统系(Department of Computing and Information Systems)的一部分[3]。

表9-6 信息系统相关的课程(非ALIA认证)

大学	院系名称	提供的课程/资格/学位
新南威尔士大学	School of Information Systems & Technology Management (ISTM)[隶属商学院(UNSW Business School)][4]	本科生:Bachelor of Information Systems 硕士生:Master of Information Systems Management 博士生:Doctor of Philosophy (PhD) Information Systems
墨尔本大学	School of Computing and Information Systems[5](隶属计算机技术)	硕士生(与信息系统相关的):Master of Information Systems;Master of Information Technology;Master of Science(Bioinformatics);Master of Data Science

---

[1] CHAWNER B. Library and information studies education in New Zealand and Australia:background,issues,and challenges[J]. Journal of education for library and information science,2015,56(1):17–26.

[2] The University of New South Wales. The School of Information Systems & Technology Management[EB/OL].[2018-05-23]. https://www.business.unsw.edu.au/about/schools/information-systems.

[3] The University of Melbourne. Starting the Department of Information Systems[EB/OL].[2018-05-23]. https://cis.unimelb.edu.au/about/history/dis/.

[4] The University of New South Wales.The School of Information Systems & Technology Management[EB/OL].[2018-05-23].https://www.business.unsw.edu.au/about/schools/information-systems.

[5] The University of Melbourne. School of Computing and Information Systems[EB/OL].[2018-05-23]. https://cis.unimelb.edu.au/.

续表

大学	院系名称	提供的课程/资格/学位
迪肯大学	信息系统与商业分析系（Department of Information Systems and Business Analytics），隶属商学院（Deakin Business School）①	提供的学位有②： 本科生 • Bachelor of Information Systems • Bachelor of Information Systems/Bachelor of Information Technology • Bachelor of Commerce/Bachelor of Information Systems 硕士生 • Graduate Certificate of Information Systems • Graduate Diploma of Information Systems • Master of Information Systems • Master of Commerce 博士生 Doctor of Philosophy（Information Technology）
伍伦贡大学	计算与信息技术学院（School of Computing and Information Technology）③，隶属工程与信息科学学院（Faculty of Engineering and Information Sciences, EIS）	计算与信息技术学院下有一个"大数据分析与智能系统"（Centre for Big Data Analytics and Intelligent Systems, BDAIS）④，提供大数据分析相关的理论、技术与解决方案的研究 开设的信息通信技术课程中与信息系统相关的学位⑤： 本科生：Bachelor of Business Information Systems、Bachelor of Information Technology 硕士生：Master of Information Technology 博士生：Doctor of Philosophy（Information Science）

---

① Deakin University.Department of Information Systems and Business Analytics［EB/OL］.［2018-05-23］. http://www.deakin.edu.au/business/department-of-information-systems-and-business-analytics.
② Deakin University.Information systems Discipline［EB/OL］.［2018-05-23］.http://www.deakin.edu.au/courses/find-a-course/business/information-systems?s_kwcid=AL!855!3!231150251505!b!!g!!%2Binformation%20%2Bsystems%20%2Bdeakin.
③ University of Wollongong. School of Computing and Information Technology［EB/OL］.［2018-05-23］. https://eis.uow.edu.au/scit/index.html.
④ University of Wollongong. Centre for Big Data Analytics and Intelligent Systems［EB/OL］.［2018-05-23］.https://eis.uow.edu.au/scit/big-data-analytics-intelligent-systems/index.html.
⑤ University of Wollongong.Engineering and Information Sciences Courses［EB/OL］.［2018-06-20］. https://eis.uow.edu.au/about/courses/index.html.

续表

大学	院系名称	提供的课程/资格/学位
格里菲斯大学	格里菲斯商学院（Griffith Business School）	提供的有关信息系统的学位①： 本科生：Bachelor of Business Information Systems、Bachelor of Information Technology 硕士生：Master of Information Technology
詹姆斯库克大学	—	Bachelor of Business in Business Intelligence and Information Systems②

这些转型以提供信息系统、信息管理、信息技术相关专业的高校，所提供的课程内容偏向两类。一类是商业信息的管理与商业信息系统开发与利用。以新南威尔士大学为例（表9-7），其提供的信息系统专业关注商业、政府及社会等场景中的IT解决方案的设计、开发与实施。不少信息管理系统专业隶属商学院，如新南威尔士大学、迪肯大学、格里菲斯大学都设置了商务信息系统（Business Information Systems）专业，关注商业情报分析与管理。例如，迪肯大学为本科生提供商业情报课程"Managing Data and Information"，课程目标是教授学生利用熟悉的应用［如Facebook、iTunes、Global Positioning Systems（GPS）及Google等］及信息管理原则探索数据存储与获取的不同方法，学生完成此课程后能具备分析组织信息需求并选择合适的信息管理方法的能力③。其"Business Intelligence and Data Warehousing"为学生提供商务情报领域的理论、技术、框架、应用与技术等知识④。通过詹姆斯库克大学的"Bachelor of Business in Business Intelligence and Information Systems"可学习商务的基础知识及如何应用最新的IT系统制定商务战略、销售及与客户有效沟通的技巧，此外，还可学习设计、交互媒体、社交媒体、网络技术等内容。

另一类课程内容偏向信息技术，部分隶属计算机学院，如墨尔本大学和伍伦贡大

---

① Griffith University.Business Information systems and IT Management［EB/OL］.［2018-05-23］. https：//www.griffith.edu.au/study/engineering-it/business-information-systems-it-management.
② James Cook University. Bachelor of Business in Business Intelligence and Information Systems［EB/OL］.［2018-05-23］.https：//www.jcu.edu.au/courses-and-study/courses/bachelor-of-business-in-business-intelligence-and-information-systems.
③ Deakin University. Managing Data and Information［EB/OL］.［2018-05-23］. http：//www.deakin.edu.au/courses/unit？unit=MIS202.
④ Deakin University.Business Intelligence and Data Warehousing［EB/OL］.［2018-05-23］. http：//www.deakin.edu.au/courses/unit？unit=MIS271.

学。以伍伦贡大学为例，其哲学博士已不是我们传统意义上的图书情报学，其课程内容偏重计算机技术与科学，涉及数理统计、计算机与信息技术、工程等研究领域①。此外，伍伦贡大学的商业信息系统学士(Bachelor of Business Information Systems)也主要提供 IT 领域的基础知识，包括数据库管理与安全、网络及通信、人机交互、电子商务的原则、IT 项目管理、信息系统管理等。学生将学习商业分析系统与设计、编程、数据管理、商业系统基础设施与安全②。

表 9-7 新南威尔士大学信息系统方向的课程内容

类别	方向	课程名称	
		必修课	选修课
本科生 全日制学制 3 年 （或 6 年在职）	Bachelor of Information Systems ③	·信息系统核心课程：商业领域的数字变革；商业数据库概论；商业编程基础；应用设计思想开展商业分析；商业编程；数据管理与大数据基础设施；企业系统；商业分析概论；商业流程管理；信息系统创新与变革；网络安全；移动应用发展 ·商业相关的课程：会计与金融（A）；组织与人员管理等	商业相关的课程： ·会计与金融（B）；微观经济（选择其中一门即可） ·商业与经济统计

---

① University of Wollongong.Doctor of Philosophy（Information Science）［EB/OL］.［2018-06-20］. https：//coursefinder.uow.edu.au/information/index.html? course=doctor-philosophy-information-science.
② University of Wollongong. Bachelor of Business Information Systems［EB/OL］.［2018-06-20］. https：//coursefinder.uow.edu.au/information/index.html? course=bachelor-business-information-systems.
③ The University of New South Wales.The School of Information Systems & Technology Management. Bachelor of Information Systems［EB/OL］.［2018-06-19］ https：//www.business.unsw.edu.au/degrees-courses/undergraduate/bachelor/information-systems#Structure.

续表

类别	方向	课程名称	
		必修课	选修课
研究生 有两种方式： •1年全日制（或2年在职），完成7门课程（4门核心2区的课程，2门选修课程，1门顶点课程） •1.5年全日制（或3年在职），完成11门课程（4门核心1区的课程，4门核心2区的课程，2门选修课程，1门顶点课程）	Master of Information Systems Management[1]	•核心1区课程：企业系统；运营管理；电子商务；信息系统/技术危机管理 •核心2区课程：信息系统战略、创新与敏捷性；商业分析与查询；项目管理；商业流程管理；商业分析 •选修课程：商业流程管理；商业分析概论；商业分析信息技术基础设施；商业分析方法；社交媒体及企业2.0；商业分析与查询；服务与质量管理；信息系统审计与保障；网络空间安全与伦理；组织变革管理；职业管理与技能；技术创新的人文管理；商业法律基础；电子商务与法律 •顶点课程（Capstone Course）：商业系统项目	
博士生[2] 全日制：3～4年 在职：5～8年	信息系统方向： 涉及信息系统创新、信息系统战略与管理、企业系统、商业情报（Business Intelligence）、社交网络等领域	5门必修课程：知识基础（包括科学哲学、认识论、本体等）；研究方法概论；定量研究方法；定性研究方法；信息系统理论基础	无
	运营管理方向（Operations Management, OM）：涉及全球供应链管理、服务质量与管理、创新/技术管理、商业流程管理等领域	至少学习信息系统方向中的4门核心课程	无

---

[1] The University of New South Wales.The School of Information Systems & Technology Management. Master of Information Systems Management ［EB/OL］.［2018-06-19］. https://www.business.unsw.edu.au/degrees-courses/postgraduate/masters/information-systems-management#Structure.

[2] The University of New South Wales.The School of Information Systems & Technology Management. Doctor of Philosophy (PhD) Information Systems ［EB/OL］.［2018-06-19］. https://www.business.unsw.edu.au/degrees-courses/research/phd-information-systems#Structure.

续表

类别	方向	课程名称	
		必修课	选修课
研究 （面向研究的培训）①	• 信息系统方向：涉及信息系统创新、信息系统战略与管理、企业系统、商业情报、社交网络等领域 • 运营管理方向：涉及全球供应链管理、服务质量与管理、创新/技术管理、商业流程管理等领域		

9.4.3 情报学教育改革趋势

通过调查 ALIA 网站发布的 LIS 认证课程，发现澳大利亚图书情报教育改革呈现如下趋势。

（1）提供图书情报教育的学院及课程数量呈现下降趋势

如表 9-3 所示，目前只有 9 个高等教育机构提供 21 个图书馆员及情报专家的培养项目，平均每所学校提供 2～3 个 LIS 项目。LIS 项目以培养研究生为主（有 18 个项目），主要以在线授课方式为主。澳大利亚从 1990 年开始，在校学习模式开始减少②。如查尔斯特大学（Charles Sturt University）从 1989 年开始所有 LIS 课程只采取在线学习方式。本次调查中，4 个 LIS 项目只能在校学习，5 个项目只能在线学习，8 个项目采取在线学习和在校学习两者结合的方式，4 个项目可选择在线学习和在校学习中的任一种。

LIS 项目呈现出萎缩的趋势，有 6 个 LIS 项目从 2019 年起不再招生，如堪培拉大学的情报研究硕士（Master of Information Studies）宣布从 2018 年 12 月起不再招生。埃迪斯科文大学（Edith Cowan University）从 2018 年 12 月起停止"信息技术与信息服务"3 个方向的招生。昆士兰科技大学的信息系统学院宣布从 2017 年起不再提供"情报科学专业硕士文凭"。悉尼科技大学对学生的入学情况和就业要求进行了分析后，最终决定取消其"情报与媒体学士学位"（Information and Media）的招生计划，该学士学位也于

---

① The University of New South Wales.The School of Information Systems & Technology Management. Research [EB/OL].[2018-06-19].https://www.business.unsw.edu.au/about/schools/information-systems/degrees/research.
② HIDER P, KENNAN M A, HAY L, et al. Moving from LIS to IS+L: curriculum renewal at Charles Sturt University [J]. The Australian library journal，2011，60（3）：205-217.

2018年完成在读学生的教学工作。

(2) 学院合并至商业与经济、计算机、信息技术与通信等大学院

很多图书情报学院合并至商业与经济、科学、艺术与设计、计算机、信息技术与通信、教育等大学院。这一方面反映出图书馆学情报学同其他学科的密切关联；另一方面反映出图书馆学情报学专业的整合程度不高、独立程度不强、规模力量较弱的现实。所调查的9个院系中（表9-3），2个隶属文学、艺术、社会科学学院（包括堪培拉大学、悉尼科技大学），5个在科学与工程学院（主要是信息技术，包括昆士兰科技大学、南澳大学、莫纳什大学、科廷大学，此外，皇家墨尔本理工大学的商务信息技术与物流学院隶属商业、IT及物流），仅查尔斯特大学拥有独立的图书情报学院。这种组织结构隶属关系的变化导致图书情报学院及课程名称的变化。图书情报学院名称也不再出现"图书馆"，而是以"信息"命名，这与国际上从20世纪80年代开始兴起学院改名为"信息管理"现象一致。目前查尔斯特大学是澳大利亚大学中唯一致力于传统图书情报教育的学院，其在2007年将IT项目从学院分出，只关注LIS学科。

(3) 学院名称更迭频繁

文章《澳大利亚图书馆学情报学研究生教育发展现状及启示》[①]（冷伏海，2003）中提及，堪培拉大学的信息管理学院与旅游学院合并形成"信息管理与旅游学院"（School of Information Management and Tourism），但现在已隶属"艺术与设计学院"（Faculty of Arts and Design）。悉尼科技大学的信息研究系（Department of Information Studies）原来隶属人文社会科学部（Faculty of Humanities and Social Sciences），现在更名为"Digital Information Management"，隶属艺术与社会科学部（Faculty of Arts and Social Sciences）。

(4) 课程体系形成两大阵营

澳大利亚图书情报课程体系已形成两大阵营，一类是以查尔斯特大学为代表的仍专注图书情报教育的学院，另一类是转型以提供信息系统、信息管理、信息技术相关专业的学院。后者有部分仍参与ALIA课程认证，一部分学院提供的课程已不属于ALIA认证的LIS课程，由此可推测，其提供的课程可能已与LIS无关。

从课程名称上看，传统以图书馆、情报学命名的课程几乎不再出现。转型以提供信息系统、信息管理、信息技术相关专业的学院大部分课程都以"Information

---

[①] 冷伏海，刘扬. 澳大利亚图书馆学情报学研究生教育发展现状及启示[J]. 图书情报工作，2003（2）：117-120.

Management""Information Systems"或"企业信息管理""商业信息管理"等命名。信息系统、信息管理突破传统图书馆学情报学专业的内容范畴，侧重商业信息的管理与系统管理，如昆士兰科技大学的信息系统学院（School of Information Systems）提供企业过程管理方向。坚守图书情报传统的学院，如查尔斯特大学，尽管其提供的课程仍以"Information Studies"或"Information Science"命名，但课程内容也不再仅关注传统的图书情报内容，其不断扩展课程，尽所能包含 Information Studies 的各种新领域。再如昆士兰科技大学的"Information Science"方向主要研究人类数据科学，其"Foundations of Information Science"课程包含人类信息交互、研究系统等内容，已不再局限于传统图书情报知识。

9.5 澳大利亚情报学与情报工作的发展特点与影响

通过对澳大利亚情报学的产生与发展、理论研究、情报工作机制、教育等的梳理与研究，自 1960 年创建第一个图书情报学系以来，澳大利亚图书情报学科至今已经历了 60 多年的发展历程，经历了起步、发展、变革与转型、继续探索等阶段。

9.5.1 主要特点

总体来看，澳大利亚情报学学科及情报工作主要呈现以下几个特点。

（1）还未形成独立完整的情报学科体系

严格意义上来说，澳大利亚还没有形成独立、完整的情报学科体系，其研究理论与方法、具体实践工作都与图书馆学融合在一起，而在我国高校中，情报学专业和图书馆学专业一般都是分立和并行发展的，不过二者也相互交叉、紧密关联。澳大利亚的图书情报融合主要体现在以下几点。①研究理论与成果主要以信息素养、信息行为、信息服务、信息管理、信息管理与信息系统等为方向，鲜有对情报本质和情报业务等特殊规律的研究。②院系及学科名称、课程内容都与图书馆学分不开。新南威尔士大学成立的第一所图书情报学院提供的课程/资格/学位基本以"Librarianship"命名，随着国际上从 20 世纪 80 年代开始兴起改名为"信息管理"的现象，澳大利亚的图书情报学院也随之以"信息"（Information）命名，或者改名为"Library and Information Science"，或者为"Information Studies"，但研究理论、方法、课程内容在本质上是图书馆学的。这从坚持图书情报传统的查尔斯特大学图书情报学院的课程设置可看出，其主要偏向图书学,以信息为重点,未深入研究情报信息,对情报学相关知识与理论授予不多。即使是转型以提供信息系统、信息管理、信息技术所形成的信息系统、信息管理学专业,以及部分学院开设竞争情报课程,也只能算是情报学的一部分,还有待建立完整的情报学科体系。

我国国内情报学专家包昌火对"信息""情报""情报学"概念有详细的论述,即"情报"(Intelligence)不等于"信息"(Information),"情报"的英文表达应为"Intelligence";"情报"是竞争和冲突的产物,其本质、本色、本分无非是为组织的战略和安全服务的,是一个组织对外部环境变化的感知和响应,是组织制定发展战略和安全对策的基础和先导[①]。为此,他倡议回归情报,回归 Intelligence,回归情报学(Intelligence Studies)研究。从这个角度来看,澳大利亚的图书情报学院改"信息"之名,并不意味着就有了独立的情报学,只能说明还停留在关注"信息"层面,并未升华至以组织战略和安全服务为主导的"情报"层面。所以,为避免把"情报"混同为"信息",我们还是谨慎地认为澳大利亚还未形成独立的情报学科体系。

(2)传统图书情报的核心地位面临挑战

澳大利亚 LIS 教育规模总体较小,且呈现出不断缩减的趋势,很多高校的图书馆学情报学相关专业往往分散在不同的院系,有的学院甚至已没有图书馆学情报学专业,取而代之的是一些与社会经济生活联系密切、需求数量大的专业,传统 LIS 的核心地位已不存在。

无论是从坚持图书情报传统的查尔斯特大学,还是从转型以提供信息系统、信息管理、信息技术相关专业的高校来看,我们都能感受到传统图书情报的核心地位面临挑战。查尔斯特大学可以说是澳大利亚仅存的坚持传统图书情报教育的学院,其图书情报学院课程体系较为完善,所提供的信息与知识管理、图书馆学、记录与档案管理等 3 个方向覆盖信息与知识、文献、档案等形式,提供从学士、硕士至博士层面的教育,此外还有针对较为初级从业者的高等职业教育。课程内容偏向图书馆学知识,但以信息为主线,已不再教授传统的编目、采访等内容,同时不断拓展新内容,开始涵盖数据管理、社区信息学、信息构建等领域。转型以提供信息系统、信息管理、信息技术相关专业的高校,所开设的课程内容偏向信息在商业管理中的应用,侧重计算机、网络技术与信息领域结合的专业,如新南威尔士大学提供的信息系统专业已经完全没有传统图书情报领域的知识。这种变革趋势应该辩证来看,比较悲观的一面是担忧图书情报学科的未来发

---

① 包昌火.对我国情报学研究中三个重要问题的反思[J].图书情报知识,2012(2):4-6.

展与地位，可喜的一面是看到了澳大利亚图书情报课程的创新与发展，根据社会人才需要与信息技术的发展不断探索与变革，正所谓"唯一永恒不变的就是变化"。

（3）各自为政的情报体系

在澳大利亚，同样存在情报工作的"烟囱体制"，即情报工作各自为政的现象[①]。各类情报工作处于"平行"状态，图书情报领域的情报工作、国家安全情报工作、科技情报工作、竞争情报工作、医学情报工作等都分属不同的组织管理，不同情报工作之间缺乏联系与融合。目前澳大利亚图书情报领域的情报工作仍依附文献与信息范畴，很少与国家战略相匹配，与国家创新、发展、安全相关联，仍局限在以学术文献、信息管理、网络信息为主，还未上升至"情报"（Intelligence）层面，图书情报机构较少参与国家安全情报、科技情报、竞争情报等领域的情报工作，在国家及各级政府决策层话语权不足。这导致情报学与情报工作还未充分在各领域发挥自身的作用，未能充分发挥网络和大数据时代情报工作"耳目、尖兵、参谋"的作用。因此，在澳大利亚也亟待将科技情报、社科情报、军事情报、安全情报等联为一体，形成大情报科学，促进各情报领域的相互融合与相互支持，实现军（军事情报、安全情报等）民（科技情报、社科情报等）情报学的融合。

9.5.2 社会影响

一个学科的地位和该学科对社会发展的贡献、对学术研究的理论创新，以及解决社会实践中的具体问题等有很大关系。在澳大利亚，由于情报学与图书馆学融合在一起，情报学尚未形成自己独有的学科领域，没有自己独立的情报机构，因而情报学并没有完全取得相应的独立地位，与图书馆学依附在一起。图书情报学科在澳大利亚属于小众学科，在20世纪90年代受高等教育体制改革的影响，很多高校的图书情报学科被合并至商学院、计算机等大学科下，可以说图书情报学科基本"蜷缩"在其他传统学科下，或者转型为信息管理与系统、信息技术、商业信息管理等，或者面临关闭与取消境遇。进入21世纪，无论是从提供LIS教育的组织机构及课程数量、接受LIS教育的学生数量，还是从提供的职位数量来看，澳大利亚的LIS学科发展与专业教育都存在一定程度上的

---

① 张家年，马费成.总体国家安全观视角下新时代情报工作的新内涵、新挑战、新机遇和新功效[J].情报理论与实践，2018，41（7）：1-6，13.

萎缩。LIS 教师也在不断减少，如 C. S. Wilson 等[①]调查 1959—2008 年（近 50 年）澳大利亚 LIS 教育工作者的分布、受教育程度、职称、工作经历、工作年限及其在各州的分布情况，发现近 50 年来澳大利亚的 LIS 教师数量呈现下降趋势。P. Genoni[②]提及了 LIS 教育工作者的老龄化问题。澳大利亚图书情报教育在 20 世纪 70 年代末及 80 年代发展较快，很多在那个时代从事教学工作的人员仍在工作岗位。这除了难以找到替代者外，还有很多原因。其中之一即是现在从事教育工作的基本条件是要具备博士学位，而现在拥有博士学位的并不多。教育工作者的老龄化使得原本已脆弱的图书情报学院处于不利境地，因为他们很快会退休。

LIS 教师数量的减少严重影响澳大利亚 LIS 理论研究。图书情报学理论的研究一直是本学科十分关注的研究领域，也被众多专家学者认为是图书情报学的前沿领域，但是在澳大利亚，LIS 的研究力度显然不够。澳大利亚联邦政府的高等教育变革倾向是教学与研究分化，这将导致大学之间、学科之间及教育工作者之间的差距拉大。现在澳大利亚的大学有三种：第一种是研究型，第二种是教学与研究混合型，第三种是教学型。图书情报学院在这三种中都有，但主要是第二和第三种，研究型学院较少。这与 ALIA 2014 年开展的针对 LIS 研究的环境扫描及 2016 年开展的 "Relevance 2020：LIS Research in Australia" 项目对 LIS 研究主题的调查结果非常吻合。两项调查都显示，澳大利亚 LIS 领域对信息理论的研究非常少，仅占 1%～2%，与其他主题相比，理论研究力度严重不足。此外，H. Partridge 等（2014）[③]发现在 2010 年仅 Queensland University of Technology、Charles Sturt University 及 University of New South Wales 这 3 所大学的图书情报学科在研究上有足够的投入，到 2012 年增加至 6 所，增加了 Monash University、University of Tasmania 及 RMIT（其中，University of Tasmania 的 "Graduate Diploma of Information Management" 已不再招生）。LIS 教育的组织机构、课程数量、学生数量的减少，影响教师的数量，教师队伍的强大与否又直接影响学科建设与发展，一连串的反应使得整个澳大利亚的 LIS 面临严峻挑战。

尽管 LIS 在澳大利亚是个小学科，且相对其他行业来说，LIS 从业者所占比例较

---

① WILSON C S, KENNAN M A, WILLARD P, et al. Fifty years of LIS education in Australia: academization of LIS educators in higher education institutions [J]. Library and information science research, 2010, 32（4）: 246–257.
② GENONI P. The changing face of LIS higher education in Australia, part 2 [J]. InCite, 2005, 26（8）: 18.
③ PARTRIDGE H, HIDER P, BURFORD S, et al. Who are Australia's information educators? [J]. Australian library journal, 2014, 63（4）: 275–291.

小，但 LIS 的影响力却不可忽视，因为数百万澳大利亚人使用图书馆服务。超过 820 万澳大利亚人是公共图书馆登记用户（数据来源：2014—2015 年澳大利亚国家和州图书馆），更多的人使用大学、职业教育与培训、专门图书馆和学校图书馆。2013 年 11 月，ALIA、Health Libraries Inc（HLInc）与 Health Libraries Australia 联合发布的一项对医学图书馆的投资回报评估调查发现，每投入 1 美元，有 9 美元回报，这还只是保守估计[①]。还有调查显示在公共图书馆，每投入 1 美元，对社区有 2.9 美元回报[②]。以上对图书情报领域的投入回报调查，显示出 LIS 对社会的影响力仍不可小视。

  LIS 图书情报学院仍然是澳大利亚 LIS 及信息领域人才培养的主要机构，肩负人才培养的重任。LIS 图书情报学院培养的人才水平也高于其他行业。ALIA 发布的 2017 年《澳大利亚图书馆与情报协会图情学教育、技能和就业趋势报告》显示，根据 2013 年的数据，图书馆员、技术员和图书馆助理的教育程度明显高于澳大利亚其他职业的人员，60% 的图书馆员拥有学士后文凭、研究生文凭或研究生证书，而其他职业的比例平均为 9%。在就业方面，LIS 也具有相对优势。与其他职业相比，图书馆员、档案工作人员、管理层工作者、档案管理员和图书馆技术人员的平均失业率要低于社会平均水平。LIS 还为澳大利亚社会提供不少就业机会，除为图书馆和信息服务相关岗位的人才提供职位外，还为澳大利亚的图书馆和信息相关产品供应商提供了约 1000 份工作。

  总之，目前澳大利亚图书情报学科对社会的影响仍主要停留在"信息"层面，图书情报学科的"情报"作用突显不够明确。这主要受学科的历史渊源影响，图书情报学科从产生伊始图书馆学与情报学即融合在一起，导致情报学从一开始即依附图书馆学，未形成独立的教育体系、理论体系及业务体系。尽管受教育改革政策、信息技术等因素的影响，图书情报学科开始变革与转型，但仍以"图书馆与信息"为主，较少参与到国家情报安全、国家决策等保障体系中。因此，未来，澳大利亚的 LIS 学科建设任重道远，应当加强情报学理论、技术与方法的研究，建立独立的情报学学科体系，提升情报学学科在学界的影响力和学术地位，发挥情报工作"耳目、尖兵、参谋"的作用，提高其对社会的影响力和贡献度。

---

① Australian health libraries' return on investment［EB/OL］.［2018-07-25］. https：//www.alia.org.au/advocacy-and-campaigns/advocacy-campaigns-0/australian-health-libraries-return-investment.
② Australian Library and Information Association. The Library and Information Agenda 2016［EB/OL］.［2018-05-25］. https：//www.alia.org.au/sites/default/files/The%20Library%20and%20Information%20Agenda%202016.pdf.

9.6 本章小结

自新南威尔士大学在 1960 年创立澳大利亚第一所图书情报学院以来,澳大利亚图书馆学情报学学科至今已有 60 多年的发展历程,经历了起步、发展、变革与转型与继续探索等阶段。源于历史因素,澳大利亚的情报学学科从产生伊始即与图书馆学融合在一起,这使得情报学从一开始即依附图书馆学,还没有形成独立完整的情报学科体系、专门的情报学理论基础及流派,仍关注信息素养、信息/情报检索、信息行为、信息服务、信息系统等"信息"层面,鲜有对情报本质和情报业务特殊规律的研究。情报学教育也主要依附图书馆学教育,未能建立起独立的情报教育课程体系,而图书情报融合的教育也面临各种挑战,提供图书情报教育的学院及课程数量呈现下降趋势,学院合并至商业与经济、计算机、信息技术与通信等大学院,仅少数学院仍专注传统图书情报领域,更多的学院转型以提供信息系统、信息管理、信息技术等相关专业。目前澳大利亚开展具体情报工作的机构来自各行各业,各组织机构关注的情报领域不尽相同,涉及图书情报、科技情报、竞争情报、国家安全及军事情报、战略情报、医学情报等各个方面。各个领域的情报工作仍各自为政,没有一个统一的管理体系,各个情报领域的相互融合与相互支持仍有待提升。

第 10 章
中外情报学与情报工作比较与启示

由于国情不同、政治制度不同、文化不同、教育体制不同、发展历史不同，情报学与情报工作在不同国家具有较大的差异性。而且，对于情报学与情报工作的内涵在不同国家之间乃至在一国内部也存在不同认识，不同国家乃至不同行业领域也呈现出风格各异的发展路径与发展特色。

因此，在贯穿本书的研究中，我们的"视野"是"国际化"的，但同时"视角"是"本土化"的，落脚点是为更好地推进中国情报学与情报工作的发展。我们遵循的总体思路是立足中国的情报环境、情报现实、情报需求，秉承"大情报观"，借鉴信息链逻辑，全链条、多维度、多层次地综合考察典型国家与地区的情报学与情报工作，尽可能全面涉及、综合梳理各国家和地区的情报学理论方法与情报工作实践。在这一过程中，我们力求从细粒度识别不同国家情报学与情报工作发展中的"最基本共识"与"最大公约数"，同时力求发掘各个国家与地区的特点。

本章在对各个国家情报学与情报工作进行总结和分析的基础上，基于统一的分析解释框架，对不同国家样本进行横向和纵向的比较，以便增强全球性、全景性、全局性的认识，也有助于我们更好地识别我国情报学与情报工作当前的定位，以及面向未来的发展路径。

10.1 全球视野下国外情报学与情报工作发展特点

10.1.1 各国情报体制差异性分析

本研究在选取样本国家与地区时，采取了类似理论抽样或目的抽样策略，即研究者根据研究目的的需要，选择在总体中能够典型地代表研究现象的样本，判断标准是国家与地区样本个体能够典型地代表某一类模式现象。在调研实施过程中，我们也进一步加深了对于情报学与情报工作"区域特征"与"国别模式"的认定与认知。例如，美国作为现代情报理论、情报学科建设、情报工作机制最为发达与完善的国家，其情报思想、工作流程、技术战术渗透到国家安全与发展的各个领域，已经成为国家战略与国家体制中不可分割的一部分；俄罗斯情报学与情报工作最大的特点是继承了苏联的举国体制，在当前环境下与科技、军事、国防、安全、反恐等领域关系密切；日本作为"情报立国"的典型样本，其对于情报的认知、利用、开发及情报教育、情报文化表现出与其他西方国家不同的"东方化"特质。

在情报理论研究方面，现当代产生于美国的一大批世界级的情报理论专著极大地影响了世界各国的情报理论研究，而且美国的情报理论研究与实践环境的互动更为紧密，从第二次世界大战、美苏冷战再到21世纪的"9·11"事件，都极大地刺激了美国情报理论研究的发展；欧洲主要国家的情报理论研究与其社会民生发展水平相适应，近年来在公共安全情报研究、国家经济情报研究等领域有较多着力点[1]；俄罗斯情报理论研究在极大继承苏联遗产的同时，试图借鉴和对接西方理论，继而建立本土理论[2]；日本在传统的情报研究取向上，重视人力情报及秘密活动[3]，在举国情报体制下，依赖政府部门与企业财团联合组成的情报人脉与信息网络，而国防安全情报则依赖美国等盟国的协作支持[4]，与日本丰富的情报实践相比较，日本的情报学术界较为保守[5]，缺乏充分和专门性的论述与产出，而且"情报"概念的表述，往往埋没在大量广义上对于信息处理、信息管理的论述中，这或许也可以解释为何前文中所呈现的日本案例表现出不同于其他国家的体例与内容。

由此可见，在全球范围内，国际情报领域在信息内容、处理手段、管理模式、治理机制、学科发展等方面都表现出差异性，使得我们在比较、借鉴、对标不同国家情报事业发展时，面临一定的困难。在情报领域并不存在一套通行的标准或可以直接"全盘拿来"的"先进经验"。上述这种差异性很早就得到了研究者的重视，并由此衍生出了情报学领域的专门分支"比较情报学"。比较情报学运用比较方法对不同国家和地区的情报模式进行探讨，找出其共性和个性，并力求正确理解和揭示产生这些差异的社会条件

---

[1] 赵冰峰.现代情报理论研究的国际比较与战略启示[J].情报杂志，2017，36（1）：9-13.
[2] 彭亚平.俄罗斯对外情报分析力量发展研究[M].北京：军事科学出版社，2014.
[3] 郝在今.中日秘密战[M].北京：解放军出版社，2015.
[4] 张卫.日本对外情报工作的转型[J].江南社会学院学报，2009（6）：59-63.
[5] 同[1].

和历史原因,以探寻情报发展的内在规律①。"他山之石"可以认为是比较情报学产生的直接动机,也影响了比较情报学的根本目的②。在这里,可以借鉴比较情报学的理论方法,寻求各国情报事业发展的共同点和各自特点,对不同对象加以综合分析,以发现规律、预测发展趋势③。在本部分,可以从以下几个方面理解各国情报体制的差异性。

第一,从国家一般性的治理结构和行政组织架构来看,情报工作不像社会保障、医疗养老、工农业生产、文化事业、商贸交通等领域具有一系列国际通行或取得共识的行政标准或行政规范。当观察世界各国广泛参与的各类国际组织时,可以发现WTO(世界贸易组织)、WHO(世界卫生组织)等经济民生领域的国际组织具有极强的包容性和广泛参与性,同时存在通行的、具有普适性的实施协议或框架。但是在情报领域,这样的国际组织或机制设置较为鲜见,所谓的"情报联盟"(如近年来美国所主导的"反恐联盟""五眼联盟")大多只存在于特定的历史时期和区域集团内部。

第二,从情报的信息属性来看,在信息转化形态中,数据、信息、知识都具有一系列国际通行的开放共享协议,支持其共建、共享、共创,同时在这背后也具有一套开放的知识基础设施与制度架构。但是一旦涉及情报这种特殊的信息样态,这种超越国界的信息共享行为就仅仅局限在较小的范围内,而且国际情报共享与全球范围内公共领域的知识共享存在显著的差异,后者表现出从信息内容、管理模式、治理架构直到价值效能的全方位开放共享,而情报共享的开放"阀门"往往被严控在较小的程度内。另外,国家间情报共享行为往往是面向特定目标任务、面向特定的投送对象,传递特定的内容。这种特殊信息共享行为也更加符合情报的本质。总结起来,如表10-1所示,全球视野下的公共领域知识共享可以视为"默认开放、选择性专有",而国家间情报共享可以视为"默认专有、选择性开放"。

表10-1 全球视野下的公共领域知识共享与国家间情报共享比较

类别	公共领域知识共享	国家间情报共享
信息供给主导模式	志愿型供给	权威性供给
信息开放主导模式	默认开放、选择性专有	默认专有、选择性开放

---

① 于兴华,王文英.试论比较情报学[J].情报科学,1982(5):1-5.
② 王存,靖继鹏.关于比较情报学的一些基本理论问题的探讨[J].情报科学,1991,12(4):18-21.
③ 葛耀良.比较情报学浅议[J].情报学刊,1983(2):87-89.

续表

类别	公共领域知识共享	国家间情报共享
信息开放主要对象	社会各个领域,不选择(也不排斥)特定对象	特定专业机构部门
信息开放主要渠道	互联网平台等各类公开信息源	专业管道、内部渠道
信息内容加工程度	信息加工程度不一,支持再加工、再创作、再分发、再传播	信息加工程度高,具有较强指向性
信息开放主要层次	内容开放、知识基础设施开放、开放协议与开放标准	特定内容的开放

第三,全球视野下的各国情报事业表现出较强的制度嵌入性。这主要是指各个国家的情报工作机制都被深刻嵌入国家运行体制,情报机制与国家体制关系密切。正因为如此,在当前多极化、多元化的国际格局中,各国情报事业发展表现出纷繁复杂、相互竞争而又相互交融、相互借鉴的态势。各国情报工作自诞生之日起就与保卫国家政权与维护国家安全、进行敌我斗争紧密联系。情报工作是大国重器,是国家安全的最外层防线。在国家安全工作中,情报工作发挥着重要的支撑和引领作用,同时,情报工作对国家发展建设也至关重要。在情报工作发展程度高的国家,情报工作能够为国家重大战略决策与顶层设计的制定与实施提供坚实有力的智力支撑。此外,各国的情报工作体制也与该国的意识形态、政治倾向、战略国策、具体国情相匹配。

第四,全球视野下的各国情报事业表现出较强的对抗性。对抗性表现为情报与反情报工作不仅发生在"敌我"之间,而且发生在一般国家关系乃至同盟国之间。例如,2013年爆出的美国"棱镜门"监听事件,就揭露了美国对盟国的监听行为。情报的对抗性不仅表现在军事领域,如现代竞争情报产生于第二次世界大战后日本、美国、欧洲发达工业国家间的商业竞争和市场竞争,并随着信息技术和互联网的发展而更加完善和有效。正如有的观点认为,美国情报与对抗活动相伴相生,凡是美国对外发生对抗活动,美国的情报活动就在发生[1]。事实上,部门情报本身就可以定义为一种组织之间的社会斗争活动[2]。在重大的情报课题中,红蓝对抗的情报分析模式能够澄清质疑,规避专家常规判断存在的风险,避免偏见,这种基于对抗而不是互补的情报分析模式,能在一定

---

[1] 赵冰峰.论国家情报体系的基本属性、系统运筹与对外政策[J].情报杂志,2018(2):1-7.
[2] 赵冰峰.论情报(下):情报活动机理及和平建设型国家情报体系[J].情报杂志,2015(8):1-6.

程度上使分析的过程更加客观，提出更具前瞻性的判断①。在情报学学科领域，情报对抗作为情报学"IS 范式"（Intelligence Studies）的主要表现之一②，正在得到各国情报学教育领域的重视。比较不同国家的情报事业发展水平，可以发现情报事业发展水平越高的国家或地区，其情报对抗性的强度和烈度也越高。

10.1.2 统一框架下的多维度比较

尽管各国情报事业在整体上表现出上述一系列差异性，但是我们可以抽丝剥茧、条分缕析，将各国情报事业分解为不同的切面和维度，这样就形成了进行比较、借鉴、对标的尺度。从比较情报学的研究范围来看，也是侧重根据不同国家和地区具体条件不同而形成的情报发展和应用特点不同而划分为不同层次，其中判断层次的标准是经济条件、社会制度、科学文化水平等。情报学与情报工作是各个国家情报学研究、情报应用体制、情报实施方式及社会条件（如历史发展阶段、社会制度、经济能力、科学文化水平、管理体制、人口指标等）相结合的整体，这些条件决定了一国所处的特定层次，由此也可以进行同层次和跨层次的比较与借鉴③。

如图 10-1 所示，该框架由纵向拆解的情报工作体系要素与横向的历时演进线索等两个维度构成。下面对该框架进行具体说明。

第一，图 10-1 在纵向上识别和划分出了情报事业发展的层次和维度。当我们观察世界各国情报工作的历时演进发展态势时，需要避免笼统地在表象层面对各国情报事业进行比较。如前文所述，各个国家既面对着共同的环境挑战，又具有各自不同的情报环境，这与国家的历史传统、地缘区位、意识形态、国家战略有关。图 10-1 提供的框架便于解释不同国家在不同情境中的情报内容/技术/制度选择，如处在相同或相似情报环境的国家可能会表现出情报工作上更多的协调性及一致性。例如，北约国家之间的情报共享；又如第二次世界大战期间，美苏两国尽管意识形态不同，但是面对法西斯的共同威胁，在一定时期和一定范围内产生了相似的情报环境，促成了两国较高层次情报共享的行为；再如进入 21 世纪以来，恐怖主义及宗教极端势力成为人类文明公敌，不同国家面对共同威胁，也会在一定限度内进行较为充分的情报协同与共享。

---

① 唐超，王延飞. 融入情报流程的情报感知能力研究 [J]. 情报理论与实践，2019（5）：14-18.
② 孙建军，李阳. 论情报学与情报工作"智慧"发展的几个问题 [J]. 信息资源管理学报，2019（1）：4-8.
③ 于兴华，王文英. 试论比较情报学 [J]. 情报科学，1982（5）：1-5.

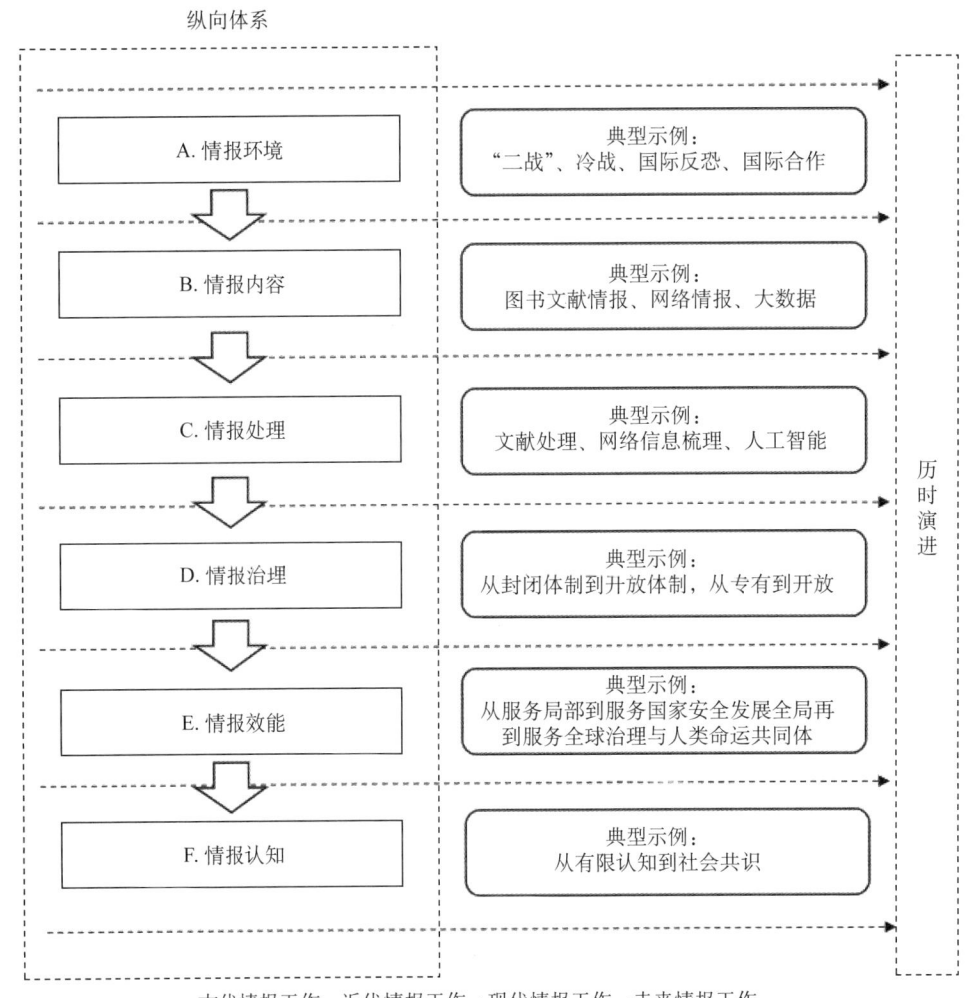

图 10-1　全球视野下情报工作的历时性分析框架

第二，图 10-1 提供的框架便于我们对于各国情报事业发展程度进行定位，同时也便于对我国情报事业发展的阶段、程度、水平、瓶颈进行更好的诊断和理解，便于在相同或邻近发展区间快速找到学习借鉴对象或竞争对手。例如，根据本研究对典型国家样本的分析，定位于情报认知层面（图 10-1 中 F 层面），日本以"情报立国"，情报素养和情报意识已经渗入日本社会的方方面面，这值得引起我们的重视；定位于情报效能层面（图 10-1 中 E 层面），俄罗斯情报体系在继承苏联遗产的基础上，有效服务于军队、警察、内务、应急、国家安全等强力部门，对俄罗斯维护国家安全和主权、有效应对区域紧张局势、积极介入热点冲突地区、保障俄罗斯战略利益发挥了重大作用；定位于情报治理层面（图 10-1 中 D 层面），欧盟各国在欧盟统一框架下形成了数据、信息乃至情报的协作共享体系，在求同存异的基础上，实现充分的协同一致行动。例如，在 2018 年底欧盟 25 个成员国宣布联合成立"情报学院"（Joint EU Intelligence Academy），在欧盟筹备"欧洲军"（EUFOR）的背景下，欧盟的共同情报连接和指挥体系也更加紧密，这也显示出欧盟情报治理机制的成熟；定位于情报处理层面（图 10-1 中 C 层面），美国凭借其悠久的情报传统和完善的情报体系，依托其强大的综合国力和科技水平，积累和储备了大量先进的情报处理技术方法，可以成为学习借鉴的对象。

第三，图 10-1 框架可以帮助我们识别和诊断情报事业发展中的冲突与矛盾源头。这其中的基本逻辑是在图 10-1 情报工作的纵向体系中情报环境、情报内容、情报处理、情报治理、情报效能、情报认知的各自发展阶段应该是相互匹配的，即特定的情报环境产生特定的情报内容，需要相应的情报处理手段；情报治理机制需要适应情报环境、情报内容和情报处理手段；情报效能的释放和发挥受制于情报治理体制；情报效能和情报认知也相互影响；情报效能发挥得越好，专业部门、决策层乃至全社会的情报认知就越充分，广泛且深入的情报认知又能够促进情报效能的发挥。

第四，图 10-1 框架可以帮助我们探索和拓展情报事业在未来的发展方向。例如，在图 10-1 中的情报事业纵向体系中，首先可以识别传统优势与当前短板，我国情报事业事实上拥有悠久的历史、丰富的积淀、有待开发的前人思想理论，在图书情报、科技情报等核心领域也积累了一系列卓有成效的情报处理手段。当前的瓶颈和局限之一可能在于情报治理层面，即有效地整合不同情报机构与相应处理手段，打破制约情报效能发挥的瓶颈与顽疾。而在横向历时阶段上，也需要不断关注和警觉情报环境悄然发生的变化，包括国家战略、社会需求、国际竞争的推动或拉动，也包括情报环境中信息形态本身发生的变革，如需要将情报处理的对象从传统信息资源拓展到海量数据资源，并且需要情报处理技术与时俱进。

10.1.3 情报事业发展一般性规律

接下来，将进一步对图 10-1 中的结构框架及其内在逻辑、演进历程进行学理性的说明。该框架在纵向体系上借鉴了马克思主义基本原理中生产力与生产关系、物质与意识辩证关系的经典论述；另外也基于"情报是一种特殊信息形态"这一认识，将知识治理相关理论迁移到情报领域，用以解释情报工作中各个层次之间的关系。

图 10-1 呈现的纵向体系具有以下含义。①特定的情报认知来自一定历史时期与一

定地域范围内的特定情报环境，有什么样的情报环境就有什么样的情报认知。同时，情报认知对于情报环境有描述、解释和预测作用，情报认知对于情报环境中的情报实践具有指导作用。②特定情报环境中会产生相应的情报内容，随着环境变化，情报内容也会产生相应的演化。③特定的情报内容需要有相应的情报处理方法，情报处理方法是情报效能发挥的核心层次，而情报效能的低下归根结底是来源于已有的情报处理方法不能妥善处理当下情报环境中的情报内容。④情报处理并不能直接带来情报效能，而是需要有情报治理层面的传导。情报治理可以理解为并不是直接对情报内容本身的管理，而是对于情报处理事务与情报处理过程的管理，情报治理需要与前三个层次（即情报环境、情报内容、情报处理）相适应。简言之，情报治理可以理解为对于情报工作的一系列制度安排。⑤情报效能可以理解为情报工作的效率和产生的效果，情报效能实际上直接来源于情报体制机制。⑥情报效能直接影响到情报认知，较高的情报效能理论上会带来较好的情报认知，但是情报领域与其他信息领域不同，因其特有的隐秘性，有时较高的情报效能并没有或不能被充分地认知。但充分的情报认知无疑会促进情报效能的发挥。

明确了这一纵向框架，就能够理解在比较与借鉴国外情报学与情报工作特点时，不能一概而论，也不能生硬地照搬照抄，而是应该综合考虑环境、内容、技术、制度、效能、认知等综合因素。同时，也进一步说明情报界并不存在所谓的"最佳实践"，各个国家只有形成适合本国国情、与环境相适应的情报体制才是最为理想的状态。

情报体系具有不同的层次，理论上每一个国家的情报事业都应涵盖所有层次。拥有丰富的情报资源，或拥有先进的情报处理手段，或拥有充分的情报认知，诸如此类，只拥有某一层面的优势并不意味着一个国家拥有情报事业的整体优势。同时，每一个层面在历时演进阶段中相对其他国家处于前列也并不意味着本国情报事业就处于最为理想的状态，而是应该关注情报事业各个层面的协调匹配与平衡。

在这一认识基础上，观察国外情报学与情报工作特点，可以发现美国在国家整体上的情报事业无疑处在最为领先的位置。相较之下，各个国家在某一层面均具有自身的一些特色优势，如日本社会具有充分的情报认知，欧盟国家具有较为完善的情报治理机制等，但是都不及美国在各个层面的均衡协调发展。

从总体上看，当前世界各国在国际格局发生剧烈动荡和深刻重组的背景下，在中国提出"人类命运共同体"和全球治理理念的指导下，在一定程度上面临类似的情报环境。大数据、人工智能、新一代通信网络等技术催生了新的信息形态，也拓展和重新塑造着"情报"的边界和内涵。各国都在积极探索和应用新的情报处理技术，而且情报处理技术的研发和采纳越来越依托强大的国家综合实力，特别是科技实力。情报处理技术的先进性和采纳速度成为国家核心竞争力的重要来源之一。在情报治理机制方面，整合化、融合化乃至开放化的治理机制倾向越来越明显，如21世纪以来美国国土安全部、国家情报总监等职能部门或岗位的设置都反映了情报统筹管理、集中高效配置的趋势。同时，在特定范围内，情报传递与交流的机制正从传统的专有机制演化为开放机制，即在特定部门与业务线之间默认开放共享相关情报；在情报效能方面，在大数据时代，情报在国家安全与发展中的作用更加明显，正从服务于特定部门、特定领域和局部区域上升为服务于国家大计乃至全球共同利益。

10.2 比较视角下中国情报学与情报工作发展对策

10.2.1 我国情报学与情报工作的主要矛盾

建立了上述认知之后，情报事业发展中的冲突与瓶颈就可以理解为各个层次的不协调。结合我国现实发展情境，可以对我国情报学与情报工作的主要矛盾进行解析，典型的矛盾冲突表现为以下几点。

第一，没有意识到情报环境正在发生变化，情报环境中新的情报内容正在出现。例如，大数据形态的出现正在重塑全社会的信息交流与传播环境，进而对情报工作体制产生影响。我国情报学与情报工作在创立之初主要以科技文献为主要处理对象，但是随着时间的推移，我们的关注重点逐渐推移和拓展到一般意义上的信息管理及互联网信息资源管理。大数据形态的出现，以其"4V"特征前所未有地颠覆了传统的科学研究范式和内容处理模式，并且和情报学与情报工作过往所强调的精准性有不少区别。在新环境中，相较于技术的变革和制度的创新，最艰难但影响也最为深远的其实是观念认知需要与环境同步（见图10-1中"情报环境"与"情报认知"层面的冲突）。大数据环境要求情报学与情报工作更新旧有思维，建立"大数据思维"，即树立总体数据分析的思维、接受纷繁混杂异构数据交会分析的思维、注重数据（事物）之间相关关系的思维。而建立这种思维，需要实践的摸索与训练，需要相关教育培训和知识体系的支撑，促使我们破除旧有思维定式。

第二，情报环境中的情报内容未能得到有效重视，这既包括已存在但是长期以来被忽视的情报内容，也包括新出现的情报内容。例如，我国一段时期的情报学研究与专业教育主要将图书文献情报作为重点的情报内容，据此进行学术研究和人才培养，但是忽视了对传统意义和经典意义上的其他开源情报、人际情报、隐蔽情报、安全情报等的关注（见图10-1"情报环境"与"情报内容"层面的冲突）。此外，在这一层面的另一项重要问题是情报环境中的不同类型情报内容缺乏有效整合。由于情报对于保障国家安全与稳定、促进科技创新与发展、保障人民福祉与健康、促进各项事业和各类产业发展及辅助政府决策等国计民生各个领域都有积极作用，因此在不同领域都有特定的情报内容产生，内容横跨军事、国防、安全、科技、健康、经济、决策、文化等不同方面，并且聚敛于"安全"与"发展"两大内容主题。但是，在这两个主题内容之间还缺乏有效的整合和交流。

第三，情报处理技术手段方式与情报内容不协调。例如，传统的面向图书情报、文献情报的处理手段无法适应海量数据内容（见图10-1中"情报内容"与"情报处理"层面的冲突）。这方面最大的冲突来源于情报学与情报工作领域，很多情报机构仍然沿用以文献为中心的工作方法，将重点放在文献的管理与服务手段上，如文献搜索、加工、组织、汇编和计量分析等，而将大量的其他类型高价值的情报源排除在视野之外，造成情报视野的"失焦"与"游移"，也让情报学越来越偏离其本质属性。面对大数据这一崭新形态时，尽管情报机构已经意识到其带来的机遇，但是如果不下决心变革和调整传统上基于文献的情报处理工作方法，也只能"望数兴叹""心有余而力不足"。在更高的层面，当前情报处理技术手段与情报内容之间的矛盾归根结底还是用宽泛意义上的信息（information）处理手段来取代对于情报（intelligence）特有的处理手段，忽视乃至漠视情报与信息两种内容形态之间的本质差异。长期以来，我国在汉语语境中基本将"信息"与"情报"两个名词等同，并且认为这两个词皆来自英文单词information。但事实上，"信息"与"情报"无论是在汉语语境中还是英语语境中，其语义尽管有天然的联系和一定的重叠，但内涵却有着根本差异。在英语语境中，information与intelligence尽管极为相近但依旧有细微区别，从而使用于不同的情境。在这种认识指导下，我国的情报学研究与情报工作偏重"信息"（information）而淡化"情报"（intelligence），目前仍然以文献相关工作为主。相关研究与实践中情报元素与情报内涵比较淡化，情报本义与情报功能比较弱化，研究对象与工作视角也日益泛化，造成情报学研究领域与情报工作方向有所偏移。

第四，情报处理手段与治理机制之间的不匹配。典型的表现为我国在一段时期内缺乏符合整体国家安全观的系统性情报工作组织建制，不同行业、不同领域的情报处理机构各自为政（见图10-1中"情报处理"与"情报治理"层面的冲突）。例如，美国情报系统在"9·11"事件之前尽管各个独立的情报机构各自具有先进的情报处理手段,但是情报机构之间缺乏协作共享的制度安排,影响了情报效能的发挥,此后美国通过设立国土安全部等一系列举措来强化不同情报机构之间的协调和情报治理。这方面可以为我国提供参考。当前我国情报领域的重要问题是缺乏"大情报观"的统领,军事、国防、国安、科技、经济、政务领域形成了具有各自特点的情报处理方法乃至学科体系(如科技情报学、军事情报学、公安情报学、医学情报学),但是彼此之间在很多时候缺乏交流、交融,不能取长补短和相互协作,而是各自生长、并行生长。其实这背后除了在观念上缺乏共识,更缺乏促进全社会各个情报领域间相互协调对接、互利互补的体制机制。因此,亟须在"大情报观"指引下建立一体化的国家情报工作体制和融合化的国家情报平台,同时也亟须完善、系统、全面、完整的情报学学科体系。

第五,情报治理体制机制的落后与局限影响了情报效能的发挥。典型的案例为在特定的历史条件下,我国科技情报事业为国家重大工程项目、重大决策等提供了重要情报服务支撑。然而,科技情报工作也受到了行政体制和职能定位的制约,科技情报系统的运转依附高度集中的计划经济体制。在改革开放后,国家对外政策与军事战略出现变化,科技情报系统面临体制改革,其任务导向有所变化,但始终离不开惯有的条块分割、分散多头的情报业务思维与技术手段,情报研究多属于被动、定向、封闭式的模式(见图10-1中"情报体制"与"情报效能"层面的冲突)。更为重要的是,情报效能的释放和发挥有赖于情报工作体制能够与国家发展战略有效适应、有效对接。近年以来,总体国家安全观、军民融合、智库战略的提出为激活和释放情报效能提供了一系列极佳的契机。例如,情报工作者如果能够突破军事情报、科技情报的固有界限,以"大情报观"覆盖国家安全问题、经济发展问题、科技创新问题、社会民生问题,将会担负起更大的责任,也能够贡献出更大的力量。再如,情报工作体制主动对接国家智库战略,发挥出情报工作"耳目、尖兵、参谋"的优势,为决策层乃至各级政府、各类产业起到智囊作用,无疑将有效提升情报工作的地位和价值。

第六,情报效能与情报认知之间的冲突。这一冲突是全球范围内的普遍问题,在各个国家行政体制内部,管理层、决策层对于情报效能的认知决定了对于情报机构的资源投入、资金支持、人员装备配置及其他行政支持(见图10-1中"情报效能"与"情报认知"层面的冲突)。情报机构必须向管理决策层证明自身存在与发展的价值,其核心在于证明情报在决策与行动中的作用。这种作用不仅是在整个决策链中发挥保障作用或支援作用,也不仅表现出决策过程或军事行动中的从属性,而是应该在决策中发挥先导作用,即先有情报，后有决策（行动），决策（行动）必须建立在情报的基础上。但是在我国一段时期以来的情报认知中，情报工作的"主动性"与"引领性"并没有得到充分表现，在公众认知乃至情报领域的内部认知中，情报工作者更多是扮演"助手"的角色，承担服务和辅助功能，这就在认知上排除了情报人员可能发挥更大价值。情报工作者应该挖掘和发挥出自身的传统优势，除了实现"耳目、尖兵、参谋"作用，还要发挥引领作用，从而树立情报工作者的全新形象。

10.2.2 我国情报学与情报工作的发展策略

基于上文建立的统一框架，我们具有了比较的标准，能够将中国情报学和情报工作与国外的情况放在统一尺度下进行观察。借鉴国外情报学与情报工作的发展经验，有助于从不同层面对我国情报学与情报工作的现状定位与发展路径进行分析。

(1) 情报环境

从发展和比较的观点看，我国拥有较为良好的底层情报环境。这主要表现在以下几个方面。从传统上看，中国的情报活动历史悠久、源远流长，孕育出了内涵丰富、影响深远的情报思想。在革命战争年代及社会主义建设时期，在长期的斗争实践中积累形成了大量宝贵的情报工作经验；从现时来看，当前安全与发展、军民融合、创新驱动发展已经成为时代主题。尤其是十八大以来，总体国家安全观被提出，国家安全委员会成立，有利于情报事业发展的战略、法律、政策、文件频繁出台，如《关于加强中国特色新型智库建设的意见》《中华人民共和国国家安全法》《中华人民共和国国家情报法》等。这些举措完善了我国情报学与情报工作发展的制度环境。在这种背景下，国内情报学人与情报实践者也日渐活跃，近年来情报领域的"华山情报论坛"和《南京共识》等备受情报界乃至其他领域的关注，特别是情报学发展开始在原有科技情报与图书情报的领地上向外拓展，对接、延伸、融合至国家安全情报、军事情报、公安情报、反恐情报等新领域或早前被忽视的重要领域。学界、业界乃至社会公众对于情报学与情报工作的理解正在加深，这些都为情报学与情报工作的发展带来了良好的宏观环境。

为了更好地发展我国情报学与情报工作，还需要在比较视野下关注国际大环境的变化。随着世界格局面临"百年未有之大变局"，以及中国国际地位的显著提高，外国对我国的关注也在日益加强，这其中既有积极的关注，也有某些境外敌对势力在政治、军事、经济、文化、科技等不同领域的威胁与渗透，这使我们面临的情报环境更加复杂、情报工作的任务更加繁重。在国际竞争加剧的环境下，情报工作的作用和价值日益凸显。这也需要我们在新环境下，明晰情报学及情报工作的使命、责任和具体职能，在国家安全与发展的框架下，促进军民情报融合发展，形成一体化的情报事业格局。

（2）情报内容

情报内容是情报处理的对象，是情报事业各个层次的基础。只有明确地识别、定位、理解和把握情报工作的这一实践对象，才能牵一发而动全身，引导整体情报事业朝着正确的方向发展。如前文所述，我国在一定时期内对于情报内容把握的偏差或失焦已经制约了情报事业的发展。不同学科间话语控制权的此消彼长，也带来了情报学与情报工作处理对象的游移，造成在过去十多年间，图书情报学界与军事、国安、外交之间所谈论的情报对象交集远远少于补集。这也从一个侧面说明了准确认知情报内容对于推进整体情报工作的重要作用。近年来，处在整合进程中的国内情报学界也在逐步走出"图书情报"的固有观念，在传统图书情报专业主导的背景下进行延伸或外生，逐步形成与国际认识接轨的情报（intelligence）观。特别是伴随着近年来"华山情报论坛"的持续召开及《情报学与情报工作发展南京共识》的达成，军事情报学、公安情报学、竞争情报学、图书情报学、科技情报学、社科情报学开始尝试对话与对接，并且逐步对情报学与情报工作的处理对象（情报内容）形成统一认识，在此基础上形成分工协作、搭配互补、协调一致而又错落有致的多元情报管理格局。

新环境下情报内容层面的另一表现就是大数据内容的涌现，这为情报学与情报工作的传承、回归、创新带来契机。这要求我们变革和更新情报分析的传统思维与工作模式，先进一步研究和掌握大数据内容形态本身的特征与规律，再据此探索适合大数据的情报分析模型、情报处理系统与工具，并形成新的情报理论方法。大数据内容与情报处理手段的影响是相互的，既要将大数据分析的方法和理念应用于情报分析，也要积极主动地将情报理论与方法应用赋能于不同学科和领域，进而推动情报学科成为更大影响力的横断学科。

（3）情报处理

情报处理是连接情报内容与情报效能的桥梁，特定的情报内容只有运用对应的情报处理手段，才能够发挥出效能。当前国内对于情报内容的认识正在得到持续的矫正、深化与拓展。与此对应，在下一阶段需要完善和健全情报处理手段，以适应新的情报内容特性。情报处理层面的能力是长久以来决定情报工作质量的核心要素，是衡量一个国家情报能力的重要标杆。美国、英国等情报大国基于对情报处理对象的精确理解，在此基础上经过多年积累，形成了一系列成熟的情报处理技术。相比之下，我国正是由于上文提到的在情报内容层面的游移、偏离、反复与失焦,造成我们在理解情报处理方式时具有一定的片面性。例如,正是对"信息"与"情报"概念的混淆,导致实践行为将情报工作约等于信息管理工作,认为情报处理的主要内容就是对信息资源(主要以文献为载体)进行收集、组织、存储、获取、解释与应用。这种认识的局限性在于将更多有价值情报内容、情报渠道排除在情报处理的视野之外。如果情报处理手段没有得到同步跟进,旧体系面对新对象就会立刻暴露捉襟见肘的能力短板。

在检视我国的情报处理工作现状时,也要避免一些误区。例如,不能一味排斥和剥离源自图书情报领域的情报处理手段,不能只看到冲突,看不到融合互鉴。即使是在国外的情报工作中,无论是在历史阶段还是在现时阶段,文献专家、图书馆学专家始终是情报团队中不可或缺的一员;同时也不能一味忽视安全情报长久以来取得的积累和进展,有关领域的情报处理手段是一直存在,并且在持续地发展和发挥作用,只是在一段时期内没有充分地进入专业学科领域的视野。不应把阻碍发展的原因归结为某个单一因素,当前最为关键的举措是需要在"大情报观"的指导下,在取得包容性共识的基础上,充实情报体系和情报能力的内涵,在持续释放情报效能的过程中,对情报处理手段不断地矫正与完善。

毋庸置疑,在贴近情报工作本源的情报处理手段方面,我国在革命斗争年代及新中国建立以来已经积累了丰富的实践与斗争经验,有关情报工作为新中国的建立和社会主义建设做出了巨大的贡献,是我们进行理论化总结、提炼和推广的重要源泉,也完全可以成为具有中国特色的情报学与情报工作理论与实践体系的重要基石。尽管近数十年来我国在情报处理层面,客观存在着认知与实践中的偏差与分歧,但是大家共同的坚守与各自方向上的发展也形成了殊途同归的局面。

(4)情报治理

组织理论为我们提供的一项重要理论借鉴是组织绩效的发挥受到组织治理结构的影响。在情报效能发挥的过程中,情报治理是一个不可或缺的环节。如前文所述,情报治理并不是直接面向情报内容本身,而是对情报内容和情报处理活动中各个元素的有机协调与优化配置。传统组织理论已对组织中知识的重要性有深切的认识,但是在很长一段时期内忽视了对于特定的信息内容需要有相应的信息处理手段,而是试图以组织治理结构直接面向信息资源本身,从而导致组织的知识效率低下。对于信息形态的处理正是情报工作擅长之处,但是,传统的情报工作(无论是图书情报工作还是其他领域的情报工作)都试图直接通过对于情报内容本身的处理来取得效能,忽略了组织结构、制度安排对于情报效能的发挥具有重要推动（或制约）作用。因此，对于情报工作来说，重视情报治理层面的存在至关重要，理想的治理机制能够化解上文提到的情报内容与情报处理手段之间的矛盾。

具体到我国情报学与情报工作现状，当前情报治理层面主要面向解决整体运作过程中的体制化缺陷。情报学本身是一门融合政治、经济、军事、外交、法律、文化等多领域知识的交叉学科，情报本身丰富的内涵与外延决定了其多领域依附性特点。由于我国社会历史环境与情报需求层次的变化，在政府管理、科技发展、社会服务、国安公安、边防海关、医学医药等各个领域和行业形成的情报学理论与情报工作仍然存在各自为政、互不协调的分割局面，中国情报学与情报工作的整体运作呈现出典型的"割裂的体制化"特征，这正是情报治理的对象。

情报治理需要配置不同的治理手段与治理工具。以法律、政策、政府文件为代表的权威性治理工具及网络治理、市场机制都可以应用于情报治理层面。在我国走向治理能力和治理体系现代化的进程中，一些治理工具已经在情报工作领域开始应用并且初见成效，带来了深远的影响。近年来表现最为显著的就是涉及情报领域的法制建设和政策工具的运用。例如，近年来《中华人民共和国国家安全法》《中华人民共和国国家情报法》的相继颁布，以及《关于加强中国特色新型智库建设的意见》《关于积极推进"互联网＋"行动的指导意见》等政策的出台，为情报学与情报工作拓展了视野、指明了未来方向，也提供了法律依据、政策导向和制度保障。

除了以上政府主导的政策治理工具的出台，其实在现阶段我国情报供给的市场机制也正在发挥作用。2015年以来中国特色新型智库的快速发展，带动了我国思想市场、知识市场、政策市场的发展。在这种以信息产品、决策咨询产品和知识服务为主要交易媒介的市场形态中，情报机构也可以成为供给侧的参与主体之一。不同情报机构与其他信息服务提供者（如智库、传媒、高校、咨询公司等）在一定范围内存在竞合关系。从国际比较视角来看，美国的情报机构、智库机构、传媒机构就存在天然的你中有我、我中有你、互相影响、互相渗透、互相博弈的生态关系，其中市场选择机制也发挥着重要的作用，完善的市场规则（如咨询方案和情报产品的采购）维系着不同主体之间的有序运行。当然，情报供需市场机制也存在着一些内生的缺陷。市场既是一种治理手段和一种资源配置方式，也是受到治理的对象。特别是市场机制在情报治理中的引入需要考虑我国的具体国情，需要根据不同情报机构的职能属性有区分性地引入与采纳市场机制。

(5) 情报效能

如前文所述,情报效能可以理解为情报工作的效率和效果。情报工作对于新中国的建立和建设都发挥了重要作用,我们老一辈革命家(周恩来、聂荣臻、张爱萍等)对情报工作的定位有着深刻的认识,并提出了经典的概括——"耳目、尖兵、参谋"。尽管在现实中,不同的情报领域、情报机构对于"耳目、尖兵、参谋"的定位有不同的理解,对于其实现也有不同的方式。但是大部分的情报从业者都对"耳目、尖兵、参谋"的定位具有共识,并且在各自的工作领域力求坚守或恢复这一传统。在由情报内容、情报处理、情报治理、情报效能等核心要素组成的情报工作体系结构中,情报效能可以成为化解分歧、整合分野的抓手。对比其他发达国家的情报事业,我国的情报学与情报工作在识别和看待"情报内容"时就开始出现分歧和割裂,表现为对"情报"与"信息"的认定方式,以及"图情范式"与"非图情范式"的并存;在"情报内容"层面割裂的影响下,"情报处理"层面也表现出不同的处理模式与手段,并且长期以来形成的固定情报处理机构设置与多样性的情报内容之间缺乏兼容性;在"情报处理"层面复杂性的影响下,"情报治理"层面面对的是"割裂的体制化"特征。

在这种背景下,我国情报学与情报工作在"情报效能"上取得的共识是难能可贵的。近年来我国整体层面对于情报效能的认识越来越深刻。从宏观上来,情报工作服务于国家安全和国家发展两大主题,建立服务国家安全与发展的"一体两翼"式的情报学体系,已经成为我国情报学与工作使命定位的最大公约数。安全与发展是人类情报活动的永恒动力,这两大主题能够有效涵盖且划分军事情报、安全情报、公安情报、经济情报、科技情报、社科情报、医学情报、农业情报等各个情报领域。其中,安全情报事关国家安全问题,其效能的实现最为重要,是驱动我国情报学与情报工作发展的引擎,也有必要成为未来情报学学科专业的核心组成内容。《中华人民共和国国家情报法》的内容主旨就体现了对于国家安全情报的重视和肯定,为了适应未来国家安全和国家情报工作的需要,我国情报学的长远战略应以"国家安全"为核心,面向"国家安全"谋求发展,贴合情报的本质功能。以科技情报为重点,以社科情报、图书情报、医学情报为分支的特定情报工作领域一方面需要为国家安全情报提供支撑;另一方面可以在满足国家发展需求的定位下发掘出更大的发展空间。总之,能否有效承接和服务于国家战略将是未来衡量情报效能的准绳。

(6) 情报认知

情报认知按照认知主体的不同可以分为不同类型,包括情报从业者的自我认知,以及来自情报工作服务对象（如决策部门、行政管理部门、安全执法部门等）的情报认知、来自社会公众的情报认知，此外还包括情报学受教育者（或者也可以理解为情报工作未来从业者）的情报认知。这涉及很多问题，如需要提高情报工作在服务对象心目中的形象，从简单的"助手""仆从"转变为"辅助"与"引领"兼备，这首先要革新情报学与情报工作从业者的自我认知。

情报认知的对象涵盖了上文涉及的对情报环境、情报内容、情报处理、情报治理、情报效能的认知。对于情报工作的受用者和服务对象来说，对于情报效能的认知最为直接，产生的影响也最大。同时，情报认知和情报环境具有较为密切的关系。一定时期的情报环境与情报土壤产生特定的情报认知，情报认知需要正确、客观地反映情报环境。情报认知随着情报环境的变化而调整和矫正，也会在一定阶段落后或超前于情报环境。当情报认知落后于情报环境时，就会对认知指导下的情报活动产生制约作用。这也从一个侧面说明我们需要重视情报学科发展和理论建设，需要通过理论研究更准确、更前瞻地描述、分析、指导、预测情报环境。当情报认知在一定程度上领先于情报环境时，就能够发挥情报认知的前瞻和预测作用，这对于情报工作来说是必不可少的，也符合情报工作的本质要求。但是情报认知也不能过于领先情报环境，否则有可能使超前的情报计划、情报方案、情报设想缺乏实践环境的支撑，为情报活动带来风险。

情报认知属于观念思维领域。在我国历史传统中实际上已经积累了一定基础的情报认知。但是当前国内很多从业者、研究者和学习者都侧重实践、实效、实操，却忽略了对认知和观念层面的关照。而比照美国，无论其建国时间还是开展情报工作的时间都远远晚于中国，但是美国情报学界非常重视对情报思想和情报观念的反思总结和提炼推广，并且产生了很多以情报思想研究著称的知名学者。反观我国的情报学研究多以具体实务为主，不过在近些年来也开始关注传统情报思想与思维的研究。其典型实例就是我国情报学界对于钱学森情报学思想的梳理和吸收。

在塑造和培育情报认知的过程中，各种传播渠道和推广方式的作用不容忽视。当前国内已经形成了一批极具特色、具有较高水平的情报期刊，为相关领域的研究做出了巨大贡献。但是具体分析这些刊物的侧重点、办刊方向、期刊定位、载文倾向等，也可以发现目前国内情报学期刊主要仍遵循图书情报范式，情报学加图书馆学的两栖期刊较多，而且内容较为繁杂，缺乏指向性、专门性和针对性；面向公众情报认知的传播渠道也需要改进。这可能与我国情报工作的隐秘性和保密性有关。例如，即使在学术场合，很多人也认为情报工作应该秘而不宣，与此相关情报研究当然也应该是保密的。这种保密政策使情报研究成了学术界讳莫如深的话题，军事情报工作和安全情报工作虽然在实践领域蓬勃开展，但在理论研究领域具有较低的显示度。与美国情报事业比较，可以发现其虽然也具有隐秘性，但是同样也具有较高的公众认知，美国情报机构责任人和相关领域专家也时常亮相于听证、质询、媒体和智库活动，这一过程也是一种形象和观点输出，在潜移默化中塑造着全社会的情报认知。对于我国情报学与情报工作，如何在确保隐秘性和保密性的基础上，在一定程度上增加显示度和可见性，起到正向宣传和塑造积极情报认知的作用，这是我国情报学与情报工作今后值得关注的问题。

参考文献

[1] Aharony N, Bronstein J. A Delphi investigation into future trends in e-learning in Israel[J]. Interactive learning environments, 2014, 22（6）: 789-803.

[2] Aharony N. Factors affecting LIS Israeli students' mobile phone use: an exploratory study [J]. Electronic library, 2017, 35（6）: 1098-1121.

[3] Aharony N. Librarians' attitudes toward knowledge management [J]. College and research libraries, 2011, 72（2）: 111-126.

[4] Aharony N. Relationships among attachment theory, social capital perspective, personality characteristics, and Facebook self-disclosure [J]. Aslib journal of information management, 2016, 68（3）: 362-386.

[5] Bronstein J, Aharony N. Personal and political elements of the use of social networking sites [J]. Information research-an international electronic journal, 2015, 20（1）: 23.

[6] Bruce C, Edwards S, Lupton M. Six frames for information literacy education: a conceptual framework for interpreting the relationships between theory and practice [J]. Innovation in teaching and learning in information and computer sciences, 2006, 5（1）: 1-18.

[7] Bruce C. Seven faces of information literacy [M]. Adelaide: Auslib Press, 1997.

[8] Capaldo A, Lavie D, Petruzzelli A M. Knowledge maturity and the scientific value of innovations: the roles of knowledge distance and adoption [J]. Journal of management, 2017, 43（2）: 503-533.

[9] Chawner B. Library and information studies education in New Zealand and Australia: background, issues, and challenges [J]. Journal of education for library and

information science, 2015, 56 (1): 17–26.

[10] Clark R M. Intelligence analysis: a target-centric approach [M]. Washington, D. C.: CQ Press, 2012.

[11] Clarke R. Key aspects of the history of the information systems discipline in Australia[J]. Australasian journal of information systems, 2016, 14 (1): 123-140.

[12] Corrall S, Kennan M A, Afzal W. Bibliometrics and research data management services: emerging trends in library support for research [J]. Library trends, 2013, 61 (3): 636-674.

[13] Coyne J W, Bell P. Strategic intelligence in law enforcement: a review [J]. Journal of policing, intelligence and counter terrorism, 2011 (6): 23-39.

[14] Davis J. A compendium of analytic tradecraft notes [M]. Washington, D. C.: Center for the Study of Intelligence, Central Intelligence Agency, 1997.

[15] Drummond R, Wartho R. The research impact measurement service at the University of New South Wales [J]. Australian academic and research libraries, 2009, 40 (2): 76-87.

[16] Drummond R. RIMS revisited: the evolution of the research impact measurement service at UNSW library [J]. Australian academic and research libraries, 2014, 45 (4): 309-322.

[17] Durk-Hyun J. iSchool movement: a critical discourse analysis [J]. Journal of Korean library and information science society, 2015, 46 (1): 135-154.

[18] Dutta B, Dutta C. A linguistic view of subject formation process as described by Ranganathan and others [J]. Annals of library and information studies, 2014, 61 (1): 56-64.

[19] George R Z, Bruce J B. Analyzing intelligence [M]. Washington, D. C.: Georgetown University Press, 2008.

[20] Ghosh S B. Ranganathan's philosophy in the context of societal development leading to a knowledge society [J]. Annals of library and information studies, 2015, 62 (4): 208-212.

[21] Hahn T B. What has information science contributed to the world? [J]. Bulletin of the American society for information science and technology, 2003, 29 (4): 2-3.

[22] Hallam G, Calvert P. LIS Education [M] // Abdullahi I. Global library and information science: a textbook for students and educators. The Hague: IFLA, 2009: 288-303.

[23] Harold B. Information science: what is it? [J]. American documentation, 1968(1): 3.

[24] Hawkins D T. Information science abstracts: tracking the literature of information science. Part 1: definition and map [J]. Journal of the American society for information science and technology, 2001, 52(1): 44-53.

[25] Hemphill T A. Oracle vs. Microsoft: corporate espionage or competitive intelligence? [J]. Business and society review, 2010, 107(4): 501-511.

[26] Hider P, Kennan M A, Hay L, et al. Moving from LIS to IS+L: curriculum renewal at Charles Sturt University [J]. The Australian library journal, 2011, 60(3): 205-217.

[27] Keane M V. Chronology of education for librarianship in Australia, 1896–1976 [J]. The Australian library journal, 1982, 31(3): 16-24.

[28] Kennan M A, Carroll M, Thompson K M. Letting go, holding on, or re-envisioning? Challenges and opportunities for LIS education in Australia [M] // Percell J, Sarin L C, Jaeger P T, et al. Re-envisioning the MLS: perspectives on the future of library and information science education (advances in librarianship, volume 44A). Bingley: Emerald Publishing Limited, 2018: 161–176.

[29] Kennan M A, Markauskaite L. Research data management practices: a snapshot in time [J]. International journal of digital curation, 2015, 10(2): 69–95.

[30] Lavie D, Stettner U, Tushman M L. Exploration and exploitation within and across organizations [J]. Academy of management annals, 2010, 4: 109-155.

[31] Levy M. Knowledge retention: minimizing organizational business loss [J]. Journal of knowledge management, 2011, 15(4): 582-600.

[32] Levy M. Web 2.0 implications on knowledge management [J]. Journal of knowledge management, 2009, 13(1): 120-134.

[33] Lloyd A. Working (in) formation: conceptualising information literacy in the workplace [C] //Proceedings of 3rd international lifelong learning conference. Rockhampton: Queensland University Press, 2004: 218-224.

[34] Lyons J, Perrin C. Making an impact: an innovative solution to strengthen strategic

publishing decisions［C］// ALIA. ALIA national 2016 conference: engage, create, lead. Adelaide, 2016: 1-21.

[35] Mccain K W. The view from Garfield's shoulders: tri-citation mapping of Eugene Garfield's citation image over three successive decades［J］. Annals of library and information studies, 2010, 57（3）: 216-270.

[36] Mittal R. Library and information science research trends in India［J］. Annals of library and information studies, 2011, 58（4）: 319-325.

[37] Mohamed T, Donald G D. Librarianship and library science in India: an outline of historical perspectives［M］. New Delhi: Concept Publishing Co., 1994: 75-80, 87, 95-109.

[38] O'Leary J. Surprise and intelligence towards a clearer understanding［R］. Air War College, Maxwell AFB AL, 1997.

[39] Partridge H, Hider P, Burford S, et al. Who are Australia's information educators?［J］. Australian library journal, 2014, 63（4）: 275–291.

[40] Pascovich E. Intelligence assessment regarding social developments: the Israeli experience［J］. International journal of intelligence and counter intelligence, 2013, 26（1）: 84-114.

[41] Pascovich E. Military intelligence and controversial political issues: the unique case of the Israeli military intelligence［J］. Intelligence and national security, 2014, 29（2）: 227-261.

[42] Pascovich E. Not above the law: Shin Bet's（Israel Security Agency）democratization and legalization process［J］. Journal of intelligence history, 2015, 14（1）: 54-69.

[43] Pascovich E. Security and intelligence studies in Israel［J］. The international journal of intelligence, security, and public affairs, 2017, 19（2）: 134-148.

[44] Pascovich E. Silent defender: an inside look at sixty years of Israeli intelligence［J］. Journal of intelligence history, 2016, 15（1）: 63-65.

[45] Pascovich E. The devil's advocate in intelligence: the Israeli experience［J］. Intelligence and national security, 2018, 33（6）: 854-865.

[46] Pawley C, Willard P, Wilson C S. Trends and transformations: the changing face of library and information studies in Australia［J］. Journal of education for library and

information science, 2001, 42 (4): 325-338.

[47] Pervan G, Shanks G. The 2005 survey of information systems research in Australia [J]. Australasian journal of information systems, 2016, 14 (1): 273-279.

[48] Pymm B, Carroll M, McCausland S, et al. Big data: opportunities and barriers across cultural heritage sectors [M] // Arms J W. Annual review of cultural heritage informatics. Lanham, M.D.: Rowman and Littlefield, 2016: 119-128.

[49] Raghavan K S. The colon classification: a few considerations on its future [J]. Annals of library and information studies, 2015, 62 (4): 231-238.

[50] Richards J H, Randolph H P. Structured analytic techniques for intelligence analysis [M]. Washington, D.C.: CQ Press, 2015: 4.

[51] Rochester M, Vakkari P. International library and information science research: a comparison of national trends [J]. IFLA journal, 1998, 24 (3): 166-175.

[52] Satija M P. Save the national heritage: revise the Colon Classification [J]. Annals of library and information studies, 2015, 62 (4): 239-248.

[53] Satyanarayana R. Library profession and Dr. Ranganathan [J]. Annals of library and information studies, 2015, 62 (4): 203-207.

[54] Sen B K. Lotka's law: a viewpoint [J]. Annals of library and information studies, 2010, 57 (2): 166-167.

[55] Sen B K. Ranganathan's contribution to bibliometrics [J]. Annals of library and information studies, 2015, 62 (4): 222-225.

[56] Sen B K. Ranganathan's five laws [J]. Annals of library and information studies, 2008, 55 (2): 87-90.

[57] Sharma P S K. Librarian's knowledge of knowledge [M]. New Delhi: Ess Ess Publications, 1996.

[58] Spiegler I. Technology and knowledge: bridging a "generating" gap [J]. Information and management, 2003, 40 (6): 533-539.

[59] Wilson C S, Boell S K, Kennan M A, et al. Publications of Australian LIS academics in databases [J]. Australian academic and research libraries, 2011, 42 (3): 211-230.

[60] Wilson C S, Kennan M A, Boell S K, et al. From practice to academia: 50 years of

LIS education in Australia［M］//Spink A，Singh D. Library and information science trends and research：Asia-Oceania. Bingley：Emerald Group Publishing Limited，2012：15-45.

[61] Wilson C S，Kennan M A，Willard P，et al. Fifty years of LIS education in Australia：academization of LIS educators in higher education institutions［J］. Library and information science research，2010，32（4）：246–257.

[62] Yao T. Bioinformatics for the genomic sciences and towards systems biology：Japanese activities in the post-genome era［J］. Progress in biophysics and molecular biology，2002，80（1）：23-42.

[63] Yunkeum C. Comparative study of the changes in LIS education in Korea，U.S.A. and Australia［J］. Journal of the Korean biblia society for library and information science，2011，22（4）：317-340.

[64] Zins C. Classification schemes of information science：twenty-eight scholars map the field［J］. Journal of the American society for information science and technology，2007，58（5）：645-672.

[65] Zins C. Conceptions of information science［J］. Journal of the American society for information science and technology，2010，58（3）：335-350.

[66] Zins C. Conceptual approaches for defining data，information，and knowledge［J］. Journal of the American society for information science and technology，2007，58（4）：479-493.

[67] Zins C. Knowledge map of information science［J］. Journal of the American society for information science and technology，2007，58（4）：526-535.

[68] Zins C. Knowledge organization：an epistemological perspective［J］. Knowledge organization，2004，31（1）：49-54.

[69] Zins C. Redefining information science：from "information science" to "knowledge science"［J］. Journal of documentation，2006，62（4）：447-461.

[70] А.В.Соколов.Феномен информатики и псевдофеномен информации（в порядке постановки проблемы）［J］. Информационное общество，1990（3）：45-51.

[71] В.Н.Волкова и Ю. Ю. Чёрный.Научно-информационная работа и ее осмысление：главное дело жизни［J］.Прикладная информатика，2014（1）：125-138.

[72] В.Н.Волкова, В.Н.Юрьев.История и перспективы развития информатики и направления подготовки «Прикладная информатика»［J］.Прикладная информатика, 2012（5）：41.

[73] В.Н.Волкова, Ю.Ю.Черный.Вклад Ф.Е.Темникова в развитие информатики［J］.Прикладная информатика, 2016, 11（5）：122-143.

[74] В.Н.Волкова, Ю.Ю.Чёрный.К 50-летию появления термина «Информатика» в отечественной научной литературе［J］.Прикладная информатика, 2013（4）：129-133.

[75] В.Н.Волкова.Федор Евгеньевич Темников：информатика, систематика, интеллектика［J］.К 100-летию со дня рождения.Прикладная информатика,2007(1）:98-107.

[76] К.К.Колин.Философские проблемы информатики［M］.М.：Бином. Лаборатория знаний, 2010.

[77] К.К.Колин.Информатика как наука：история и перспекитвы развития［J］.Открытое образование, 2011（6）：77-78.

[78] К.К.Колин.Эволюция информатики и проблемы формирования нового комплекса наук об информации［J］.Научно-техническая информация.ВИНИТИ, 1995(1）：1-7.

[79] Л.В.Грекова.Информационный поиск в информатике и библиотековедении.Научные ведомости БелГУ.Сер.История. Политология. Экономика［J］.Информатика, 2013, 25（1）：144.

[80] Л.Черняк.Неожиданная информатика, или must be read［EB/OL］.［2018-01-12］. https://www.osp.ru/os/2004/03/184075.

[81] Н.Л.Караваев.Информатика как наука：попытка осмысления понятия［J］.Концепт, 2015（9）：126-130.

[82] О.В.Артюшкин. Эволюция представлений о месте информатики в системе научного знания［J］. Вестник Хакасскогогосударственного университета им.Н.Ф.Катанова, 2012（2）：14-18.

[83] Р.Б.Сейфуль-Мулюков. Информатика как дисциплина и её теоретические основы［J］.Открытое образование, 2011（6）：88-96.

[84] Р.Сукиасян, Ю.Ю.Чёрный.Единая среда как фактор развития науки［J］.Научные

и технические библиотеки，2013（4）：21-28.

[85] Симонов Б.А.Информатика：диалектический подход［EB/OL］．［2021-09-05］． http：//www.gpn.tb.ru/win/ntb/ntb96/5/file8.html.

[86] Т.А.Жданова，Ю.С. Бузыкова.Основные подходы к определению понятия «информатика»［J］.Вестник ХГАЭП，2012（3）：34-38.

[87] Т.Ф.Берестова，А.Б.Кузнецов.Колин Константин Константинович ученый и просветитель，информатик и философ：к 75-летию［J］.Вестник Челябинской государственной академии культуры и искусств，2010（2）：113-114.

[88] Ю.Ю.Черный.На пути к философии информации［J］.Теория и практика общественно-научной информации，2011（20）：201-213.

[89] 包昌火.对我国情报学研究中三个重要问题的反思［J］.图书情报知识，2012（2）：4-6.

[90] 波普尔.客观知识：一个进化论的研究［M］.舒炜光，淖如飞，周柏桥，等译.上海：上海译文出版社，2001.

[91] 蔡士林.美国国土安全事务中的情报融合［J］.情报杂志，2019，38（1）：8-12，18.

[92] 曹庭，靳诗君.韩军情报侦察能力评介［J］.国防科技，2017（5）：60-64.

[93] 陈广猛.以色列智库对外交政策的影响［J］.西亚非洲，2016（4）：146-160.

[94] 晨心.日本情报界眼中的美国国家安全局［J］.现代世界警察，2016（11）：62-66.

[95] 初景利，张颖.以信息和数据为核心构建图情档学科体系与能力［J］.文献与数据学报，2019，1（1）：21-31.

[96] 村主朋英.情報·ドキュメンテーション年表（〈特集〉ドキュメンテーション世界への誘い）［J］.情報の科学と技術，1993，43（4）：356-367.

[97] 村主朋英.情報史研究の戦略：情報史における情報学史の役割を中心に［J］.Journal of library and information science，1995（9）：57-76.

[98] 戴侣红.澳大利亚竞争情报一瞥［J］.竞争情报，2006（1）：43-45.

[99] 戴维民.20世纪图书馆学情报学［M］.北京：北京图书馆出版社，2002.

[100] 戴艳梅.俄罗斯反恐体系研究［M］.北京：时事出版社，2015.

[101] 丹·拉维夫，约希·梅尔曼.每个间谍都是王子：以色列情报全史［M］.北京：中国社会科学出版社，1992：3.

[102] 島田達巳.経営情報システム研究の変遷と展望［J］.経営情報研究：摂南大学経

営情報学部論集，2006，14（1）：13-26.

[103] 丁波涛.国外开源情报工作的发展与我国的对策研究［J］.情报资料工作，2011，32（6）：103-105.

[104] 丁顺珍.英国情报与安全机构［J］.国际资料信息，2003（10）：14-18，24.

[105] 杜伟.印度图书情报学数字图书馆课程设置分析研究［J］.图书馆理论与实践，2011（3）：86-88.

[106] 段建炜.对特朗普推动情报改革的评估与预测［J］.情报杂志，2018，37（3）：5-10.

[107] 飯沼光夫.情報（データ）の基礎［〈講座〉情報の解析・加工・活用入門（1）］［J］.情報の科学と技術，1987，37（6）：226-233.

[108] 方兰欣.社会结构、社会关系和文化类型的内在逻辑［D］.北京：中共中央党校，2017.

[109] 高金虎.美国战略情报之父威廉·杜诺万［J］.文史天地，2014（2）：83-87.

[110] 高金虎.试论信息时代的情报分析理论创新［J］.情报杂志，2018，37（7）：1-6，15.

[111] 高金虎.中西情报史［M］.南京：江苏人民出版社，2017.

[112] 高庆德，宗盟，任珊珊.美国情报组织揭秘［M］.北京：时事出版社，2011.

[113] 高庆德.美国情报组织揭秘［M］.北京：时事出版社，2016.

[114] 高庆德.以色列情报组织揭秘［M］.北京：时事出版社，2016.

[115] 葛耀良.比较情报学浅议［J］.情报学刊，1983（2）：87-89.

[116] 官思发，李宗洁.美国竞争情报系统研究及对我国的启示［J］.图书情报工作，2015，59（4）：83-92.

[117] 桂畅旎.以色列智库网络安全研究的一项新成果：国家安全研究所创办《网络、情报与安全》杂志［J］.中国信息安全，2017（3）：84-86.

[118] 郝在今.中日秘密战［M］.北京：解放军出版社，2015.

[119] 何洋.澳大利亚的图书馆专业组织［J］.江西图书馆学刊，1993（2）：66-71.

[120] 贺德方.数字时代情报学理论与实践：从信息服务走向知识服务［M］.北京：科学技术文献出版社，2006.

[121] 侯露露，张帆，杨小敏，等.国外信息素养教育模型比较［J］.中华医学图书情报杂志，2012，21（2）：50-54.

[122] 胡雅萍，潘彬彬.Intelligence 视角下的美国情报学研究进展：以 Studies in

Intelligence 解密文献为例［J］．情报杂志，2014（1）：6-10．

［123］霍国庆，汪冰．穿越冷战的情报科学史及其启示：理查兹"情报科学与冷战的结束"评介［J］．情报科学，1998（2）：89-95．

［124］江洁，徐志峰．国内外情报失察研究述评［J］．图书情报工作，2011，55（6）：24-28．

［125］靖继鹏，马费成，张向先．情报科学理论［M］．北京：科学出版社，2009．

［126］鞠心昊．总体国家安全观下美国战略情报思想对我国反恐战略的启示［J］．安徽警官职业学院学报，2016，15（1）：115-117，128．

［127］阚振．美国情报学前沿热点的可视化分析［D］．苏州：苏州大学，2013：11-15．

［128］冷伏海，刘扬．澳大利亚图书馆学情报学研究生教育发展现状及启示［J］．图书情报工作，2003（2）：117-120．

［129］李炳穆．韩国图书馆学情报学教育的现状［J］．图书情报工作，1997（3）：4-11．

［130］李炳穆．韩国文献情报学研究生教育概况［J］．图书情报工作，2006，50（9）：26-30．

［131］李晶，谢阳群．印度的图书情报学教育研究［J］．图书馆工作与研究，2009（11）：21-25．

［132］李世玲．印度图书情报教育的发展、经验和教训［J］．河北科技图苑，1998（2）：9-11，49．

［133］栗力．印度图书馆业的发展［J］．南亚研究季刊，2009（4）：105-108，114．

［134］梁淘．日本情报组织揭秘［M］．北京：时事出版社，2012．

［135］梁秀娟．中美国家竞争情报体系比较研究［D］．湘潭：湘潭大学，2010．

［136］梁战平．情报学若干问题辨析［J］．情报理论与实践，2003（3）：193-198．

［137］刘桂锋，卢章平，郭金龙．美国 iSchool 图书情报学研究生课程设置与教学方式的特点与启示：以伊利诺伊大学香槟分校为例［J］．情报资料工作，2015（6）：97-102．

［138］刘红泉．中印两国近代图书馆学发展之比较初探［J］．图书馆工作与研究，2007（6）：8-9．

［139］刘记，陈美华，王延飞．国家科技情报治理的途径探索研究：以美国科技情报治理历史与现状为例［J］．情报学报，2018，37（8）：760-767．

［140］刘强．情报工作与国家生存发展：基于西方主要国家的历史考察与思考［M］．北

京：时事出版社，2014.

[141] 刘胜湘，邬超．美国情报与安全预警机制论析［J］．国际关系研究，2017（6）：83-105，153-154.

[142] 刘肖岩．以色列情报文化及其影响因素探析［J］．前沿，2012（13）：28-30.

[143] 刘新欢．《情报分析：以目标为中心的方法》解读［J］．文化学刊，2017（9）：236-239.

[144] 刘迅．英国图书馆学情报学教育状况考察［J］．大学图书馆学报，1992（2）：33-39.

[145] 卢泰宏，杨联纲．变革中的情报工作新观念与新方式［J］．科技情报工作，1987（3）：2-5.

[146] 马德辉，黄紫斐．美国《国家情报战略》的演进与国家情报工作的新变化、新特点与新趋势［J］．情报杂志，2015（6）：1-4.

[147] 聂宏．美国情报战略体系解析［J］．情报杂志，2018，37（10）：42-49.

[148] 牛山素行．豪雨の災害情報学［M］．东京：古今書院，2012.

[149] 潘光，王震．以色列反恐战略研究［J］．现代国际关系，2007（8）：32-36.

[150] 彭靖里，Kwangsoo K，李建平，等．论韩国技术竞争情报的发展及其在企业中的应用［J］．现代情报，2008（7）：188 192.

[151] 彭靖里，高俊，魏宁．论澳大利亚的竞争情报发展现状及其政策环境［J］．情报杂志，2005（10）：118-119.

[152] 彭立新，刘鹏喆．美国《国家情报评估》解析［J］．情报探索，2015（6）：46-49.

[153] 彭亚平．俄罗斯对外情报分析力量发展研究［M］．北京：军事科学出版社，2014.

[154] 彭耀雄，王晋德．印度的情报系统与情报网络［J］．情报杂志，1993（2）：68-69.

[155] 彭耀雄．印度图书馆事业发展［J］．图书馆理论与实践，1993（4）：59-61.

[156] 祁露露，王立婷，杰克·戴维斯．战略预警情报思想探析［J］．学理论，2015（8）：6-7.

[157] 邱俊平．信息计量学［M］．武汉：武汉大学出版社，2007.

[158] 萩谷昌己．情報学を定義する - 情報学分野の参照基準［J］．情報処理，2014，55（7）：734-743.

[159] 萩谷昌己．文理融合的な発展が期待される「メタサイエンス」としての［J］．情報学，2017（34）：51-55.

[160] 曲力．英国情报学家唐纳德·约翰·厄克特［J］．图书与情报，1985（1）：88-89.

[161] 日本災害情報学会. 災害情報学事典 [M]. 鸟取：朝倉書店，2016.

[162] 山本貴子，大城善盛. 欧米における図書館学と図書館情報学の概念：エスタブルーク（LSEstabrook），ベイツ（MJBates），オーダンソン（R.Audunson），マイバーグ（S.Myburgh），タマロ（AMTammaro）の理解を中心に [J]. 大谷大學研究年報，2016（68）：1-58.

[163] 杉内，真理恵，羽生，等. 論文から見た日本の図書館情報学研究の動向 [J]. Library and information science，2011（66）：127-151.

[164] 石川弘道. 経営情報に関する一考察 [J]. 高崎経済大学論集，2013，55（2）：161-169.

[165] 宋丹，高峰. 美国自然灾害应急管理情报服务案例分析及其启示 [J]. 图书情报工作，2012，56（20）：79-84.

[166] 宋陶立. 以色列高等教育研究 [D]. 开封：河南大学，2011.

[167] 孙华玮，耿庆军. 美日韩国家竞争情报建设对比分析研究及对我国的启示 [J]. 科技情报开发与经济，2010，20（10）：96-99.

[168] 孙建军，李阳. 论情报学与情报工作"智慧"发展的几个问题 [J]. 信息资源管理学报，2019（1）：4-8.

[169] 孙晶琼. 谢尔曼·肯特战略情报观与我国传统情报观的比较研究 [J]. 科技创业月刊，2017，30（7）：106-109.

[170] 孙梦雅. 以色列国家安全决策机制演进 [J]. 法制与社会，2017（12）：143，152.

[171] 孙素云. 中美科技情报系统体系结构的比较研究 [J]. 情报杂志，2005，24（7）：105-106.

[172] 孙玉伟. 欧洲学术图书馆文献计量服务实践及其启示 [J]. 国家图书馆学刊，2014（1）：90-96.

[173] 汤欢. 战略情报观与我国传统情报观的比较研究 [J]. 科技创业月刊，2017，30（6）：103-104.

[174] 唐超，王延飞. 融入情报流程的情报感知能力研究 [J]. 情报理论与实践，2019（5）：14-18.

[175] 唐津. 情报科学中情报概念的必要条件：介绍英国情报学家贝尔金的情报学思想 [J]. 情报科学，1981（6）：91-95.

[176] 陶庆久，徐宏宇. 中美竞争情报的差距何在？：访美国詹姆斯麦迪逊大学陶庆久

教授[J].竞争情报,2015,11(2):42-45.

[177] 田中淳,吉井博明.シリーズ災害と社会7災害情報論入門[M].东京:弘文堂,2008.

[178] 托克维尔.论美国的民主:上卷[M].董果良,译.北京:商务印书馆,2002.

[179] 完颜邓邓,高峰.澳大利亚高校图书馆研究数据管理服务的调查分析[J].图书与情报,2015(3):71-75.

[180] 汪冰,孟广均.情报科学史(1945—1985)[J].情报科学,1993(2):69-74,80.

[181] 汪凌勇.国外科技决策咨询机构现状、特征与变革趋势[J].科技管理研究,2014(15):10-12.

[182] 汪明敏,谢海星,蒋旭光.美国情报监督机制研究[M].北京:光明日报出版社,2013.

[183] 王存,靖继鹏.关于比较情报学的一些基本理论问题的探讨[J].情报科学,1991,12(4):18-21.

[184] 王东艳,宛福成.日本图书馆学情报学教育发展综述[J].图书馆建设,1999(6):68-70.

[185] 王晶.以色列情报活动研究(1917—1973)[D].西安:陕西师范大学,2012.

[186] 王克平,张雯,胡艳苹.韩国创新型中小企业竞争情报服务体系研究[J].现代情报,2014(7):141-145.

[187] 王亮.俄罗斯联邦情报管理体制分析[J].情报杂志,2015,34(9):17-20,60.

[188] 王谦.英国情报体制简介[J].国际研究参考,2009(10):19-25.

[189] 王涛.解读英国情报工作建设[J].现代军事,2016(8):43-48.

[190] 王婉.澳大利亚高校图书馆参与科研数据管理服务研究[J].图书馆论坛,2014(3):130-136.

[191] 王万,张伟伟.论美国总审计署对情报界的监督[J].情报杂志,2017,36(10):7-11,21.

[192] 王知津,严贝妮,李彤,等.图书情报学博士教育与培养:美国模式实证研究[J].大学图书馆学报,2009,27(1):82-91.

[193] 王知津,张桂玲.网络时代情报学学科体系的主要结构与特征[J].情报理论与实践,2002(5):321-323,328.

[194] 吴汉华,王琛.韩国图书情报学教育简史[J].图书情报工作,2017,61(10):22-29.

[195] 吴素彬,陈云,王科选,等.美国"以目标为中心"的情报分析流程研究[J].情报杂志,2013,32(4):6-9,21.

[196] 吴慰慈,张久珍.信息技术革命影响下的图书馆学情报学学科体系[J].情报学报,2000(2):98-103.

[197] 吴慰慈.图书馆学新探[M].北京:北京图书馆出版社,2007.

[198] 西垣通.基礎情報学:生命から社会へ[M].東京:エヌ ティ ティ出版株式会社,2004.

[199] 谢尔曼·肯特.战略情报:为美国世界政策服务[M].北京:金城出版社,2012.

[200] 谢萍.国外信息素养领域知识图谱分析[J].科技管理研究,2014(15):244-250.

[201] 谢晓专.美国执法情报共享融合:发展轨迹、特点与关键成功因素[J].情报杂志,2019,38(2):12-20,115.

[202] 杨盛春.印度图书情报学教育的发展研究及其启示[J].图书情报工作网刊,2012(4):7-10.

[203] 叶兰.澳大利亚新南威尔士大学图书馆的科研评价服务研究[J].情报资料工作,2017(6):102-109.

[204] 臧其梅.影响21世纪呈多元化的国外图书馆学流派[J].四川图书馆学报,2001(2):15-18.

[205] 曾粤亮.澳大利亚图书馆与情报学专业课程认证制度[J].图书馆论坛,2016(12):99-108.

[206] 查先进,严密.走向多学科融合的情报学[J].高校图书馆工作,2006(1):1-7.

[207] 查先进.情报学研究进展[M].武汉:武汉大学出版社,2007.

[208] 张恒.情报学研究的哲学理论基础:现代阐释学[J].情报探索,2009(6):34-36.

[209] 张家年,马费成.总体国家安全观视角下新时代情报工作的新内涵、新挑战、新机遇和新功效[J].情报理论与实践,2018,41(7):1-6,13.

[210] 张家年.情报融合中心:美国情报共享实践及启示[J].图书情报工作,2015,59(13):87-95.

[211] 张靖.美国国立医学图书馆灾害应急信息服务与启示[J].图书情报工作,2016,60(7):72-77.

[212] 张鹏,周西平.基于演进视角的美国情报共享研究:从"犯罪情报共享"到"情报融合"再到"情报透明"[J].情报杂志,2018,37(3):11-14.

[213] 张卫.日本对外情报工作的转型[J].江南社会学院学报,2009(6):59-63.

[214] 张雯.韩国创新型中小企业竞争情报服务体系研究[J].现代情报,2014,34(7):141-145.

[215] 张晓军.美国情报理论研究的宏观考察[J].情报杂志,2017(2):5-11,23.

[216] 张毅菁.技术竞争情报服务在印度软件产业发展中的演变及启示[J].情报杂志,2013,32(10):47-50.

[217] 赵冰峰.论情报(下):情报活动机理及和平建设型国家情报体系[J].情报杂志,2015(8):1-6.

[218] 赵冰峰.现代情报理论研究的国际比较与战略启示[J].情报杂志,2017,36(1):9-13.

[219] 赵筱媛,刘志辉.美国面向小企业的竞争情报供给体系研究[J].图书情报工作,2012,56(14):6-11.

[220] 郑彦宁,张丽玮,杨阳.印度中小企业竞争情报供给服务研究[J].图书情报工作,2012,56(14):23-27.

[221] 周铭德.印度社会科学文献工作和情报服务[J].世界经济与政治论坛,1992(6):36-40.

[222] 周晓燕,宰冰欣.澳大利亚高校科研数据管理政策制定研究[J].图书馆建设,2017(2):63-70.

[223] 周旭洲.澳大利亚图书馆专业教育概况[J].高校图书馆工作,1983(3):65-68.

[224] 조찬식.정보화사회의문제점:개념과측정을중심으로[J].서 : 한국정보관리학회,1995:167-170.

索 引

B

本土研究学派……………………256
比较情报学……………………136
变力与新力预测法…………… 16
变力预测法…………………… 16
波普尔"三个世界"理论………… 80
不变力预测法………………… 16
布拉德福分散定律…………… 79
布拉德福离散分布…………… 79

F

防灾情报学……………………123
分析金字塔…………………… 15

G

公开来源情报理论…………… 14
管理情报学……………………123
管理情报学会…………………120

国家情报思想………………… 62
国家情报总监………………… 31
国家外国情报计划…………… 49

J

集中离散分布原理…………… 80
技术信息学……………………143
捷姆尼科夫情报学派…………150
经营信息学……………………202
竞争情报……………………… 17
竞争情报理论………………… 14
军情六处………………………102
军情五处………………………100

K

科林情报学派…………………169
科学情报理论…………………133
科学情报信息理论……………155

/ 359 /

L

理论信息学	143
理念派	259
联合军事情报计划	49

M

冒号分类法	86
美国情报界	20
米哈伊洛夫情报学派	155
米氏科学情报理论	160

Q

情报	1
情报处理学会	120
情报分析理论	13
情报共享和融合理念	14
情报结构理论	82
情报流活动规范理论	83
情报评估	48
情报认知	330
情报失察	10
情报思维智能过程理论	83
情报效能	330
情报学	1
情报治理	330

R

人本社会传播理论	83
阮冈纳赞	86

S

社会情报	5
社会情报沟通	117
社会情报学会	120
生物情报学	111
生物信息学	74
属性结构情报理论／知识基础论	81

T

图书馆情报学	113
图书馆学五定律	256

X

X-信息学	202
相关性原理	81
信息计量学	12
信息链	4
信息通信控制理论	149

Y

言论情报学	202
叶尔绍夫情报学派	163
"以目标为中心"的情报工作流程	54
医学信息学	12
"印度情报之父"Rameshwar Nath Kao	268
应用信息学	146
有序性结构原理	81

Z

灾害情报学会……………………120
战略情报思想……………… 62
战略预警情报思想……………… 62
知识组织学派………………259

综合科学基础信息理论……………169

정보……………………205
информатика ………………130